高等学校人工智能通识教育系列教材

人工智能导论

主 编 李树青 黄 健
副主编 钱爱兵 吴 骏 蒋玖川

中国教育出版传媒集团
高等教育出版社·北京

内容简介

本书是高等学校人工智能通识教育教材。本书共分 9 章，主要包括三部分：第一部分是人工智能的基础知识，包括人工智能的概念、发展和应用领域，以及数据、算法与计算思维；第二部分是主要的人工智能方法，涵盖搜索方法、知识方法和机器学习方法，并对神经网络与深度学习进行了介绍；第三部分是大语言模型方法与应用，包括自然语言处理、大语言模型，以及以大语言模型为代表的人工智能应用与管理。本书以通俗易懂的方式，帮助读者掌握人工智能的核心原理和应用方法，并通过实际案例和实验实现人工智能应用，帮助读者加深对人工智能理论的理解。

本书可作为高等学校各专业本科生、研究生的人工智能通识课教材，也可供人工智能相关行业从业人员学习使用，还可作为社会读者学习人工智能知识的参考用书。

图书在版编目（CIP）数据

人工智能导论 / 李树青，黄健主编 . -- 北京：高等教育出版社，2025.7. --（高等学校人工智能通识教育系列教材）. -- ISBN 978-7-04-064854-6

Ⅰ．TP18

中国国家版本馆 CIP 数据核字第 2025P76J85 号

Rengong Zhineng Daolun

策划编辑	刘 艳	责任编辑	刘 艳	封面设计	张 志	版式设计	杨 树
责任绘图	裴一丹	责任校对	张 薇	责任印制	耿 轩		

出版发行	高等教育出版社	网　　址	http://www.hep.edu.cn
社　　址	北京市西城区德外大街 4 号		http://www.hep.com.cn
邮政编码	100120	网上订购	http://www.hepmall.com.cn
印　　刷	北京市联华印刷厂		http://www.hepmall.com
开　　本	787 mm×1092 mm 1/16		http://www.hepmall.cn
印　　张	24		
字　　数	410 千字	版　　次	2025 年 7 月第 1 版
购书热线	010-58581118	印　　次	2025 年 7 月第 1 次印刷
咨询电话	400-810-0598	定　　价	49.00 元

本书如有缺页、倒页、脱页等质量问题，请到所购图书销售部门联系调换
版权所有　侵权必究
物　料　号　64854-00

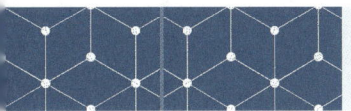

主编 李树青 黄 健

新形态教材网使用说明

1. 计算机访问 https://abooks.hep.com.cn/64854 或手机微信扫描下方二维码进入新形态教材网。
2. 注册并登录后，计算机端进入"个人中心"，点击"绑定防伪码"，输入图书封底防伪码（20位密码，刮开涂层可见），完成课程绑定；或手机端点击"扫码"按钮，使用"扫码绑图书"功能，完成课程绑定。
3. 在"个人中心"→"我的学习"或"我的图书"中选择本书，开始学习。

受硬件限制，部分内容可能无法在手机端显示，请按照提示通过计算机访问学习。

如有使用问题，请直接在页面点击答疑图标进行咨询。

https://abooks.hep.com.cn/64854

前　言

近年来，以大语言模型为代表的人工智能技术发展迅猛，几乎每年都有显著的突破。人工智能应用受到了人们越来越多的关注，其与人们生产生活的结合也日益紧密。因此，人工智能知识逐渐成为一种亟须普及的基础性内容。目前，很多高校都面向各个专业广泛开设人工智能类课程，包括通识课、专业基础课和选修课等。同时，社会上的各种学习渠道也在积极地推广和普及人工智能的相关知识与应用方法。

"人工智能导论"是一门引领学生踏入未来科技前沿的计算机类核心课程，旨在为学生构建人工智能理论基础与实践能力框架。该课程深度融合了人工智能领域的经典理论与最新的技术进展，使学生能够全面了解人工智能的基本概念、核心原理与典型应用，并掌握从数据驱动到知识推理，再到复杂系统智能决策的全链条技能。该课程主要面向高校非计算机类专业，为这些专业的学生提供掌握未来科技发展趋势、提升个人竞争力的知识基础。通过学习本课程，学生将具备在人工智能领域持续学习、创新与实践的能力，从而为未来的发展奠定坚实基础。尽管本课程十分重要，但是目前其教材建设仍面临一些挑战——由于很多人工智能技术出现的时间较短，相关教材还处于建设的初期阶段。

本书正是在这一背景下编写而成的。本书作者拥有 20 多年的信息技术和相关应用开发经验，近年来主要从事人工智能应用、Python 语言和大数据分析等领域的科研及教学工作。在教学实践中，作者发现当前人工智能通识教育教材存在一个亟待解决的问题，即教学内容不好把握：若教材内容过于浅显，则容易流于形式，难以达到深度教学的效果；而若教材内容过于深奥，则会使受众范围受限，不利于知识的广泛传播。如何将人工智能知识有效地呈现给非计算机类专业人员，并使其能够理解人工智能技术和方法的基本原理，从而更好地加以运用，是作者一直思考的问题。带着这些思考，并结合近年来出版相关教材的经验，我们完成了本书的编撰。

本书主要分为三部分：第一部分是人工智能的基础知识，包括人工智能的概念、发展和应用领域，以及数据、算法与计算思维；第二部分是主要的人工智能方法，涵盖搜索方法、知识方法和机器学习方法，并对目前主流的神经网络与深度学习方法进行了介绍。第三部分是大语言模型方法与应用，包括自然语言处理、大语言模型，以及以大语言模型为代表的人工智能应用与管理。

本书具有以下特色：一是面向零基础读者。本书主要面向有志于学习人工智能相关知识的非计算机类专业人员，不要求读者具备大量的计算机相关背景知识，也无须具备代码开发经验。二是以应用为导向。本书不仅注重介绍人工智能知识，还强调人工智能相关应用和工具软件的使用方法，力求让读者学以致用，在实际应用中深化对理论知识的理解。三是内容新颖实用。考虑到大语言模型是当前人工智能技术中最受关注的应用方向，同时也考虑到实验的可行性，本书对大语言模型的相关技术和应用进行了重点介绍。四是体例丰富。本书各章节的内容围绕以下三个模块展开："知识点"阐述重要的理论知识；"实验"介绍人工智能相关工具和应用软件的使用方法；"应用实例"展示人工智能技术的实际应用场景和具体案例。五是配套资源完善。本书配套的在线开放课程"人工智能入门"已在中国大学 MOOC 和国家高等教育智慧教育平台上线。此外，本书还通过新形态教材网提供了配套教学资源，以方便读者进一步学习和交流。

在使用本书时，可以参照表 0-1 给出的学时建议。

表 0-1 学时建议

章节序号	章节内容	学习周数（每周 3 小时，共计 20 周）
1	绪论	2
2	数据、算法与计算思维	2
3	搜索方法	2
4	知识方法	2
5	机器学习方法	3
6	神经网络与深度学习	2
7	自然语言处理	2
8	大语言模型	3
9	人工智能应用与管理	2

本书是作者及其教学团队在多年讲授相关课程和从事相关课题研究的基础上编写而成的，同时吸收了国内外诸多相关文献的内容与成果。此外，本书的编写得到了南京财经大学计算机与人工智能学院的大力支持，在此表示衷心的感谢。

由于作者水平有限，书中难免存在疏漏或不妥之处。我们诚挚地希望广大读者和专家学者能够提出宝贵的修改建议。作者的联系方式：leeshuqing@163.com。

李树青

2025 年春于金陵

目 录

第1章 绪论 / 1

1.1 人工智能的概念 / 3

1.1.1 智能 / 3

1.1.2 人工智能 / 6

1.1.3 人工智能的主要技术 / 12

1.2 人工智能的发展 / 13

1.2.1 基本情况 / 13

1.2.2 发展阶段 / 16

1.3 人工智能的应用领域 / 35

1.3.1 自然语言处理 / 35

1.3.2 计算机视觉 / 40

1.3.3 机器人 / 44

思考与练习 / 48

第2章 数据、算法与计算思维 / 51

2.1 数据与数据素养 / 53

2.1.1 基本概念 / 53

2.1.2 数据素养 / 66

2.2 算法与计算思维 / 71

2.2.1 算法 / 71

2.2.2 计算思维 / 86

2.3 实验 / 88

2.3.1 人工智能编程 / 88

2.3.2 NoSQL 数据的使用 / 97

思考与练习 / 102

第3章 搜索方法 / 107

3.1 基本概念 / 109

3.2 简单状态下的搜索 / 110

3.2.1 无信息搜索 / 112

3.2.2 有信息搜索 / 115

3.3 局部搜索 / 121

3.3.1 常见的局部搜索方法 / 121

3.3.2 其他策略 / 126

3.4 对抗搜索 / 127

3.4.1 极小化极大搜索 / 129

3.4.2 Alpha-Beta 剪枝搜索 / 130

3.4.3 蒙特卡洛树搜索 / 133

3.5 应用实例 / 135

3.5.1 投资组合优化 / 135

3.5.2 地图导航 / 136

3.6 实验 / 138

3.6.1 常见的搜索算法演示 / 138

3.6.2 搜索算法在解谜类游戏中的应用 / 140

3.6.3 利用 NetLogo 进行仿真演示 / 144

思考与练习 / 152

第4章 知识方法 / 155

4.1 知识推理 / 157
- 4.1.1 知识的概念 / 157
- 4.1.2 基于逻辑的知识表示与推理 / 162
- 4.1.3 基于语义网络的知识表示与推理 / 165

4.2 知识图谱 / 169
- 4.2.1 基本概念 / 169
- 4.2.2 命名实体 / 171
- 4.2.3 常见的知识图谱 / 173
- 4.2.4 知识图谱的知识推理应用 / 175

4.3 应用实例 / 178
- 4.3.1 知识图谱在用户画像中的应用 / 178
- 4.3.2 知识图谱在电子商务搜索中的应用 / 180

4.4 实验 / 184
- 4.4.1 利用Prolog进行知识推理 / 184
- 4.4.2 知识图谱可视化 / 191

思考与练习 / 195

第5章 机器学习方法 / 199

5.1 机器学习 / 201
- 5.1.1 基本概念 / 201
- 5.1.2 主要特点 / 204

5.2 基本过程 / 208
- 5.2.1 数据处理 / 208
- 5.2.2 模型构建 / 211
- 5.2.3 模型评价 / 217

5.3 高级使用 / 222
- 5.3.1 非参数方法 / 222
- 5.3.2 集成学习 / 225

5.4 应用实例 / 227
- 5.4.1 机器学习方法在国内生产总值预测中的应用 / 227
- 5.4.2 机器学习的应用实施方法 / 230

5.5 实验 / 232
- 5.5.1 决策树的绘制 / 232
- 5.5.2 线性回归分析 / 236
- 5.5.3 非线性回归分析 / 238

思考与练习 / 241

第6章 神经网络与深度学习 / 245

6.1 神经网络 / 247
- 6.1.1 产生背景 / 247
- 6.1.2 模型特点 / 249

6.2 深度学习 / 252
- 6.2.1 产生背景 / 252
- 6.2.2 模型结构 / 254
- 6.2.3 模型种类 / 259

6.3 应用实例 / 261
- 6.3.1 中国在深度学习时代的贡献 / 261
- 6.3.2 深度学习方法在营销海报设计领域的应用 / 264

6.4 实验 / 266

  6.4.1 深度学习模型可视化
     查看 / 266
  6.4.2 深度学习模型可视化
     编程 / 270
 思考与练习 / 275

第 7 章 自然语言处理 / 277

7.1 基本概念 / 279
  7.1.1 语言与自然语言 / 279
  7.1.2 自然语言处理的概念 / 281
7.2 自然语言处理方法 / 284
  7.2.1 统计语言模型方法 / 285
  7.2.2 深度学习语言模型
     方法 / 287
7.3 应用实例 / 300
  7.3.1 情感分析 / 300
  7.3.2 古籍处理 / 302
7.4 实验 / 304
  7.4.1 基于词嵌入的词语
     分析 / 304
  7.4.2 常见的文本分析应用 / 310
 思考与练习 / 313

第 8 章 大语言模型 / 315

8.1 人工智能生成内容 / 317
8.2 主要技术 / 323
8.3 多模态信息服务 / 327
8.4 智能与意识 / 333
8.5 偏见与有害性 / 338
8.6 应用实例 / 340
  8.6.1 大语言模型在行业领域的
     融合创新 / 340
  8.6.2 全球大语言模型应用的
     发展 / 342
8.7 实验 / 345
  8.7.1 利用 GPT4All 实现人机
     对话 / 345
  8.7.2 利用百度智能云客悦智能
     客服平台实现数字人定制
     功能 / 349
 思考与练习 / 351

第 9 章 人工智能应用与管理 / 353

9.1 人工智能技术应用的思考 / 355
  9.1.1 人工智能的发展问题 / 355
  9.1.2 人工智能的伦理问题 / 358
9.2 人工智能产业应用与管理 / 361
  9.2.1 人工智能产业的发展
     现状 / 361
  9.2.2 人工智能产业的法律
     监管 / 364
  9.2.3 我国人工智能产业的政策
     管理 / 366
 思考与练习 / 367

参考文献 / 369

第 1 章

绪论

【格言】

知有所合谓之智。所以能之在人者谓之能。

——《荀子·正名》

【教学目标与要求】

人工智能涉及的学科知识和应用领域非常广泛,因此读者需要先对相关的基本知识和技术有初步的了解。本章主要介绍人工智能的概念、发展和应用领域,旨在为读者勾勒出人工智能的基本知识框架,帮助读者认识人工智能技术在当前社会中的应用及未来的发展前景。同时,本章介绍的内容也将为读者学习后续章节的内容提供必要的知识基础。

【知识导图】

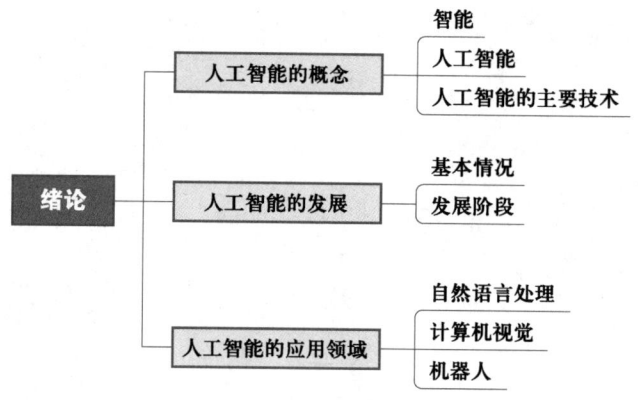

【导引】

在长达半个多世纪的发展历程中,人工智能技术几经起伏,终于在近几年取得了突破性的成果。这些成果的取得并非一蹴而就,而是基于人们在人工智能领域的持续探索。今日人们在人工智能领域的成功,既得益于理论和方法的不断创新,也离不开技术环境的持续改善,更关键的是人们坚持不懈的思考和努力。但是,人们在看到人工智能取得了诸如大语言模型等技术的突破之后,开始重新审视人工智能的一些根本性问题。对这些根本性问题的深入反思,引发了人们更多的困惑与思考:

◇ 既然大语言模型由于能够依据用户的提问给出回应,而被视为人工智能的一种表现,那么空调根据室温自动调节温度,是否同样可以被视为人工智能的一种表现呢?

◇ 人工智能是否一定会按照人类思考的方式来进行思考?

◇ 虽然人工智能听起来很前沿,但是你知道这个概念存在了多长时间吗?

◇ 人工智能究竟包含了哪些技术?

这些问题都是在学习本章内容时需要关注的基本问题。希望读者通过本章的学习,能够针对这些问题形成自己的理解和答案。

1.1 人工智能的概念

1.1.1 智能

为了更深入地理解人工智能,首先需要探究什么是智能。

迄今为止,关于智能的含义仍然众说纷纭。这主要是因为人类目前所了解的智能仅限于人类自身的智能,甚至对于这种智能的理解也相当有限。

微视频 智能

一般认为,狭义的智能是指人类所具备的智能,这种智能涵盖了学习、理解、推理、适应及解决问题等一系列认知能力。它涉及对信息的有效处理、对周围环境的灵活适应,以及对既定目标的实现策略。从外在表现来看,智能主要体现在人类的认知能力上,包括知识的获取与应用、逻辑推理与问题解决、学习与记忆能力、语言沟通与表达,以及创造力和创新思维等。

广义的智能是指包括人类在内的很多系统通过获取并加工信息而获得的一种能力,这种能力促使系统从简单向复杂演化。智能不仅体现在从环境中接收并感知信息上,还表现为能够执行行动并适应环境的变化。因此,智能不仅要有内部的思维过程和推理属性,还要展现出智能行为的外部特征。即便是原始人类,其智能也需要通过打磨石器等实际行动来体现,如图1-1所示。

图1-1 广义的智能也体现在实际行动上

因此，有必要对与人工智能类似的技术进行区分。例如，冰箱等智能控制设备，尽管涉及传感器数据的处理和决策算法的应用，但通常不具备自我学习或适应新环境的能力，而是严格地按照预设的程序运行。这种技术属于较为简单的自动控制范畴，通常不将其视为更复杂的人工智能。

为了更好地界定现代人工智能所研究的智能的范围，并明确本书讨论的内容，我们可以根据理性和感性、思维与行动这两个维度，构建一个二维分析框架。在这个二维分析框架中，现阶段人工智能研究与应用所处的位置如图1-2所示。

	理性	感性
思维	最常见的人工智能研究与应用	?
行为	智能体与机器人	?

图 1-2　现阶段人工智能研究与应用所处的位置

首先，智能既包含理性成分，也包含感性成分，并且其表现形式体现在思维和行动两方面。但是，在最常见的人工智能研究与应用中，讨论集中在理性和思维这一组合上。这主要有两方面的原因：一方面，人们更关注这一领域所取得的成果，因为其应用价值最大；另一方面，这是基于当前技术水平和人工智能发展的实际状况所做出的现实选择。

其次，随着机器人技术的快速发展，当前的人工智能应用已不再局限于单纯的软件编程与逻辑处理范畴。它们开始借助各种外部设备有效地采集外界信息，并对外界环境施加影响，从而具备了通过物理方式改变外部世界的能力。尽管如此，这一发展阶段尚未成熟，因此，人工智能应用广泛商业化的时代尚未到来。

最后，如果在考虑智能时纳入感性成分，那么人工智能在思维模式和行动表现上可能会更贴近人类真实的智能状态。人类智能并非始终理性，当然这并不意味着感性成分具有负面效应。相反，人类智能中的感性成分可以被视为一种有益的甚至不可或缺的补充，它在理性智能无法触及的领域发挥着独特且不可替代的作用。在各种人工智能算法中，人们有时会刻意引入随机数据、噪声数据等因素，希望为系统增加功能变异的可能性，否则单纯的理性推导往往只能得到唯一的结果。这种做法不仅能丰富系统的输出，还能增强其抗干扰的能力，即提高系统应对各种异常情况的能力。与此类似，感性成分虽然可能具有非理性的特点，但能为理性的智能活动带来以下效果：随着多样性和灵活性的引入，智能系统会更加全面和具有更强的适应性。

可见，虽然理性是智能的一个基本要求，但是感性未必就完全没有意义，作为生物体，人不仅需要理性思维和行动，还需要感性的慰藉。感性本身往往不具有理性推导和规则计算的特点。例如，17世纪勒内·笛卡尔（René Descartes）就认为，动物的思维主要受物理法则支配，并没有多少自由意志，但是人类思维则有一部分超越了物理法则。显然，感性植根于文化、情感等更多的因素之中，在整合和理解感性层面的文化、情感成分时，人工智能仍面临巨大的挑战，这远远超出了现阶段人工智能研究与应用的范畴。

思考

智能是否意味着有意识？

这是一个很难回答的问题。从一般认知的角度来看，智能往往与诸如意识（consciousness）、自我（self）、思维（mind）、无意识思维（unconscious mind）等概念相关联。基于这种关联，人们通常认为智能体应当具备这些能力和特点。然而，人工智能技术的发展让人们反思：即便没有传统意义上的意识，软件也能实现比人类还高效的推理。进一步地，在探讨人工智能的未来发展趋势时，一个无法回避的问题是：当人工智能的智能水平达到一定程度时，是否会产生自我意识？更有趣的是，即使人工智能具有自我意识，人类又该如何检测它们是否真的具有自我意识呢？

理性一般被看成是智能的必要表现。它既可以表现为理性思维，也可以表现为理性行为。然而并不是依靠正确的推断就能实现理性，多年来有关人工智能的研究一直在探索通过明确且普遍适用的数学和计算模型来实现智能，而不是单纯地模仿包含理性和感性的人类行为或思维过程，因为这种模仿往往难以实现。实际上，一些通用的计算范式更加有效和可行。例如：在控制论（control theory）中，控制器可以使成本函数最小化；在运筹学中，策略可以使奖励总和最大化；在统计学中，决策规则可以使损失函数最小化等。

当然，要想在复杂的真实世界中，采取完全正确且最优的行动来实现完美理性，既不现实也不可行，因为这可能涉及过大的计算代价或者过高的成本，甚至可能并不存在完美理性。例如，在自动驾驶领域，对于如何在到达目的地、降低驾驶风险和提升乘客满意度等目标之间取得平衡，就很难找到一个完美理性的解决方案。因此，人们提出了可体现结果内在主观价值的效用（utility）等概念。在不确定性情况下，理性决策的目标是实现期望效用最大化，而其正确性是通过行为的预期结果来评判的。不过，也有人认为评判标准不应仅基于结果，还应受到普适社会法则的制约。但是，在人工智能研究领域，这种结合了社会文化意识的方法由于缺乏可行的计算模式而未被广泛接受。不过，它在人工智能伦理方面，却引发了人们更多的思考，最终产生了价值对齐问题（value alignment problem），即施加给机器的价值或目标必须与人类的真实需求保持一致。因此，在实践中通常只能实现有限理性（bounded rationality），即在没有足够的条件进行所有可能的计算的情况下，依然可以采取相对正确的行动。

但是，人工智能的理性目标也具有有限性，这意味着并非只有达到终极目标才有意义。以人机对弈为例，如果将取胜视为唯一的终极目标，那么人工智能体可能会采取诸如发出噪声干扰人类选手等手段，但这些手段显然并不是人们期望看到的。问题也正在于此：人们在很多时候都没有意识到，而且也不太可能将所有相关的目标和限制都完美地传达给人工智能体。因此，理想的情况是，人工智能体在面对不完整或模糊的目标时，具有谨慎行动的动机。也就是说，它们会寻求人类的许可，在行动之前通过观察来更多地了解人们的偏好和期望，并遵守人类的控制规则，确保其行为对人类具有可证益（provably beneficial）的特点，即其行为能够被明确地证明是对人类有益的。

1.1.2 人工智能

1. 人工智能的概念

限于当前的技术发展水平，人们还无法实现广义的智能水平。因此，大多数人工智能的研究与应用只能体现狭义智能的特点。

从学科起源看，人工智能（artificial intelligence，AI）概念的体系化确立始于

1956年的达特茅斯会议。计算机科学家约翰·麦卡锡（John McCarthy）作为该会议的主要发起人，联合马文·明斯基（Marvin Minsky）等学者首次系统提出了这一学科的定义框架。其核心要义在于：构建能够模拟人类智能的机器系统，使其在执行复杂任务时展现出包括逻辑推理、知识表征、自主决策在内的认知能力。具体而言，这种新型智能体应该具备自然语言处理、模式识别、机器学习及问题求解等能力。

约翰·麦卡锡

约翰·麦卡锡是人工智能领域的奠基人之一，正是他在1956年召开的达特茅斯会议上提出了"人工智能"这个概念。他还在1958年发明了LISP语言，这种函数式编程语言不仅为早期的人工智能研究提供了工具，还深刻地影响了程序设计语言理论的发展。他因在人工智能领域的贡献而于1971年获得图灵奖。

如果简单地理解人工智能，则可以认为它是由人类创造的类人智能。这一理解体现了两个特点：第一个特点是"人工"，即强调该方法或系统是由人类设计并创造的；第二个特点是"智能"，尽管目前在普适意义上尚未有明确的智能定义，但是通常可以将其理解为具备类似人类的智能。人工智能所追求的目标，正是模拟、实现乃至超越人类的智能水平。

从更为准确的定义来看，人工智能主要研究并开发用于模拟、延伸和扩展人的智能的理论、方法、技术及应用系统。这个领域的目标是创造出能够像人一样思考、学习和解决问题的智能系统。具体而言，它需要处理人类智力所涉及或超出人类分析能力的数据规模，构建能够进行推理、学习和自主行动的机器设备。在应用层面，人工智能是指研究如何让计算机去完成以往只有人的智力才能胜任的工作，如何用计算机的软硬件去模拟人类某些智能行为的理论、方法和技术。

进一步来看，人工智能的研究不仅限于模拟人类智能，还为人们提供了了解智能和人类智能本质的手段。因此，也可以将人工智能视为关于知识的学科，即研究如何表示知识、如何获取知识以及如何运用知识的科学。

当然，人工智能的研究离不开计算载体。虽然现阶段的人工智能研究主要采用硅基芯片作为计算载体，但生物芯片、生物智能载体（如 NeuroAI）及量子芯片也为人工智能的研究提供了新的途径。例如，生物芯片是指将生物分子固定在硅片、玻璃片、尼龙膜等固体基底上，然后用一种仪器收集信号，并用计算机分析数据结果。与硅基芯片不同，生物芯片上布列的是一个个生物探针分子，其理论能效比更高。针对生物智能载体（如大脑神经网络）的研究催生了 NeuroAI 交叉领域。该领域是一种综合了神经科学和人工智能的交叉研究，研究者希望通过研究人的大脑来促进人工智能技术发展，并利用人工智能技术更好地研究大脑的活动机理。量子芯片是一种利用量子力学原理进行信息处理的新型芯片。量子芯片以量子比特为信息的基本单位，通过量子叠加和量子纠缠等特性，实现更高效的信息处理和存储。但是，现阶段这些技术并不是十分成熟。

2. 人类智能与人工智能

随着技术的发展，人工智能在某些应用领域所展现出的智能化程度，甚至有望超越人类的智能水平。下面探讨人类智能与人工智能之间的区别和联系：

（1）起源与本质

人类智能是生物进化的产物，它基于大脑神经元之间复杂的连接和交互。而人工智能，作为计算机科学的一个分支，则专注于研究和开发能够模拟、延伸和扩展人类智能的理论、方法、技术及应用系统。它通过计算机程序、算法及大量的数据来模拟智能行为。

（2）工作方式

人类智能依托人类的大脑。人类大脑含有约 860 亿个神经元，这些神经元通过复杂的连接网络进行信息传递和处理。而人工智能的结构和功能则是通过计算机硬件和软件来实现的。在硬件层面，人工智能并没有像人类大脑中的"神经元"那样确定的物理实体，其智能信息往往以二进制数据的形式编码并存储在硬盘或硅基芯片上。而在软件层面，人工智能则利用神经网络等技术来模拟人类大脑神经元的连接方式，通过对大量数据进行分析和计算，来实现某种智能化的效果。

（3）外在表现

人类智能作为自然界中人类物种所特有的能力，具有极强的适应性和创造性。凭借这种智能，人类能够处理复杂的问题，进行抽象思维，理解抽象概念，并产生新的想法和解决问题的方法。此外,人类智能还体现在情感、道德和伦理等多方面。相比之下,现阶段的人工智能则更多地表现出一种在特定任务上具备类人智能的能力,如语音识别、图像识别、自然语言处理等。然而,这些能力往往受限于特定的数据集、算法及算力等条件,缺乏一般性和灵活性。至于未来的人工智能技术是否能进化成与人类一样或更加聪明强大的智能体,目前尚无法给出确切的答案。

(4) 效果与效率

从效果来看,目前在某些特定领域,如棋艺、图像识别、多语言翻译等,人工智能技术确实已经超过了人类智能水平。特别是在棋艺领域,如图1-3所示。由于AlphaGo的胜利,人工智能技术及其应用在2016年之后获得了越来越广泛的社会关注。尽管未来的发展潜力巨大,但现阶段的人工智能还未达到可以完全取代人类智能的水平。从效率来看,人类大脑能够在极低的能量消耗下处理大量的信息,并产生复杂的智能行为。而现阶段的人工智能在处理任务时通常需要消耗大量的计算资源和能量。例如,训练如GPT3这样的大语言模型需要超过1 000 MWh的能量,这可以满足一个小镇的单日平均用电需求,而成年人类大脑的基础代谢功率约为20 W。这也是现阶段人工智能发展面临的主要障碍之一。

(a) 1997年IBM深蓝战胜
卡斯帕罗夫的棋局

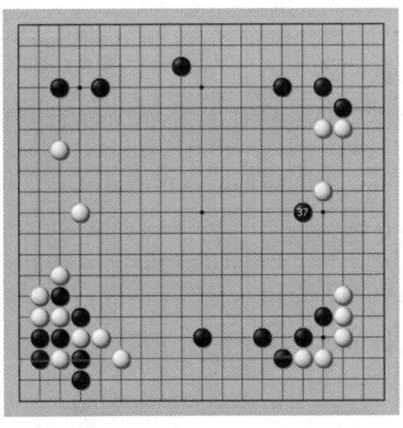

(b) 2016年DeepMind的AlphaGo和李世石
对弈时下出了前所未见的手法:第37手

图1-3 人工智能发展历史上著名的两次机器棋艺战胜人类选手的比赛

(5) 自我意识

人类具有自我意识和自我认知能力,能够意识到自己的存在和感受,深入理解自己的行为和思维过程,并进行反思与调整。但是,现阶段的人工智能还无法像人类一样具有意识和自我认知的能力。

在实际应用中，"人工智能"这一名称具有多重含义。首先，它可以指代一门学科知识，即制造智能机器的科学与工程领域，当前主要作为计算机科学的一个分支存在。其次，它可以表示一种技术集合，涵盖了实现人工智能的各种技术、算法和方法。最后，它可以代表一种智能体，即那些能够观察周围环境并根据观察结果采取行动以实现目标的系统，这些系统通常以能够模仿人类思维及相关认知功能的机器的形式存在。

同时，人工智能并不意味着该技术必须模仿人类的思考方式。例如，动物通常具备移动的能力，而人类研制的汽车同样具备移动功能，可以称为"人工移动"。然而，汽车的行驶原理及其效果已经远远超过了传统动物奔跑等基本的移动模式。这在一定程度上说明了人工智能虽然可以实现人类智能的效果，但其实现方法可能与人类智能大相径庭。这并不意味着人工智能的效果不佳，相反，其最终效果有可能极大地超越人类自身的智能水平。

不同于物理学与生命科学研究和发现事物及现象背后的规律，人工智能首先是一种技术，与计算机、互联网等技术类似，是人类发明的产物。技术发明和科学发现是两种独立的原始创新活动，在人类科学发展的历史长河中，它们之间并不存在必然的先后次序。一方面，有些科学发现能够为技术发明提供理论支撑，如原子的发现催生了核能利用技术。另一方面，也有一些技术发明并没有前期的科学发现和理论基础。中国古代四大发明便是典型的例子，它们在缺乏必要的科学理论支撑的情况下依然被创造出来。

这样的问题在人工智能领域同样存在。传统的人工智能技术追求所有方法都建立在有效的理论研究和人类思维推导的基础之上。然而，现代人工智能的很多技术发明极大地超出了人类的认知范畴，导致人类无法有效地解释这些技术为何会产生特定的效果。例如，大语言模型产生的智能"涌现"现象，至今仍未获得合理的解释。造成这一现象的根本原因在于，深度学习和强化学习只能学习隐式知识，因此所获得的智能具有不可解释性。这也正是进行现代人工智能"可解释性"研究的主要动力。人类依然渴望找到能够解释现有人工智能技术原理的方法，以指导未来人工智能理论的发展。

知识点

图灵测试

由于智能的定义尚不明确，而且难以有效地测试机器是否具备智能，1950年英国数学家艾伦·图灵（Alan Turing）提出了一种基于"模仿游戏"的图灵测试（Turing test）方法，即不必深究机器是否真正具备智能，也不必回答"机器能否思考"这类哲学问题。只要用于测试的机器表现出与人类相似的思维和行动效果，使得测试者难以区分这些行为是人类所为还是机器所为，就可以认定机器具备智能。通过图灵测试，人们能够评估机器的思考能力是否与人类相似。

在测试中，测试者写下自己的问题，随后将问题以纯文本的形式（通过计算机屏幕和键盘）发送给另一个房间中的一个人与一台机器。测试者根据对方的回答来判断其是真人还是机器。所有参与测试的人或机器都会被分开。测试时长通常为5 min，如果机器能回答由测试者提出的一系列问题，且30%以上的测试者无法辨别其与真人的差异，则认定其具备智能。

艾伦·图灵认为，没有必要通过模拟人的物理结构或生理机制来证明智能的存在或有效性，这一观点促使后来的学者不断地反思图灵测试。图灵测试没有对人工智能的计算过程进行测试，因此无法为人工智能的改进提供有效依据。一个形象的比喻是，在研究诸如汽车等人工移动工具时，应当专注于发动机等基本技术，而不是制造一种让人无法分辨是否是一匹马的机器。因此，现代人工智能学者更倾向于探索人工智能计算的内在机理。相应地，相关研究人员也很少将精力放在是否通过图灵测试上。

后来的学者扩展了图灵测试的概念，提出了完全图灵测试（total Turing test），这一测试不仅要求计算机能通过文字进行交流，还要求计算机能与真实世界中的对象和人进行视觉及物理互动。也就是说，测试者需要通过视频看到对方，并且能够与其进行物理互动，如移动或操控物体。这种测试模拟了一个更加全面的人类互动场景，除了语言智能，还包括感知和行动能力。为了实现这一点，人工智能系统需要具备诸如计算机视觉、语音识别等多模态感知能力，能够操纵外界事物的机器设备，以及实时动态响应的能力。

2022年10月，图灵奖得主约书亚·本吉奥（Yoshua Bengio）和杨立昆（Yann LeCun）等学者提出了"具身图灵测试（embodied Turing test）"的概念，强调机器系统与世界环境的具身交互研究是寻求下一代人工智能创新方法的关键。具身图灵测试的主要内容包括：控制身体和操纵物体与世界进行有效互动的能力、面对未知情境时展现出的行为灵活性，以及具备经济可行的能源效率等。与以往的图灵测试相比，具身图灵测试着重测试人工智能的高级感觉运动能力，可以对人工智能与人类和其他动物的交互进行基准测试和比较。

1.1.3 人工智能的主要技术

按照不同的标准，可以将人工智能技术划分为不同的类型，其中最为常见的是按照理论方法和应用领域来进行划分，如图1-4所示。

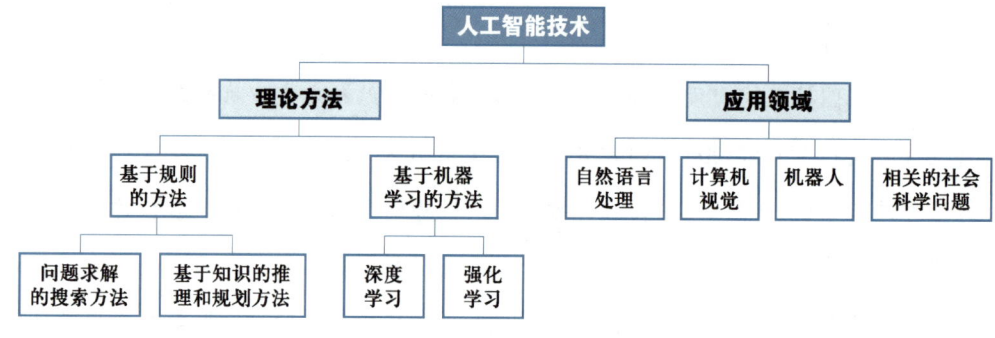

图1-4 人工智能的主要技术

按照理论方法，可以将人工智能技术分为基于规则的方法和基于机器学习的方法等，其中可以将基于规则的方法细分为问题求解的搜索方法、基于知识的推理和规划方法等，后者还可以进一步分为逻辑和知识表示、知识和推理中的不确定性（涵盖概率推理、概率编程和多智能体决策）等方法。而基于机器学习的方法又可分为深度学习和强化学习等。按照应用领域，可以将人工智能技术分为自然语言处理、计算机视觉和机器人等，甚至包括人工智能相关的哲学、伦理、安全和管理等社会科学问题。

结合基础设施和行业应用，还可以将人工智能技术看作一个由基础设施层、算法层、技术层、应用层组成的多层次体系，如图1-5所示。

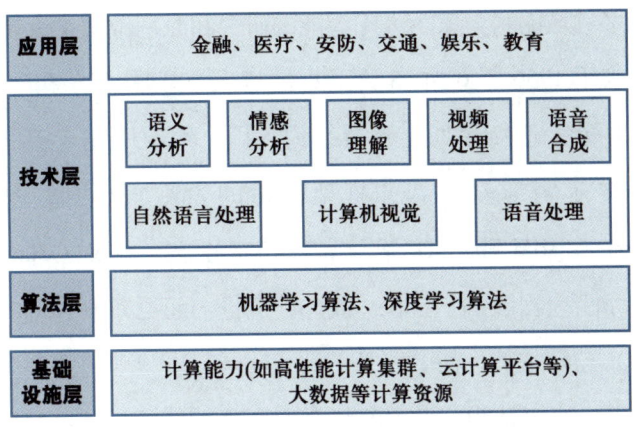

图1-5 人工智能技术的主要层次体系

其中，基础设施层包括计算能力（如高性能计算集群、云计算平台等）和大数据等计算资源。算法层包括各类机器学习算法和深度学习算法。技术层主要包括自然语言处理、计算机视觉、语音处理等技术，每种技术还可以进一步细分为多种子技术，这些技术之间并非完全独立，而是存在一定的交集。应用层面向行业解决方案。在该层中，人工智能技术被广泛应用于金融、医疗、安防、交通、娱乐和教育等领域。

1.2 人工智能的发展

1.2.1 基本情况

人工智能概念的雏形可追溯至19世纪末期。据文献记载，"机器智能"（machine intelligence）这一表述最早出现于塞缪尔·巴特勒于1872年发表的乌托邦小说《埃瑞璜》中，书中提出机械装置可以通过进化获得意识。而将这一概念引入学术讨论的，当属图灵于1950年发表的《计算机器与智能》，文中首次系统论证了机器实现人类级别智能的可能性。受早期计算机性能的限制，真正具备学科意义的人工智能研究始于1956年召开的达特茅斯会议，来自哲学、数学、心理学、工程学和神经科学等诸多领域的科学家为人工智能的研究和应用做出了大量的贡献。

达特茅斯会议于 1956 年 6 月 18 日至 8 月 17 日在美国达特茅斯学院召开，其会议报告如图 1-6 所示。达特茅斯会议持续约八周，约翰·麦卡锡（提出"人工智能"术语）、马文·明斯基（认知框架理论的先驱）、纳撒尼尔·罗切斯特（Nathaniel Rochester，IBM 701 的总设计师）和克劳德·香农（Claude Shannon，信息论创始人）等学者全程参加了会议。此外，艾伦·纽厄尔（Allen Newell，信息处理语言的发明者）与赫伯特·西蒙（Herbert Simon，决策理论的奠基人）等学者也参与了阶段性讨论。会议认为，学习的每个方面或智能的任何特征，原则上都可以被精确描述，从而可以制造出机器来对其进行模拟。会议主要围绕以下几个议题展开讨论：自动计算机（计算机的自动编程能力）、编程语言（自然语言的早期探索）、神经网络（模拟人脑神经网络）、计算规模理论（后来发展为计算复杂性理论）、自我改进（机器学习的雏形）、抽象化（概念形成机制）、随机性与创造性（模拟人类的随机思维过程和创造性）。尽管会议并没有取得具体的技术突破，但形成了两项历史性成果：一是正式将"人工智能"作为学科命名；二是制定了"制造智能机器"的跨学科研究纲领。由于当时计算机性能的限制与研究方向的分散性，会议成果在 20 世纪 50 年代未能引发广泛的关注，直到 20 世纪 60 年代符号主义取得进展后，才逐渐被公认为人工智能学科诞生的标志。

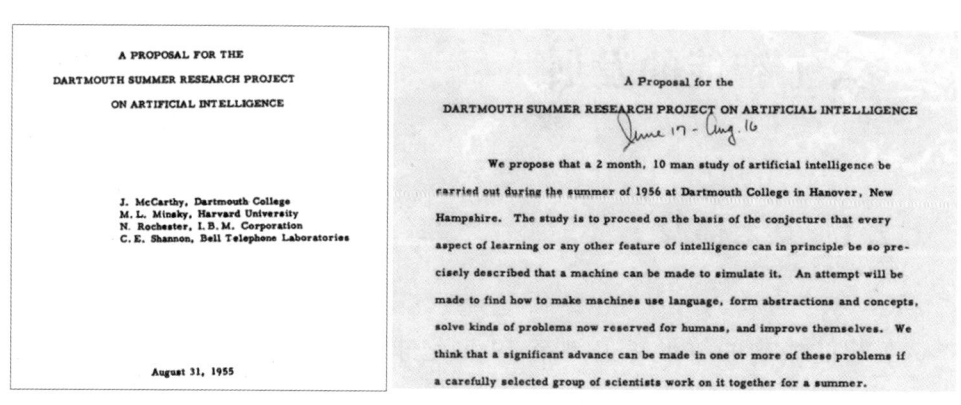

图 1-6　达特茅斯会议报告示意

早期的人工智能研究以符号主义（symbolism）为主导范式，其核心是通过形式化规则（如一阶逻辑）与推理引擎（如产生式系统）来模拟人类思维中的逻辑决策过程。由于缺乏对求解问题复杂性的深刻认识，这些方法通常只适合处理那些具有特定规模的任务。在面对异常复杂的真实场景时，所需使用的规则数量和处理难度会急剧增加，产生类似"组合爆炸"的效果。到了 20 世纪 70 年代，随着对计算复杂性研究的深入，人们逐渐意识到许多计算问题的复杂性会随着输入规模的增加而呈指数增长。与此同时，NP 完全问题（NP-complete problem）被正式提出。该理论认为，任何被归类为 NP 完全问题的问题，都可能是难以处理的问题。因此，这些方法在该时期遇到了巨大的发展阻力。直到 20 世纪 90 年代以后，随着机器学习方法的兴起，情况开始发生变化。尤其是自 2010 年以来，大数据的产生为机器学习的发展提供了新的动力。大数据驱动的机器学习方法开始在人工智能研究与应用领域展现出越来越明显的作用和价值。

知识点

NP 完全性

NP 完全性（NP-completeness）是计算复杂性理论中的一个重要概念，用于描述一类特定问题的固有复杂度。想象一下，你站在山脚下，目标是登顶。在这个过程中，会遇到不同的山峰，它们代表着不同类型的问题。

对于某些山峰（即简单问题），登顶的路径相对明确。你可能有清晰的路线图和策略，如沿着指示牌走或者跟随其他登山者留下的足迹。这样，你就能在相对短的时间内到达山顶。这类问题在计算复杂性理论中通常被归类为 P 完全问题，即在多项式时间（即可接受的确定时间）内可以找到解决方案的问题。

然而，对于另外一些山峰（即 NP 完全问题），情况就复杂得多。这些山峰可能没有明显的路径，或者路径异常复杂且难以发现。为了登顶，你可能需要在各种可能的路径中反复尝试，甚至可能需要尝试所有可能的路径，以确定哪一条路径能够通往山顶。这类问题在计算复杂性理论中被称为 NP 完全问题，它们目前没有已知的高效（即多项式时间）解决方法。

需要注意的是，NP 完全性并不意味着一个问题无法得到解决。对于某些特定规模的计算问题，人们仍然可以采用暴力搜索、动态规划等方法来找到精确解。但是，当问题的规模增大时，这些方法将变得不切实际，因为它们的计算量会迅速增长，导致求解时间变得过长。

1.2.2 发展阶段

人工智能的技术体系建立在数据、算法和算力三大基础要素之上。其中，数据是人工智能的基石，主要来自互联网、物联网设备及传感器网络生成的多模态数据。算法是人工智能的核心，是指包括支持向量机、随机森林决策树、神经网络、深度学习等在内的各类机器学习算法。算力是人工智能的重要保障，得益于硬件革命和分布式架构。纵观人工智能的发展历史，这些都经历了较长的研究探索和应用实践。人工智能的发展主要经历了以下三个阶段：

1. 第一代人工智能——基于规则的方式

这一阶段从20世纪50年代持续到20世纪70年代，其间人工智能的发展经历了多个不同的时期，其中包括以通用搜索和专家系统为代表的时期。基于规则的方式是一种依赖人工设定规则的人工智能实现路径，即尝试通过认知建模的方法来模拟人类的思考方式。从理论上讲，人们如果能够建立一个关于人类心智的足够精确的理论，就能将这个理论转化为计算机程序，从而实现人工智能。因此，在该阶段，人工智能的基本假设是：人类的思考过程是可以被程序化和机械化的。这一假设构成了该时期人工智能研究的核心。

这种思想源远流长，早在古希腊时期，亚里士多德就提出了三段论（syllogism），这是一种法则化的思维方法。例如，如果认为苏格拉底是人，且所有人都是凡人，就可以逻辑推断出：苏格拉底是凡人。随着时间的推移，这些方法逐渐演化，并在19世纪催生了逻辑学这一学科。逻辑学通过建立精确的符号系统来描述世间万物及其之间的关系，并提供了严密的推导和演算规则。逻辑学不仅关注如何通过逻辑方法来获取和推导知识，还通过机械化的逻辑操作对基本的、无可否认的真理进行组合，以生成所有可能的知识。例如，14世纪的拉蒙·鲁尔（Ramon Llull）设计了一种名为Great Art的推理系统，该系统利用可旋转的纸盘机械装置，通过不同的排列组合来进行推理。到了17世纪，托马斯·霍布斯（Thomas Hobbes）在《利维坦》（*Leviathan*）一书中提出，人类的思维活动可以通过符号的加减运算来实现。他比喻说，心脏就像发条，神经如同游丝，关节则是齿轮，而推理就是计算（Reason is nothing but reckoning）。后期，逻辑学的相关研究为人工智能领域的逻辑主义（logicism）奠定了基础。逻辑主义认为，人类的思维过程可以通过逻辑规则与符号系统来模拟和实现，这与人工智能的核心思想不谋而合。图 1-7 展示了 19 世纪的一种机械计算设备。

图 1-7　19 世纪的一种机械计算设备

后来，人们将这种基于规则的理性思考方式进一步系统化为类似代数或几何学的体系，使得推理过程能够被规约并转化为纯粹的计算问题。在这一框架下，人们普遍认为，任何展现出智能的系统都必须通过操作由符号组成的数据结构来运行。然而，随着机器学习方法的发展，这些观点逐渐显露出其局限性和不足之处。

20 世纪初，数理逻辑的突破（如希尔伯特纲领与哥德尔不完全性定理）为符号主义奠定了理论基础。1956 年，艾伦·纽厄尔与赫伯特·西蒙开发了"逻辑理论家（logic theorist）"程序，该程序成功证明了伯特兰·罗素（Bertrand Russell）和阿尔弗雷德·怀特海（Alfred Whitehead）合著的《数学原理》中 52 个定理中的 38 个，其中部分证明策略展现出了与原著不同的创新性。随后，艾伦·纽厄尔等开发了通用问题求解器（general problem solver，GPS），GPS 采用启发式搜索（heuristic search）策略，不仅能够正确地求解问题，还尝试将推理的顺序和时机与人类测试者在解决相同问题时的情况进行比较。在数学定理证明领域，赫伯特·格兰特（Herbert Gelernter）于 1959 年开发的几何定理证明程序（geometry theorem prover），成功证明了平面几何中的多个定理，但其有效性受限于预先编码的几何公理体系。20 世纪 70 年代，斯坦福大学研发的 MYCIN 专家系统，采用 LISP 语言构建了包含约 500 条产生式规则的知识库，其准确率与人类专家相当，甚至在某些情况下优于普通医生。此外，该系统还首次引入置信度因子（certainty factor）来处理不确定性推理。这些早期的探索不仅推动了人工智能领域的进步，也促进了旨在构建精确且可测试的人类心智理论的认知科学（cognitive science）的产生与发展。

下面是一个根据质谱仪信息推断分子结构的程序处理规则示例。

如果 M 是整个分子的质量，且在 x_1 和 x_2 处有两个峰，并且

（a）$x_1+x_2=M+28$。

（b）x_1-28 是一个高峰。

（c）x_2-28 是一个高峰。

（d）x_1 和 x_2 中至少有一处是高峰

则该分子含有酮基。

这个规则基于质谱中酮基的特征碎片模式。在质谱中，酮基的特征碎片通常会在分子量减去 28（即酮基的分子量）的位置出现高峰。因此，x_1 和 x_2 处的峰如果满足上述条件，则表明分子中含有酮基。

从 20 世纪 50 年代后期到 20 世纪 70 年代，人工智能早期应用取得了众多的显著成果。例如：

搜索式推理：该方法模拟了为实现某一目标而逐步探索的过程，类似在迷宫中寻找路径。该方法在遇到无法继续前行的情况（如死胡同）时会进行回溯，并尝试新的路径以寻找解决方案。但是，随着迷宫规模的增大，潜在的路径数量会呈指数增长。为了应对这一挑战，启发式算法被引入以去除一些不必要的或低效的搜索路径，从而提高搜索效率。例如，几何定理证明程序可以通过后推搜索法来解几何题；斯坦福大学开发的 STRIPS 系统可以通过搜索目标和子目标，控制机器人做出决策。

自然语言处理：该方法让计算机能够理解人类的自然语言并进行有效交流。传统的人机交互方式主要依赖规范化的表达方式，如今天的计算机程序设计语言。然而，人类的语言极为复杂且多变。为了实现基于人类自然语言的人机交互，早期的人工智能研究者往往采用构建语义网络、明确人类语言的语法规则等基于规则的方法，以此来开发自然语言处理应用系统。例如，1966 年，美国计算机科学家约瑟夫·维森鲍姆（Joseph Weizenbaum）研制出了世界上首个聊天机器人 Eliza。Eliza 通过与用户进行文本交互，展现出了一定的理解和响应能力。许多与之"聊天"的用户甚

至会误以为自己是在和人类进行对话,其界面如图 1-8 所示。

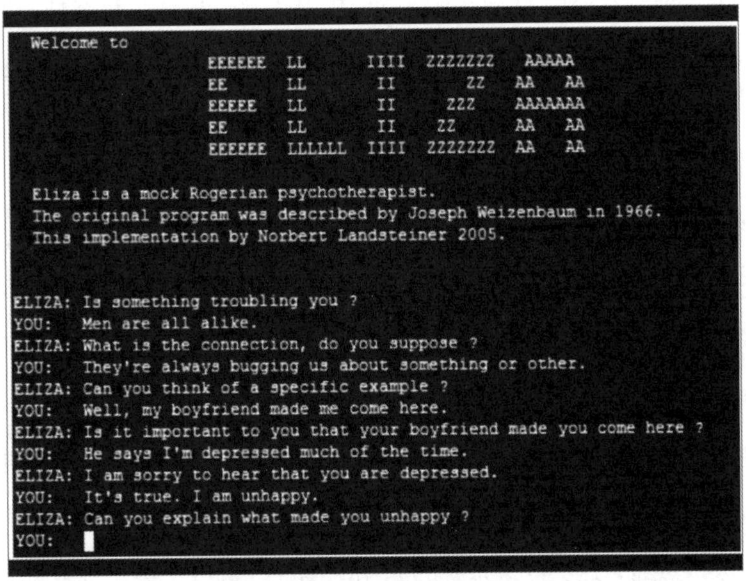

图 1-8　Eliza 与人聊天的界面

虽然机械设备能够模拟数学推理过程,但是并非所有的数学推理都可以形式化,数理逻辑具有局限性。人们往往期望数理逻辑具有普遍性和完备性,即希望通过一个系统来证明或证伪所有的数理命题。但是,事实并非如此,无论数理系统如何完善,总会存在一些它无法处理的命题。早在 1931 年,哥德尔提出的不完全性定理(incompleteness theorem)就揭示了这一点,它证明了即使在强形式化的理论中,也必然存在一些真实但无法证明的命题。这在数学上的表现就是,某些整数上的函数无法用算法来表示,即它们无法被计算。

此外,基于规则的方法在处理复杂问题时还需要假定关于世界的认知逻辑具有确定性,而实际上这很难实现。例如,围棋计算虽然复杂,但是具有简单的计算准则,即围住对方就可以吃掉对方,而对于政治、经济等方面的复杂事件,却不存在一种唯一且普适的规则,甚至关于哪种规则更为合理都存在争议。

20 世纪 70 年代,计算机有限的运算能力和问题复杂性之间的矛盾,使得某些问题的计算量呈指数增长。对于很多人工智能应用来说,常识与推理非常重要,而它们需要大量关于世界的认知信息。但是,构建一个包含如此广泛知识的数据库在当时被视为不可能完成的任务。因此,人们意识到当时的人工智能技术仅能应对其尝试解决的问题中最为简单的一部分。尽管证明数学定理和解决几何问题对计算机来说相对容易，但它在处理如人脸识别或让机器人穿过房间等复杂任务时，却遭遇了极大的困难。这一现象被称为莫拉维克悖论（Moravec's paradox），即实现人类的高阶智慧能力（如逻辑推理）只需要非常少的计算能力，而模拟一些看似简单的无意识技能（如视觉感知和直觉行为）却需要庞大的运算资源。事实上，即使是现在，人工智能的感觉运动能力仍无法与四岁儿童相媲美。尤为重要的是，现代人工智能还缺乏与真实世界有效互动的能力，难以灵活应对新情况。而这种能力却是所有动物都与生俱来的基本技能。莫拉维克悖论依然提醒我们，人工智能在模拟人类智能的道路上还有很长的路要走。

在某些特定领域，相关知识的规模有限，因此基于一组从专门知识中推导出的逻辑规则构建的专家系统，能够在这些领域中有效地回答或解决问题，并一度取得了不错的效果，然而，这类专家系统的应用范围往往局限于某个专业知识领域，难以拓展。一种直观的理解是，专家系统的能力来源于其存储的专业知识，而智能则建立在大量经过分类的知识及多种处理方法的基础之上。因此，不断扩大相关知识库的规模，就可以制造出更为强大的专家系统。但是，20世纪80年代专家系统的应用实践也证明，即便是旨在容纳一个普通人全部常识的知识数据库，也难以构建出来。其原因在于，这样的知识库不仅其知识规则的规模会迅速膨胀，其计算复杂度也会急剧增加，远远超出了人类当时的信息处理能力。正如有观点所指出的，"程序能够找到解"这一事实，并不意味着该程序具备在实践中找到解所需的全部机制。这意味着，并非所有的处理过程都能被明确的规则所涵盖。如果仅依靠人类对任务执行过程的主观理解和过往经验，而不深入分析任务的本质含义以及算法需要达成的具体目标，那么这些方法在实践中往往会遇到适应性问题。简而言之，仅增加知识库的规模并不足以保证专家系统的效能，还需要对任务和算法进行更为本质的分析与优化。

知识点

积木世界

积木世界（Blocks World）是麻省理工学院人工智能实验室（MIT AI lab）在20世纪60年代研发的一个项目，该项目通过简化真实世界中的视觉元素，将所有物体的形状都分解为若干类似积木的矩形单元,如图 1-9 所示,这也是该项目名称的来历。虽然该项目在某些方面取得了成功,但是对于诸如"找到一个大的黄色积木并将其放在红色积木上面"这样简单的动作要求,却需要大量复杂的规则才能描述清楚。正是这个项目,使人们意识到,单纯依靠规则方法来实现对复杂现实世界的推理学习并不可行。

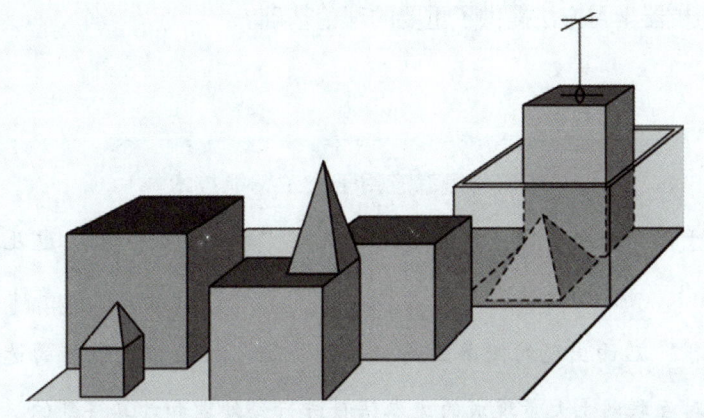

图 1-9 积木世界的场景:找到一块比所持积木更高的积木并把它放到盒子里

2. 第二代人工智能——传统机器学习方式

这一阶段主要从 20 世纪 80 年代到 21 世纪初,其间以数据驱动和统计学习为核心的传统机器学习方法逐步成为主流。尽管当前深度学习占据显著地位,传统机器学习方法在中小规模数据集(如金融风控)与高解释性需求场景(如医疗诊断)中仍具有重要的应用价值。

在人工智能的设计方法中,如果将主张使用逻辑规则的方法称为"设计派",那么强调让程序通过大量数据样本进行自我学习并获得智能思维能力的机器学习方法,则可以称为"学习派"。"学习派"的学习过程与数学,尤其是概率论等分支紧密相关。

人工智能和程序计算一直与数学方法保持着密切的关系。例如,算法(algorithm)一词可追溯至 9 世纪的波斯数学家阿尔·花剌子模,正是他将阿拉伯数字和代数引入欧洲。在面对信息不确定性时,基于规则的方法往往难以进行有效的推理,而概率(probability)这种数学方法则提供了一种有效的解决方案。它允许在掌握不确定信息的情况下进行严格的推理,甚至能够构建全面的理性思维模型。早在 16 世纪,吉罗拉莫·卡尔达诺(Gerolamo Cardano)就提出了概率的概念,并基于赌博事件的可能结果对其进行了计算。此后，概率迅速成为定量科学的重要组成部分，并应用于处理不确定性的度量和不完全性的理论之中。时至今日，基于概率论的贝叶斯方法已经成为现代人工智能方法的基础算法之一。随着概率的形式化计算与数据可获得性的结合，统计学（statistics）也逐渐产生了。这些数学领域的相关研究为机器学习方法提供了重要的理论基础。

如何将概率应用于人工智能技术？

例如，对于语音识别而言，假设已经识别出"今天的天气很"这几个字，下面一个语音为"hao"，可能的选项有"好""浩""毫"等，如果通过概率计算发现，"好"在"今天天气很"后面出现的概率最高，那么"好"就应该是最佳的选择。这些概率数据，是通过对互联网上大量现成的文本语料进行预处理和计算得到的。

在将概率论、决策理论等数学工具深度融入人工智能领域的过程中，贝叶斯网络、隐马尔可夫模型（hidden Markov model，HMM）、随机模型和经典优化理论等发挥了重要的作用。这些"计算智能"范式通过其精确的数学方法，能够产生类似智能思维的结果。这里用"类似"来表述非常关键。例如，在20世纪80年代，使用隐马尔可夫模型进行语音识别取得了显著的成效，但这并不意味着它采用了人类使用和理解语言的方式；相反，它只是在一定程度上成功地模拟了人类使用语言的效果。

当然，所有机器学习方法的发展都离不开计算能力的发展。纵观机器学习方法的演进历程，它与计算机技术的发展轨迹紧密相连，呈现出一种共振现象。需要注意的是，并非所有的机器学习方法都依赖复杂的数学理论，有些方法，如深度学习和强化学习，更多地建立在大量有效计算的基础之上。

决策论（decision making theory）结合了概率论和效用理论，为不确定性环境下的个体决策提供了计算框架。在这一框架下，虽然每个决策主体都无须考虑其他独立主体的行为，但其行为可能会对其他参与者的效用产生积极或者消极的影响。随着决策论的发展，博弈论（game theory）应运而生。博弈论揭示了在某些情境下，理性智能体的个体理性行为可能导致集体非理性的结果，并且指出在某些情况下，个体采用随机策略反而可能是最优选择。

运筹学（operations research）则主要关注当行为的收益不是立即产生而是在几个连续的行为后产生时，应该如何做出理性决策。这些研究为人工智能领域的多智能体系统（multi-agent system）设计提供了理论基础。

数学方法的融入不仅促进了人工智能与其他学科的深度合作，还使得人工智能的研究成果更易于评估和验证，从而推动了人工智能发展成为一门更加严谨的科学。到了 20 世纪 90 年代，机器学习方法开始被广泛用于多个应用领域探索人工智能的实现路径。然而，由于计算能力和训练数据资源有限，当时的大部分机器学习方法只能基于小规模数据进行训练。因此，尽管所获得的模型在某些应用场景中取得了一定的成效，但它们通常仅适用于那些与被处理过的数据相近的领域，缺乏在大规模数据应用场景中的普适性和高效的计算能力。

这个阶段产生了多种至今仍在发挥重要作用的机器学习研究资源。其中，加利福尼亚大学欧文分校（The University of California, Irvine, UCI）创建的机器学习库，包含丰富的数据集，如图 1-10 所示。此外，还有语音识别数据集 Librispeech，以及手写数字数据集 MNIST 等。

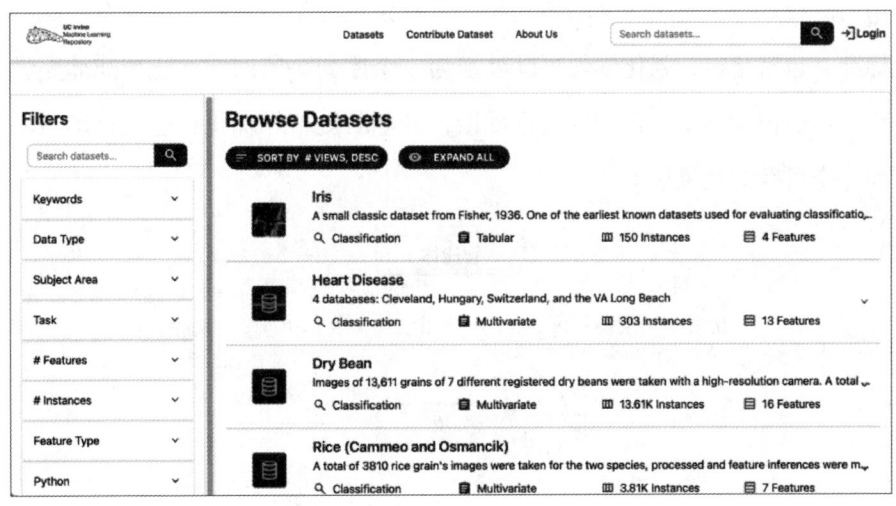

图 1-10　UCI 机器学习库界面

虽然从本质上看，机器学习并非与人类智能最接近的方式，而且往往难以解释，但在效果上，它确实已经发展成为现代人工智能研究和应用中一个最重要且最有效的领域。

机器学习主要有三种方法，分别是监督学习、无监督学习和强化学习。

① 监督学习：是一种从带有标注信息的数据中学习的方法，这种方法可以让模型学习到数据特征与这些已标注信息之间的对应关系。例如，给定一组动物，并为其中的每种动物标注其所属的类别（如鱼、狗、鸟等）。在学习过程中，机器会通过分析数据来发现特征规律，如有鳞动物的特征通常与鱼相关联。这种方法的具体学习过程并非基于人类的语义理解，而是通过算法自动探索同一类别下不同动物之间的最大共性特征。

② 无监督学习：是一种直接从原始数据中学习的方法，其典型方法是聚类。在这种方法中，输入的是没有维度标签的历史数据，而输出的则是经过聚类处理的数据。例如，给定一组水果，可以先将每种水果的颜色、味道、形状等特征用向量来表示，然后基于这些特征向量之间的相似度对这组水果进行聚类。

③ 强化学习：是一种通过设计智能体来自主探索环境状态的方法。在这种方法中，智能体根据环境的状态做出决策，在每一步的决策之后，智能体从环境中收到反馈，可能是正奖励（表示决策正确）或负奖励（表示决策错误）。智能体通过反复试探环境状态并不断调整行为策略，以获得最大化的累积奖励，如图 1-11 所示。强化学习的特点在于它是一个动态过程，没有预设的学习目标，也没有精确的结果衡量标准。也就是说，强化学习可以被视为一个序列决策问题：让智能体先尝试做出判断，然后根据结果的正确性进行反馈，并不断更新和优化自己的行动策略，直至得到一个可行的结果。

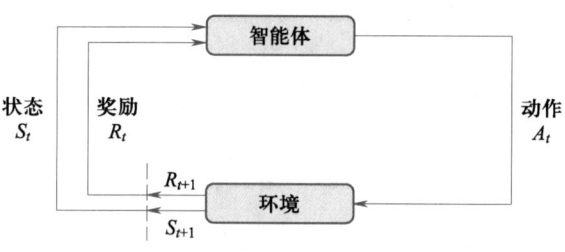

图 1-11　强化学习方法示意图

例如，两个小孩学习下象棋。起初他们都不太会下，但通过不断对弈，两人的棋艺都得到了很大提升，且其中一个孩子的棋艺更突出。然而，一开始大家并不知道究竟谁的棋艺会更出色,甚至对于棋艺能否得到提升也不确定。这种通过实践和试错来提升能力的过程,正是强化学习的核心思想。强化学习方法自20世纪五六十年代逐渐形成以来,发展进程虽然比较缓慢,但也取得了一系列成果。例如,早在1956年,阿瑟·塞缪尔(Arthur Samuel)就使用该方法研究西洋跳棋程序,成为该领域的先驱工作。该程序具备自我学习能力,能够通过与自己对弈不断改进策略,其棋艺甚至超过了创造者本人,达到了与业余高手对抗的水平。它通过大量计算和不断试错,评估每一步棋的潜在收益并优化策略,最终找到最优的结果。强化学习发展过程中的主要技术如表1-1所示。

表1-1 强化学习发展过程中的主要技术

时间	主要技术	关键人物(团队)	说明
1956年	西洋跳棋程序	阿瑟·塞缪尔	首个具备自我学习能力的西洋跳棋程序,展示了强化学习的核心思想
1983年	基于自适应元素的控制方法	安德鲁·巴托(Andrew Barto)	成功应用于倒立摆问题,为后续强化学习方法的发展提供了重要基础
1988年	时序差分学习(temporal difference learning, TDL)	理查德·萨顿(Richard Sutton)	结合了动态规划和蒙特卡洛方法的强化学习算法
1989年	Q-learning算法	克里斯·沃特金斯(Chris Watkins)	无模型强化学习的经典方法
1992年	策略梯度(policy gradient)	罗纳德·威廉姆斯(Ronald Williams)	直接优化策略参数,适用于连续动作空间和高维问题
2016年	AlphaGo	戴维·西尔弗(David Silver)领导的DeepMind团队	创新性地将深度学习和强化学习融合起来,在围棋领域击败了世界冠军李世石,展示了超越人类顶尖职业棋手的水平
2017年	最大熵强化学习(maximum entropy reinforcement learning)	托马斯·哈诺贾(Tuomas Haarnoja)等	通过引入熵正则化项来鼓励策略探索,提高了算法的稳健性和样本效率
2019年	多智能体强化学习(multi-agent reinforcement learning, MARL)	OpenAI、DeepMind等团队	20世纪90年代开始研究,21世纪10年代以后取得了显著进展;研究多个智能体在复杂环境中的协作与竞争,主要用于游戏AI、机器人协作等领域

3. 第三代人工智能——神经网络学习方式

这一阶段主要从20世纪80年代神经网络方法再次得到关注至今,尤其在进入

21世纪后，随着大数据和计算资源的爆发式增长，以深度学习为代表的神经网络方法取得了突破性进展，推动了人工智能研究的快速发展。神经网络发展过程中的主要技术如表1-2所示。

表1-2 神经网络发展过程中的主要技术

时间	主要技术	关键人物（团队）	说明
1943年	神经元的数学模型	沃伦·麦卡洛克（Warren McCulloch）沃尔特·皮茨（Walter Pitts）	提出了神经元的逻辑计算模型，为神经网络奠定了数学基础
1958年	感知机（perceptron）	弗兰克·罗森布拉特（Frank Rosenblatt）	首个可训练的神经网络模型，用于二元分类，推动了监督学习的发展
1969年	XOR问题困境	马文·明斯基 西摩·派珀特（Seymour Papert）	证明单层感知机无法解决非线性问题（如异或），导致神经网络研究进入"冷静期"
1986年	使用反向传播（back propagation，BP）算法训练神经网络	戴维·鲁梅尔哈特（David Rumelhart）杰弗里·辛顿（Geoffrey Hinton）罗纳德·威廉姆斯	训练多层神经网络的关键技术
1997年	长短期记忆（long short-term memory，LSTM）网络	赛普·霍克莱特（Sepp Hochreiter）于尔根·施密德胡伯（Jürgen Schmidhuber）	解决了一般的循环神经网络存在的梯度消失问题
1998年	改进的卷积神经网络（convolutional neural network，CNN）	杨立昆	成功应用于手写数字识别
2003年	神经网络语言模型（neural network language model，NNLM）	约书亚·本吉奥	为自然语言处理领域的深度学习奠定了基础
2017年	Transformer模型	阿什什·瓦斯瓦尼（Ashish Vaswani）	基于自注意力机制的模型，广泛应用于自然语言处理和计算机视觉
2017年	联邦学习（federated learning）	布伦丹·麦克马汉（Brendan McMahan）	在分布式设备上训练模型，保护数据隐私
2017年	图神经网络（graph neural network，GNN）	托马斯·孔卡（Thomas Kipf）	处理图结构数据，应用于社交网络、分子结构等领域

神经网络方法作为一种受生物神经元启发的机器学习方法，试图利用类似人类大脑神经元的计算模式来构建人工智能。早在1943年，神经学家沃伦·麦卡洛克和沃尔特·皮茨就首次提出了神经元的数学模型，为神经网络的发展奠定了基础。神

经科学（neuroscience）作为研究神经系统的学科，主要针对大脑等神经系统的结构和功能进行研究。

根据目前已有的研究，大脑皮层中存在数量庞大的神经元。每个神经元都由包含细胞核的细胞体（胞体）构成，胞体延伸出纤维状结构（即突触），较短的称为树突，较长的称为轴突。轴突具有显著的长度特征，不同神经元通过突触与其他神经元的轴突形成连接，如图 1-12 所示。一个神经元可与数量不等的其他神经元建立联系。神经信号借助复杂的电化学反应，从一个神经元通过轴突传递至其他神经元。这类信号传递不仅支撑大脑的短期功能调控，还通过调整神经元间连接的强度与模式来建立和维持长期记忆。

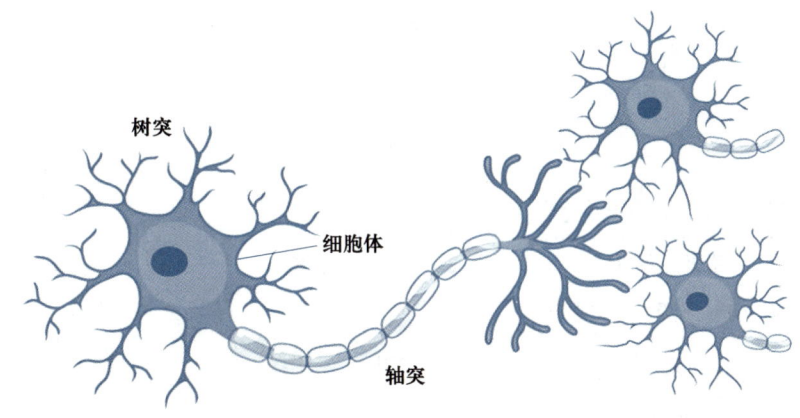

图 1-12　大脑中不同神经元之间通过轴突相互连接

神经网络方法是一种人工模拟大脑神经元计算的方式，它通过设计人工神经元及其之间的连接来实现数值计算。研究表明，任何可计算的函数都可以借助神经元相互连接所构成的网络来进行计算。所有的基本逻辑运算，如 AND、OR、NOT 等，也都能通过相应的网络结构来实现。适当设计的网络甚至还具备自我学习能力。例如，通过调整神经元之间的连接强度来更新规则。神经网络的示意图如图 1-13 所示。

神经网络方法的早期形式是感知器（perceptron），它是神经网络中最简单的结构之一，由弗兰克·罗森布拉特于 1958 年提出。感知器仅包含一个输入层、一个神经元及一个输出层。虽然它只能表示现代人工神经网络中的一个单独神经元，不像现代神经网络那样具有复杂的多层结构，但其计算方法已经具备了神经网络的典型特征。20世纪60年代,美国军方利用感知器技术完成了对坦克图像的识别。然而,受限于当时的计算能力与数据规模,这类依赖对海量数据进行训练的方法未能取得有影响的成果。近年来,随着计算机软硬件性能不断提升,逐渐接近甚至开始超越人类大脑的性能指标(如表1-3所示),神经网络方法才开始真正发挥其计算潜力。

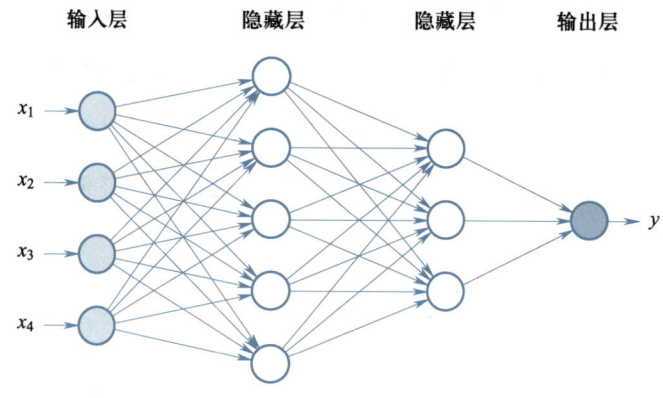

图 1-13　神经网络的示意图

表 1-3　2019 年典型计算机配置和人类大脑性能的对比

指　标	超级计算机	个人计算机	人类大脑
计算单元	2.7×10^4 GPU(图形处理单元)+ CPU(中央处理器) 2×10^{14} 个晶体管	8 个 CPU 内核 2×10^9 个晶体管	8.6×10^{10} 个神经元
存储单元	2.5×10^{17} 字节(约 250 PB) RAM(随机存储器) 10^{18} 字节(约 1 EB)磁盘	1.6×10^{10} 字节(16 GB)RAM 10^{12} 字节(1 TB)磁盘	8.6×10^{10} 个神经元 10^{14} 个突触
周期	10^{-9} s	10^{-9} s	10^{-3} s
运算速度	2×10^{17} FLOPS(200 PFLOPS)	10^{11} FLOPS(100 GFLOPS)	$10^{16} \sim 10^{17}$ 次等效操作/s

事实上,人类的许多经验并不能用公理来精确描述。相比之下,神经网络方法则可以通过一种流畅但不一定精确的方式来构建内部连接,因而能够表达概念之间的复杂关系。这种特性使神经网络能够更好地满足真实世界中复杂场景的建模要求。

20 世纪 70 年代至 80 年代,神经网络算法迎来了关键突破。1974 年,保罗·韦伯斯(Paul Werbos)在论文中首次证明了反向传播(BP)算法在多层神经网络中应用的可行性,为后续 BP 神经网络的发展奠定了基础。1985 年,杰弗里·辛顿与特伦斯·谢诺夫斯基(Terrence Sejnowski)合作提出了玻尔兹曼机(Boltzmann machine),通过引入隐藏层扩展了神经网络的表示能力。1986 年,戴维·鲁梅尔哈特（David Rumelhart）完善了反向传播算法，建立了通过计算误差的梯度来自动调整网络参数的标准化训练范式，使神经网络首次具备系统性的自学习能力。该方法将预测输出值与真实值进行比较，通过不断优化网络参数来提升泛化性能，目前已经成为深度学习的核心训练机制。1989年，杨立昆受生物视觉系统的启发，首次提出了卷积神经网络（CNN）。

20世纪90年代互联网的商业化普及、2010年左右大数据的兴起，以及近20年来计算能力的快速发展，使得神经网络方法再次获得人们的广泛关注。在这一过程中，数据资源的规模显得尤为重要。例如，对于当前常见的图文互相生成技术而言，如果没有大量来自互联网的带有文本标注的图片信息，即便使用再多的技术手段，也无法快速获取多模态信息之间的关联特征。事实上，将数据资源的规模增加两到三个数量级所带来的性能提升，往往会超过单纯调整算法所获得的性能提升。例如，2011年，IBM公司的沃森（Watson）系统就凭借着丰富的数据资源在《危险边缘》（*Jeopardy*!）智力问答中战胜了人类冠军。

知识点

小样本学习

小样本学习（few-shot learning, FSL），又称为低样本学习（low-shot learning, LSL），是一种机器学习方法，这种方法强调在有限数量的数据集中进行快速训练，从而实现时间成本和计算成本更低的学习能力。人类的学习行为与小样本学习类似。例如，儿童无须浏览大量的动物图片，就能快速掌握识别包含动物形象的图片的技能。不过，尽管小样本学习具有这样的潜力，但目前相关研究尚未取得突破性的进展。

深度学习方法是一种典型的神经网络方法，又称为深度神经网络（deep neural network, DNN）。可以将深度学习方法简单地理解为具有多层处理单元的深层神经网络模型，这也是其名称的由来。深度神经网络与简单神经网络的对比如图1-14所示。

通过多层网络结构和非线性激活单元，基于深度学习方法构建的模型能够拟合任意连续函数，因此具有强大且通用的计算表达能力。与传统机器学习方法相比，深度学习方法的主要特点在于其自动化的特征学习过程。传统机器学习方法通常需要依靠人工进行特征提取和选择，然后学习这些特征的线性组合，而深度学习方法则从原始特征出发，通过包含多个隐藏层的网络结构自动学习高级特征组合。这使得深度学习方法在处理复杂数据时表现出更强的能力。深度学习方法与传统机器学习方法的区别如图 1-15 所示。

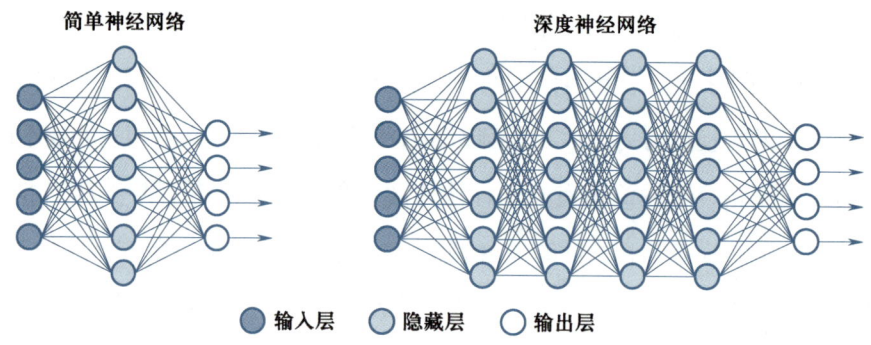

图 1-14 深度神经网络与简单神经网络的对比

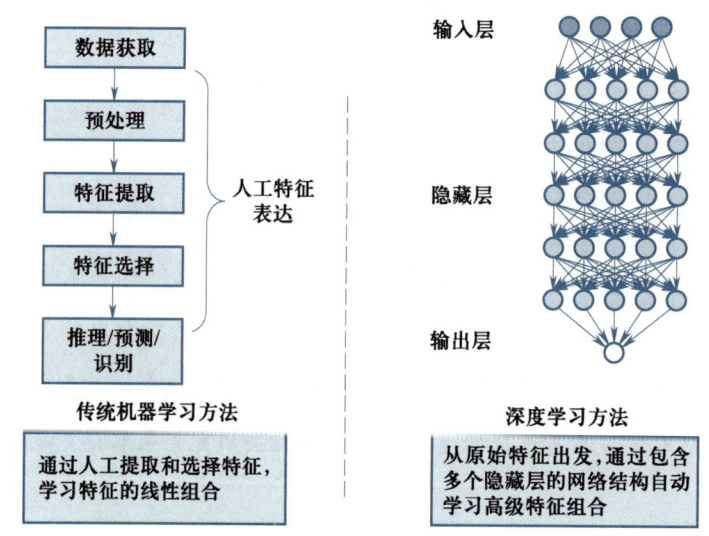

图 1-15 深度学习方法与传统机器学习方法的区别

在早期应用中，以卷积神经网络（CNN）为代表的深度学习方法率先在手写数字识别（如 MNIST 数据集）等图像处理领域取得了成功。2006 年，深度学习的基本理论框架通过杰弗里·辛顿等人对深度信念网络的研究得到了验证，标志着其开始复兴。2010 年，深度学习方法在语音识别和自然语言处理领域取得了突破性进展。例如，微软研究院首次将深度神经网络（DNN）应用于语音识别系统，显著降低了错误率。2012 年，AlexNet 在 ImageNet 大规模视觉识别挑战赛中以 15.3% 的 top-5 错误率夺冠，这一错误率比第二名低了 10.8%。此后，深度学习方法逐渐扩展至语音识别（如 WaveNet）、视觉识别（如 ResNet）等更多的领域。

与传统机器学习方法不同，深度学习方法需要通过对更大规模的数据进行训练来构建高精度的预测模型。20 世纪 80 年代至 90 年代，典型神经网络的规模较小，如 LeNet-5 仅包含约 6 万个参数。而现代大模型如 GPT-4，其参数规模已达 1.8 万亿个。这一转变得益于两方面的支撑：一是数据资源，互联网生成的大数据为训练提供了基础。根据国际数据公司（IDC）的预测，全球数据总量将从 2024 年的 159.2 ZB（泽字节）增长至 2028 年的 384.6 ZB。二是算力，遵循摩尔定律，计算芯片性能将持续迭代。CPU、GPU、TPU（张量处理器）、WSE（晶圆级引擎）、ASIC（专用集成电路）、FPGA（现场可编程门阵列）等计算芯片的性能每 18 至 24 个月翻一番。例如，2012 年英伟达公司推出了 Kepler 架构 GPU，并进一步完善了 CUDA 编程模型，使得多卡分布式训练成为现实。此后，GPU 架构不断升级，推动了深度学习的快速发展。与此同时，芯片制程技术也在不断进步，从 28 nm 逐步缩小至 14 nm、7 nm、5 nm 乃至更小，同等面积芯片的算力大幅提升。不过，由于功耗问题和设计瓶颈，芯片制造商逐渐从单纯提高时钟频率转向增加计算内核数量，这种方式有利于进行并行计算，能够加速与大脑并行特性类似的深度学习计算过程。例如，ResNet-50 模型的训练时间从 2014 年的 1 天（基于 CPU）缩短至 2018 年的 2 min（基于 V100 GPU），这主要得益于 GPU 在深度学习中的高效并行计算能力。深度学习方法发展过程中的主要技术如表 1-4 所示。

表 1-4　深度学习方法发展过程中的主要技术

时间	主要技术	关键人物（团队）	说明
1950 年	论文《计算机器与智能》	艾伦·图灵	提出了"图灵测试"，探讨了机器智能的可能性，奠定了人工智能的哲学基础
1958 年	感知机	弗兰克·罗森布拉特	提出了单层神经网络模型，是早期神经网络的重要基础
1960 年	自适应线性神经元（adaptive linear neuron）	伯纳德·威德罗（Bernard Widrow）特德·霍夫（Tedd Hoff）	引入了梯度下降算法，用于信号处理和自适应滤波，是早期监督学习的重要实践

续表

时间	主要技术	关键人物（团队）	说明
1980 年	自组织特征映射（self-organizing feature mapping, SOM）	戴沃·科霍宁（Teuvo Kohonen）	无监督学习模型，用于数据聚类和降维，以模拟大脑皮层的自组织特性
1982 年	霍普菲尔德神经网络（Hopfield neural network）	约翰·霍普菲尔德（John Hopfield）	引入了能量函数的概念，解决了组合优化问题，推动了联想记忆和优化算法的研究
1985 年	玻尔兹曼机	杰弗里·辛顿 特伦斯·谢诺夫斯基	基于能量模型的生成网络，支持概率分布学习，为深度生成模型奠定了基础
1986 年	反向传播算法	戴维·鲁梅尔哈特 杰弗里·辛顿 罗纳德·威廉姆斯	首次系统化地提出了反向传播算法，解决了多层网络训练问题，推动了现代深度学习的发展
1986 年	循环神经网络（recurrent neural network, RNN）	迈克尔·乔丹（Michael Jordan）	处理序列数据的网络结构，用于语言建模和时间序列预测
1998 年	LeNet	杨立昆	首个成功应用的卷积神经网络（CNN），用于手写数字识别，为计算机视觉的发展奠定了基础
2006 年	深度信念网	杰弗里·辛顿	利用分层无监督预训练解决深度网络优化难题，推动了深度学习的复兴
2012 年	随机失活（dropout）	杰弗里·辛顿团队	正则化技术，通过随机屏蔽神经元来防止过拟合，提升了模型的泛化能力
2012 年	AlexNet	杰弗里·辛顿团队	在 ImageNet 大规模视觉识别挑战赛中取得了突破性胜利，标志着深度学习在图像分类领域取得了重大突破
2014 年	生成对抗网络（generative adversarial network, GAN）	伊恩·古德费洛（Ian Goodfellow）	利用生成器与判别器对抗训练生成逼真数据，推动了图像生成、数据增强等领域的发展
2017 年	胶囊网络（capsule network）	杰弗里·辛顿	利用动态路由编码空间层次关系，改进传统 CNN 对物体姿态变化的稳健性

有了上述概念之后，读者应该对诸如人工智能、机器学习、强化学习、深度学习等方法之间的关系（如图 1-16 所示），尤其是深度学习方法在现代人工智能领域发挥的重要作用，有了初步的了解。

虽然深度学习方法在人工智能的研究与应用中获得了很大的成功，但这并不意味着它能取代其他一切方法，也不意味着深度学习方法是完美无缺的。首先，传统机器学习方法拥有悠久的历史，很多算法已经相当成熟，而且对计算条件要求不高，适用于很多应用场景。相较于以深度学习为代表的神经网络方法，可以将这些传统机器学习方法统称为浅层学习方法，其发展过程中的主要技术如表1-5所示。

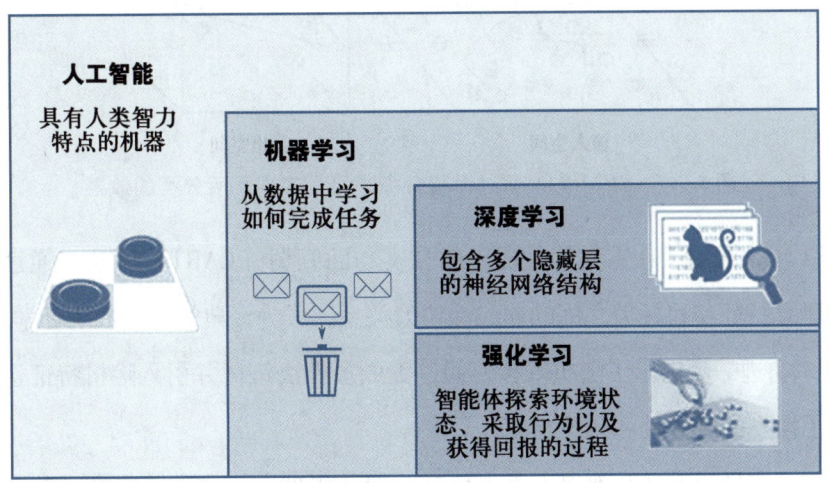

图1-16 人工智能与机器学习等主要概念之间的关系

表1-5 浅层学习方法发展过程中的主要技术

时间	主要技术	关键人物	主要作用
1984年	分类与回归树（classification and regression tree，CART）	利奥·布雷曼（Leo Breiman）	提出了基于二叉树的决策树算法，支持分类和回归任务，是经典的非参数统计学习方法
1995年	支持向量机（support vector machine，SVM）	科琳娜·科尔特斯（Corinna Cortes）弗拉基米尔·万普尼克（Vladimir Vapnik）	基于统计学习理论，用最大分类间隔和核技巧处理非线性问题，推动了监督学习的发展
1997年	AdaBoost算法	约阿夫·弗罗因德（Yoav Freund）罗伯特·夏皮尔（Robert Schapire）	通过迭代调整样本权重并组合多个弱分类器，显著提升了整体分类性能，为集成学习奠定了基础
2001年	随机森林（random forest）	利奥·布雷曼	结合自助投票（bagging）与随机特征选择，构建多棵决策树并对这些决策树的结果进行集成，提升了模型的稳健性和泛化能力

其中，1995年，科尔特斯和万普尼克提出的支持向量机（SVM）的影响最大，该方法是一种监督学习方法，通过寻找一个最优分类超平面来分隔不同类别的样本，如图1-17所示。

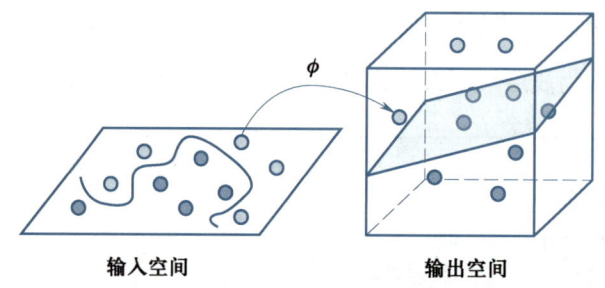

图 1-17　SVM 方法通过设置分类超平面实现灵活分类的效果

1984 年，利奥·布雷曼等人提出的分类与回归树（CART）算法，通过构建树状结构建立特征与目标值之间的非线性映射关系，成为经典的非参数统计学习方法。2001 年，它进一步提出了随机森林，通过集成多棵决策树并引入随机特征选择，显著提升了模型的稳健性和预测精度。

尽管深度学习方法在效果上表现优异，但其仍然存在训练成本高、参数调整复杂等问题。此外，深度学习方法的发展历程并非一帆风顺。例如，早期的循环神经网络因梯度消失问题而导致长序列建模能力受限，后来通过长短期记忆（LSTM）网络和门控循环单元（GRU）等改进技术才得以突破。随着算法优化与计算机硬件的进步，深度学习方法在性能和效率上都得到了显著提升。目前，在图像识别、自然语言处理等领域，最先进的深度学习模型（如 ResNet、Transformer 模型等）已经能够超越人类的平均水平。因此，以深度学习为核心的机器学习方法已经成为现代人工智能的主流技术，传统机器学习方法（如支持向量机、随机森林等）虽然仍在特定的场景中应用，但影响力已相对有限。与此同时，强化学习方法作为机器学习方法的重要分支，通过与深度学习方法结合（即深度强化学习方法），在复杂的决策任务中展现出了强大的潜力。例如，DeepMind 的 AlphaGo 和 AlphaZero 利用深度强化学习方法，通过自我博弈优化的方式自主学习棋局策略。这两类技术协同发展，形成了相互促进的格局，推动了人工智能在游戏、机器人控制等领域的突破。

 知识点

关于人工智能的三大主义

人们可以按照不同的标准对人工智能技术进行分类，其中一种常见的分类是"三大主义"，即符号主义、连接主义和行为主义。

符号主义强调通过逻辑推理来实现人工智能，它以规则和知识为基础，通过论证和推理机制来得出结论。符号主义通常围绕某一特定领域，将人类知识转换为可表达和可计算的形式，实现诸如"知识工程""专家系统""知识图谱"等常见的人工智能应用形式。

连接主义，顾名思义，就是通过模拟人类大脑神经元的连接来实现智能计算。人们虽然早期进行了有关连接主义的各种尝试，但并未取得显著的成功。2015年以后，神经网络和深度学习方法的进一步发展，使连接主义成为现代人工智能技术发展的新动力。尤其是2023年出现的大语言模型，作为连接主义的一个成功应用，充分利用了大数据资源的优势，在人工智能领域产生了革命性的变化。

行为主义方法以心理学理论为基础，强调通过观察和模拟外部行为来设计人工智能。目前，强化学习是行为主义在人工智能领域最直接和最重要的应用，它基于操作条件作用，即通过奖励（正强化）或惩罚（负强化）来调整行为。在强化学习中，智能体通过与环境的交互来学习如何执行任务或实现目标。

1.3 人工智能的应用领域

人工智能的应用领域非常广泛，本节主要结合几个主要方向，对其做简单说明。

1.3.1 自然语言处理

1. 基本含义

自然语言处理（natural language processing，NLP）主要研究如何让计算机能够解析、理解和生成包括各种人类语言在内的自然语言文本或语音，从而实现人与计算机之间更为自然的交流。传统上，在人与计算机交流的过程中，往往需要人去适应计算机的交互方式。例如，人们需要按照计算机所要求的格式来输入相关内容，而在接收到计算机的反馈后，需要进行特定的解释或转换才能明白计算机反馈的含义。这种局限性在过去尤为明显。例如,早期的计算机缺乏显示器等标准的输出设备,只能通过控制不同灯泡的闪烁来表示输出结果;而在计算机输入方面,即便到了今天,大部分人仍然通过键盘和鼠标,而非语音来操作计算机。

自然语言处理旨在打破人与计算机在交流上的障碍,使计算机能够更好地理解和处理自然语言。但这个过程并不容易,人类语言的复杂性给自然语言处理带来了巨大的挑战。全球现存的语言约有6 000种,各种语言的语法规则之间差异明显。例如:德语的复合词由多个单词组合而成,各单词之间无须用空格分隔;法语动词的变位形式可能超过20种;阿拉伯语文字从右向左书写,但在遇到数字时需要从左向右阅读。此外,语言中普遍存在的语义模糊现象(如歧义)进一步增加了自然语言处理的难度。以句子"Time flies like an arrow, fruit flies like a banana"为例,需要结合上下文来区分"flies"在不同语境中的含义("飞逝"与"果蝇")。然而,即使借助上下文分析,某些歧义仍难以完全消解。例如,百度曾有句广告:"我知道你不知道我知道你不知道我知道你不知道"就有多种有趣的分词解读,如图1-18所示。

图1-18 百度广告语句的多种解读

 知识点

上 下 文

上下文(context)是指语句所处的语言环境,包括说话人所处的环境,以及该语句前后的语句等。要准确理解某一语句的具体含义,就需要对其上下文进行全面分析。例如,对于"小明帮助了小亮,因此我表扬了他",第二句话中的"他"应该指"小明"。不过,上下文对于语句含义的暗示方式往往是多种多样的,而且有时并没有完整的背景信息,导致人们理解困难。因此,结合上下文分析语句含义成为自然语言处理研究的重要内容。

2. 发展阶段

自然语言处理的发展经历了以下三个阶段：

（1）早期阶段（20 世纪 50 年代至 20 世纪 80 年代）

自然语言处理的发展可以追溯到 20 世纪 50 年代，当时人们开始探索如何让计算机处理自然语言，主要是让计算机基于语言规则来理解人类语言并完成自然语言处理任务。一般将这种方法称为基于规则的理性主义方法，但这种方法只要遇到偏离规则的情况便力不从心。例如，1954 年美国乔治敦大学（Georgetown University）与 IBM 公司合作的俄英翻译系统，成功地将超过 60 句俄语自动翻译成英语。事实上，该系统仅包含 6 个语法规则和 250 个词汇，随着词语数量的增加，该系统很快就遇到了规则数量爆炸性增长的问题。

20 世纪七八十年代，随着计算机科学和语言学的深入融合，自然语言处理有了新的发展。语法分析、语义分析等成为其代表性技术。其中，语法分析通过对句子进行分词、词性标注、句法分析，提取出句子的结构信息。语义分析则关注句子中词汇的含义及其之间的关系，为计算机理解自然语言提供了更深层次的支持。

（2）统计学习方法阶段（20 世纪 90 年代至 21 世纪初）

20 世纪 90 年代，统计学习方法开始应用于自然语言处理领域，它主张从大量的语言数据中提取知识，以构建有效的语言统计模型，又被称为基于统计的经验主义方法。这种方法认为只要用于统计分析的语言数据足够多，就能够理解人类语言。但是即便这种方法取得了显著的进展，有些问题依然没有得到有效解决。例如，任何模型都无法无限且实时地获取并处理所有的人类语言数据，这导致在面对新词等以前未见过的语言现象时，模型并不能完全准确地理解人类语言。

（3）深度学习方法阶段（21 世纪 10 年代至今）

理解和模拟人类语言是一个相对复杂的过程。近年来，在深度学习的推动下，人工智能技术取得了显著的进展。深度学习通过构建多层神经网络，自动学习文本数据的特征表示，进一步提升了自然语言处理能力。特别是循环神经网络（RNN）、长短期记忆（LSTM）网络等模型的提出，为处理序列数据提供了有效手段，实现了类似人类自然对话的人机交互效果。例如，ChatGPT 等大语言模型已能实现接近人类的对话流畅度。

尽管如此，自然语言处理仍面临很多难题。在需要知识推理和逻辑推理的问答系统中，模型尽管能基于所学到的知识来回答用户问题，但往往难以进行复杂的推理。这是因为大模型的训练数据通常只包含文本及其对应的标签，缺乏显式的知识或逻辑规则，从而限制了其推理能力。此外，隐喻、双关语、讽刺等复杂的语言现象仍然难以被准确解析。例如，在情感分析任务中，模型可能将讽刺误判为赞扬，或者无法区分"好、乐、哀、怒"等情感之间的细微差别。

3. 主要应用

自然语言处理的应用领域非常广泛，涵盖了机器翻译、情感分析、问答系统、文本摘要、命名实体识别、语音识别与合成等。

（1）机器翻译

例如，用户输入英文句子"Hello, how are you?"自然语言处理技术可以将其译为"你好，最近如何？"这一过程包括对源语言（英语）的理解和目标语言（中文）的生成，需要处理诸如语言结构、词汇含义和翻译规则等问题。但是，机器翻译需要解决跨语言结构差异与文化表达问题。例如，在英文句子"It's raining cats and dogs"中，使用"cats and dogs"这一固定搭配表示"大雨"，属于非字面意义的习语。在中文中没有直接对应的习语，通常用"倾盆大雨"或"大雨滂沱"来描述类似的场景。

（2）情感分析

例如，对于社交媒体上的一条评论"这部电影太棒了！"人们可以准确地判断出用户的情感态度，即用户非常喜欢这部电影。为了进行这样的分析，自然语言处理技术需要识别文本中的情感词汇，并结合上下文和更多的外在信息来判断用户的整体情感倾向。此外，它通常会用正面、负面或中性来表达情感属性，用好（喜悦）、乐（愉快）、哀（悲伤）、怒（愤怒）、惧（恐惧）、恶（厌恶）、惊（惊讶）来表达七种常见的情绪。

（3）问答系统

例如，用户提问"江苏的省会是什么？"系统能够返回"江苏的省会是南京"。为了实现这一功能，自然语言处理技术需要解析用户的问题并理解其意图，同时还需要在知识库中查找相关信息并据此生成答案。因此，知识图谱、语义本体等知识库在问答系统中起着重要的作用。

（4）文本摘要

例如，将一篇长文章或新闻自动压缩成简短且能准确表达其含义的摘要。在这一过程中，自然语言处理技术需要识别并提取文本的关键信息和主题，去除冗余内容，最终生成一个简洁的摘要。

（5）命名实体识别

自然语言处理技术能够从文本中准确识别出具有特定意义的实体。例如，在文本"华为旗舰平板新色上市，发布新款 MetaPad"中，能够识别出"华为"和"MetaPad"这两个关键的命名实体。需要注意的是，并非文本中的所有名词都会被视作命名实体，只有那些符合当前应用需求并具有特定意义（如人名、地名、组织名等）的实体才具有识别意义。

（6）语音识别与合成

语音识别是自然语言处理和语音处理相结合的复合应用领域。自然语言处理技术能够将用户的语音输入转换成文本形式，在这一过程中需要将连续的语音信号转换成离散的文本表示。事实上，语音处理中的语音合成也需要自然语言处理技术的支持，其涉及的文本分析、发音词典、语言模型都是自然语言处理研究的内容。

这种自动翻译的错误是如何产生的？

在英语中，"The spirit is willing but the flesh is weak"传达的是一种精神意愿强烈但身体条件或实际能力跟不上的意境，即"心有余而力不足"。但是，很多机器翻译系统在先将这句英文翻译为俄语再翻译回英语时，却变成了"The Voltka is strong but the meat is rotten"，意思是指"伏特加酒很浓但肉腐烂了"。从字面意义上看，"spirit"（烈性酒）与"Voltka"（伏特加）对译似无问题，而"flesh"和"meat"也都有肉的意思。那么，这两句话在意义上为什么会产生这种南辕北辙的效果呢？

1.3.2 计算机视觉

1. 基本含义

计算机视觉（computer vision）主要研究如何利用计算机及相关设备来模拟生物视觉功能，即研究如何让机器具备"看"的能力。视觉对于人类而言非常重要，是人们获取外界信息的主要方式，人类眼睛捕捉的信息约占所有外界输入信息的70%，而大脑皮层中有20%~30%的区域专门用于处理这些视觉信息。同样地，在人工智能应用领域，计算机视觉也占据着重要的地位。

计算机视觉首先利用传感设备捕获图像，其次使用模式识别等方法对捕获的图像进行细分，在这一过程中往往需要将图像中的模式与已知的模式库进行对比，以确定是否存在匹配的内容。在此基础上，系统能够感知物体的几何信息，包括形状、位置、姿态、运动状态等。最后，这些视觉信息会被描述、存储、识别和理解。从功能上看，计算机视觉能够在多种应用场景中完成图像分割、图像分类、目标检测、光学字符识别和物体跟踪等任务。常见的计算机视觉功能分类如表1-6所示。

表1-6 常见的计算机视觉功能分类

功能	含　义	典　型　示　例
图像分割	在图像或视频中分离出各类特定的物体，并提取相关特征	自动驾驶中道路与行人的图像分割；医学影像中的肿瘤区域标记
图像分类	根据预定义的类别，对图像或视频中的内容进行识别和分类	识别照片中的动物种类（猫或狗）；X光片中的疾病诊断（例如，是肺炎，还是正常）
目标检测	定位图像中多个目标的位置（通常会设置边界框）并识别其类别	交通监控中的车辆检测；零售货架上的商品识别
光学字符识别	检测图像中的文字区域并识别字符内容	车牌识别；文档扫描转文字
物体跟踪	在视频中持续追踪目标位置的变化	体育赛事中的运动员追踪；无人机监控移动目标

 思考

AlphaGo 是否是计算机视觉？

并非所有处理对象为图像的技术都是计算机视觉。例如，虽然 AlphaGo 处理的对象是围棋棋局，这看似与图像相关，但实际上，在处理过程中，AlphaGo 的输入主要是棋子的位置信息,而非直接对物理棋盘的图像进行分析。因此,AlphaGo 的工作被认为主要集中在棋局的计算层面,而非图像的识别与处理。当然,如果 AlphaGo 能够直接观察物理棋盘,通过自身的视觉系统解读棋局,并据此做出决策,就可以说它具备了计算机视觉处理能力。然而,AlphaGo 的实际运作并不依赖这一方式,因此,它通常不被归类为计算机视觉技术。

计算机视觉处理面临诸多挑战。首先,从输入的角度来看,原始图像可能存在噪声较大、模糊、损坏、遮挡等问题,视角和尺度变化也会导致物体在图像中的形态和大小发生变化。而且与人类视觉器官主要感知可见光不同,计算机设备还能感知更大范围的光谱。这些都会导致处理数据的规模和难度增大。其次,在处理环节,许多应用对处理效率和实时性的要求都比较高。然而,与文本内容相比,图像的数据量非常庞大,这给实时响应和处理带来了更大的难度。最后,图像中的物体识别也往往依靠上下文信息。例如,模糊的影子在商场中很可能被识别为顾客,而在原始森林中则更有可能被识别为动物的身影。图 1-19 展示了瞳孔下部图片及其对应的灰度矩阵。

图 1-19 瞳孔下部图片及其对应的灰度矩阵

对于瞳孔而言,由于其边界内外色差明显,相应的数值差值较大,识别起来相对直观。然而,对于瞳孔外部的眼球虹膜纹理而言,情况就变得复杂了。虹膜纹理的相关数值区分度较小,且这种数值差异还会沿着虹膜边缘发生变化。因此,相较于瞳孔的识别,利用计算机准确识别虹膜纹理的难度显然大得多。

事实上,人类对视觉物体的识别并非仅仅依靠边界和颜色。在多数情况下,人们通过提取物体的关键特征来迅速做出判断。例如，尽管在图1-20所示的例子中河马形态各异，差异显著，但人类一眼就能辨认出来。即便在最后一张图像中河马的形象非常模糊，人们依然能够结合河水、鸟类等外部环境特征做出判断。这些外部环境特征为人们的判断提供了有效的上下文依据。

图1-20　几幅完全不同的河马图片

2. 发展阶段

计算机视觉的发展经历了以下几个阶段：

（1）早期阶段（20世纪50年代至20世纪60年代）

这一阶段计算机视觉的研究刚刚起步，主要关注如何通过计算机模拟生物视觉功能，相关研究集中在低层次视觉任务，如图像分割、边缘检测和简单的模式识别。受限于计算能力和数据量，研究方法多为手工设计的特征提取。例如，1963年，拉里·罗伯茨（Larry Roberts）发表了计算机视觉领域的一篇开创性论文《三维实体的机器感知》（"Machine Perception of Three-Dimensional Solids"），尝试从图像中提取几何形状。

（2）几何与模型驱动阶段（20世纪70年代至20世纪80年代）

这一阶段计算机视觉的研究重点是利用数学和几何方法从图像中提取物体的几何信息（如形状、位置、姿态等），并尝试用几何模型描述物体。1982年，戴维·马尔（David Marr）著的《视觉：对人类如何表示和处理视觉信息的计算研究》一书出版，书中提出了视觉计算理论和方法，标志着计算机视觉成为一门独立的学科。

（3）统计学习与特征工程阶段（20世纪90年代至21世纪初）

随着机器学习方法（如支持向量机）的引入，特征工程成为主流，用于图像分类、目标检测等任务。尤其是1999年戴维·洛（David Lowe）提出的SIFT（尺度不变特征变换）极大地提升了图像特征的稳健性。

（4）深度学习阶段（21世纪10年代至今）

在这一阶段，卷积神经网络（CNN）成为主流，实现了端到端的视觉理解。大规模数据集（如 ImageNet）和 GPU 计算能力的提升使得计算机视觉在图像分类、目标检测、语义分割等任务上取得了突破性进展。2012 年，AlexNet 在 ImageNet 大规模视觉识别挑战赛中的成功，标志着深度学习方法在计算机视觉中的崛起，而目标检测算法（如 R-CNN、YOLO、SSD）和生成模型（如 GAN）的快速发展，进一步拓展了计算机视觉的应用范围。

3. 主要应用

计算机视觉的应用领域非常广泛，涵盖了自动驾驶、工业制造、医疗诊断、安防监控、游戏和娱乐等。

（1）自动驾驶

自动驾驶技术能够实现汽车的行驶路线规划、障碍物检测和避让、交通信号识别等功能。通过车载摄像头和传感器，计算机视觉能够实时感知道路环境和交通状况，确保自动驾驶汽车安全和高效地运行。从宏观层面看，该技术还可以通过车辆识别与追踪功能实现对交通流量的监测和管控，优化总体车辆路线，提升交通管理的效率与安全性。

（2）工业制造

计算机视觉技术不仅能够提高生产效率、降低生产成本，还能够提高产品质量控制的准确性。具体而言，计算机视觉技术可以实时检测和识别产品缺陷，确保生产线上产品的一致性和高质量，进而有效提升整体生产效率与质量控制水平。此外，在智能零部件装配方面，该技术能够准确识别和判断零部件的位置与状态，实时监测工件的装配过程，并据此采取相应的控制措施，确保装配的精确性和一致性。更进一步地，当计算机视觉技术与机器人相结合时，还可以实现智能物料搬运等功能。

（3）医疗诊断

图像识别、处理和分析技术可以为医生提供更准确、高效的诊断工具，从而提高了疾病的诊断率，降低了误诊率。这些技术主要实现了自动医疗诊断功能，包括医学影像分析、疾病诊断和治疗监测等。自动检测和识别医学影像中的异常区域，如肿瘤、血管病变等，能够精确地进行医学影像分析，并实现病理图像的检测与分类。此外，它们还可以为手术过程提供导航和辅助，通过实时跟踪手术区域并给出可视化指导，帮助医生更精确地定位和操作。

（4）安防监控

安防监控技术运用人脸识别和行为分析等方法，实现了对异常行为的实时监测、准确识别和及时报警，提升了安全防护能力，减少了人工干预并提高了识别准确率。例如，人脸识别技术能够高精度地识别人脸特征，与预设数据库中的信息进行比对，一旦匹配到潜在威胁人员，就会立即触发报警机制并进行追踪。此外，在银行自动柜员机（ATM）区域等，行为分析技术能够实时监测并分析人们的行为模式，一旦发现异常行为，如长时间逗留、试图破坏 ATM 等，系统就会迅速响应并发出警报。

（5）游戏和娱乐

在计算机视觉技术的推动下，游戏和娱乐领域的应用日益广泛且多样化，尤其在运动追踪、手势识别及面部表情识别等方面。近年来，增强现实（AR）和虚拟现实（VR）技术的发展进一步丰富了用户的游戏体验，极大地增强了用户的参与感和沉浸感。以 NBA2K 系列游戏为例，用户可以利用摄像头捕捉自己的面部特征，然后将这些特征应用到游戏角色上，从而使游戏角色的外貌与用户本人的外貌高度相似。

1.3.3 机器人

1. 基本含义

机器人（robot）是一种能够半自主或全自主工作的智能机器，它们通过编程和自动控制来执行各种任务。与其他应用领域相比，机器人技术不仅涉及机械手和步行机构，还涵盖机器视觉、触觉、听觉等传感技术，机器人语言和智能控制软件，以及不同系统之间的交互和组合控制。这一综合性的研究领域被称为机器人学（robotics），它专注于机器人的设计、制造和应用，又称为机器人工程学。

人们通常认为机器人具有人形外观，但这种看法并不准确。实际上，任何能够利用工具并具有一定自主性的智能体（intelligent agent）都可以被视为机器人。因此，机器人的应用非常广泛，存在的时间也很长。尽管机器人技术的应用目前仍以工业领域为主，但随着技术的不断突破，未来机器人将在更多的生活场景中发挥重要作用，成为人类社会不可或缺的一部分。

2. 发展阶段

机器人的发展经历了以下几个阶段：

(1) 早期阶段（20世纪50年代及以前）

机器人这个词最早出现在1920年剧作家卡雷尔·恰佩克（Karel Čapek）的科幻剧《罗素姆的万能机器人》中。1954年，美国发明家乔治·迪沃尔（George Devol）设计了第一台可编程的工业机械臂，被称为"遥控操作器"。这些机器人的设计都与生产劳动紧密相关，体现了人类早期设计机器人的初衷——利用机器人将人类从体力劳动中解放出来。

(2) 工业机器人阶段（20世纪60年代至20世纪80年代）

20世纪60年代，机器人技术进入了工业机器人阶段。这一阶段的机器人以机械臂为主，主要应用于制造业，尤其是汽车生产线，实现了自动化生产和重复性功能。1961年，Unimate作为世界上第一台工业机器人被投入使用。1978年，PUMA机器人和SCARA机器人等产品的出现，进一步推动了工业机器人的发展。

(3) 智能化与多样化阶段（20世纪90年代至今）

随着人工智能、感知技术（如视觉、触觉、听觉）和智能控制软件的引入，机器人开始具备更高的自主决策能力，其应用领域也从工业扩展到服务、医疗、探险等非工业场景。21世纪10年代，协作机器人的兴起使得机器人能够与人类安全协作，而柔性机器人技术的发展则让机器人能够适应更复杂的环境和任务。从发展趋势来看，机器人技术正处于一个关键的突破阶段。特别是以生成式人工智能为基础的技术，正使机器人与人类之间的交流变得更加便捷。其中，人形机器人因其类人的外形设计——拥有两只胳膊和两条腿，而能够在人类创造的工作环境中灵活应用。通过与人类的合理配合，人形机器人未来有望极大地改变人类社会的生产和生活方式。随着AI、5G、物联网等技术的深度融合，机器人将变得更加智能和互联，应用场景也将进一步扩展到家庭、物流、农业等领域。

机器人会不会让更多的人失业？

有人担忧智能机器人的兴起会引发大规模的失业问题，其理由是这些机器人能够取代许多人的岗位，特别是在翻译、美术设计等领域，并已经观察到了这种趋势。然而，也有人持乐观态度，认为这种担忧过于杞人忧天。他们指出，历史上机械化进程虽然曾经让很多农民失去土地，但最终促进了劳动力向更具创造性和更具价值的非农业领域转移。

3. 主要应用

机器人的应用领域非常广泛，下面主要介绍几个新型机器人的应用。

（1）生物机器人

生物机器人被设计成通过光和电磁刺激来触发化学反应，其最终目标是具备组装微机器组件的能力。通过控制这些化学反应，生物机器人可以朝着特定的方向运动，包围并捡起物体，甚至组装物体。在生物机器人的研发历程中，已经有多个成功案例。早在2020年，学者们就从非洲爪蟾胚胎中提取了干细胞，创造了首批名为Xenobots的"活体机器人"。这些机器人展现出了巨大的潜力，能够清理海洋中的微塑料或定点攻击癌细胞。Xenobots由非洲爪蟾的皮肤细胞和心脏细胞组装而成，能够通过汗毛的摆动实现运动。2021年，研究人员进一步改进了Xenobots，使其具备了自动组装能力，以及更快的运动速度和更长的存活时间。到了2023年，相关研发工作取得了突破，诞生了"微型人体细胞机器人（Anthrobots）"，它由人体细胞构成，直径范围为30~500 μm，未来有望应用于人体受损组织的修复与治疗。图1-21展示了一种用于创造功能性新型生命形式的可扩展生产路线：先利用人工智能方法自动设计多种候选生命形式，以执行某种所需的功能，然后利用基于细胞的构建工具包创建可以转移的设计，以实现具有预测行为的生命系统。虽然这一流程中的某些步骤仍然需要人工干预，但未来的完全自动化将为设计和部署具有各种功能的生命系统铺平道路。

（2）类人机器人

类人机器人又称为仿生人，是一种模仿人类外观和行为的机器人，一般具有与人类相似的肌体。根据拟真程度的不同，有些类人机器人虽然从外观上能够被轻易地识别出来，但它们并不具备真人的思想和情感。例如，2001 年，美国麻省理工学院研发出了号称世界上首个能够展现类似人类情感的机器人 Nexi。这款机器人能够利用脸部自由活动装置，通过转动眼球、睁闭眼睛、皱眉、张嘴及打手势等方式，针对不同的语言做出相应的喜怒哀乐表情，如图 1-22（a）所示。再如，2013 年，由美国波士顿动力公司开发的 Atlas 双足人形机器人，如图 1-22（b）所示，身高 1.5 m，采用液压驱动系统，2016 年的版本可以完成诸如雪地行走等复杂动作。

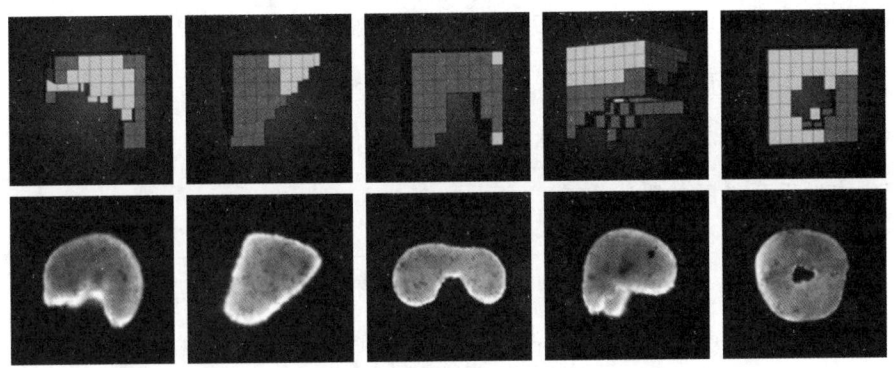

图 1-21　一种用于创造功能性新型生命形式的可扩展生产路线

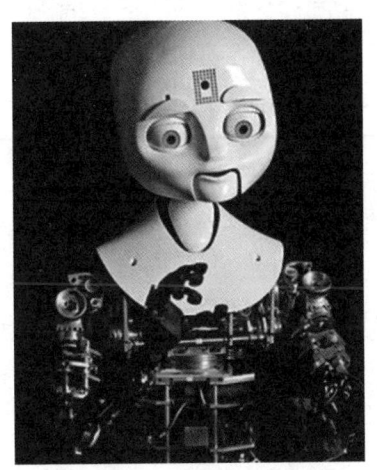
(a) 能够展现类似人类情感的机器人 Nexi

(b) Atlas 双足人形机器人

图 1-22　两款著名的人形机器人

思考与练习

1. 智能是否只能表现为思维？是不是所有的行动都能体现出智能？

2. 有人认为通过镜子测试可以检测自我意识。例如，猴子看到镜子中的自己会触摸自己，人看到镜子中鼻子上的红点会擦自己的鼻子而不是镜子上的红点。你认同这个观点吗？请说说你的理解。

3. 查阅资料，了解不同学者对人工智能概念和含义的认识。

4. 查阅资料，设想未来人工智能技术的应用前景及其可能的特点。

5. 为什么说当前的人工智能技术发展离不开高性能的计算芯片？

6. 什么是量子芯片？它对于人工智能计算有什么帮助？

7. 有以下两组图灵测试结果：

问：你会下国际象棋吗？ 答：是的。 问：你会下国际象棋吗？ 答：是的。 问：请再次回答，你会下国际象棋吗？ 答：是的。	问：你会下国际象棋吗？ 答：是的。 问：你会下国际象棋吗？ 答：是的，我不是已经说过了吗？ 问：请再次回答，你会下国际象棋吗？ 答：你烦不烦，干吗老提同样的问题。

从你的角度看，哪组结果表现得更为智能？为什么？如果想更好地实现人工智能效果，技术改进的思路是什么？

8. 查阅资料，了解1956年召开的达特茅斯会议讨论了哪些人工智能研究与应用方法。

9. 想一想现实生活中有哪些问题属于NP完全问题。

10. 有学者认为，如果符号对机器没有意义，那么机器不能被认为是在"思考"。还有人认为，实现人工智能需要自底向上地理解思维的物理机制，符号处理应在此之后进行，因此逻辑推导所使用的符号化方法很难真正模拟人类思维的过程。你如何看待这些观点？

11. 查阅 UCI 机器学习库，了解其数据集的类型及相关机器学习方法的类型。

12. 深度学习方法和一般的神经网络方法之间的主要区别和联系是什么？

13. 人工智能、机器学习、深度学习三者之间有什么关系？

14. 查阅资料，了解现代深度学习方法的类型及其特点。

15. 为什么很多人为了学习人工智能而在学习 Python 语言？

16. 查阅资料，了解 CPU、GPU、TPU、WSE、ASIC、FPGA 等计算芯片之间的区别与联系。

17. 查阅资料，了解机器翻译的发展历史，包括中文和外文自动翻译的发展历史。

18. 要想准确理解一个词语的含义，仅仅分析该词语本身是不够的，还需要结合哪些情况和条件？

19. 什么是知识图谱？什么是本体？它们在自然语言处理中具有什么作用？

20. 运行图 1-19 所示案例的代码（见本书配套资源①中的"第 1 章"→"图片灰度矩阵生成"），尝试观察不同大小、颜色的图片所生成的数值矩阵，并思考如何利用这些数值特征来归纳图片中的一些重要内容。

21. 有人设计了一个医院候诊大厅客流自动监测系统，希望通过实时识别图像中的人物，完成诸如人数预估等功能。请结合自己的理解，说明这些方法可能存在的困难和可能的应用形式。

---

① 见新形态教材网。

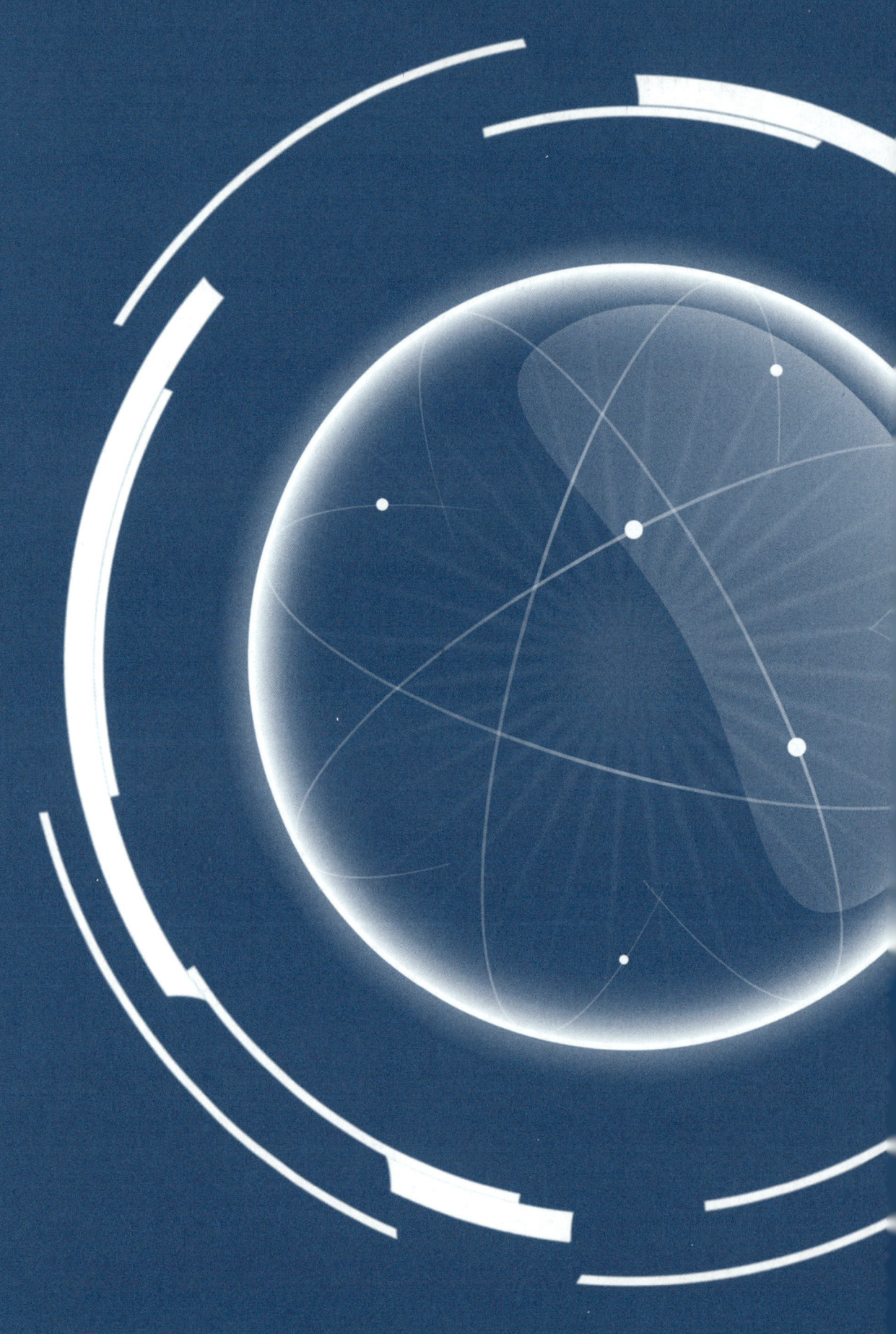

第 2 章
数据、算法与计算思维

【格言】

算法+数据结构=程序。
——PASCAL 语言之父尼古拉斯·沃思（Niklaus Wirth）

【教学目标与要求】

本章主要介绍与人工智能技术相关的数据的基础知识和算法的基本思想，同时也对数据素养、计算思维等概念进行了说明。本章的内容都是与人工智能相关的基础知识，准确理解和掌握这些内容，不仅有助于理解人工智能技术和方法的特点，更为后续深入学习人工智能的具体方法和应用打下坚实的基础。

【知识导图】

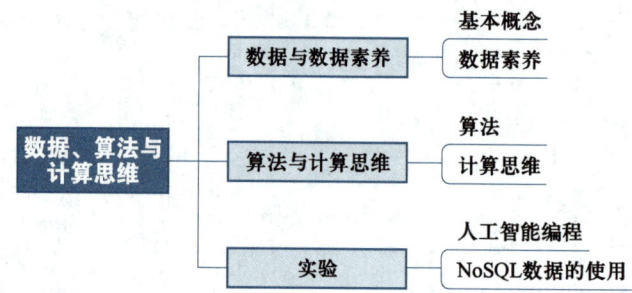

【导引】

数据不仅是理解人工智能方法的基础,更是实现现代人工智能算法的基本条件。数据并非仅仅指人们所熟知的1、2、3和4等数值,它涵盖了从浮点数到文本、从声音到图像,甚至程序代码等多种形式,这些数据以不同的方式存储在计算机设备中,处理方式也千差万别。而算法则是指对数据的自动处理,现代人工智能产品正是以算法为核心,并通过软件和硬件来实现其功能的。这些问题的背后,蕴含着重要的技术发展规律。为了正确认识这些规律,我们需要思考以下问题:

◇ 什么是数据?数据仅仅是整数吗?

◇ 大数据的特点是什么?为什么它被称为"大数据"?

◇ 数据的价值体现在哪里?过去也有大量数据,为何直到现在才强调"大数据"?

◇ 程序是什么?人工智能是否等同于程序?

◇ 计算思维对人们的学习和工作有何重要的指导作用?

希望读者通过本章的学习,能够对这些问题形成自己的认识和理解,深入探索数据与算法在人工智能中的作用,为未来的学习和实践打下基础。

2.1 数据与数据素养

2.1.1 基本概念

1. 数据

（1）数据的定义

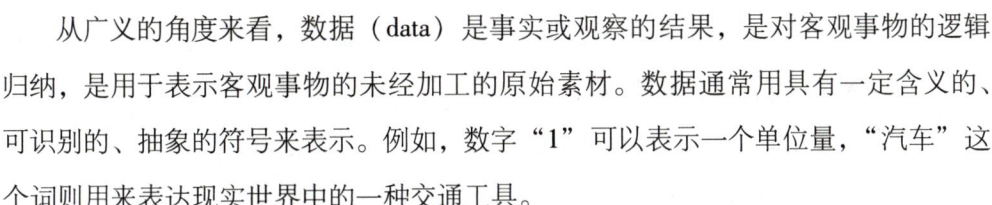

微视频　数据

从狭义的角度来看，人们常常将整数、浮点数（即小数，英文为 float，是指小数点可以"浮动"的数值）等数值看作数据。其实，数据不仅包含这些数值型数据，还包含其他类型的数据，如文本型数据，正如你现在所看到的这些文字。

从广义的角度来看，数据（data）是事实或观察的结果，是对客观事物的逻辑归纳，是用于表示客观事物的未经加工的原始素材。数据通常用具有一定含义的、可识别的、抽象的符号来表示。例如，数字"1"可以表示一个单位量，"汽车"这个词则用来表达现实世界中的一种交通工具。

在现实世界中，人们可以通过书写、刻画、发音等多种方式来记录数据，并且每种方式都有其独特的处理手段。然而，随着计算机技术的不断进步，闪存、硬盘等设备已成为最为常见的数据存储载体，此时主要采用二进制形式记录和存储数据。

之所以采用二进制形式，是因为计算机存储单元通常只支持两种稳定状态，而二进制只需 0 和 1 即可表示所有数值，从而与存储单元的物理特性高度匹配。典型存储介质的二进制实现原理如下：

① 磁盘：磁盘表面覆盖了一层磁性材料，磁化方向可以是"向下"或"向上"。可以将这两个方向在逻辑上表示为 0 和 1。读写头在磁盘表面上移动时，可以通过改变磁化方向来写入数据，或者通过检测磁化方向来读取数据。

② 光盘：光盘表面经过激光烧刻形成微小凹坑（pit）和平坦区域（land）。可以将凹坑与平坦区域的光反射差异编码为 0 和 1。由于烧刻过程不可逆，普通光盘通常只支持一次写入。

③ 闪存：闪存通过存储单元中的电荷量来区分状态：电荷量累积至阈值时表示 1，反之表示 0。写入数据时通过电压来控制电荷量，实现对 1 和 0 的表示；读取数

据时则通过检测电荷量来判断状态,获取1和0的不同表示。

(2) 数据的分类

① 按照存储计算类型,可以将数据分为整型、浮点型、布尔型和字符型数据。

整型数据:包含正整数、零和负整数。整型数据不仅计算相对简单,还适合计算机处理。其他类型的数据有时可以转换为整数以提升计算速度。

浮点型数据:用于表示小数,但是计算机中的存储位数有限,无法精确地表示无限循环或无限不循环小数,可能导致精度下降。

布尔型数据:逻辑型数据,仅包含"真(true)"和"假(false)"两种取值,广泛用于条件判断与逻辑运算。

字符型数据:用于表示文本(如中文、英文等自然语言内容),其处理规则与数值型数据有很大不同。一是语义差异:字符"0"与整数0的含义不同。例如,电话区号"010"若存储为整数则会丢失前缀零,故需要将其定义为字符型。二是运算规则差异:字符拼接需要使用连接运算,而非算术加法;字符比较则需要基于编码值(如ASCII或Unicode值)而非数值大小。三是语义复杂性差异:文本处理常需要结合自然语言处理技术(如语义分析)来理解其实际含义。

知识点

字符型数据的存储原理

从计算机存储的角度看,字符型数据本质上是以整数形式存储的。每个字符都被映射为特定的整数,再以二进制数形式记录在存储介质中。例如,字符串"OK"在计算机中可能被存储为二进制数01001111 01001011,其中每8位对应一个字符:01001111(十进制整数为79)对应字母"O",01001011(十进制整数为75)对应字母"K"。这些整数与字符之间的映射关系由字符编码方案定义。常见的字符编码方案有ASCII(7位编码)和UTF-8(可变长编码)等。计算机在读取存储的数据时,需要通过预定义的数据类型标识来解析二进制数。若按整型数据读取,则直接输出对应的整数(如79、75)。若按字符型数据读取,则依据字符编码方案将整数转换为字符(如"O""K")。具体的处理过程如图2-1所示。因此,在程序设计中必须明确定义数据类型,以避免出现数据解释错误。

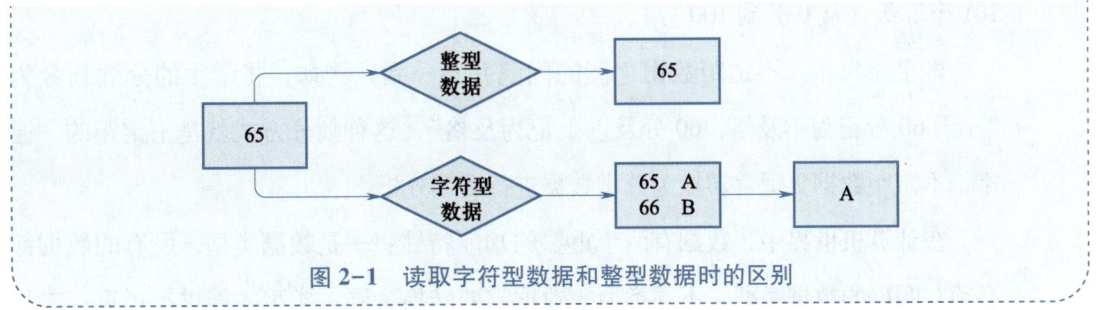

图 2-1 读取字符型数据和整型数据时的区别

② 按照数据取值特征分类，可以将数据分为连续型数据和离散型数据。

连续型数据：是指数据取值可以在一个区间内连续变化，因此又称为区间数据或浮点型数据。

离散型数据：是指数据只能取有限的、可数的值。整数是一种典型的离散型数据，又称为计数型数据。在离散型数据中，分类数据和二元数据是两种特殊的类型。分类数据的取值只能从特定的数值集合中选取，每个数值通常只代表一个类别。这种数据又称为枚举数据、列举数据、因子数据、标称数据或多分支数据等。二元数据是分类数据的一种极端形式，其数值只能从两个选项中选取，如 0 或 1、真或假等。因此，二元数据又称为二分数据、逻辑型数据、指示器数据或布尔型数据。无论是分类型数据还是二元数据，其数值的意义在于区分类别，而不是表示数值的大小差异。

③ 按照次序关系分类，可以将数据分为定序数据和不定序数据。

定序数据：是指具有明确顺序关系的数据。虽然数值型数据（如数字）可以用定序数据（有顺序的数据）来表示，但在某些情况下，数值元素的顺序并不一定反映数值本身的大小关系。在统计分析中，定序数据主要用于分类，常用的定序数据分析指标有中位数、四分位数、等级相关系数等。

不定序数据：不强调数据之间的先后顺序，主要用于集合运算、数值计算等。这种数据类型只强调数值元素本身，而不关注数值元素的排列顺序，即便任意改变数值元素的位置，也不影响数据整体的表达能力。

④ 按照间隔计量单位分类，可以将数据分为定距数据和不定距数据。

定距数据：定距数据不仅具有定序数据的特点（即数据之间有明确的顺序），还能准确地计算不同数据之间的差距。例如，将学生的分数以 1 分为单位划分为

101个等级（从0分到100分）。

不定距数据：不定距数据之间的间隔并不一致。例如，将学生的分数划分为"小于60分记为不及格，60分及以上记为及格"，这种划分方式就是不定距的。通常，不定距数据更适合转换为分类数据进行后续分析。

在计算机世界中，数据有两个重要的功能特性：一是数据类型，所有的数据都必须有明确的数据类型，不同类型的数据需要转换为同一类型才能进行运算；二是运算规则，不同类型的数据适用于不同的运算规则：整型数据支持算术运算（加、减、乘、除），遵循二进制补码规则；字符型数据支持连接、比较（基于编码值）等运算，不适用于算术运算。

知识点

数制系统的基本原理

十进制是人们最熟悉的数制系统，其基数为10，采用"逢十进一"的进位规则。例如，数值9加1时，个位归零并向高位进1，表示为10，即 $1\times10^1+0\times10^0=10$。十六进制的基数为16，采用"逢十六进一"的进位规则。由于阿拉伯数字的范围为0~9，因此额外使用字母A~F表示十进制10~15。例如，十进制15对应十六进制F，而十进制16对应十六进制10（即 $1\times16^1+0\times16^0=16$）。十进制和十六进制数值之间的转换关系如表2-1所示。

表2-1 十进制和十六进制数值之间的转换关系示例

十 进 制	十 六 进 制
8	8
9	9
10	A
11	B
12	C
13	D
14	E
15	F
16	10
17	11

二进制的基数为 2，采用"逢二进一"的进位规则，仅使用 0 和 1 两个符号。其数值可以通过位权展开式来计算。例如，十进制 2 对应二进制 10（即 $1\times2^1+0\times2^0=2$），十进制 4 对应二进制 100（即 $1\times2^2+0\times2^1+0\times2^0=4$）。十进制和二进制数值之间的转换关系如表 2-2 所示。

表 2-2　十进制和二进制数值之间的转换关系示例

十　进　制	二　进　制
0	0
1	1
2	10
3	11
4	100
5	101
6	110
7	111
8	1000

二进制在现代计算机中具有基础性作用。17 世纪，德国数学家戈特弗里德·威廉·莱布尼茨（Gottfried Wilhelm Leibniz）系统地研究了二进制，认为其简洁性蕴含着哲学美感（例如，0 表示虚无，1 表示存在）。此外，二进制与计算机的硬件特性高度契合：在物理层面，可以通过双稳态元件实现（如晶体管的高低电平、磁盘的磁化方向）；在逻辑层面，二进制简化了电路设计，降低了信号干扰的风险。

所有数制均遵循位权展开式原则。例如，十六进制 10 对应十进制 16（即 $1\times16^1+0\times16^0=16_{10}$），而二进制 100 对应十进制 4（即 $1\times2^2+0\times2^1+0\times2^0=4_{10}$）。这种数学本质使得不同数制之间的转换具备了逻辑基础，同时也为计算机科学中的数值计算提供了理论支持。

布尔型数据通过逻辑运算符进行计算，常见的逻辑运算包括与运算（AND）、或运算（OR）和非运算（NOT）等。其中，与运算是指当所有条件同时为真时结果为真。例如，在表达式"1 > 0 AND 1 > 2"中，第一个条件为真，第二个条件为假，因此整体结果为假。或运算是指当至少一个条件为真时结果为真。例如，在表达式"1 > 0 OR 1 > 2"中，由于第一个条件为真，因此整体结果为真。非运算是指对布尔值取反。例如，NOT（1 > 2）的结果为真。逻辑运算在程序设计中广泛用于条件判断与流程控制，是布尔型数据的核心应用场景。

字符型数据本身不直接支持数学运算，但其运算规则可以通过程序设计语言的语法实现。例如，在 Python 语言中，两个字符串相加表示将两个字符连接形成一个新的字符串，字符串和一个整数相乘表示将这个字符串重复整数所指定的次数，从而拼接成新的字符串等。

2. 信息、知识和智慧

信息通常是指人类社会传播的一切内容，人们通过获取和识别各种信息来区分不同的事物，进而认识和改造世界。信息与数据之间既有联系又有区别。就联系而言，数据是信息的表现形式和载体，即信息通常以数据的方式展示，没有数据，信息就难以被具体化和传达。就区别而言，信息是位于数据概念之上的一个更高层次的概念。数据本身只是原始的、未经解释的事实或数值，而信息则是对这些数据做出有含义的解释。信息是描述性的、结构化的、有组织的和经过处理的数据。相对于数据的客观性，信息更多地体现出了一种功效性。人们利用信息可以对决策产生影响，而信息也只有在与人进行交互并对其行为产生影响时，才真正具有意义。例如，"40W"作为一个数据，就是一个字符串，没有具体的含义。但是，当它作为信息时，可以将其理解为 40 路公交车的标识，或者是灯泡的瓦数。

知识是人类对物质世界及精神世界探索结果的总和，它与信息之间既相互联系又有所区别。就联系而言，知识通常是从信息中提取、发现和总结出来的。例如，人们通过观察大量星体的运动信息，总结出星体运行的规律性知识。知识也具备影响行动的特点，知识如果不能改变人的行为或思维，就会失去其应有的价值。就区别而言，知识往往蕴含着较高的文化融合度，并经过正确性验证，而信息并不是都具有知识的含义或提取出知识的可能性。

知识点

DIKW 层次结构模型

DIKW 层次结构模型是一个常见的关于数据、信息和知识等概念的体系。该模型由四个层次组成，分别是数据（data）、信息（information）、知识（knowledge）和智慧（wisdom），每一层都建立在前一层的基础之上，整体呈现金字塔状的结构，如图2-2所示。在这该模型中，数据位于底层，主要指原始符号记录（如数字、文本等）；信息位于数据之上，用于赋予数据语义解释；信息之上是知识，用于提炼信息，形成规律认知；智慧则位于最高层。智慧强调在决策过程中综合运用数据、信息和知识，并考虑伦理、社会道德等方面的因素，而不仅仅关注技术或效率本身。

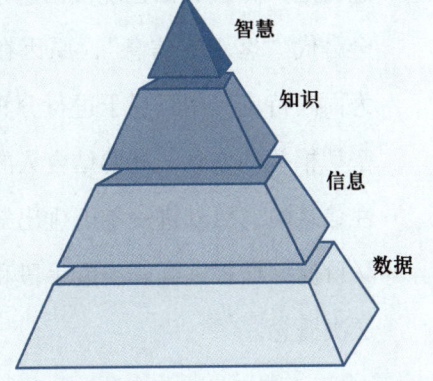

图 2-2　DIKW 层次结构模型示意图

这一体系的提出可以追溯到托马斯·斯特恩斯·艾略特（Thomas Stearns Eliot）的诗作《岩石》（*The Rock*），其中写道："我们在知识中丢失的智慧在哪里？我们在信息中丢失的知识又在哪里？（Where is the wisdom we have lost in knowledge？／Where is the knowledge we have lost in information？）"

在此基础上，学者们还提出了多种扩展的层次结构模型，如 DIKIW（数据—信息—知识—智能—智慧）、DIKUW（数据—信息—知识—理解—智慧）等。这些模型的侧重点虽然有所不同，但其含义与 DIKW 层次模型基本一致。

在上述概念体系中，其实还有很多不同的提法，这些提法进一步衍生出了涵盖不同领域的相关概念。例如，情报（intelligence）这一概念使用得比较多，并且时常与信息（information）相互交织。但是，从严格意义上说，情报只是一种特殊的信息。它主要面向安全和竞争领域，强调信息的对抗性、竞争性、时效性和对决策工作的支持能力。情报通常表现为一种针对特定领域的应用型研究对象，在诸如商业竞争、国家安全及军事等领域有着广泛的应用。

图 2-3 给出了一个关于数据、信息和知识的更为完整的概念体系，它把信息

进一步分为面向客观世界的客观性信息和面向主观世界的主观性信息。所谓客观性信息，是指不强调信息的含义，更多地从信息技术的角度来对信息进行处理，尤其是近年来大数据的兴起，极大地增加了对这类信息进行处理的需求。需要注意的是，尽管数据在现代信息系统中占据核心地位，但人们并未用"数据"来完全替代"客观性信息"，原因在于，大部分数据只有经过必要的处理，才能转化为面向特定应用且易于进行分析的信息。所谓主观性信息，是与人类决策活动更密切相关的信息，需要结合人的判断和主观意图来决定这类信息的使用。从主观性信息中，可以进一步衍生出知识和情报的概念。其中，知识强调信息内容和科学价值，情报则强调获取手段和应用价值。这些概念最终可以发展为智慧的最高层次概念。

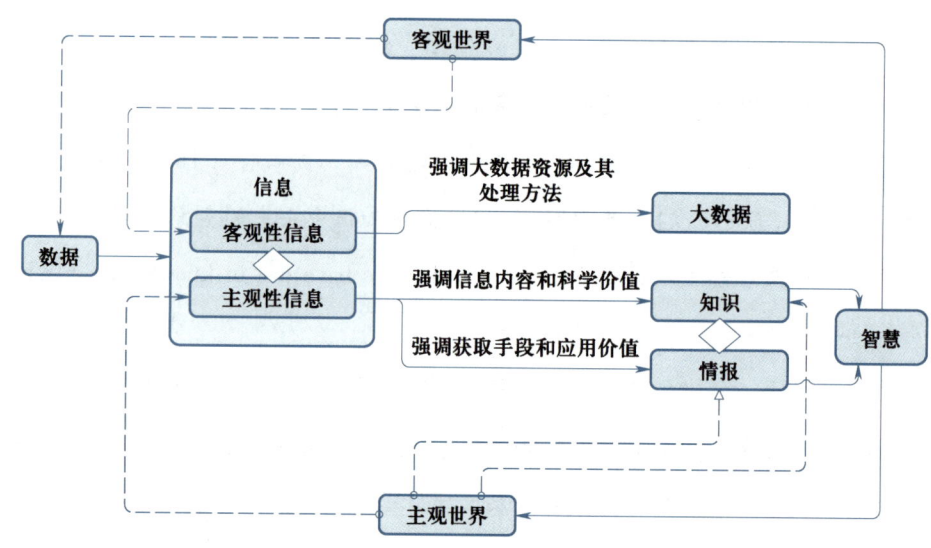

图 2-3　关于数据、信息和知识更为完整的概念体系

虽然数据是构成信息的基础，但在很多表述中，有些外延概念表现得更为多样。以"信息化"为例，它无论是在历史发展脉络上还是在逻辑关系上，反而都是数据化的前提条件。20 世纪七八十年代，信息技术的快速发展率先推动了传统生产生活方式的信息化转型，大量业务流程开始被移植到信息系统中进行重构。随着信息化程度的加深，人们逐渐认识到数据在全面信息化进程中的核心作用。在此过程中，传统以纸质文件为载体的数据管理方式显露出了局限性，迫切需要更加快速且准确

的数据识别与处理手段。同时，那些尚未在信息系统中定义数据的应用领域，也亟须制定适当的数据资源规范与标准。因此，直到20世纪末，数据化才开始受到人们的关注并付诸实践。

与这两个概念相关的还有数字化。数字化强调利用信息技术和电子数据资源来改造传统行业，揭示了信息化与数据化过程中暴露的深层次问题：单纯依靠技术手段无法解决社会管理与生产运作中的结构性矛盾，需要从政策制定、管理机制和文化转型等多个维度协同推进。因此，数字化的含义更为丰富，事实上，它也是最晚出现的概念。

3. 大数据

从严格意义上讲，大数据（big data）并不能与上述几个概念并列，它只是数据的一种特殊形态。简单来说，大数据是指数据量非常庞大的数据，其规模巨大使得主流信息技术无法在合理的时间内进行有效的处理、分析和应用。因此，大数据通常被认为具有"5V"特征，即volume（大量）、velocity（高速）、variety（多样性）、value（低价值密度）和veracity（真实性）。

在这些特征中，多样性是大数据的一个重要特点。大数据整体上缺乏统一的格式定义，具有高度的异质性，从而增加了数据处理的难度。例如，半结构化和非结构化数据不断增多。传统的数据管理方式主要依赖结构化数据管理工具，如Excel和数据库管理系统等，这些工具要求数据具有特定的结构，以便于共享和处理。然而，论坛、微博、微信等网络平台上发布的文本、图像、视频等内容，由于没有固定的结构，难以使用统一的方法进行批量处理和分析，这些数据都属于非结构化数据。介于两者之间的数据称为半结构化数据，如HTML网页文件、电子邮件和日志文件等，它们具有规范的结构，但是由于在使用时要求较为宽松，可能存在结构缺失或不完整的问题，这增加了集中进行数据解析的难度。

根据国际数据公司（IDC）的估测，数据量每年都以50%的速度增长，即每两年翻一番（大数据摩尔定律）。大量新数据源的出现导致非结构化和半结构化数据呈爆发式增长，2024年全球生成的数据总量达159.2 ZB（泽字节）。

数据量的表达

信息系统中数据量的最小基本单位是位（bit），即存储设备上的最小存储单元所能表示的一个二进制数位。常见的数据量单位包括字节（byte，简称 B）、KB、MB、GB、TB、PB、EB、ZB、YB、BB、NB、DB。除了 1 字节是由 8 位组成的，其他单位均以 1 024（2 的十次方）为进率计算，如 1 KB = 1 024 B，1 MB = 1 024 KB，以此类推。

大数据的出现并非偶然，它的产生离不开信息技术的支撑。在互联网出现之前，受限于计算机的应用范围和存储能力，人类通过各种信息系统产生的数据总体规模有限，即便这样，也在一定程度上超出了当时人们的处理能力。同时，人们还没有形成对大规模数据进行集中管理和处理的意识。

在大数据出现之前，数据库管理系统（database management system，DBMS）被广泛用于数据管理。DBMS 产生于 20 世纪 60 年代，当时 IBM 公司为支持美国政府的阿波罗登月计划开发了用于数据管理的系统，所研发的系统最终演变为著名的数据库管理系统 DB2。后来 Oracle、SQL Server 等逐渐成为常见的企业级数据库管理系统，微软公司也在 Office 办公软件中集成了小型数据库管理系统 Access。这些规模不同的系统主要用于管理结构化数据，所有数据都必须存储在事先定义好结构的数据表中，并且可以通过 SQL 语言快速查询。但是，不同的数据库管理系统之间无法直接共享数据，需要通过导入导出的方式进行转换。

数据库管理系统不仅支持数据查询，还支持数据更新，能够满足各种基于数据库的信息系统应用，它所提供的服务称为联机事务处理（online transaction processing，OLTP）。随着数据任务的普及，另一种侧重于数据分析的应用开始受到人们的关注，即从大量数据中挖掘出有价值的信息和知识。为此，20 世纪 90 年代出现了数据仓库（data warehouse）。不同于数据库管理系统，数据仓库侧重于数据查询，通过增加时间信息、去除数据更新功能等方式来提升数据读取性能，实现了联机分析处理（online analytical processing，OLAP）功能。数据仓库虽然可以存储不同时间点的数据库数据，具有大数据的雏形，但其数据内容仍为结构化数据。

20 世纪 90 年代，数据资源的种类和数量快速增长，人们需要更加灵活的数据存储方式和更加方便的数据共享机制。尤其是随着互联网的出现，异质平台之间的数据共享为实现更大范围的数据价值发现提供了基础。这一时期，传统的数据库管理系统数据、应用程序数据、网页数据等都在持续积累。进入21世纪，互联网的快速发展导致网络数据呈爆炸式增长，而移动互联网和物联网的兴起，则进一步提升了数据产生的规模和速度。

早在1980年，著名的未来学家阿尔文·托夫勒（Alvin Toffler）在其所著的《第三次浪潮》中就将大数据誉为第三次浪潮中最具华彩的乐章。2008年9月，《自然》（*Nature*）杂志推出了专栏 *Big Data*，从互联网技术、互联网经济学等多个方面介绍了海量数据带来的挑战。2011年，《科学》（*Science*）杂志推出了关于数据处理的专刊 *Dealing with Data*，讨论了数据迅速增长带来的种种问题和机遇。现代意义上的大数据概念则是由维克托·迈尔-舍恩伯格（Viktor Mayer-Schönberger）在2012年出版的《大数据时代：生活、工作与思维的大变革》（*Big Data*：*A Revolution That Will Transform How We Live*，*Work*，*and Think*）中提出的，并将大数据这个概念推向了高潮。维克托·迈尔-舍恩伯格在该书中提出了大数据的三个重要特点：

第一，大数据方法关注相关性而非因果性。

传统的数据分析方法往往强调因果性分析，并通过规则推导和作用机理来解释，努力提炼数据现象中的规律，以此来对更多的数据进行分析。而大数据方法恰恰相反，它主要关注数据的相关性，并非具体的因果关系。造成这一局面的主要原因，可以归结为现代信息技术自身的局限性，包括机器学习在内的很多计算机方法都缺乏可解释性。尽管如此，如果能够利用好相关性，大数据方法依然可以满足各类常见的大数据分析任务的要求。

知识点

因果性与相关性

相关性并不等同于因果性。两个数据相关并不意味着它们之间存在因果关系。例如，统计数据显示吸烟人群的肺癌比例较高，这表明吸烟与肺癌之间存在相关性，但并不能直接得出吸烟导致肺癌的因果结论。例如，可能存在某种基因同时导致吸烟倾向和肺癌易感性，在这种情况下，基因与肺癌之间存在因果关系，而吸烟与肺癌之间仅为相关关系。

实际上，看似不关注因果性的相关性分析也具有较强的数据分析意义，甚至可以提供新的发现。例如，研发新药的方法需要进行大量的实验，而且成本往往很高。而美国芝加哥大学的唐纳德·斯旺森（Donald Swanson）在20世纪80年代利用医学文献进行了有效的医学知识发现。他发现有医学文献报道了"雷诺病（A）"，并且有文献记载了部分雷诺病患者血液中有某种异常，如血液黏度升高（B）。此外，他还在其他文献中发现食用鱼油（C）能免纠正这种异常，例如它可以降低血液黏度。斯旺森把这两种知识联系起来，如图2-4所示，得出食用鱼油（C）对雷诺病（A）患者具有治疗作用的假设。

雷诺病　　A ⟶ B
　　　　　　↓　　　　血液黏度变化
食用鱼油　C ⟶ B

图2-4　斯旺森根据医学文献观点之间的相关性实现医学知识发现

在这个假说提出大约两年后，有人通过临床试验证实了这一点。此后，斯旺森进一步利用该方法发现了周期性偏头痛与镁缺乏之间的联系，相关成果再次获得临床验证。由于斯旺森的开创性贡献，2000年被美国信息科学与技术协会授予杰出贡献奖。

第二，大数据方法更关注数据的复杂性而非精确性。

这主要体现在对大数据分析结果的利用上。关注数据的复杂性而非精确性，并不意味着精确分析没有意义，而是指在有限的条件下，如果无法获得精确的结果，或者追求精准度导致时间成本过高或结果失去时效性，则可以通过牺牲一定的准确性来换取效率，这样往往更具有实际意义。例如，推荐系统虽然无法为每个用户提供完全符合其兴趣的推荐结果，但可以通过快速推荐来提升整体效果，从而实现商业价值。事实上，即便是当前最先进的推荐系统，也难以达到极高的准确性标准。

为什么推荐系统推荐的商品不能引起我的兴趣？

尽管主流电子商务平台的推荐系统采用了先进的算法模型和海量的用户数据，但有时给出的推荐结果仍不准确，如包含用户完全不感兴趣的商品，甚至包含用户近期刚买过的商品。包含用户完全不感兴趣的商品，可能是由于算法的局限性、获取的用户个性化模式有限，或者是为了增加推荐的新颖性；包含用户近期刚买过的商品，是因为虽然用户可能不会在短期内继续购买同一商品，但是判断是否是同一商品并不容易。例如，同款但颜色不同的手机是否属于同一商品。即使是同一商品，用户也可能会持续关注，如查看其是否降价或者进一步了解该商品的信息等，从而增加平台的用户访问量。

第三，大数据方法更侧重于全量数据而非抽样数据。

传统的数据分析方法受限于计算能力和操作的可行性，通常只能根据抽样数据来估算整体情况。例如，通过人口抽样调查来估算地区收入水平。而大数据方法则强调利用全量数据，对于许多现象只有利用全量数据才能获得抽样数据无法观测到的效果。如图 2-5 所示，只有通过全局观察才能了解银河系的主体结构。

图 2-5　对银河系的抽样观测（从地球上看）无法看到整体观测下圆盘状的实际外观

现代人工智能的快速发展在很大程度上建立在大数据技术的基础之上。数据本身蕴含着一定的内在规律，这些规律通过传统方法往往难以发现。美国计算机科学家、图灵奖获得者吉姆·格雷（Jim Gray）于 2007 年提出了"第四范式"的概念，即数据密集型科学（data-intensive science）范式。这一范式作为传统的经验范式、理论范式和计算范式之外的第四种科学探索范式，强调通过大规模数据的采集、存储和分析来推动科学发现。在人工智能领域，尤其是大语言模型的发展中，超大规模数据的训练使得模型表现出智能涌现现象，这种现象超出了传统算法的预期，展现出了数据驱动的研究方法的巨大潜力，推动当代人工智能技术迈上新的台阶。

然而，大数据并非万能。理论计算机科学家博阿兹·巴拉克（Boaz Barak）指出，如果目标是预测与观察，那么深度学习模型可能是最佳选择；但如果需要理解因果关系或者提高可解释性，那么简单模型可能表现更佳。

与传统数据相比，大数据的规模巨大，导致传统数据处理方法不再适用，因此需要研究新的方法和技术。例如，在家中为几个人准备饭菜只需要关注买菜和烹饪，但在饭店中为数百人准备宴席，则需要设计工作流、采用分布式和可复制的烹饪模式，甚至优化上菜路径及引导就餐用户。这些问题在小规模情况下都无须考虑。

以数据存储为例。传统的数据存储通常使用标准操作系统文件来实现，但当数据文件的数量不断增加时，这些方法就会遇到性能瓶颈。例如，复制 1 万个小文件的速度远慢于复制一个数据量相当的大文件。为此，谷歌（Google）公司在 2003 年开发了 GFS（Google file system），随后采用类似思路的海量文件存储系统不断被设计出来，如 2006 年腾讯的 TFS（Tencent file system）和 2007 年淘宝的 TFS（Taobao file system）等。这些文件系统功能近似，适用于小文件、高并发、随机访问的场景，具有低成本、强容灾性、易扩展等特点。例如，TFS 在文件名称中嵌入文件大小、时间、访问频次等基本的元数据信息，使得整个文件系统减少了额外存储需求，提升了可扩展性和访问效率。在 TFS 上线之前，为了确保图片的加载速度和用户体验，对于每种商品只允许上传一张图片，大小不能超过 120 KB，商品详情页面上的图片还必须使用外站的图片链接。而在 TFS 上线后商品展示图片增加到 5 张甚至更多，商品详情页面上的图片也可以完全使用淘宝自己的图片文件，系统为每个卖家都提供了高达吉字节级别的图片存储空间。

思考

为什么称为"大数据"？

在数据、信息、知识等概念的发展中，大数据是最晚出现的概念，也是获取信息和提炼知识的最有效资源。为何称之为"大数据"而非"大信息"或"大知识"？一个可能的解释是，大数据概念凸显了数据是信息时代人们所遇到的问题和困难的主要来源，所有相关技术手段和分析方法都建立在大数据处理的基础之上。

2.1.2 数据素养

数据素养是统计素养与信息素养的延伸，指个体具备数据意识与数据敏感性，能够有效获取、分析、处理、利用和展示数据，并对数据质量与应用场景具备批判性思维能力。数据素养的核心要求包括以下几方面的内容：

1. 数据意识

数据无处不在，但是对数据的关注度和敏感程度并不是所有人都一样。个体对数据价值与重要性的认识和理解越深刻，就越能够意识到数据的潜在价值，并能够充分发挥数据资源的价值。数据意识的培养需要数据获取能力和数据评估能力的支撑。数据获取能力是指个体能够掌握数据来源与获取途径（如数据库、开放数据平台），并能够主动获取所需的数据（如利用搜索引擎的高级检索功能）。数据评估能力则是指个体能够评估数据质量（如准确性、完整性、时效性），并能够判断数据的适用性（如是否满足分析需求）。

以下问题可用于评估个体的数据意识水平：

① 如何评价高校与企业的科研能力？

② 如何获取有关长江十年禁渔工作的文件？

③ 如何比较康奈尔大学与曼彻斯特大学的受关注程度？

④ 如何了解我国各地区钢铁行业的发展情况？

对于上述问题，相应的方法提示如下：

对于问题①，可以使用数据来完成：一方面定义合理的指标（如论文发表数量、专利授权量），另一方面收集相关数据（如学术数据库、企业年报）。

对于问题②，可以通过信息检索来完成：一方面可以利用搜索引擎的高级检索功能，另一方面可以利用资源数据库（如政府公开数据平台）。

对于问题③，可以利用大数据信息分析工具来进行比较。例如，Google 趋势、百度指数等，就可以提供相关的可视化展示界面，如图 2-6 所示。

对于问题④，要获取我国各地区钢铁行业的发展情况，直接检索并不方便，而且难以获得完整的信息，这时就可以利用行业资源数据库。例如，中经网产业数据库就提供了详细的查询功能，如图 2-7 所示。

2. 数据能力

数据能力是指处理数据、分析数据和对数据进行可视化的能力。个体能够使用数据处理工具（如 Excel、Python）对数据进行清洗、整理与转换，使其满足分析需求,并能够使用数据挖掘方法(如回归分析、聚类分析)从数据中提取有用的信息,然后使用数据可视化工具(如 Tableau、Matplotlib)将分析结果以图表、图像等形式展示出来,使其更易于理解。

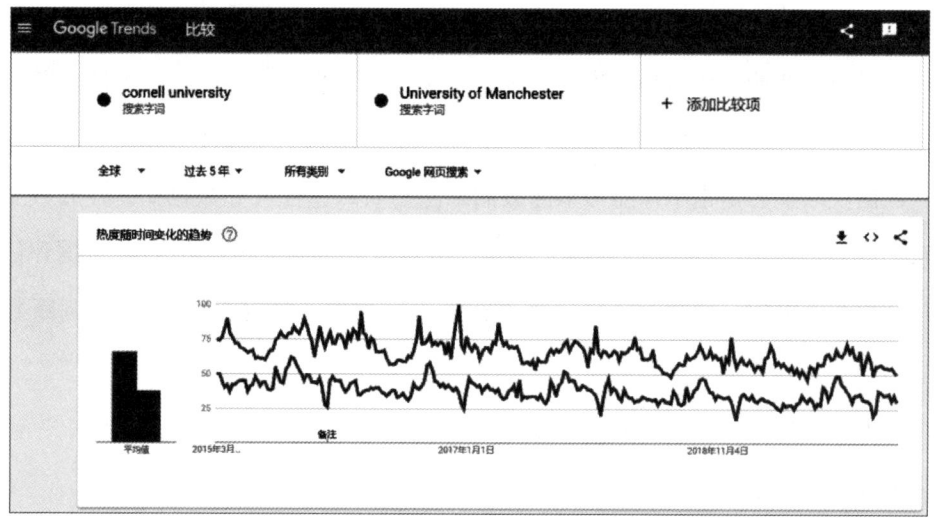

图 2-6　在 Google 趋势中比较康奈尔大学与曼彻斯特大学的受关注程度

图 2-7　在中经网产业数据库中查询我国各地区钢铁行业的发展情况

以下问题可以用于评估个体的数据能力水平:
① 如何将从网页上抓取的数据转换为 Excel 文档以便进一步处理?
② 如何判断两组数据之间是否存在相关性?

③ 如何分析某位学者研究兴趣的变化趋势？

对于上述问题，相应的方法提示如下：

对于问题①，可以通过一系列基本操作来完成，如复制网页文字、去除网页文本格式、按照 Excel 文档的要求存储文本等，如图 2-8 所示。此外，还可以使用爬虫工具（如 Python 的 BeautifulSoup）来抓取网页数据，然后将网页数据导出为 CSV 格式，并导入 Excel 进行整理与分析。

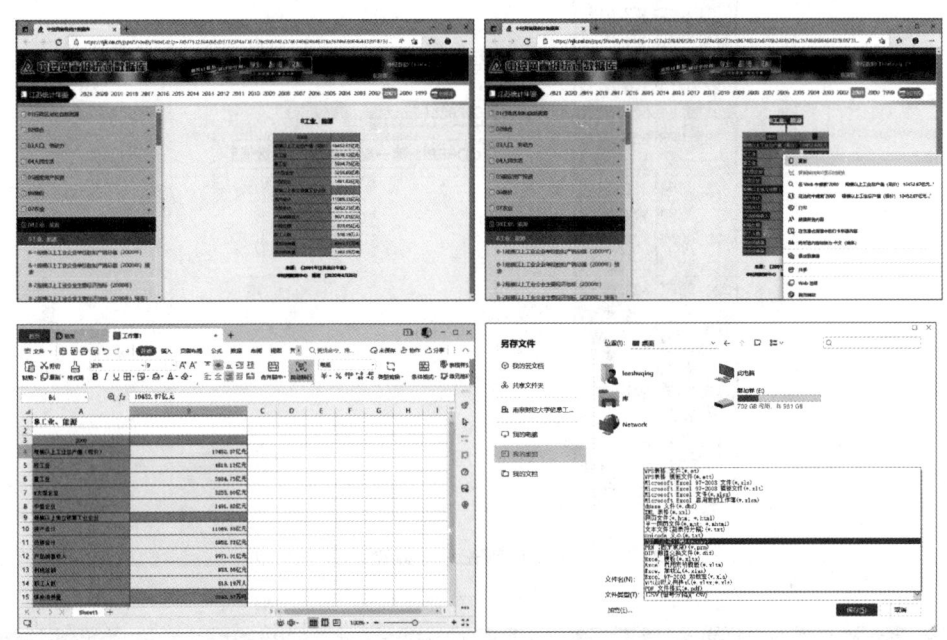

图 2-8　将网页数据复制到 Excel 中的操作实例

对于问题②，可以使用统计方法（如皮尔逊相关系数）来量化两组数据之间的关联程度，具体可以使用 SPSS、WPS 表格等软件来实现，或者使用 Python 编程实现。利用 WPS 表格进行数据相关性分析如图 2-9 所示。

对于问题③，可以使用 CiteSpace 或者 VOSviewer 等可视化工具进行趋势分析。用 VOSviewer 结合 CNKI 文献数据进行学者研究兴趣可视化趋势分析如图 2-10 所示。

3. 数据伦理

数据伦理是指在收集、处理、存储、共享和销毁数据的过程中，应该遵循的道德原则和标准，它旨在确保数据处理的合法性、公正性、透明性和责任性，以保护数据主体的权益和社会的公共利益。它关注的是如何平衡个人隐私、社会利益和数据利用之间的关系。数据伦理具体包括：数据保护能力，即能够遵守数据保护法律，保护数据主体的隐私和个人信息；数据安全能力，即能够采取安全措施（如加密、访问控制）防止数据泄露和滥用；数据道德能力，即能够在处理和利用数据时遵循道德准则（如公平性、非歧视性），避免技术滥用。

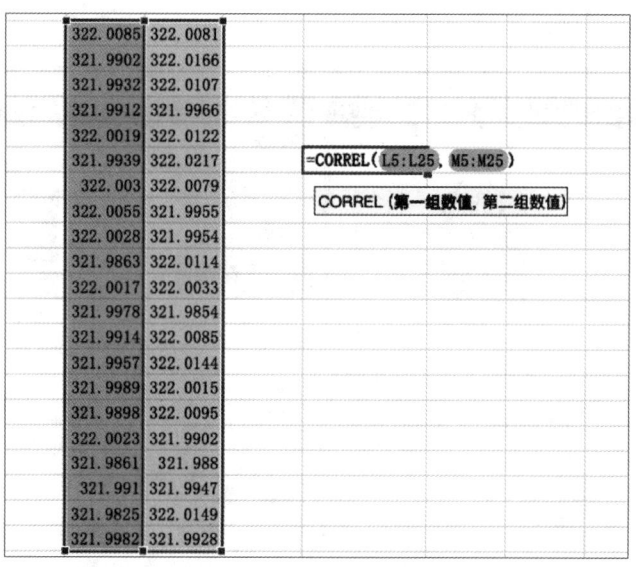

图 2-9 利用 WPS 表格进行数据相关性分析

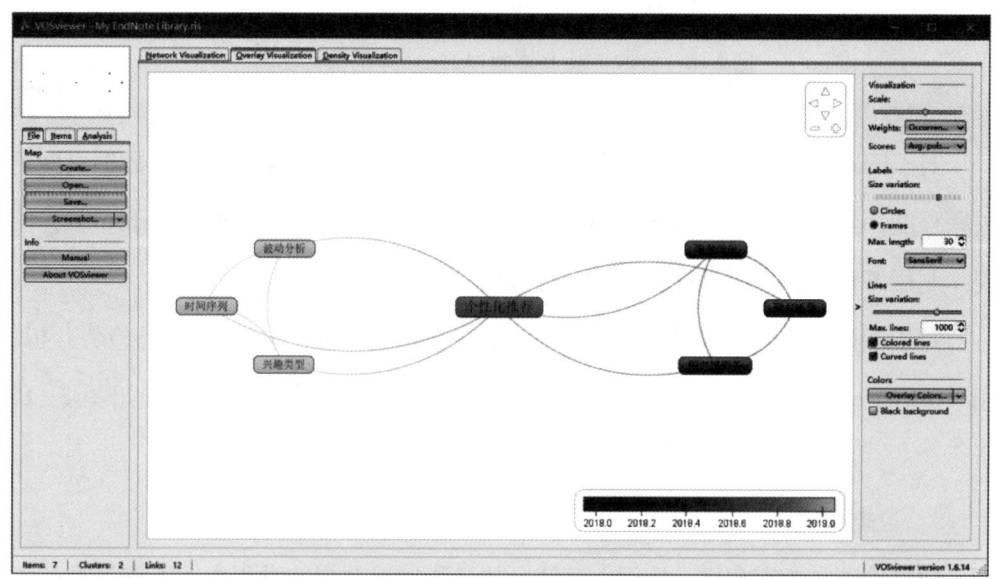

图 2-10 利用 VOSviewer 结合 CNKI 文献数据进行学者研究兴趣可视化趋势分析

以下问题可以用于评估个体的数据伦理认知水平：

① 电子商务平台获取的用户访问数据的所有权，属于平台还是属于用户？

② 如果有一个保存机密文件的 U 盘，如何确保该 U 盘仅限授权人员访问？

③ 招聘网站推荐算法由于所使用的数据主要是年轻人数据，因此往往对中年群体失效，你如何看待这种算法歧视？

上述问题需要结合法律条款（如数据所有权归属）、技术手段（如生物识别加密）及伦理原则（如算法公平性）进行综合分析。由于其答案具有开放性，因此需要基于背景知识、技术规范与伦理框架来判断。

4. 其他方面

首先，个体应该具有数据批判性思维，能够对数据进行辩证认识，包括对数据的形态、格式、内容、分布及价值的认识，并能够识别潜在的偏差（如数据采样偏差、标注误差）。其次，个体应该具有数据综合应用能力，能够基于数据提出问题，使用恰当的方法进行数据的收集、清洗、建模和可视化，并能够结合信息技术（如 Python、SQL）实现数据全生命周期管理。最后，个体应该具有跨学科知识融合能力。例如，掌握教育学知识以优化数据在教育场景中的应用（如学习行为分析），理解法律知识（如数据合规要求）以确保技术应用的合法性等。

2.2 算法与计算思维

2.2.1 算法

1. 基本概念

(1) 算法的定义

对于诸如人工智能软件等计算机程序而言，算法与数据是两大核心要素，两者缺一不可。所谓算法（algorithm），是指对解题方案的准确而完整的描述。对于计算机程序而言，算法就是解决问题的一系列清晰的指令，代表着解决问题的策略机制，它通常能够对一定的输入数据进行处理，并在有限的时间内产生所需的输出结果。

计算机程序能完成很多任务，这些任务有一个共同的特点，那就是其处理过程和步骤能够被明确、具体地描述。一项任务只要具有该特点，就可以使用算法予以表达，再通过程序代码予以实现，最终实现相关软件的设计。尽管算法的逻辑具有确定性，但算法在执行过程中会因输入数据、随机参数、执行时序等外在因素而发生变化，这些变化可能会导致算法产生不同的结果，从而形成适应性的功能改变。

算法名称的由来

"算法"在中国古代文献中称为"术"，其中文表述最早见于《周髀算经》，而英文名称"algorithm"则来自9世纪的波斯数学家阿尔·花剌子模（Al-Khwarizmi），"算法"原先的写法是"algorism"，就是"花剌子模"的拉丁化名称，直到18世纪才演变为今天的写法。欧几里得算法（即辗转相除法，用于求最大公约数）被认为是历史上的第一个算法。世界上的第一个程序是英国著名诗人乔治·戈登·拜伦（George Gordon Byron）的女儿埃达·洛夫莱丝（Ada Lovelace）于1842年为巴贝奇分析机编写的求解伯努利方程的程序，因此她被大多数人认为是世界上第一位程序员。为了纪念她，美国国防部将代表第四代计算机语言的一门高级程序语言命名为Ada语言。

（2）算法的基本要素

算法一般具有两个基本要素：

① 对数据进行运算和操作。这些基本运算和操作通常分为四种：

算术运算：适用于数值型数据，包括加、减、乘、除等运算。

逻辑运算：适用于布尔型数据，包括并且（与）、或者（或）、非（取反）等运算。

关系运算：可以产生布尔型结果，包括大于、小于、等于、不等于等运算。

数据传输：涉及输入、输出、赋值等运算。

② 算法的控制结构。一个算法的功能结构不仅取决于所选用的操作，还依赖这些操作之间的执行顺序。控制结构有顺序语句、分支语句和循环语句这三种基本控制语句，它们共同的特点是只允许有一个入口和一个出口。

为了描述算法的控制结构，人们设计了多种表达方式，如流程图、伪代码和问题分析图（PAD 图）等。其中，流程图最为常见，它使用不同的框图来表示各种类型的操作，并通过带箭头的线条连接这些框图，以展示执行的先后顺序。例如：

矩形框：表示处理功能，即算法中的具体操作或计算步骤。

菱形框：表示条件判断，根据给定的条件是否成立来确定后续操作的执行路径。它有一个入口和两个出口。

平行四边形框：表示输入和输出操作，用于数据的接收和结果的输出。

圆弧形框：表示算法流程的开始或结束。

箭头线：表示流程的路径和方向，指示操作的执行顺序。

三种基本控制语句对应的流程图如图 2-11 所示。

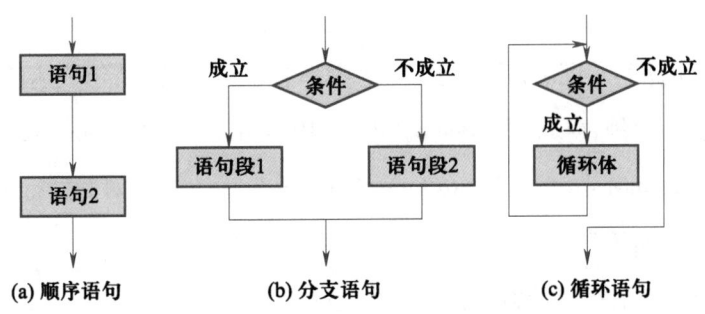

图 2-11　三种基本控制语句对应的流程图

虽然只有顺序语句、分支语句和循环语句这三种基本控制语句，但它们足以表达所有的控制逻辑。在由顺序语句构成的代码中，任意一条代码都必须且只能被执行一次。相比之下，在由分支语句构成的代码中，任意一条代码都既可能被执行，也可能不被执行，但如果被执行，同样只能被执行一次。而在由循环语句构成的代码中，任意一条代码则都有可能被执行多次，当然也存在不被执行的可能性。总体而言，一条代码的执行无外乎这三种情况。

可以将程序的执行过程理解为在平面图上的各个点之间移动的过程。在平面图上，如果一个点只有一个向外的连接，那么在定位到这个点之后，从这个点向外走的过程就代表了顺序语句的执行过程，如图2-12（a）所示。如果一个点有多个向外的连接，那么执行这个点所代表的语句就构成了分支语句的执行过程。尽管有多个向外的连接，如图2-12（b）所示，但每次只能选择其中一个。还有一种情况，即这个点向外的连接中存在能转回来指向自身的连接，那么执行这个点所代表的语句就构成了循环语句的执行过程，如图2-12（c）所示。当然，如果这个点同时还有其他向外的连接，那么当满足特定条件时，它也可能离开这个循环而直接走向外部，表现为循环的结束和后续语句的执行。这些就构成了这个点沿着向外连接执行的所有可能路径。

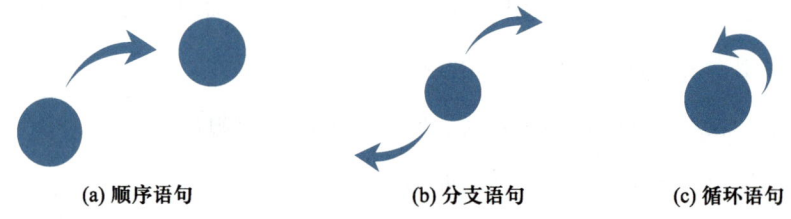

(a) 顺序语句　　　　　(b) 分支语句　　　　　(c) 循环语句

图2-12　利用点的不同向外连接来表示三种基本控制语句

有学者对此进行了证明，证实了这三种基本控制语句确实能够表达任何控制逻辑。例如，科拉多·博姆（Corrado Bohm）在于1979年发表的"Flow diagrams, Turing machines and languages with only two formation rules"一文中就对此进行了阐述。

（3）算法的特征

算法具有以下五个重要特征：

① 有限性（finiteness）：算法必须能够在执行有限步骤后终止，无法有效终止的算法通常没有实际意义。

② 明确性（definiteness）：算法中的每个计算步骤都必须有明确的定义，并且没有歧义性，以确保执行结果精确地符合预期。

③ 输入（input）：算法通常需要通过一个或多个输入来定义运算对象的初始状态，如果没有输入，算法本身就需要提供初始条件。

④ 输出（output）：算法通常有一个或多个输出，用来反映对输入数据的处理结果。输出可能是数据，也可能是操作，没有输出的算法通常无实际意义。

⑤ 有效性（effectiveness，又称为可行性）：算法中的每个计算步骤都能被分解为基本的可执行的操作，即每个计算步骤都能在有限的时间内完成。

（4）算法的评价

对于同一问题，可以采用不同的算法来解决，而且不同质量的算法会有不同的执行效果和效率。因此，人们需要对算法进行评价以决定如何选择和改进算法。

首先，需要对算法的正确性进行评价，正确性是评价算法优劣的重要标准。

其次，在确保正确性的前提下，还需要从时间复杂度和空间复杂度两个维度对算法进行评价。好的算法应当具备较低的时间复杂度和空间复杂度，然而，在复杂的应用逻辑中，往往需要在多个复杂算法中选择最优的算法。

最后，好的算法还应当具备可读性和稳健性。可读性确保算法易于理解，便于人们理解算法的功能，以及后续对算法进行改进。稳健性（robustness）又称为容错性，源自英文"robust"，音译为鲁棒，是指算法对不正确输入的处理能力，确保算法在异常情况下的稳定性和可靠性。

算法的问题与实例

我们可以从问题、实例与算法三者之间的关系来进一步理解算法。

问题是针对某一类系统提出的、要求给出解答的一般性提问，具有抽象性。例如，排序问题就是一个典型的问题。实例则是该问题的具体表现。例如，对1、2、3、4、5、6、7这组数进行排序。由于不同实例可能具有不同的数据规模和复杂度，因此有的算法可能只对某个问题的特定实例有效，而未必适用于该问题的其他实例。只有当某个算法能够有效处理问题的全部实例时，才能认为该算法可以解决这个问题。

（5）算法的分类

按照不同的标准，可以将算法分为多种类型。例如，按照求解问题的类型，可以将算法分为排序、搜索、匹配、调度、覆盖、图相关等算法；按照设计策略，可以将算法分为贪心算法、分治法、动态规划法、启发式搜索、智能仿生算法等。在实际应用中，许多算法具有复合型特点。例如，排序算法可以用分治法来实现，图相关算法可以用贪心算法、分治法或动态规划法等来实现。下面介绍几种常见的算法及其含义。

① 递推法：是一种用若干步可重复的运算来分解复杂问题的算法，常用于序列计算。其核心思想是利用已知的初始条件，逐步推导出问题的最终解。这种算法将大问题分解为一系列易于解决的小问题，然后依次解决这些小问题。在解决每个小问题时，都会用到前一个小问题的解决结果。递推法通常通过循环实现，适用于已知递推次数的问题。例如，斐波那契数列的求解就是递推法的典型应用，其中的每个元素都是前两个元素之和（除了前两个元素是已知的），通过这种递推关系可以得到整个数列的元素。

② 迭代法：是一种不断用变量的旧值递推新值的算法，与直接法（即一次性解决问题的方法）相对应。迭代法分为精确迭代法和近似迭代法，适用于非精确求近似值的场景。该算法与递推法类似，但是两者之间也存在很大的不同。例如，迭代法的迭代次数通常是未知的，只有在迭代完成后才能得到结果。而递推法的递推次数通常是已知的，每次递推都会得到一些结果，直至最后得到全部结果。例如，欧几里得算法通过反复计算两个非负整数的余数，最终得到它们的最大公约数。

③ 分治法：是一种将大规模实例分解为多个较小规模子实例并分别求解的算法。如果某个子实例的规模仍然比较大，则继续递归地将其划分为更小的子实例，直到子实例的规模足够小、易于求解为止。然后，自底向上逐层将小规模子实例的解合并为更大规模实例的解，最终获得原实例的解。例如，在猜数字游戏中，系统生成一个随机数，用户通过不断猜测并根据提示（"大了"或"小了"）逐步缩小范围，直至猜中。假设随机数为不大于 100 的正整数，可以采用分治法：首先猜测 50，若提示"大了"，则猜测 25；若提示"小了"，则猜测 35，以此类推。分治法的应用需要满足以下要求：每次分解得到的子实例仍为原问题的实例（最优子结构性质）；在分解过程中不会产生相同的子实例（子实例独立性）；在实例规模缩小到一定程度后可轻松求解；子实例的解能够合并为原实例的解等。

④ 动态规划法：动态规划法与分治法的解决思路相似，都是通过将给定实例分解为规模较小的子实例来求解，且均需要满足最优子结构性质。两者的主要区别在于，动态规划法针对的问题不满足子实例独立性，即在分解过程中可能产生相同的子实例，从而导致大量的重复计算，降低了算法效率。为了解决这一问题，动态规

划法对每个子实例仅求解一次,并将结果存储起来,以便后续直接查表使用,从而减少了计算量。例如,在背包问题中,假设有三个不可分割的物品,重量分别为 10 kg、20 kg 和 30 kg,价值分别为 60 元、100 元和 160 元。如果背包容量最多为 50 kg,那么如何选择总价值最高的物品组合呢?在计算过程中,需要逐步求解部分物品和部分背包容量对应的子实例,并利用动态规划法避免重复计算。最终,合理的答案是选择价值为 100 元和 160 元的物品(总价值为 260 元),总重量为 50 kg。

⑤ 贪心算法:是一种分步求解的算法,其核心在于每一步都采取当前状态下的最优选择,以期通过一系列局部最优的选择来达到全局最优的目标。可以用贪心算法求解的问题需要具备以下三个性质:最优子结构性质,即在每一步做出选择后生成的子实例仍为原问题的实例,且原问题的实例的最优解包含子实例的最优解;贪心选择性质,即通过一系列局部最优的选择(贪心选择)得到全局最优解。无后效性,即后续阶段的状态仅依赖前一阶段的状态,与状态的具体推导过程无关,而且某一阶段的状态一旦确定,后续决策不会对其产生影响。例如,在换零钱问题中,若需要兑换 36 元且可用面额为 20 元、10 元、5 元和 1 元,贪心算法的策略为:第一次选择最大面额 20 元,剩余 16 元;第二次选择 10 元,剩余 6 元;第三次选择 5 元,剩余 1 元;最后选择 1 元完成兑换,如图 2-13 所示。该算法通过每一步的局部最优选择,最终实现全局最优解(总货币数最少)。

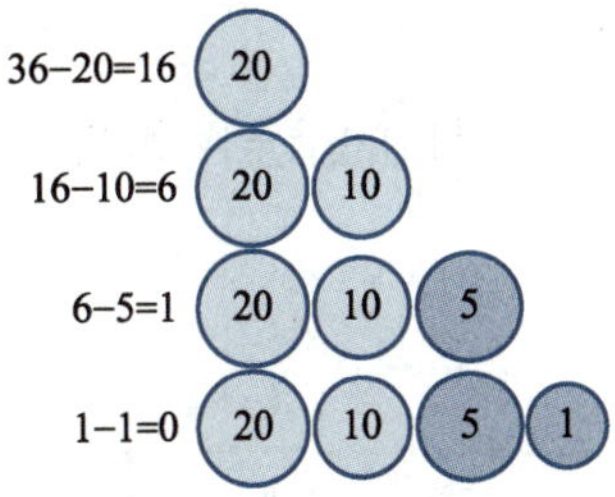

图 2-13 利用贪心算法实现零钱兑换

⑥ 枚举法:又称为暴力破解法,其基本思路是从实例的所有可能的解集(解空间)中逐一枚举各个元素,并用给定的约束条件判断其是否符合要求,同时查找满足特定属性(如目标函数最优)的元素。例如,在破解 6 位数字密码时,共有 1 000 000 种可能的组合,因此最多尝试 1 000 000 次即可确保找到正确结果。枚举法虽然简单易行,但是存在计算耗时较长的问题,尤其是在解空间规模较大的情况下。为了提高效率,常结合启发式方法或其他技术优化计算过程,以提高算法的实用性。

(6) 图灵机与计算理论

虽然算法为解决实际问题提供了方法,但并非所有算法都能直接在计算机上实现。图灵机(Turing machine),一般指确定性图灵机,是艾伦·图灵于 1936 年提出的一种抽象数学模型，用于描述算法的计算过程。图灵机证明了其能够模拟人类进行任何计算过程。图灵机包括以下几个部分：

① 无限长的纸带：纸带被划分为一个个格子，每个格子都包含一个取自有限字母表的符号，其中有一个特殊符号表示空白。纸带上的格子从左到右被依次编号，且纸带的右端可以无限延伸。

② 读写头：读写头可以在纸带上左右移动，能够读取并修改当前所指格子中的符号。

③ 状态寄存器：用于保存图灵机当前的状态。状态的总数是有限的，其中包括一个特殊的停机状态，用于表示计算过程的结束。

④ 控制规则：这是一套数量有限的规则，可以将其理解为算法的程序表达与实现。控制规则根据当前机器的状态以及读写头所指格子中的符号，决定读写头的下一步动作（如移动方向、符号修改）并改变状态寄存器的值，从而使机器进入新的状态。

图灵机的示意图如图 2-14 所示。

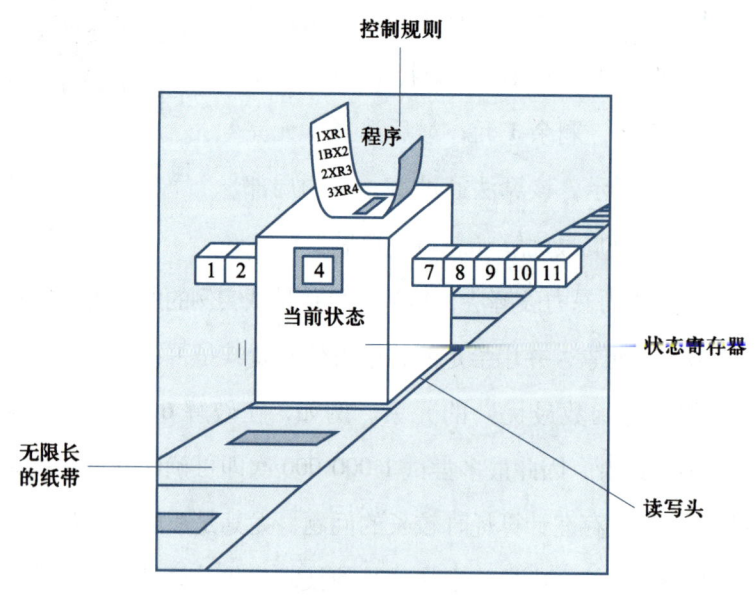

图 2-14　图灵机的示意图

尽管图灵机的一些部分（如有限字母表、状态数、控制规则等）都是有限的，但其纸带是无限长的。只要运行时间足够长，图灵机就可以模拟人类所能进行的任何计算过程。因此，对于任何算法，都可以构建一个能够模拟该算法逻辑的图灵机。这一理论为计算机科学奠定了重要基础，证明了算法的可计算性。

下面举例演示图灵机的计算过程。假设对于末位为 1 的二进制数值加 1，可以构造如图 2-15 所示的图灵机控制规则。P0、P1、P2、PH 为 4 个状态，其中 PH 为停机状态。

按照这个规则，可以实现相应的二进制数值加 1。图 2-16 演示了两个不同数值（A、B）加 1 的计算过程。

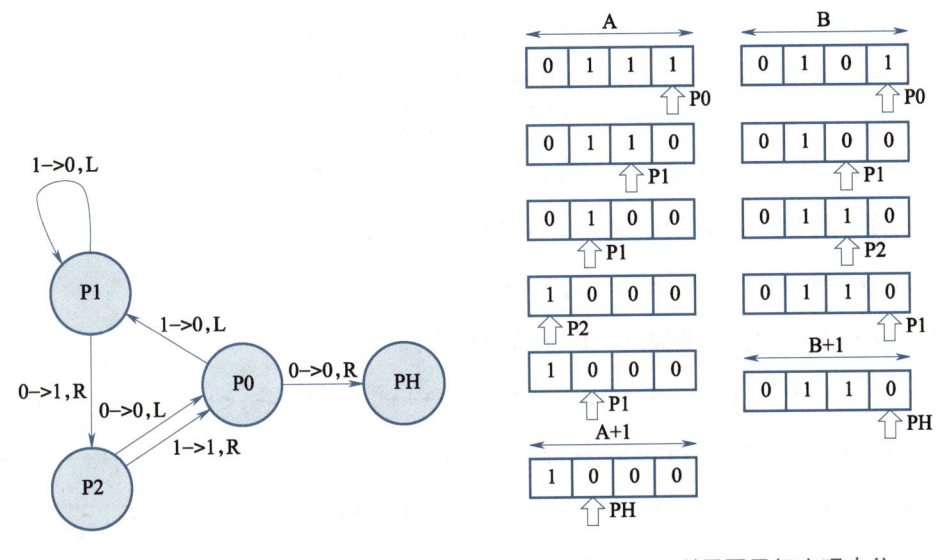

图 2-15　图灵机控制规则示例　　图 2-16　利用图灵机实现末位为 1 的二进制数值加 1

图灵机不仅证明了机械计算能力的存在，还肯定了计算机实现的可能性。它引入了读写头、算法和程序的概念，展示了程序及其输入如何被保存在纸带（存储带）上，并按照程序一步一步运行直至输出结果，结果同样被保存在纸带上。这一模型与现代计算机的主要组成部分（如存储器、中央处理器、输入输出系统等）具有相似性，为现代计算机的设计提供了重要的理论基础。

事实上，厄本·米勒（Urban Müller）在 1993 年就基于图灵机的思想，设计了一种极其紧凑的计算机编程语言——Brainfuck（字面意思为"烧脑"），简称 BF。该语言仅包含 8 种指令符号（如表 2-3 所示），其编译器也只有几百字节，体现了图灵机思想的简洁性和强大功能。

2.2　算法与计算思维

表 2-3　BF 语言提供的 8 种指令符号

符号	含义
>	指针向右移动一格
<	指针向左移动一格
+	当前指针指向的数据带值加 1
-	当前指针指向的数据带值减 1
.	将当前指针指向的数据带值的 ASCII 码输出
,	获取键盘输入的字节流，写入当前指针指向的数据带
[	循环开始：若当前指针指向的数据带值为 0，则跳至匹配的"]"的后一条指令处
]	循环结束：若当前指针指向的数据带值不为 0，则跳至匹配的"["的后一条指令处

BF 语言是一种图灵完备的编程语言，并且可以完成所有的程序功能，只是代码难以看懂。例如，下面的代码可以实现两个一位数的加法：

,>++++++[<-------->-],[<+>-]<.,.

再如，运行下面的代码能输出"Hello World！"：

>+++++++++[<++++++++>-]<.>+++++++[<++++>-]<+.+++++++..+++.
[-]>++++++++[<++++>-]<.>+++++++++++[<+++++>-]<.>++++++[<++
++>-]<.+++.------.--------.[-]>++++++++[<++++>-]<.[-]+++++
+++++.

2. 程序设计语言

（1）程序设计语言概述

程序设计语言也称为计算机编程语言，是一种用于书写计算机程序的标准化形式语言。它使程序员能够准确地向计算机发出操作指令，是算法的实现工具和表达方式。最早的程序设计语言在计算机发明之前就已出现，用于控制提花织布机和自动演奏钢琴等设备。真正意义上的计算机程序设计语言则直到 20 世纪 50 年代才诞生。至今，全球已有成千上万种程序设计语言，但只有少数语言被广泛应用。例如，Python 是人工智能领域常见的一种程序设计语言，也是目前发展最快的语言之一。在近年来的 TIOBE 编程语言排行榜中，Python 屡次获得"TIOBE 年度编程语言"的称号，如图 2-17 所示。

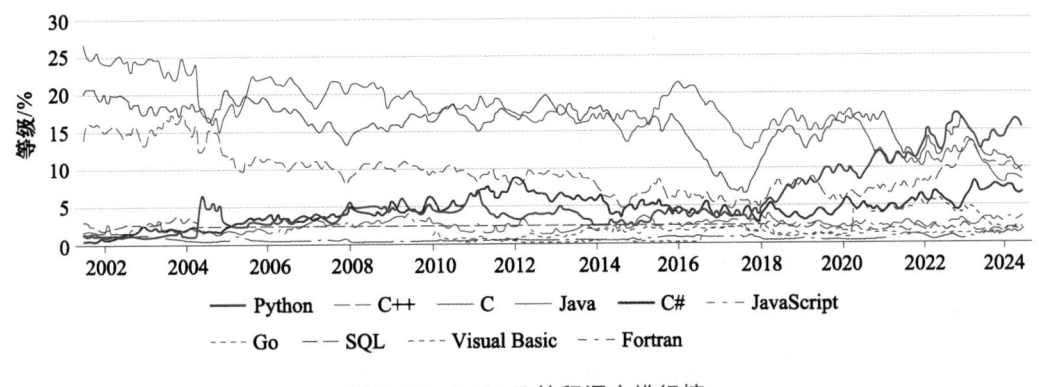

图 2-17 TIOBE 编程语言排行榜

可以将程序设计语言类比为人类交流所使用的语言。人类语言其实也可以看作一种编码，人类通过约定俗成的语音编码和符号编码来表达不同的意思，并用于人与人之间的交流。类似地，程序设计语言是一种编码系统，用于告诉计算机执行什么任务，是人与计算机之间沟通的媒介。通过程序设计语言，人们可以将自己的想法用计算机可以理解的方式表达出来，从而使计算机能够实现相应的功能，甚至构建功能强大的应用系统来完成复杂的任务。如果没有计算机编程语言，仅依靠人类语言，不但可能因语言表达得不严谨而导致计算机理解的歧义性，而且计算机本身的设计特点也可能使其无法直接理解人类语言所描述的操作。但是，如果程序设计语言过于复杂，人类就难以掌握。优秀的程序设计语言需要在人类使用的便捷性和计算机理解的准确性之间寻求一个平衡点。

因此，大多数现有的程序设计语言以人类语言中的词语为基础，如包含具有特定含义的英文单词，同时采用严格的语法和书写规则，以便计算机准确理解。例如，在 Python 语言中，如果想向计算机中输入一些数据，就可以使用"input"指令，这个单词在英文中就是"输入"的意思。

除了 Python，还有许多其他类型的程序设计语言，如 Java、C 语言等。就像不同国家的人使用不同的语言一样，不同的程序设计语言也有各自的应用场景和特点。它们尽管可以完成相同的任务（例如，Python 和 Java 都可以用于开发网站），但各自具有独特的优势。例如，Python 在数据分析和网络爬虫等领域的表现更加突出。

（2）程序设计语言的基本成分

尽管程序设计语言种类繁多，但其基本成分都主要有以下四种：

数据：用于描述程序所涉及的数据。

运算：用于描述程序中包含的运算。

控制：用于表述程序中的控制结构。

传输：用于表述程序中数据的传输。

（3）程序设计语言的发展

按照发展历程，程序设计语言主要分为以下三代：

① 机器语言：机器语言由二进制代码构成，因此机器语言程序难以编写、修改和维护，需要用户直接分配存储空间，编程效率极低。此外，机器语言代码的直观性和兼容性较差。由于不同计算机的中央处理器（CPU）具有不同的指令系统，因此机器语言编写的代码通常只能在特定的计算机上运行，缺乏可移植性。如图2-18（a）所示。

② 汇编语言：汇编语言是机器指令的符号化表示，与机器指令之间存在直接的对应关系。尽管汇编语言仍然存在难学难用、容易出错、维护困难等缺点，但其生成的代码占用的内存空间少，能够直接访问系统接口，且编译后的机器语言程序执行效率高。因此，汇编语言通常用于与底层硬件交互的编程场景。如图2-18（b）所示。

③ 高级语言：高级语言面向程序员，采用自然语言形式，是一种独立于计算机软硬件的程序设计语言，如图2-18（c）所示。高级语言通过编译或解释执行，一个命令可以对应多条甚至上百条汇编语言指令。高级语言具有易学易用、通用性强、应用广泛等特点，是现代程序设计的主流选择。

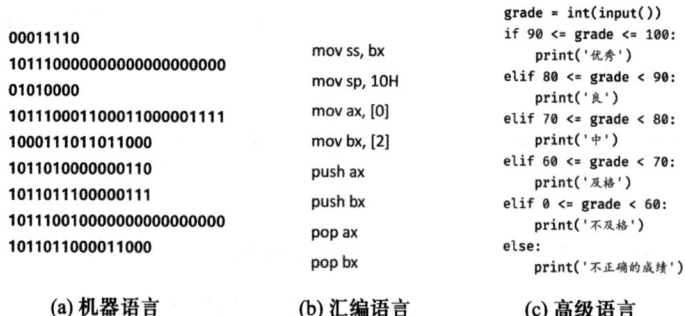

图2-18 常见的程序设计语言代码示例

人工智能编程

随着生成式人工智能技术的快速发展，程序设计工作可以部分交由计算机完成，这在一定程度上降低了程序设计的难度和工作量。通过生成式人工智能编程工具，用户能够以交互式问答或输入功能提示文本等方式，让机器自动生成相关代码，如图2-19所示。这种方式不仅提高了编程效率，还为开发者提供了更多的便利。

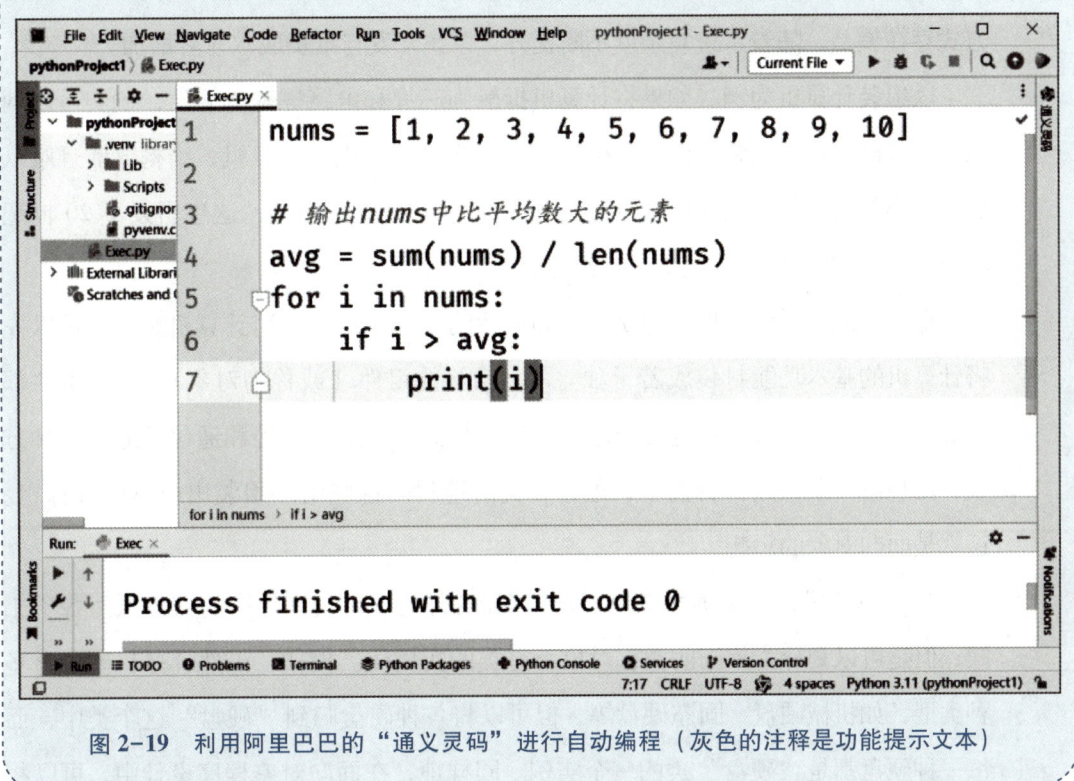

图2-19 利用阿里巴巴的"通义灵码"进行自动编程（灰色的注释是功能提示文本）

（4）结构化程序设计和面向对象程序设计

从设计方法论的角度，可以将程序设计分为结构化程序设计（structured programming）和面向对象程序设计（object-oriented programming，OOP）。

结构化程序设计以模块功能和过程设计为核心，通常采用自顶向下、逐步求精的设计方法，将复杂的程序分解成若干功能模块，并通过顺序语句、选择语句、循环语句等基本控制语句连接这些模块。在结构化程序设计中，功能模块是程序的基本组成单元。其优势在于以模块化设计为中心，将待开发的软件系统划分为若干相互独立的模块,每个模块的任务单一、明确,为大型软件的开发奠定了基础。代表性的结构化程序设计语言有 C、FORTRAN、PASCAL 和 BASIC 等。

结构化程序设计方法的局限性在于其采用功能分解的设计思路。它将依附于客体的各种操作行为抽象为功能模块,再将这些功能模块组合起来实现应用系统的全部功能。这里的"客体"是指客观存在的实体或抽象概念(如用户、数据、设备等),是人类观察和解决问题的主要目标。这种设计思路使程序员不得不将现实世界映射为离散的功能模块,这不仅增加了程序设计的复杂度,还与人类认识问题的方式存在偏差。随着系统复杂度不断提升,系统开发与维护成本显著增加。

以组装计算机为例。如果将计算机拆解为芯片和电路等基础元件,确实可以利用这些基础元件来组装一台计算机,但是这样组装而成的计算机,结构零散且难以扩展。类似地,结构化程序设计在复杂系统中面临效率瓶颈,这也引发了 20 世纪 80 年代"软件开发没有银弹"的悲观观点。

那么,能否采取一种更为模块化和灵活的方式呢?在组装计算机之前,可以先将计算机的基本功能封装成若干独立的、自治的组件(或称为对象),每个组件都能够独立存在,并依据预定义的标准接口与其他组件进行连接和通信。通过这种方式,用户就可以根据自身需求,迅速、灵活地利用这些组件组装出所需的计算机。这就是面向对象的思想。

"面向对象",更准确地说应该是"面向实体",客观世界中的实体虽然各不相同,但是可以划分为不同的类,对象就是类的实例化。例如,虽然计算机硬盘有多种类型,如机械硬盘、固态硬盘等,但可以将各种硬盘归到"硬盘"这个类中,而每一种硬盘都是"硬盘"类的一个实例。同样地,在面向对象程序设计中,可以将具有共同特征的对象归纳成类,并构建类与类之间的层次结构,从而形成类库。在开发应用系统时,可以在类库中选择所需的类创建对象,对象之间通过消息传递进行通信,并通过调用对象的功能实现系统逻辑。因此,面向对象程序设计的核心就是类和对象。其中,类主要包括表示静态属性的数据和对数据的各类操作;对象是组成程序的基本单元。面向对象程序设计语言更贴近人类的认知方式,降低了现实世界与程序模型映射的复杂度,提升了代码的复用性和可维护性。其代表语言包括 C++、C#、Java 和 Python 等。

尽管面向对象程序设计与结构化程序设计在功能实现上存在相似性,但面向对象通过类的概念以及封装、继承、多态、抽象等设计方法，能够更高效地构建便于维护和扩展的类结构，比通过简单地组合模块来表达复杂客体的传统方式更方便、快捷。

例如，在一个学校学生管理系统中，主要有学生和教师两类实体。每类实体都包含特定的属性和行为：学生有学号、姓名、所在班级等属性，以及上课、考试、做实验等行为。教师有工号、姓名、所在院系等属性，以及教课、指导学生、评定成绩等行为。下面以考试环节的程序实现为例来做说明。

在结构化程序设计中，需要将考试环节的功能拆解为一些基本的功能模块，包括"设置考卷""参与考试""评定成绩""查阅成绩"等。学生行为通过组合"参与考试"和"查阅成绩"模块实现；教师行为通过组合"设置考卷""评定成绩"和"查阅成绩"模块实现。其中，"查阅成绩"模块被学生和教师复用。随着功能增加（如添加"补考申请""成绩申诉"等），模块组合越来越呈现出零散的状态，功能交叉程度和耦合度提高，维护成本显著增加。

而在面向对象程序设计中，类的设计是构建系统的核心。需要设计"教师"和"学生"两个类，类的设计具有以下特点：

① 封装：封装是将数据（属性）和操作数据的方法（功能）捆绑在一起的机制，隐藏内部实现细节，仅暴露必要的接口。对于"教师"类，可以封装工号、姓名、所在院系等属性，以及"设置考卷""评定成绩""查阅成绩"等功能。对于"学生"类，可以封装学号、姓名、所在班级等属性，以及"参与考试""评定成绩""查阅成绩"等功能。然后在具体的程序设计中，通过创建"教师"和"学生"类的对象，调用其方法并实现交互，来构建整个应用系统的业务逻辑。

② 继承：继承是面向对象程序设计的重要特性，用于实现代码复用和层次化设计。高校教师有多种类型，如体育教师还具有参加体育竞赛的功能，创业实训教师还具有指导创新创业实践的功能等。为每一种类型的教师设计一个类并不方便。这些教师虽然类型不同，但彼此之间又存在共性，因此可以考虑设计一个"教师"类，封装所有教师共有的属性和功能（如工号、姓名、所在院系、设置考卷等），这个类称为"父类"，这个过程称为"抽象"。然后，通过继承基类，派生出具有特定功能的子类，如"体育教师"类、"创业实训教师"类。这些子类除了通过继承得到"教师"类的基本属性和功能，还添加了特有的属性和功能。例如，"体育教师"类添加了"参加体育竞赛"功能；创业实训教师类添加了"创新创业实践"功

能。后面只要更新"教师"类的功能，其所有子类就会自动同步更新。

③ 多态：多态是继承的延伸，允许子类对象以基类形式调用，并在运行时动态绑定具体实现。例如，需要对所有教师进行考核，若为每类教师（如课堂教师、体育教师、创业实训教师）都单独设计考核模块，就会导致代码冗余。这时可以采用多态的思想，即设计一个通用的考核模块，仅处理"教师"类。在运行时，该模块可以动态处理所有子类对象（如课堂教师、体育教师、创业实训教师），从而降低了考核模块的复杂度，提高了模块的扩展性（新增教师子类时，无须修改考核模块）。

结构化程序设计与面向对象程序设计的对比示意图如图 2-20 所示。总而言之，结构化程序设计强调功能分解和控制流程，适用于简单系统，但难以应对复杂的需求。面向对象程序设计则以对象为中心，通过抽象与封装实现模块化，更适合大规模系统的开发。这两种方法论反映了计算机科学从"机器为中心"到"问题为中心"的思维转变，为不同场景的软件开发提供了多样化的工具。

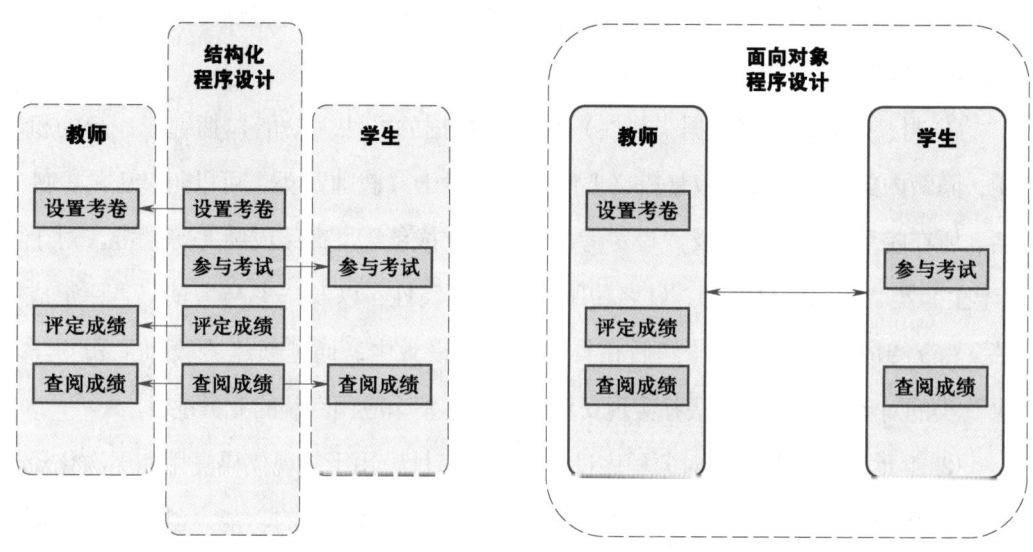

图 2-20　结构化程序设计与面向对象程序设计的对比示意图（以考试环节为例）

2.2.2　计算思维

1. 计算思维的定义

计算思维（computational thinking）由美国卡内基梅隆大学的周以真（Jeannette

M. Wing）于 2006 年提出，是一种运用计算机科学的基础概念进行问题求解、系统设计及理解人类行为的思维方式。它并非具体的学科知识，而强调通过形式化的问题表达和有效的信息处理步骤来实现问题求解。计算思维与理论思维、实验思维等共同构成了普适的思维方式，适用于人类解决任何问题。计算思维有两个基础性要求：一是意识层面，能够主动识别问题并考虑运用计算机科学方法来辅助解决问题；二是能力层面，能够合理运用计算机技术来实施具体的解决方案。

2. 计算思维的特点

（1）以计算为核心

计算思维与数学思维密切相关，其核心在于将问题转化为可计算的逻辑，具体表现为数学描述和抽象建模。数学描述是指用数学语言描述问题，形成可计算的操作逻辑。具体来说，如果将计算对象用特定符号表示，计算过程就是按照预定的规则逐步改变符号序列，最终得到满足条件的结果的过程。抽象建模是指对于许多并非直接表现为计算问题的现实问题，需要通过抽象将其转化为数学模型。数学模型的质量反映了人们对问题的理解程度，同时也决定了是否能够通过计算解决问题。例如，哥尼斯堡七桥问题（即如何一次性不重复地走过七座桥并回到起点），最初被认为是一个路径规划问题，但欧拉通过将其抽象为图论问题，证明了不存在每座桥只走一遍的路径，如图 2-21 所示。这一过程体现了计算思维的抽象特征，即将实际问题转化为数学问题，并通过算法和程序设计来解决。

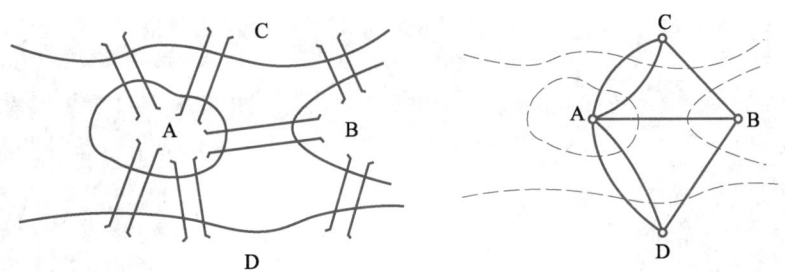

图 2-21 欧拉解决的哥尼斯堡七桥问题

（2）人机分工

计算思维强调人类思考与计算机计算相结合，充分利用计算机强大的计算能力来弥补人类思维的局限性。在问题求解过程中，人类负责抽象、建模和决策。例如，在导航路线规划中，人类需要设置起点、选择交通方式并综合考虑行程需求。在将问题求解步骤转化为可计算的操作后，计算机负责高效地执行计算任务。例如，在路线规划中，计算机将城市抽象为图中的节点，将道路抽象为图中的边，通过最短路径算法在极短的时间内完成计算。这种人机分工体现了计算思维的自动化特征，即人类在抽象建模后，将计算任务交由计算机自动完成，从而将人类从脑力劳动中解放出来。

2.3 实验

2.3.1 人工智能编程

【目的】了解利用人工智能工具进行 Python 编程的基本方法。

【说明】在没有 Python 编程基础的情况下，利用"通义灵码"（一款基于阿里云通义灵码打造的智能编程助手）进行人工智能编程，掌握人工智能编程的一般方法和流程。

【准备】从 Python 官网（如图 2-22 所示）上下载 Python 解释器，可以选择最新的版本。

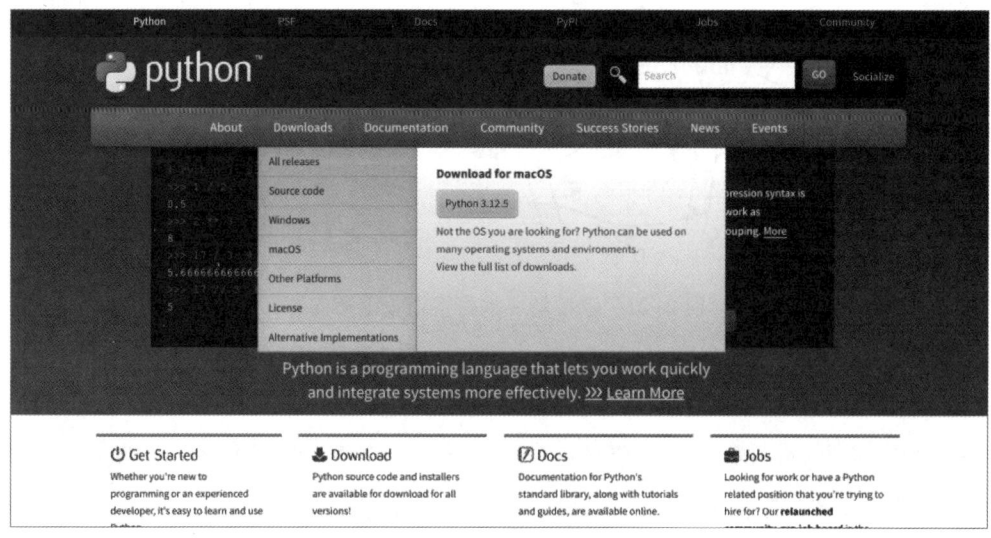

图 2-22　Python 官网界面

从 PyCharm 官网上下载 Python 编辑器，可以选择免费的社区版（Community Edition），如图 2-23 所示。

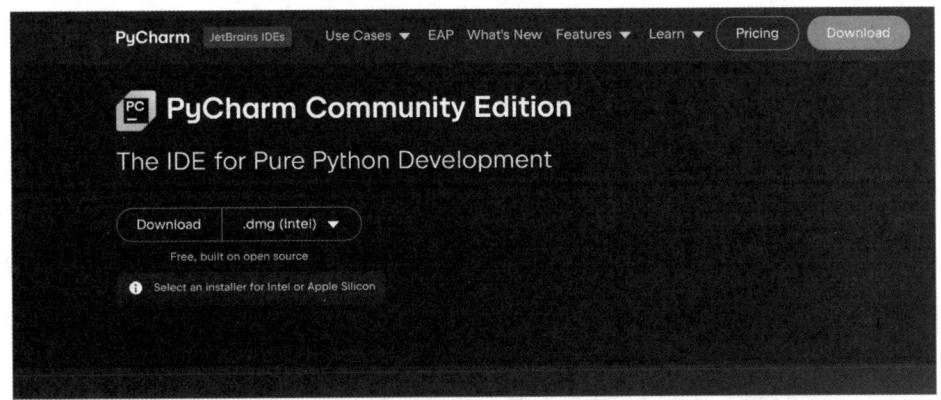

图 2-23 PyCharm 官网下载界面

【操作 1】 安装和配置环境

步骤 1 先安装 Python 解释器，文件名称如"python-3.12.5-amd64.exe"。在打开的界面中选择"Add python.exe to PATH（添加 Python 到 PATH 中）"复选框，并单击"Install Now（立刻安装）"按钮，如图 2-24 所示。

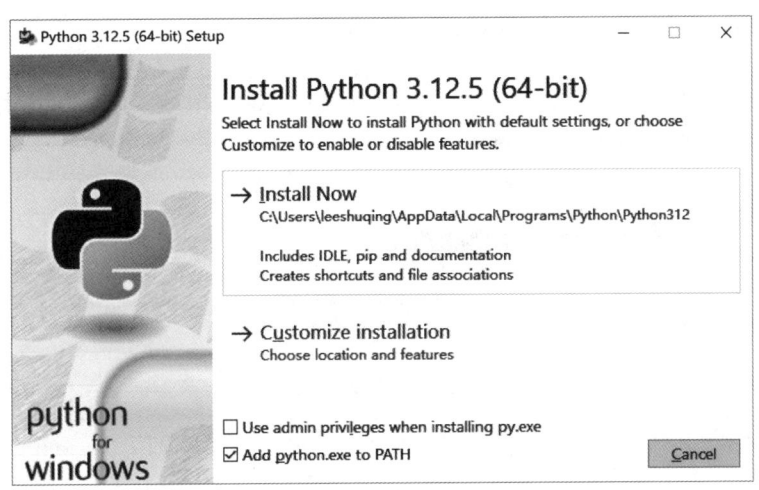

图 2-24 选择"Add python.exe to PATH"复选框

步骤 2 双击如"pycharm-community-2023.3.5.exe"的文件名，安装 PyCharm。在安装过程无须对默认设置做任何改变，直接单击每一步的"Next（下一步）"按钮即可，直到安装过程结束。

步骤 3 打开 PyCharm，首次运行时会出现用户协议声明界面，在该界面中选择

2.3 实验 89

"I confirm that I have read and accept the terms of this User Agreement"复选框,单击"Exit(退出)"按钮,如图2-25所示。

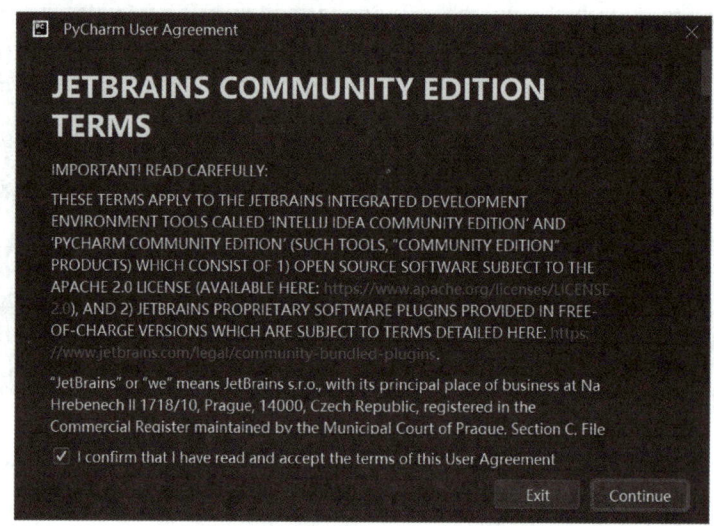

图2-25 选择"I confirm that I have read and accept the terms of this User Agreement"复选框

步骤4 在PyCharm欢迎界面中,选择左侧的"Customize(定制化)"项可以设置PyCharm的外观风格,如图2-26所示。

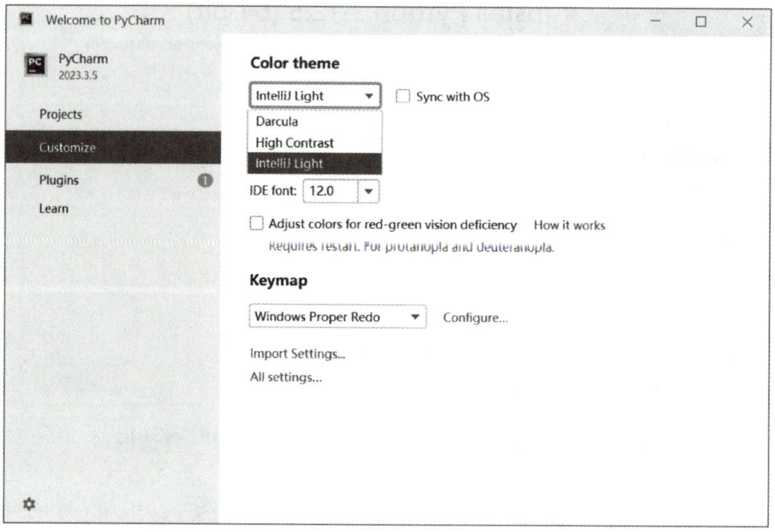

图2-26 设置PyCharm的外观风格

步骤5 在PyCharm欢迎界面中安装"通义灵码"插件。选择界面左侧的"Plugins(插件)"项后在右侧搜索框中输入"tongyi"即可看到"通义灵码"插件,单击"Install(安装)"按钮,如图 2-27 所示。

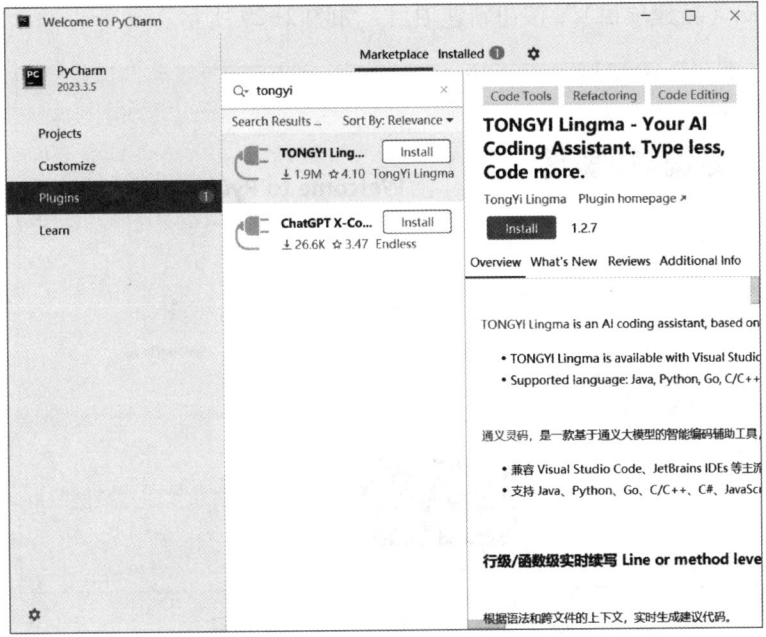

图 2-27 在 PyCharm 中安装"通义灵码"插件

如果无法安装,可以下载"通义灵码"库文件"tongyi-jetbrains-latest.zip",并使用"Install Plugin from Disk(从磁盘安装)"来进行安装,如图 2-28 所示。

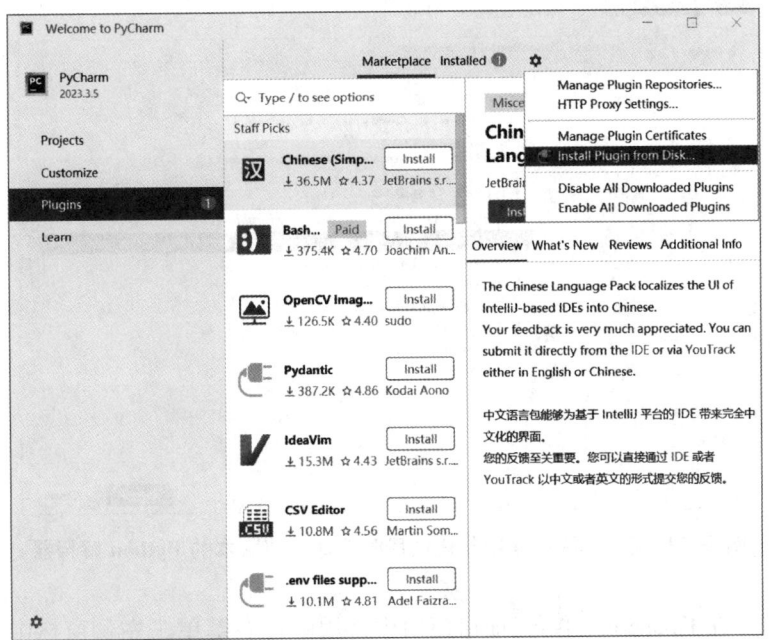

图 2-28 在 PyCharm 中通过库文件安装"通义灵码"插件

步骤 6 在 PyCharm 欢迎界面中，选择左侧的"Projects"项后在右侧单击"New Project（新建项目）"按钮新建项目，如图 2-29 所示。

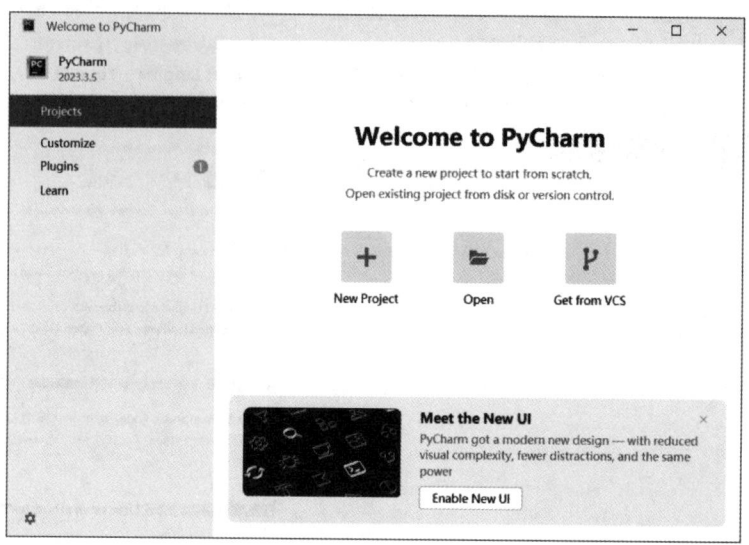

图 2-29 在 PyCharm 中新建项目

新建项目的基本信息可以不做改变。如果需要，可以改选其他版本的 Python 解释器，如图 2-30 所示。

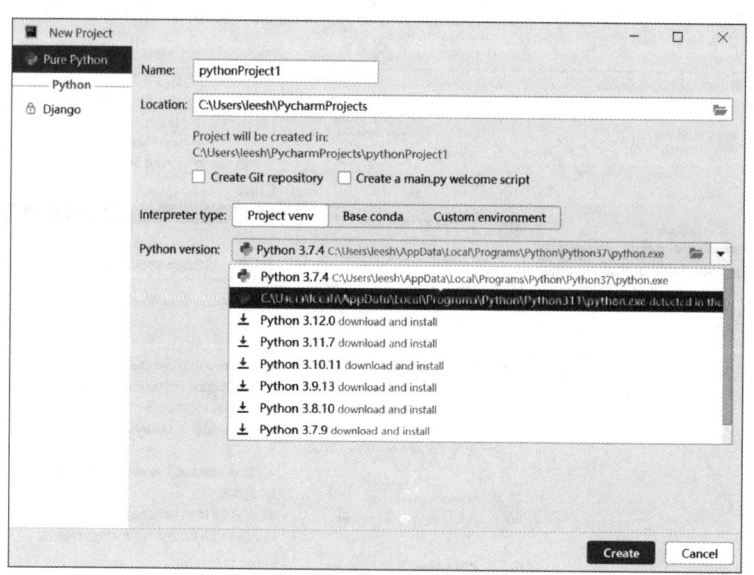

图 2-30 在 PyCharm 中新建项目时选择其他版本的 Python 解释器

步骤 7 在 PyCharm 的新建项目窗口中，用鼠标右键单击左侧窗格中的项目名称，在弹出的快捷菜单中依次选择"New（新建）"→"Python File（Python 文件）"

命令，如图 2-31 所示。

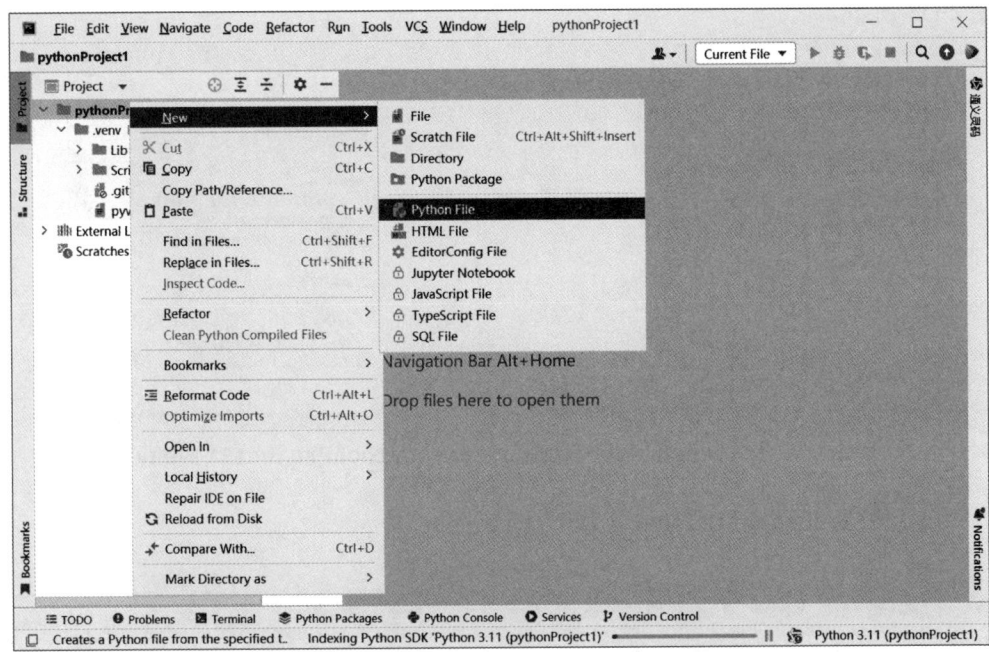

图 2-31　在 PyCharm 的新建项目中新建 Python 文件

步骤 8　打开 Python 代码界面后，首次使用"通义灵码"时需要注册并登录，如图 2-32 所示。

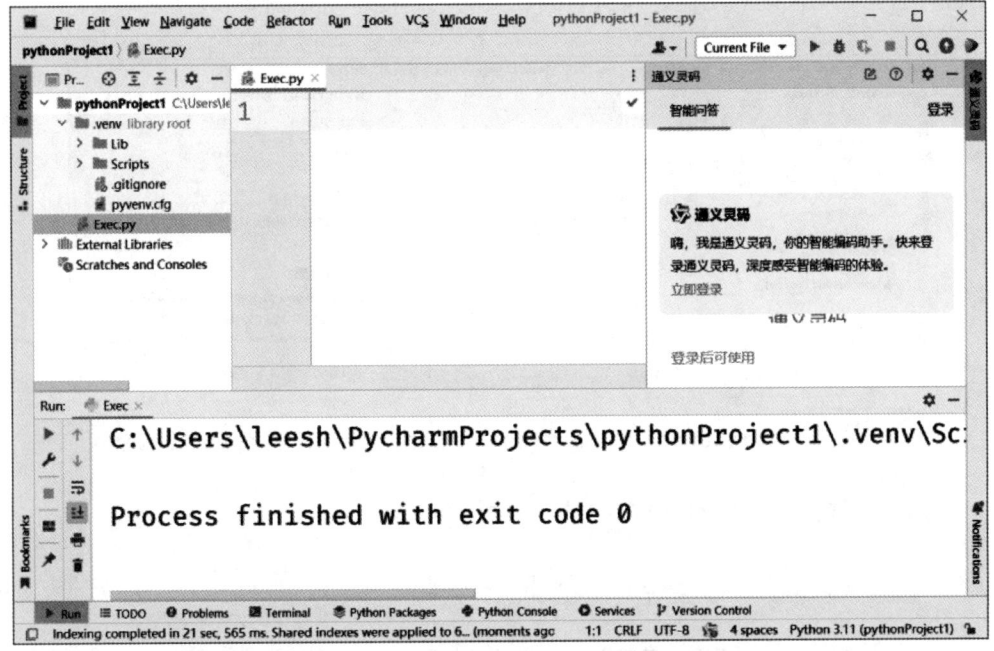

图 2-32　首次使用"通义灵码"时需要注册并登录

2.3　实验　93

出现"智能问答"窗格,在其中可以通过对话的方式与其进行智能问答,如图 2-33 所示。

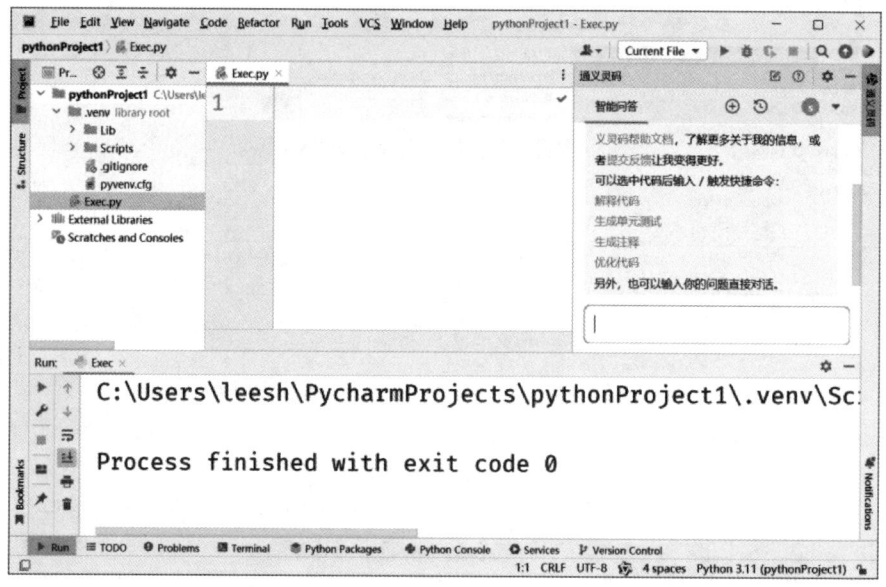

图 2-33　利用"通义灵码"进行智能问答

【操作 2】利用"通义灵码"进行人工智能编程

步骤 1　第一种方法是,在"通义灵码"的"智能问答"窗格中提问,直接使用自然语言说明代码的功能,即可看到相关的代码提示,如图 2-34 所示。

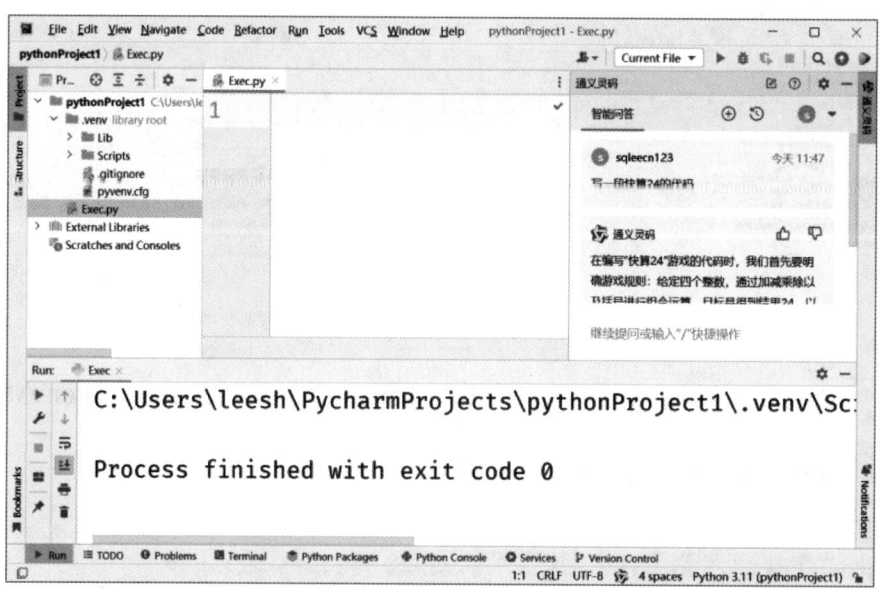

图 2-34　在"通义灵码"的"智能问答"窗格中进行人工智能编程

步骤 2 第二种方法是，在"通义灵码"的代码编辑器中使用自然语言说明代码的功能，按回车键后即可自动生成代码，接着按 Tab 键即可确定代码，如图 2-35 所示。

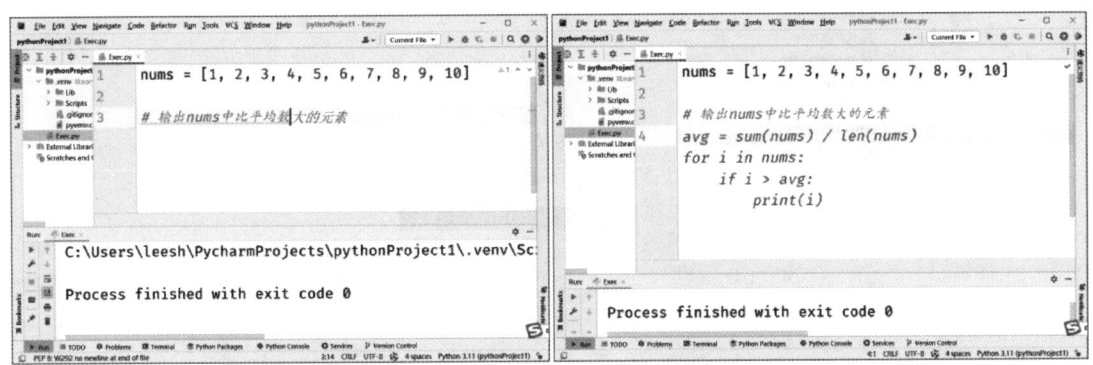

(a) 输入代码功能说明　　(b) 按回车键后自动生成代码(灰色显示)

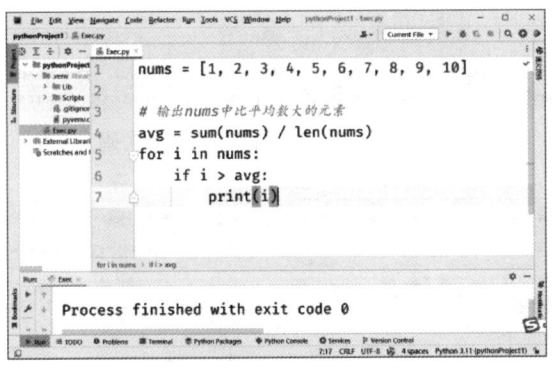

(c) 按Tab键确定代码(黑色显示)

图 2-35 利用"通义灵码"的代码编辑器进行人工智能编程

【操作3】运行代码测试

步骤 1 第一次运行代码时在"通义灵码"的代码编辑器中单击"Run（运行）"→"Run"命令，会出现一个窗格，默认选中当前文件 Exec.py，按回车键后即可运行，如图 2-36 所示。

步骤 2 后续运行代码只需要单击代码编辑器右上角的三角形按钮即可，如图 2-37 所示。

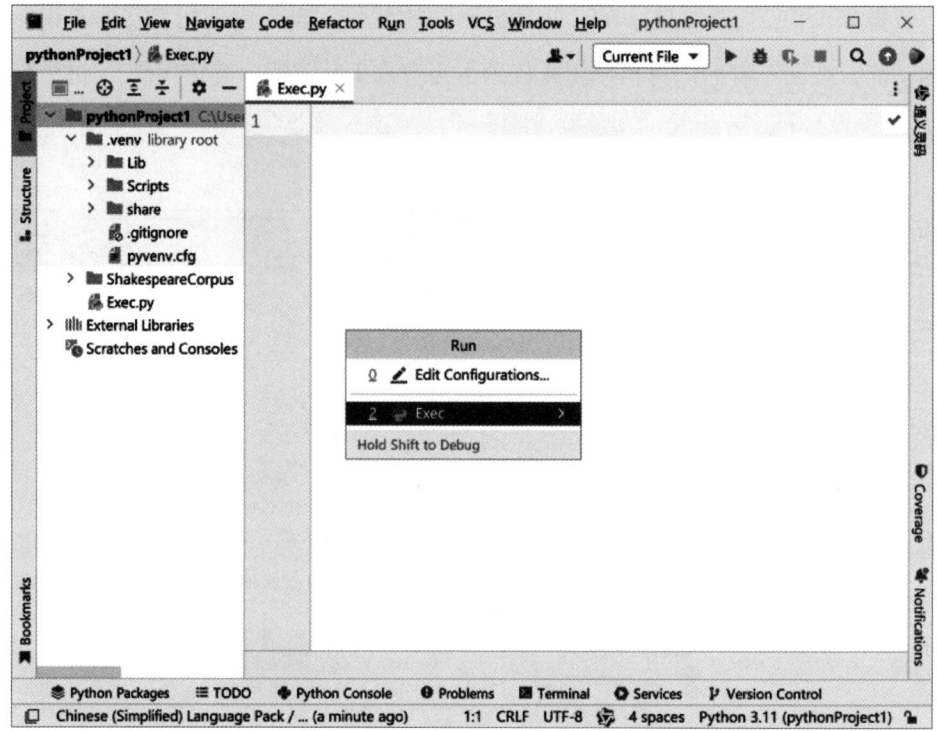

图 2-36　第一次运行代码

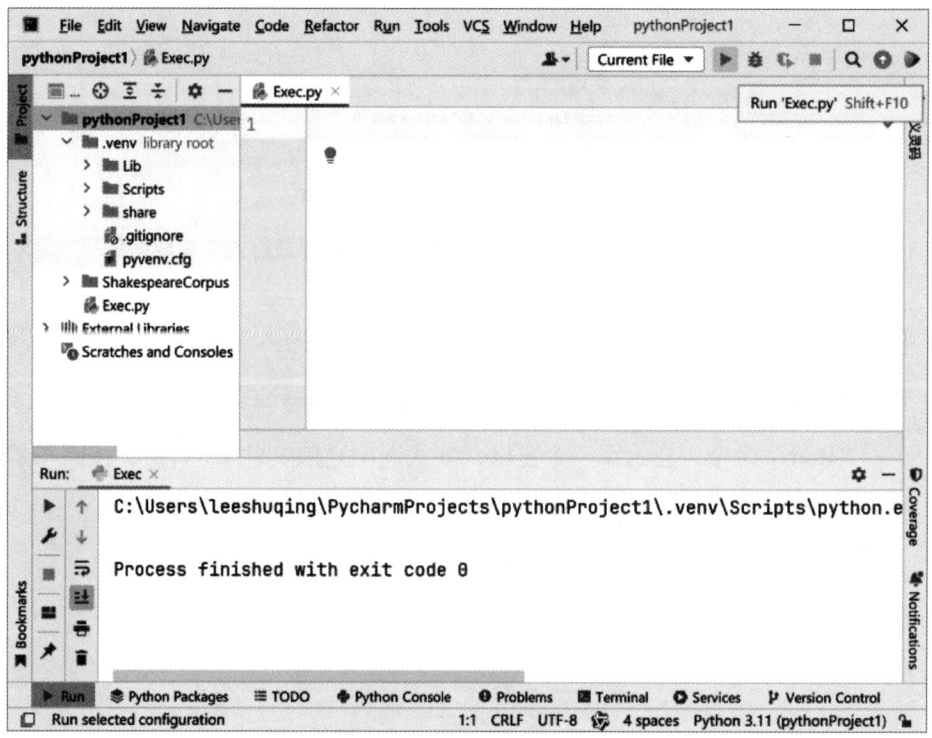

图 2-37　后续运行代码

2.3.2 NoSQL 数据的使用

【目的】 了解 NoSQL 数据的管理和查询方法。

【说明】 利用 MongoDB 官网提供的数据管理软件，实现非结构化数据查询。本实验对 37 部莎士比亚戏剧作品进行全文查询。

【准备】 从 MongoDB 官网下载 MongoDB 数据管理软件。

【操作1】 **安装和配置环境**

步骤1 双击文件 mongodb-windows-x86_64-7.0.12-signed.msi，安装 MongoDB 软件。可以选择"Complete（完整）"安装，如图 2-38 所示。

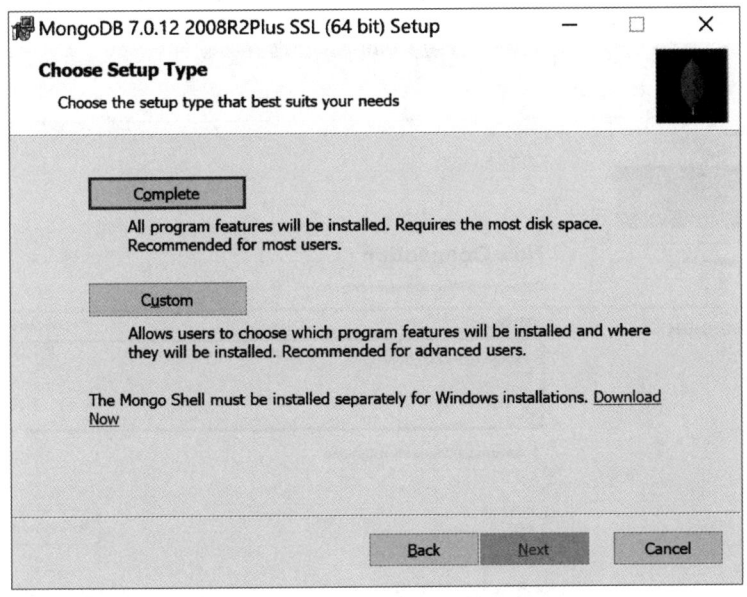

图 2-38 选择 MongoDB 的完整安装方式

步骤2 安装后会提示继续安装 Compass 管理界面软件，如图 2-39 所示。

步骤3 全部安装完毕后，按照默认方式连接到 MongoDB 数据服务器，单击"Connect（连接）"即可，如图 2-40 所示。

步骤4 创建新的数据库，其中的数据库名称（Database Name）和集合名称（Collection Name）可以自主设定，如图 2-41 所示。

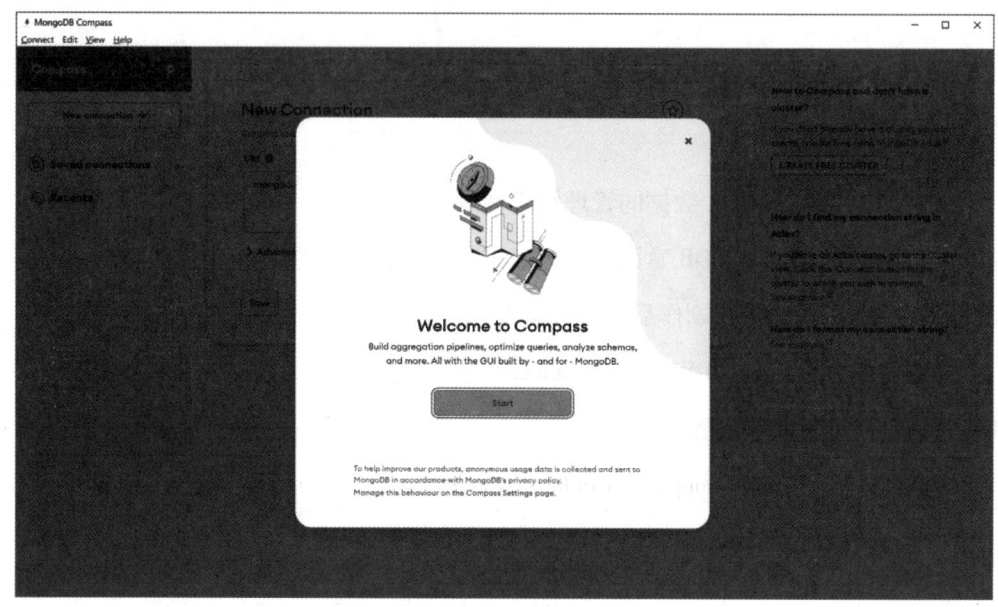

图 2-39　安装 Compass 管理界面软件

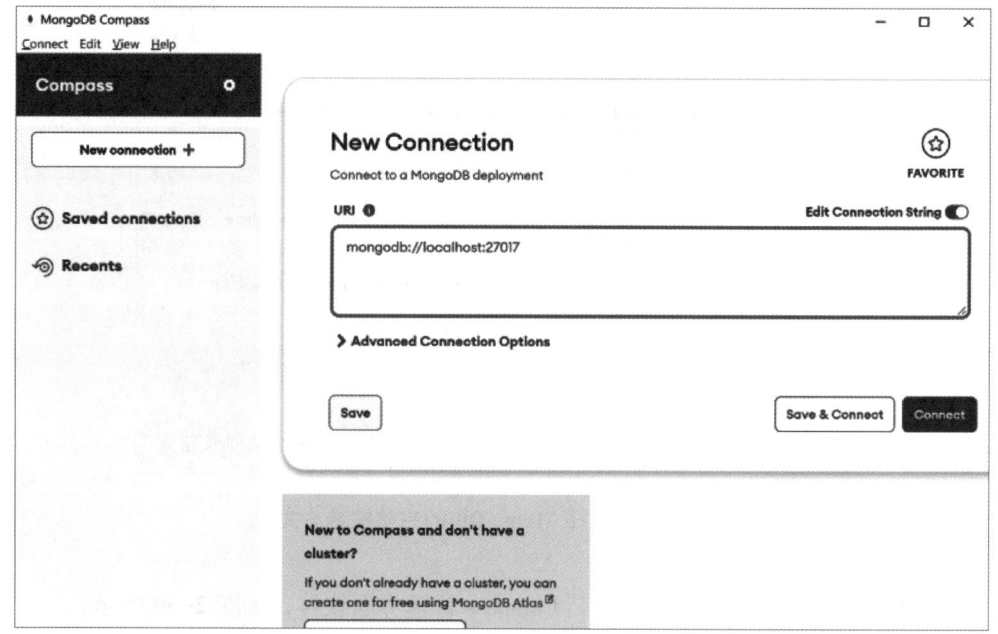

图 2-40　将 Compass 连接到 MongoDB 数据服务器

【操作 2】使用 Python 将 37 部莎士比亚戏剧作品导入 MongoDB 数据服务器

步骤 1　可以在 PyCharm 中导入访问 MongoDB 的第三方库：

pip install -i　阿里云 Python 包索引镜像站点网址 pymongo

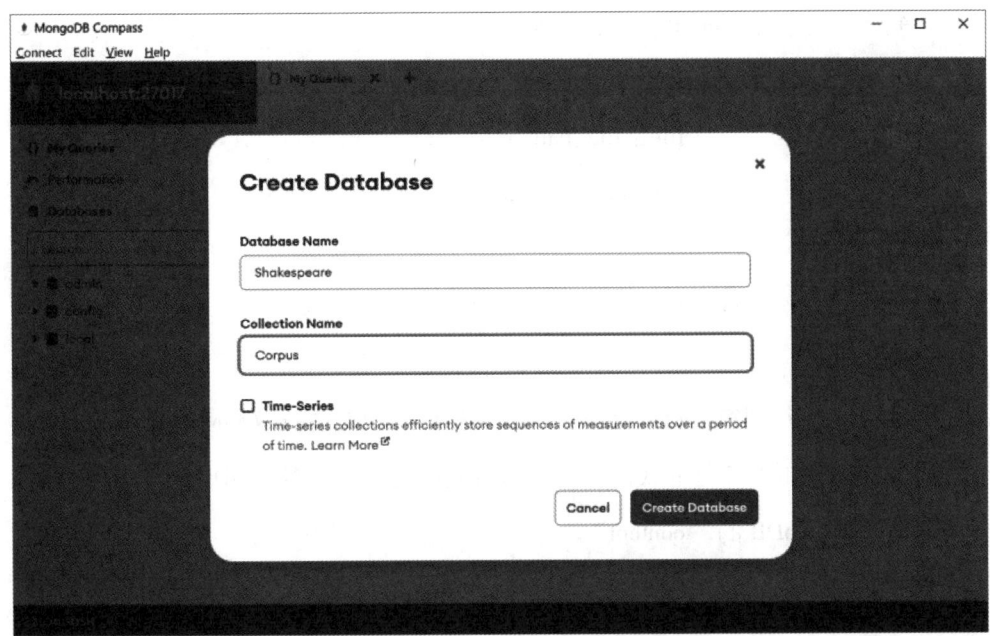

图 2-41 创建新的数据库

步骤 2 将 37 部莎士比亚戏剧作品文件连同其所在的文件夹放在当前项目中，并通过运行以下代码导入 MongoDB 数据服务器：

［1］ import os

［2］ from glob import glob

［3］ from pymongo import MongoClient

［4］

［5］ client = MongoClient('mongodb://localhost:27017/')

［6］ db = client['Shakespeare']   #使用或创建一个数据库

［7］ collection = db['Corpus']   #使用或创建一个集合

［8］

［9］ folder_path = 'ShakespeareCorpus'

［10］ file_paths = glob(os.path.join(folder_path, '*'))

［11］ print(file_paths)

［12］ for file_path in file_paths:

```
[13]    with open(file_path, 'r', encoding='utf-8') as file:
[14]        content = file.read()
[15]        data = {
[16]            'file': file_path,
[17]            'content': content
[18]        }
[19]        collection.insert_one(data)
```

【解释】

① 对于第5行到第7行的代码,要根据具体的配置情况做相应的修改。

② 第16行和第17行的代码分别表示将文件名称导入MongoDB的"file",将文件内容导入MongoDB的"content"。

步骤3 在Compass中可以看到已经导入的文件,如图2-42所示。

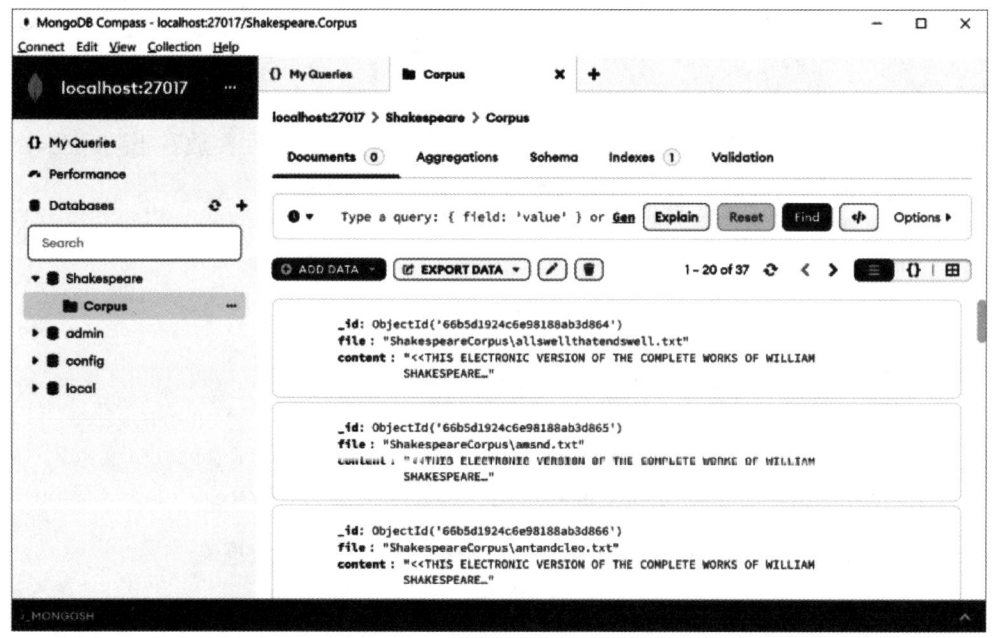

图2-42 在Compass管理界面软件中查看导入的文件

【操作3】数据查询

步骤1 建立必要的索引。由于需要查询文件内容,因此对"content"建立索引,如图2-43所示。

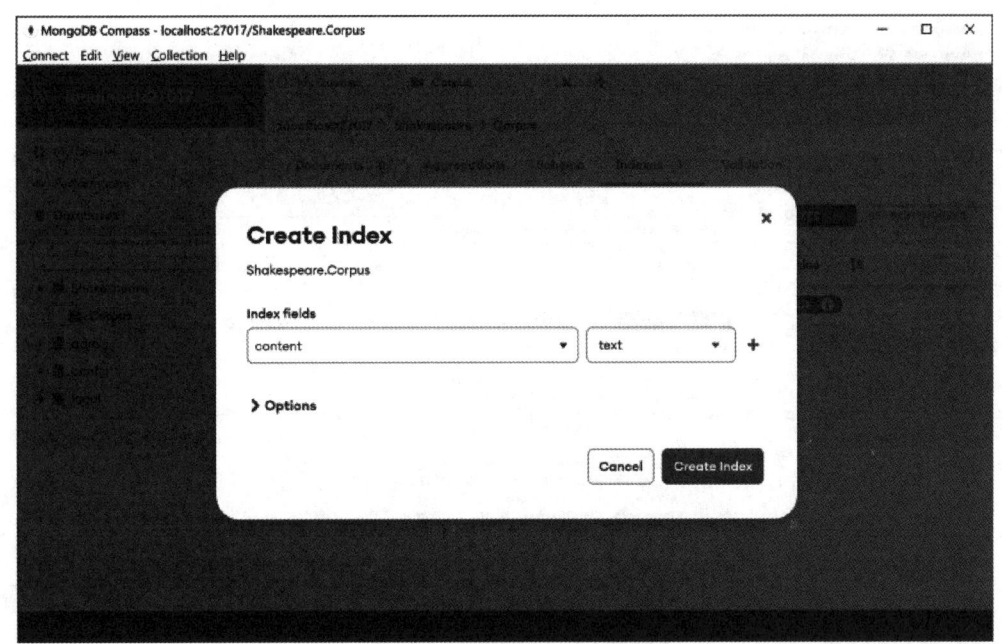

图2-43 对"content"建立索引

步骤2 在"Type a query(输入一个查询)"文本框中输入查询:

{"content":{"$regex":"faith","$options":"i"}}

表示查询包含词语"faith"的文件。

【解释】

无须了解查询语句的细节,只需关注词语"faith"的位置。

步骤3 Compass还提供了一个人工智能查询生成功能。单击"Type a query(输入一个查询)"文本框后面的"Generate(生成)"按钮,即可打开注册和登录界面。

步骤4 注册并登录后,就可以在该文本框中输入诸如"我想查询包含'faith'的所有内容(I want to retrieval all content including 'faith')",即可看到生成好的查询语句。当然,也可以生成更为复杂灵活的查询语句,如图2-44所示。

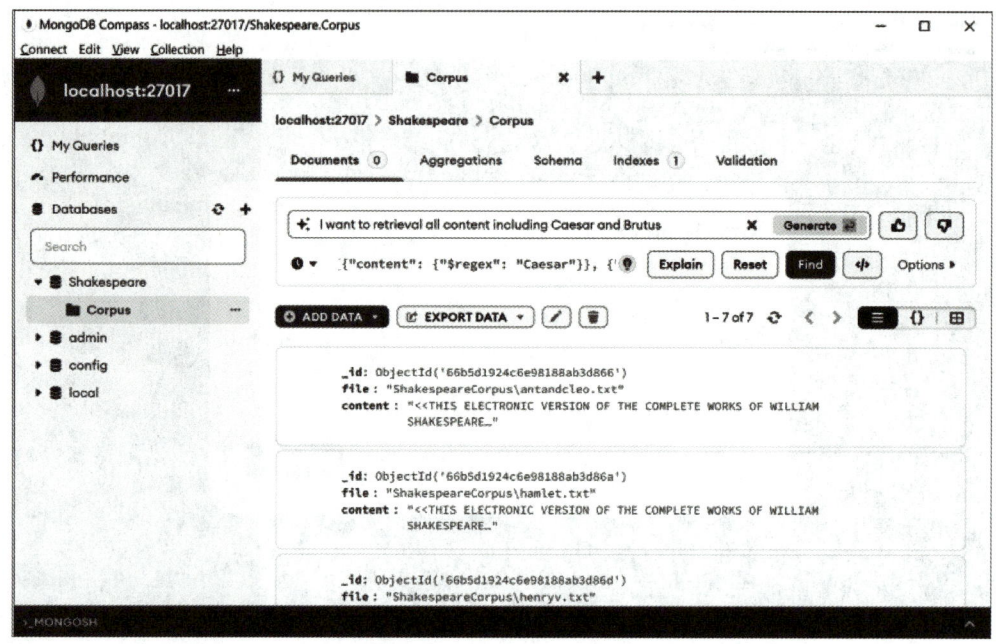

图 2-44 利用 Compass 的人工智能查询生成功能生成查询语句

思考与练习

1. 在一次数值倒序的排序过程中，有同学发现结果为：

9989

99711

96

800

560000

如何理解这种排序规则？

2. 有一段 Python 代码，用于判断两个数值是否相等：

[1] if 1 / 3 == 0.333333333333333：

[2]　　print('相等')

[3]　if 1 / 3 = = 0. 3333333333333333：

[4]　　print('也相等')

第二个判断只是多了一个小数位的3，却显示"也相等"。这反映了什么问题？

3. 有人说"如果下雨，我也没带伞，那么我就不能出门，否则我就可以出门"。其布尔运算形式为

可以出门＝not(下雨 and 没带伞)

请尝试写出以下逻辑的布尔运算形式：

如果下雨，但我带伞，就可以出门；如果不下雨，不管带不带伞，也可以出门。

4. 什么是 ASCII 编码？

5. 查阅资料，了解常见字符（包含汉字）的编码方式。

6. 你觉得平均值和中位数哪一个更合理？为什么？

7. 不定距数据有什么意义？请举例说明。

8. 结合实际，思考哪些情况需要将连续型数值转换为离散型数值。

9. 利用已有的经验和方法，查询信息化、数据化和数字化等概念各自出现的时代。

10. 查阅资料，了解当前全球数据规模，并了解测度数据规模的方法。

11. 什么是 XML 数据？它属于结构化数据还是非结构化数据？

12. 为什么说移动互联网和物联网的出现促进了大数据的产生？

13. 什么是 NoSQL？设计它的意义是什么？

14. 查阅资料，了解大数据分析方法的特点和相关案例。

15. 结合数据素养要求，谈谈你对相关要求的看法和理解。

16. 数据素养与信息素养之间有什么区别和联系？

17. 尝试理解以下代码的含义，并说明你认为结果是什么。

[1]　number = 1

[2]　print(number + 1)

[3]　print(number / 3)

[4]　print(number > 0)

[5]　print(number > 0 and number < 2)

18. 如果说利用算法可以解决问题，那么是否意味着所有问题都可以利用算法来解决？如果不是所有问题，那么是否所有数值计算问题都可以使用算法来解决？

19. 请问随机数生成算法是否有输入。

20. 假设有一个判断学生成绩是否及格的算法：

[1] 　得到成绩

[2] 　如果成绩大于或等于 60 分，

[3] 　　输出及格

[4] 　如果成绩小于 60 分，

[5] 　　输出不及格

按照这个思路，尝试写出将百分制成绩转换为五级制成绩的算法。

21. 如果有以下代码：

[1] 　对于每一个小于或等于 100 的正整数：

[2] 　　如果这个数能被 3 整除：

[3] 　　　输出这个数

[4] 　　反之，如果这个数能被 5 整除：

[5] 　　　输出这个数

请问下面的说法正确的是：

a. 15 将会被输出两次。

b. 该算法输出所有能被 15 整除的数。

c. 该算法输出所有能被 3 或者能被 5 整除的数。

d. 该算法输出所有能被 3 且能被 5 整除的数。

e. 该算法进行的整除判断共计 200 次。

22. 使用流程图表达判断并输出两个数值中的最大值的算法。

23. 如果对 6 位数字密码进行破译，假设知道对方采用的是年月日组合，请问用穷举法最多几次可以计算出结果。

24. 查阅资料，了解汉诺塔问题，并思考求解该问题为何可以使用分治法。

25. 查阅资料，了解目前常见的程序设计语言有哪些，它们各自有什么特点。

26. 查阅资料，了解结构化程序设计和面向对象设计各自的特点。

27. 为什么说利用高级程序设计语言开发的程序具有更好的可移植性？

28. 了解能够自动编写和生成代码的免费人工智能编程工具。

29. Scratch 等可视化编程工具是否也是高级程序设计语言？它们为什么没有使用常见的指令方式？

30. 有人说计算思维很难，认为它等同于编程，也有人说计算思维很简单，使用 Office 就是计算思维。请结合自己的理解对这些观点进行分析。

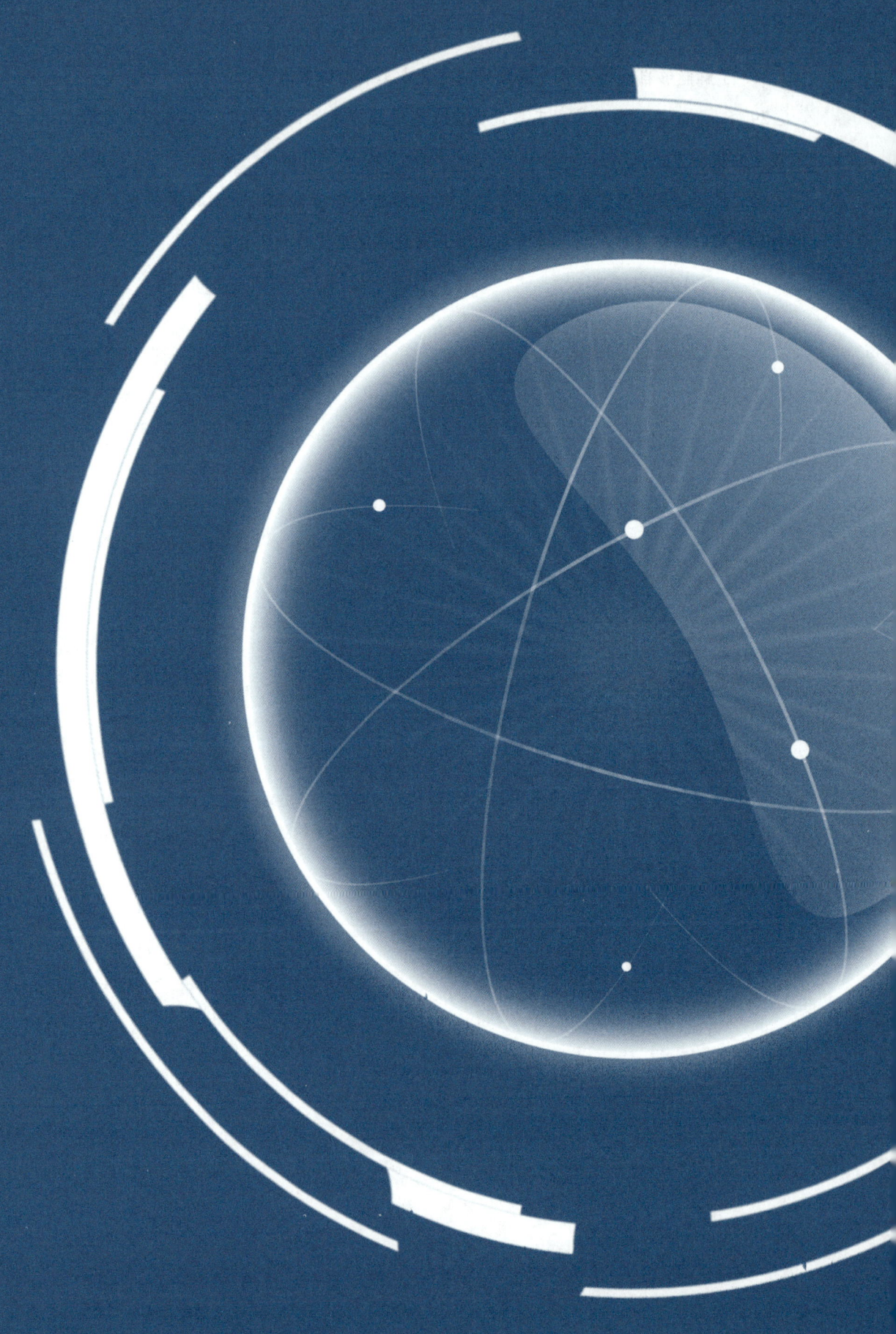

第 3 章 搜索方法

【格言】

如果你拷问数据到一定程度，它会坦白一切。
——1991 年诺贝尔经济学奖获得者、新制度经济学创始人罗纳德·哈里·科斯（Ronald H. Coase）

【教学目标与要求】

本章介绍的搜索方法是一种典型的人工智能方法，也是历史较为悠久的方法，其设计思路与计算机程序逻辑的构建思路高度契合，体现了人类将问题求解逻辑转化为计算机可自动执行的程序逻辑这一人工智能实现路径。本章主要围绕简单状态下的搜索、局部搜索和对抗搜索等常见的搜索算法进行阐述，并结合实际应用分析相关算法的特点。

【知识导图】

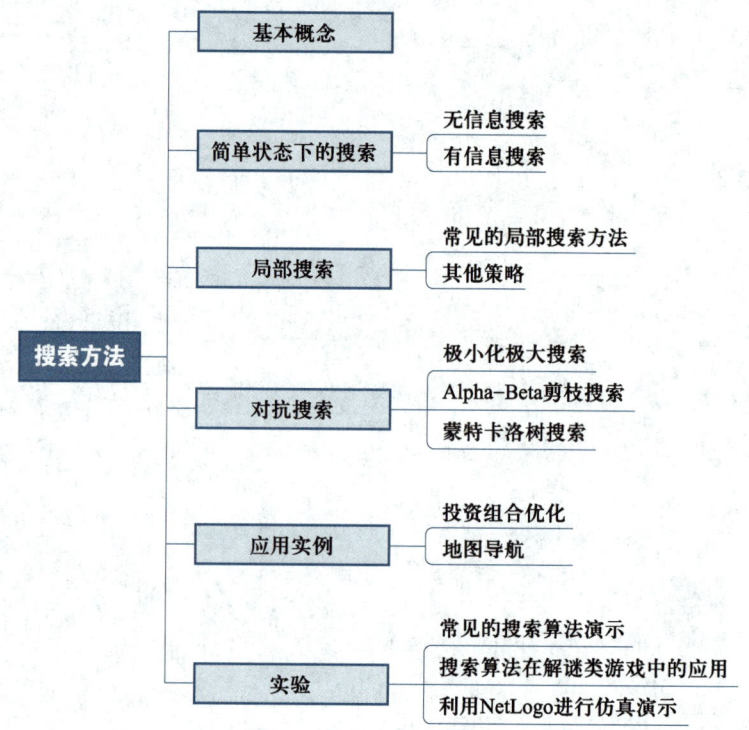

【导引】

假设一只小熊来到一片玉米地，想摘这里最大的玉米，它应该使用什么样的策略来尽快找到这根玉米呢？一种简单的方法是沿着一个方向一直向前寻找，如果没有找到更大的玉米，则更换方向继续搜索。然而，即便在这种方法中，每次调整方向都存在多种策略。当然，这只小熊可能会采用更聪明的策略：如果发现当前摘的玉米比刚才摘的更大，它会推测这块区域存在最大的玉米，从而调整搜索方向。

如果将这个问题进一步复杂化，例如变成猫捉老鼠的游戏，老鼠则不会始终待在一个地方等猫来捕捉，而是会不断地躲避猫的追踪。在这种情况下，猫需要制定更复杂的方向选择和博弈策略，以应对老鼠的动态行为。

这些看似简单的过程，实际上都涉及"搜索"方法的设计问题。即使是复杂的人工智能系统，也常常采用类似小熊和猫的策略，基于一些基本原则和方法来解决问题。这些方法最终催生了诸如 AlphaGo 等能够战胜人类棋手的高级人工智能应用。

在人工智能半个多世纪的发展历程中，搜索方法作为一种历史悠久且影响深远的技术，至今仍在许多领域发挥着重要作用。它不仅体现了算法和程序设计的魅力，还凝聚了人类思考的智慧。许多搜索方法的设计思路都极具参考价值和启发性。例如：

◇ AlphaGo 在下棋时是如何进行思考的？
◇ 地图导航是如何进行的？
◇ 投资组合如何确保最大收益？

希望通过本章的学习，读者能够对这些问题形成自己的理解，并深入体会搜索方法在人工智能中的核心地位与实际应用价值。

3.1　基本概念

在人工智能领域，搜索（search）不是指搜索引擎中的信息检索（retrieval），而是指通过计算生成通往目标状态的动作序列。通过搜索得到的明确的动作序列，称为路径（path）或解（solution）。例如，一个围棋棋手需要在当前棋盘状态下选择落子的位置，通过一系列落子操作形成明确的落子序列，最终实现获胜的目标。再如，一家制造企业为了实现年度产值目标，需要规划生产流程，确定一系列生产步骤。

在搜索过程中，需要注意两个问题：一是最优解（optimal solution）问题。搜索不仅需要找到实现目标的解，还需要考虑最优解，即路径代价最小的解。例如，在限时赛中要确保思考时间最小化，在企业生产中要确保成本最小化。然而，并非所有的搜索问题都有解，而且即使找到最优解，也可能因环境变化或其他因素的暂时影响，而导致解的实际效果并非最优。例如，规划的最优行车路线可能因过多车辆选择同一条路线而变得拥堵。二是解的可靠性问题。虽然理论上执行最优解能够解决问题，但在实际应用中，由于动态环境的影响，解的有效性可能会受到限制。

之所以称为"搜索",是因为生成的动作序列仅仅是众多可能的动作序列中的一个或几个,而且是能够实现目标的有效序列。由于可能的动作序列数量极为庞大,搜索的核心在于快速找到这些有限的有效序列。以围棋为例。19 路标准围棋棋盘共有 $19 \times 19 = 361$ 个落子交叉点,每个交叉点都有三种可能的状态:放置黑棋、放置白棋和不放置棋子(空),因此整个棋盘的状态组合数为 3^{361},约为 1.74×10^{172}。这一数值远远超过英国天文学家阿瑟·埃丁顿(Arthur Eddington)估算的宇宙中的质子总数(1.57×10^{79})。虽然实际棋局的组合数远少于理论值,而且随着棋局的发展逐渐减少,但其总数依然庞大。由此可见,围棋棋手在如此庞大的组合中找到获胜路径是一件极为不容易的事情。因此,围棋也曾被认为是人工智能难以超越人类的领域。

现实中的许多规划问题都可以转化为搜索问题,并能够通过搜索方法有效解决。搜索方法在 20 世纪五六十年代就开始应用于军事领域,如早期的 GPS(全球定位系统)项目。此外,许多智力游戏(如魔方复原)也表现为搜索问题。在人工智能的发展历程中,搜索方法取得了显著成果,如击败前国际象棋冠军卡斯帕罗夫的"深蓝"系统和击败世界围棋冠军李世石的 AlphaGo。这些系统均依赖高效的搜索算法。如今,搜索方法已广泛应用于自动驾驶导航、机器人行动规划等人工智能领域,展现出了其在复杂问题求解中的重要价值。

3.2 简单状态下的搜索

所谓简单状态,是指只需从单一角度来考虑问题,而且问题往往具有环境状态的完全可观测性(即环境信息充分,所有状态均可被观察)、确定性(环境不会因为人们的行动而发生改变,问题的解是固定的)等特点。例如,在路线规划中,由于事先已经知道路线的整体情况,而且确定最佳路线只需要考虑实际距离因素,因此最佳路线一定存在且不会改变。在这个场景中,一旦确定了最佳路线,就意味着成功,而无须考虑天气变化、交通拥堵等动态因素的影响。

下面以井字棋（Tic-Tac-Toe）为例来说明搜索算法的执行过程。假设棋盘的初始状态如图3-1所示，接下来该黑方落子。

由于黑方有多种落子选择，针对黑方的每种选择，白方选择后续的落子位置。假设以白方获胜为目标，可以生成如图3-2所示的井字棋后续的几种对弈状态。

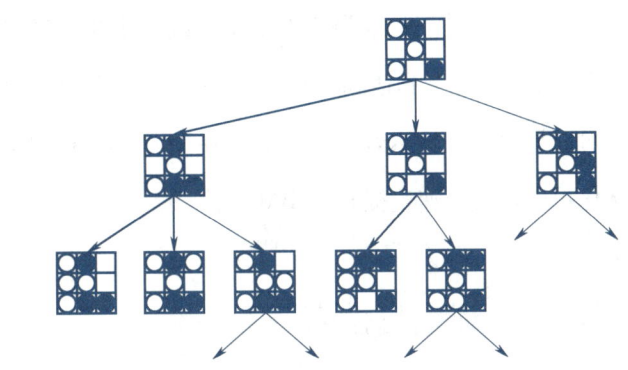

图3-1 井字棋的初始状态　　图3-2 井字棋后续的几种对弈状态

为了清晰地描述对弈状态的变化，这里采用了一个树状结构。该结构展示了所有可能的动作序列组合，通常称为状态空间。其中，从初始状态出发通过一系列动作逐步探索状态空间，最终达到目标状态的具体路径称为搜索树。例如，图3-2展示了三条可以达到目标的搜索树（即可以使白方获胜的可行的对弈动作序列），这些搜索树都用加粗线条表示。

知识点

树 状 结 构

树状结构（准确的名称应该为"倒置的树状结构"）通常用于表示多个动作序列的组合状态。由于每个动作的后续动作都有多种可能，因此产生了节点层级和连接不断增多的状态，形成了类似倒置树的外观结构。在树状结构中，最上层的节点称为根节点，对应倒置树的根部，表示初始状态（如棋局的初始布局）；下层节点称为子节点，由上层节点（父节点）生成；最下层无子节点的节点称为叶节点，表示终止状态（如白方获胜、黑方获胜或平局）。需要注意的是，从根节点到叶节点的路径可能有很多种，但从叶节点回溯到根节点的路径只有一条。这表明实现目标的动作序列是唯一的，而可能的动作策略则多种多样。

3.2 简单状态下的搜索

如果状态空间的树结构较小（如井字棋），即使采用原始的逐个节点遍历方式，也能快速找到白方获胜的有效路径。但如果状态空间较大，搜索复杂度就会显著增加。例如，假设有一个 10×10 网格的扩展井字棋，每个棋子都能移动到 8 个相邻方格中的任意一个。如果没有障碍，棋子最多经过 9 步移动就可以到达 100 个方格中的任意一个。此时，长度为 9 的路径数量可达 8^9，超过 1 亿条。但是，平均有超过 100 万条冗余路径会到达同一个单元格。利用设计巧妙的搜索策略，如路径去重算法，可以显著提升搜索效率。例如，在上述 10×10 网格的扩展井字棋中，合理的算法优化可以使搜索速度提升约 100 万倍。

3.2.1 无信息搜索

无信息搜索，是指搜索方法除能够判断当前状态是否为目标状态外，不具备任何可用于指导搜索过程的其他辅助信息（如启发式规则或代价评估）。例如，在井字棋游戏中，若不基于棋盘已有的信息（如是否存在连续棋子）选择落子位置，仅通过遍历所有可能的落子组合来寻找解，就是典型的无信息搜索。此类方法通常表现为穷举遍历，主要采取广度优先搜索和深度优先搜索两种策略。

（1）广度优先搜索

广度优先搜索（breadth first search，BFS）按层级逐层扩展节点，它先扩展根节点，再依次扩展根节点的所有子节点，逐层向下遍历。在搜索过程中，优先遍历同一层节点，然后再进入下一层，这样可以确保找到从起点到目标的最短路径（如果存在的话），如图 3-3 所示。该方法存储开销大，需要记录所有未遍历的节点，计算量随层级深度呈指数增长。若将状态空间看作球体，则广度优先搜索从球心向外逐层扩展，类似"水波纹扩散"，其覆盖范围广但效率较低。

（2）深度优先搜索

深度优先搜索（depth first search，DFS）优先探索单一路径，它从根节点出发，沿一条路径深入搜索至底层叶节点，再回溯至最近的未探索分支，继续深入搜索，如图 3-4 所示。该方法无须存储同一层的所有未遍历节点，因此内存开销较小，但它可能会陷入深层的无效路径，无法保证找到最优解。若将状态空间看作球体，则深度优先搜索类似"钻探",从球体表面向球心深入,可能更快地找到解,但容易遗漏更优的路径。

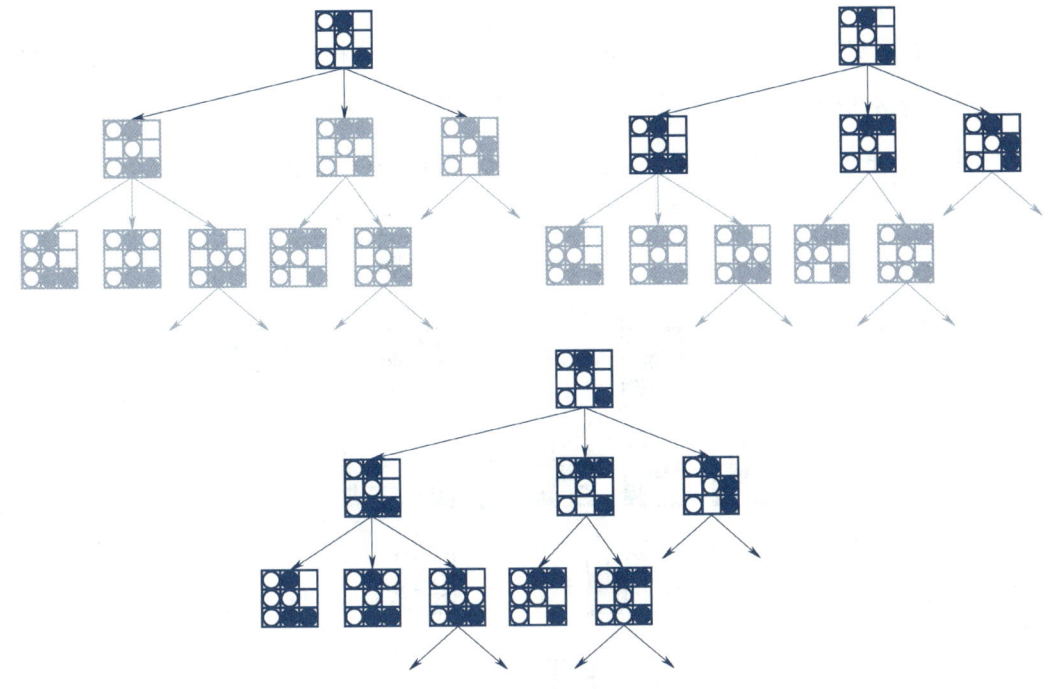

图 3-3　广度优先搜索的下棋动作执行过程

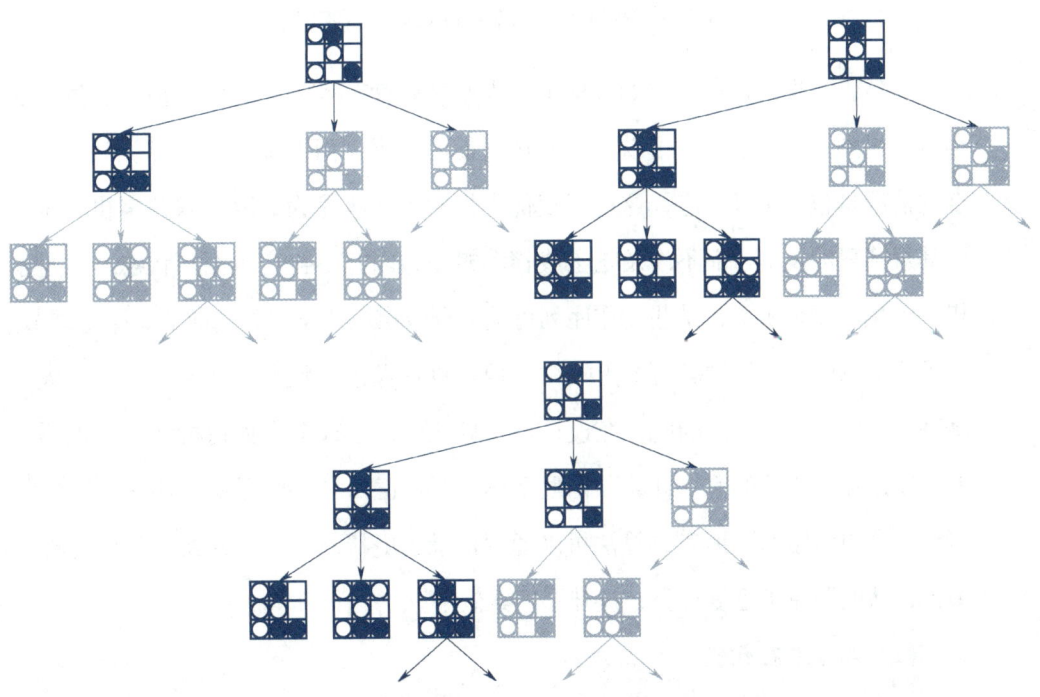

图 3-4　深度优先搜索的下棋动作执行过程

如何提高这些方法的执行效率并更快地找到正确的动作路径呢？在不引入其他信息的情况下，可以通过以下策略提升搜索效率。

（1）合并重复状态节点

在现实中，动作序列的状态空间虽然产生了一个树状结构，但在逻辑上有可能形成网络结构。例如，不同的动作序列可能产生相同的状态（如棋类游戏中的重复棋局），此时完全可以将其合并成一个节点，如图3-5所示。

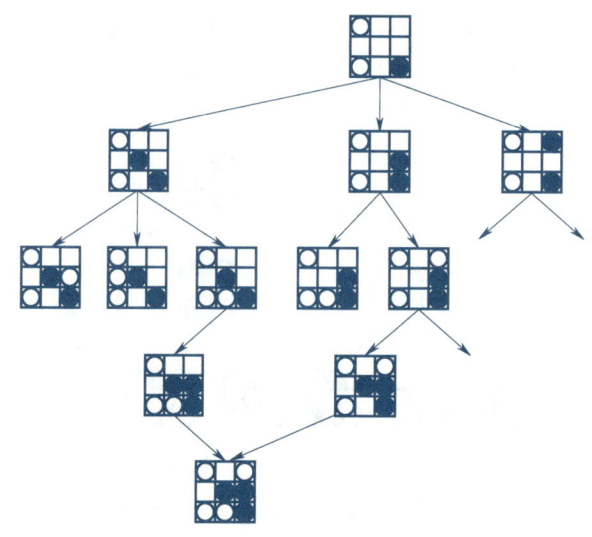

图3-5 不同的动作序列可能会产生相同的状态

显然，在搜索过程中，如果某个节点及其后续节点的状态已经被计算过，那么当再次遇到这个节点时，可以直接使用之前的结果，而无须重新计算。然而，更复杂的情况是包含循环状态，这对深度优先搜索的影响尤为显著。以井字棋为例，由于其规则只涉及落子而不涉及吃子或移动棋子，因此不会产生循环状态。但对于象棋、围棋等复杂棋类，某些动作序列可能会导致棋局状态回到之前的某个上层节点。如果不加以区分，算法就可能无限循环地重复计算这些状态，从而导致效率大幅下降甚至算法无法终止。因此，在设计搜索算法时，必须考虑如何检测和处理循环状态，以避免不必要的重复计算和无限循环问题。正如"那些无法从历史中汲取教训者注定会重蹈覆辙"所言，算法可以通过记录历史状态，识别并跳过已经处理过的节点，从而避免了重复计算，提升了搜索效率。

（2）考虑路径代价

不同的动作序列可能具有不同的代价（例如，时间、距离、成本差异显著），这使得节点路径的选择不能仅以是否达到目标为依据。例如，对于地图导航问题，从地点 X 到地点 Y 存在多条路径，不同路径经过的转乘点数量、距离等代价都不相同，如图 3-6 所示。

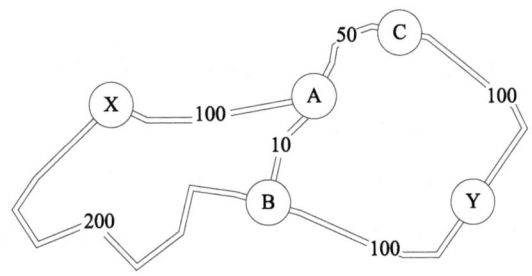

图 3-6 具有不同代价的路径

如果仅考虑是否到达目标，那么很多路径都是可行的选择。如果考虑距离代价，那么经过地点 A 和地点 B 的路径更为经济，而如果不想经过更多的转乘点，那么只经过地点 B 的路径更为合理。此时，采用最小代价的优先搜索是一种更为合理的选择。

（3）双向搜索

要想找到一个人，如果让两个人同时从各自的位置出发，朝对方的方向寻找，可能会更快一些。基于这一思路，可以采用双向搜索（bidirectional search）来加速搜索过程。双向搜索的基本思想是同时从初始状态和目标状态出发，分别进行正向搜索和反向搜索，直到两条搜索路径在状态空间中相遇。该方法的优势在于其计算复杂性显著降低。假设每个节点的直接子节点数量为 b，动作序列的深度为 d，则传统单向搜索的计算复杂度为 b^d。而双向搜索的计算复杂度为 $b^{d/2} + b^{d/2}$，即 $2b^{d/2}$。当 $b=d=10$ 时，双向搜索的计算复杂度不到传统单向搜索的五万分之一。双向搜索通过同时从起点和终点出发，大幅减少了搜索空间，从而显著提高了搜索效率。这种方法在解决复杂搜索问题时具有重要的意义。

3.2.2 有信息搜索

有信息搜索（informed search）又称为启发式搜索（heuristic search）。与无信息搜索不同，该方法在搜索过程中会利用关于目标位置的特定线索（如从当前状态到目标状态的最小代价路径信息），从而更高效地引导搜索方向。在启发式搜索中，为了评估当前状态与目标状态之间的距离，需要选择和设计适当的评估标准，这种标准称为启发式函数（heuristic function）。设计良好的启发式函数能够提高搜索效率，快速定位目标状态。

以图 3-7 所示的九宫格游戏为例。该游戏旨在通过移动数字方块（不包括空白方块），将初始状态（如图 3-7（a）所示的数字矩阵），转换为目标状态（如图 3-7（b）所示的有序数字矩阵）。在该问题中，可以设计两种启发式函数：第一种是将错位方块的数量作为评估标准，其值越小表示越接近目标状态；第二种是计算各方块到达目标位置所移动的距离之和，由于方块只能沿着水平和垂直方向移动（不能沿着对角线移动），因此采用曼哈顿距离（Manhattan distance）作为度量标准。曼哈顿距离得名于美国纽约市曼哈顿区的方块街区布局特征，该地区采用数字编号的网格状街道系统。

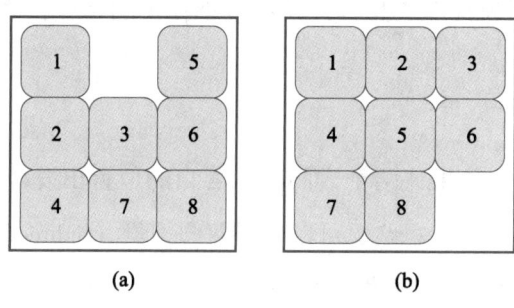

图 3-7 九宫格游戏

不同的启发式函数在计算复杂度和搜索效果方面存在显著差异。虽然第二种启发式函数的计算成本较高，但基于该函数的搜索方法通常具有更好的性能。研究表明，在大多数情况下，能够进行更准确评估（即返回更高数值）的启发式函数往往能带来更好的搜索效果。

然而，在某些复杂问题中，设计精确的启发式函数可能面临巨大的挑战。例如，在地图导航应用中，虽然可以将任意两点之间的最短距离作为启发式函数，但所需的计算和存储资源巨大。为此，可以采用地标点启发式方法：预先选择有限数量（通常为 10~20 个）的关键地标点，计算并存储所有位置与这些地标点之间的最短距离。在实际搜索过程中，结合当前位置和目标位置相对于这些地标点的距离关系，可以有效估计当前位置和目标位置之间的距离,从而实现高效的路径搜索。

有信息搜索一定优于无信息搜索吗?

可以做一个简单的类比:在猜测 1 到 100 之间的随机整数时,人们可以进行多轮猜数,直至猜中。若仅对是否猜中做出提示,则平均需要进行 50 次尝试(最差是进行 100 次尝试,最好是进行 1 次尝试)。但是假设在每次猜数时提示"偏大了"或"偏小了",如先猜 50,提示"偏大了",则猜 25,再提示"偏小了",于是再猜 37 等,则可以采用二分法,平均仅需要进行 4 次尝试(最差是进行 7 次尝试,最好是进行 1 次尝试)。

这个例子表明,反馈当前状态与目标状态之间的差距信息,可以显著提升搜索效率。

广度优先搜索和深度优先搜索类似无信息状态下的穷举方法,而有信息搜索往往更多地使用最佳优先搜索,即选择更可能达到目标的那个动作序列,不存在广度和深度谁优先的问题。常见的有信息搜索就是贪心最佳优先搜索,它通过启发式函数动态选择最优路径。

假设需要寻找一条从节点 X 到节点 Y 的最短路径。根据有信息搜索的条件,在从节点 X 出发时,算法需要额外获取当前状态与目标状态之间的直线距离信息。尽管经过节点 A 可能具有实际最短路径,但在初始阶段无法确定这一点,因为具体的路径信息需要通过搜索才能获得。为了解决这一问题,可以用一种可行的近似信息作为启发式函数来引导搜索过程,缩小搜索范围,降低问题复杂度。例如,将当前节点到目标节点 Y 之间的直线距离作为启发式函数,如图 3-8 所示。这种近似信息能够为搜索过程提供有效的引导,帮助算法优先扩展更接近目标的节点,从而提高搜索效率。

将各节点与目标节点之间的直线距离作为启发式函数,可以形成如图 3-9 所示的最短路径选择。贪心最佳优先搜索优先扩展从当前状态到目标状态代价值最小的节点,即当前看起来最接近目标的节点。因此,在图 3-9 中,从节点 X 开始的路径规划将首先到达节点 A,因为与节点 B 相比,节点 A 与节点 Y 之间的直线距离更短。以此类推，寻找到一条路径：X→A→B→Y，该路径的总距离为210。

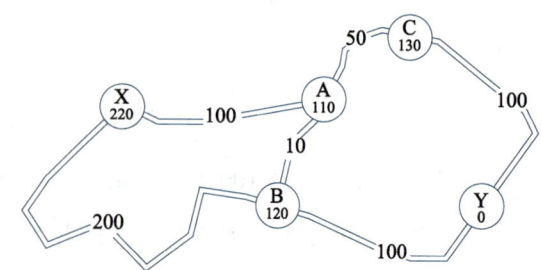

图3-8 带有直线距离（为圆圈中的数字）的路径图

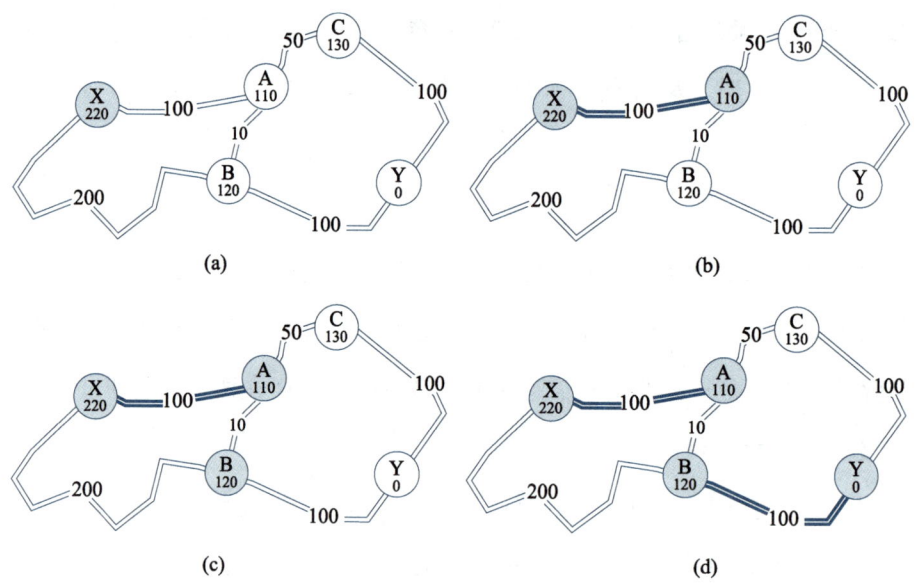

图3-9 使用贪心最佳优先搜索实现的最短路径选择

虽然贪心最佳优先搜索看似无须扩展不在解路径上的节点就能找到解，但该方法往往无法保证找到全局最优解。假设节点B与节点Y之间的直线距离为135，那么有可能形成如图3-10所示的非最优路径。

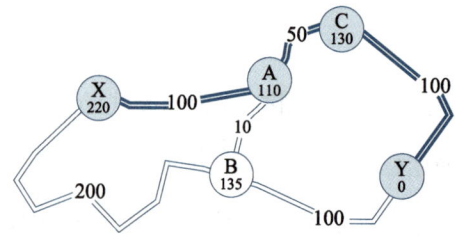

图3-10 使用贪心最佳优先搜索未必能找到全局最优解

合理且可行的方案通常需要经过精心选择。启发式函数并不限于直线距离。如果无法获取直线距离，则可以将当前节点与下一个节点之间的实际距离作为启发式函数，此时形成了如图 3-11 所示的路径。

从节点 X 开始时，由于到达节点 A 的距离比到达节点 B 的距离短，因此选择 X→A，在节点 A 时，由于到达节点 B 的距离比到达节点 C 的距离短，因此选择节点 B，于是就形成了 X→A→B→Y 的路径。但是这些并不能说明新的方案比旧的方案好。例如，如果节点 X 和节点 B 之间的实际距离为 80，那么此时的贪心最佳优先搜索将会获得 X→B→A→C→Y 的路线，总距离反而为 240，如图 3-12 所示。

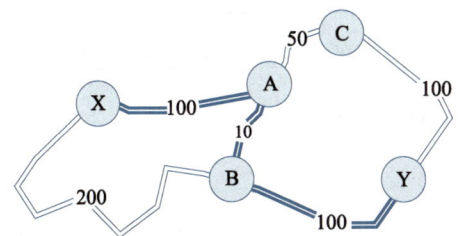

图 3-11　将当前节点与下一个节点之间的实际距离作为启发式函数的贪心最佳优先搜索结果

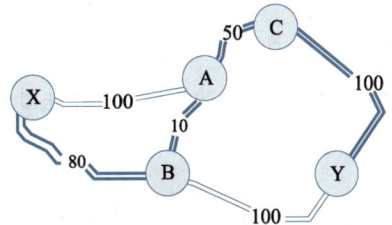

图 3-12　使用贪心最佳优先搜索未必能找到最优的结果

贪心最佳优先搜索提供了一种基本的有信息搜索方法。为了进一步提升搜索效果，研究者提出了多种改进方法，其中一种常见的改进方法是 A* 算法。该算法通过综合考虑路径代价（从初始节点到当前节点的实际代价）和启发式代价（从当前节点到目标节点的预估代价）来优化搜索过程。从理论上讲，如果启发式函数设计合理，A* 算法能够保证找到全局最优解，并且具有较高的效率，因为它会对那些对寻找最优解无益的搜索树节点进行剪枝，避免对其做进一步扩展和处理。

这里仍然以图 3-8 为例。从节点 X 开始时，可以选择节点 A 和节点 B，节点 A 的代价不仅包括节点 A 与节点 Y 之间的直线距离 110，还包括节点 X 到节点 A 的实际距离，即 100，因此到达节点 A 的代价为 210，同理，到达节点 B 的代价为 200+120=320，此时应该选择代价最小的节点 A。到达节点 A 以后，又可以选择节点 B 或节点 C，两者的新增代价分别为 10+120=130 和 50+130=180，因此选择节点 B。最终可以形成一条路线：X→A→B→Y，总距离为 210，如图 3-13 所示。

然而，这并不意味着 A* 算法适用于所有搜索需求。对于需要处理的节点数量随路径长度呈指数增长的情况，A* 算法的计算量仍然非常庞大。因此，在某些场景中，需要在解的准确性和搜索速度之间取得平衡。例如，虽然可能会错过最优解，但可以通过减少需要处理的节点数量来提高效率。一种可行的改进方法是灵活设计

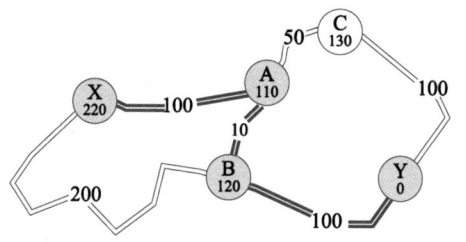

图 3-13 使用 A* 算法获得最优结果

A* 算法关注的两部分代价，尤其是从当前节点到目标节点的预估代价。例如，可以为最接近目标方向的节点赋予更高的权值，从而加快搜索速度，以更快地抵达目标。在图 3-14 所示的例子中，虽然加权 A* 算法找到的路径代价比预估代价大了 5%，但是处理的节点数不到 A* 算法处理的节点数的 14%。

 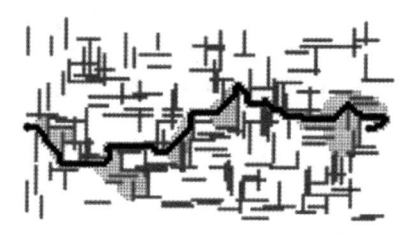

图 3-14 A* 算法和加权 A* 算法的最优路径结果比较

知识点

搜索方法的发展

广度优先搜索于 20 世纪 50 年代末期被提出，最早主要用于解决迷宫等问题。深度优先搜索则于 20 世纪 70 年代被提出，最早主要用于解决图遍历问题。有信息的启发式搜索同样于 20 世纪 50 年代末期被提出，最早主要用于解决九宫格游戏问题。到了 20 世纪 90 年代，研究者基于经典的 A* 算法提出了 D* 算法，该算法能够处理环境动态变化的情况，并被成功地应用于火星探测器的路径规划问题。此外，D* 算法还帮助卡耐基梅隆大学在 2007 年赢得了 DARPA（美国国防部高级研究计划局）无人驾驶汽车挑战赛的冠军。

3.3 局部搜索

3.3.1 常见的局部搜索方法

在现实世界中,对于一些搜索问题,有时只需关注是否能够达到目标状态,而无须关心如何达到目标状态。例如,一家企业在已知各类生产条件的情况下,需要确定是否存在一种生产条件的状态组合能够实现预期的收益。一旦确认存在这种状态组合,实现该组合往往就非常简单,只需按照要求设置相关的生产条件即可。再如,八皇后问题要求在棋盘上放置八个皇后棋子,而且这些皇后棋子不能互相攻击(即不能处在同一行、同一列或同一对角线上,如图 3-15 所示)。对于这个问题,只需找到八个皇后棋子的有效位置即可,而无须深入研究如何摆成这一局面。

图 3-15 一种可能的八皇后棋子布局状态

上述搜索方法无须关注步骤的动作序列,也无须记录完整的历史有效动作路径,只需关注从当前状态到相邻状态的局部信息即可判断下一步动作。这也是局部搜索(local search)中"局部"二字的由来。下面介绍几种常见的局部搜索方法。

1. 登山算法

登山算法是一种常见的局部搜索方法,其原理与人类登山寻找最高峰的过程类似。假设人们无法看到山体的全貌,只能通过不断攀登和观察周围地形来判断山体最高峰的位置,如图 3-16 所示。

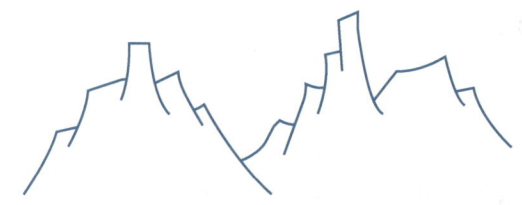

图 3-16　假设人们无法看到山体全貌，如何登上最高峰？

登山算法类似一个在浓雾中登山的人，每次都尝试向最陡的方向移动，以尽快到达最高峰。在每次迭代中，算法都会选择移动到离目标状态最近的位置上。一旦到达一个周围没有更高峰值的山峰，算法便会终止。

下面以八皇后问题的简化版——四皇后问题为例对登山算法进行说明。如果在四行四列的棋盘上放置四个皇后棋子，使得它们互相不攻击，那么可以认为摆放成功。此时，互相攻击的皇后棋子对数量为零。因此，可以将互相攻击的皇后棋子对数量作为评价目标距离的指标。

由于位于同一列的皇后棋子必定会互相攻击，因此若每次仅在一列中调整皇后棋子的位置，则每一次移动都将导致该皇后棋子与其他皇后棋子之间的相对距离发生变化，从而产生不同的目标距离。图 3-17 展示了皇后棋子各种移动后的目标距离。

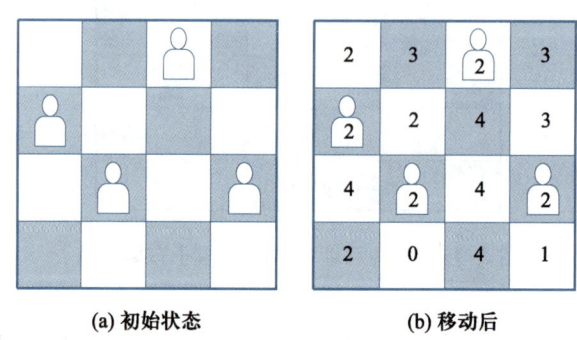

(a) 初始状态　　　　　　(b) 移动后

图 3-17　通过观察移动后互相攻击的皇后棋子对的数量，来决定如何移动皇后棋子

从图 3-17（a）可以看出，确实存在两对互相攻击的皇后棋子。在图 3-17（b）中，每个皇后棋子内的数字表示当前状态下互相攻击的皇后棋子对数量。空方格内的数字表示将该列皇后棋子移动到此位置后产生的互相攻击的皇后棋子对数量。可以看出，第二列皇后棋子下方空方格内的数字为 0，表示当第二列的皇后棋子下移一位时，互相攻击的皇后棋子对数量为 0 且为最低值，此时达到目标状态。

登山算法又称为贪心局部搜索，因为它总是选择当前最优的邻域状态，而不考虑后续步骤。实践证明，该算法在求解问题时能够快速取得进展，并且可以很容易地改善较差的状态。

但是，该算法也容易陷入局部最优解，而无法找到全局最优解。造成这一现象的原因有很多。例如，存在局部最大值，即一个比其所有邻域状态值都大但比全局最大值低的峰值。如图3-18（a）所示，一旦登山算法到达这个局部最大值附近，就会被拉向峰顶，随后被困在局部最大值处而无法继续前进。图3-18（b）展示了一种四皇后棋局，无论如何移动皇后棋子，都无法找到更优的走法。例如，移动第二列中的皇后棋子后，如果互相攻击的皇后棋子对数量没有发生变化，这种情况可以被视为进入了一个"平台区"。所谓"平台区"，是指在一个局部范围内，当前的移动并没有改善（优化）局面，而是处于一种相对平坦的状态。这意味着，从当前状态出发，大部分移动方向都会让局面变得更糟（即皇后棋子对数量增加）。

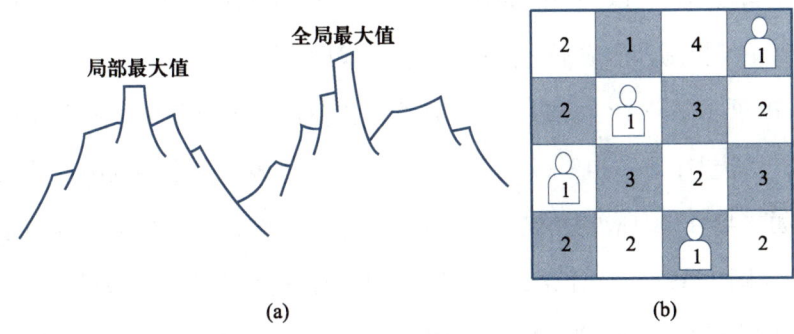

图3-18 登山法受到局部最大值的影响而无法获得全局最大值

2. 模拟退火算法

登山算法总是朝着目标状态前进而不后退，因此容易陷入局部最大值。正如人们登山一样，"退步原来是向前"，当发现无法继续登高时，适当下降后再选择向上攀登，反而更有可能达到最高峰。因此，将登山算法与随机移动结合起来，可以兼顾高效性和完备性，这就是模拟退火算法的核心思想。需要说明的是，随机移动并不一定是最佳移动，甚至可能是朝着远离目标状态的方向移动。当然，实际随机移动的概率可以根据移动后整体状态变差或变好的程度来灵活调整。

知识点

为什么称为模拟退火算法？

退火是一种物理过程，它通过将金属或玻璃加热到高温后再逐渐冷却，对材料的成分和结构进行重新组合，从而达到低能量的结晶态，使材料更加坚固。在加热过程中，材料会变得脆软，这可以理解为暂时背离了目标状态（坚固）。然而，这种背离是为了在后续冷却过程中更好地达到目标状态。

类似地，在模拟退火算法中，随机移动可能会导致暂时背离目标状态，但这种背离是为了在全局范围内探索更优解，最终产生更接近目标状态的效果。

3. 遗传算法

遗传算法也是一种常见的局部搜索方法。在大自然的生物进化中，适应环境的生物基因可以通过更高的遗传概率传递到下一代，这些基因通过变异和重组不断演化。在搜索算法中，可以将当前的状态看成是已有的基因，通过类似生物进化中的基因变异和重组机制，形成下一步的动作执行策略。

图 3-19 展示了一个结合四皇后问题的遗传算法实例。其中，图 3-19（a）表示棋盘的初始状态；图 3-19（b）中的四个序列，代表棋盘上四列中皇后棋子的位置状态，如"4241"对应初始棋盘上四列中皇后棋子的行号（如第一列中皇后棋子在第 4 行）。图 3-19（c）计算每个状态中互相攻击的皇后棋子对数量，后两个序列（互相攻击的皇后棋子对数为 1）因表现较优而被优先选择，形成图 3-19（d）所示的状态。按照遗传算法的思想，此时可以通过基因重组生成新种群：将每个序列等分为两段并进行交换重组，形成图 3-19（e）所示的状态。其中，图 3-19（e）上方序列的第一个元素还模拟了随机变异（如虚线框所示），从"1"变异为"2"。重组和变异的规则可以自由设定。从结果来看，图 3-19（e）的下方序列就是一个目标解。这个计算过程体现了选择优秀基因（如图 3-19（d）所示）、重组和变异（如图 3-19（e）所示）等进化特点。

在遗传算法中，早期种群的个体通常具有较高的多样性。由于此时种群中的个体分布较为分散，算法可以在搜索空间中采取较大的重组（交叉）和变异幅度，以探索更广泛的区域。随着多轮选择操作的进行，适应度较高的个体逐渐被保留下来，种群的多样性开始降低。如果存在更易于达到目标状态的区域或个体组合，重组操作会不断筛选出这些优势组合，并进一步优化种群。在本例中，遗传算法通过不断筛选和保留有效的组合（如"2"和"4"、"1"和"3"等），逐渐形成了一种稳定的模式。随着时间的推移，这些模式的实例数量会不断增加，尤其是当这些模式代表了实际问题中有意义的组件时（例如，某种特定的组合可能对应一种非常有用的棋类定式），遗传算法的优化效果将达到最佳。

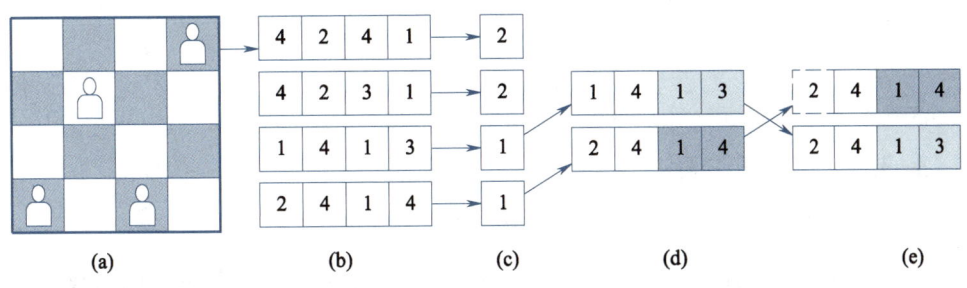

图 3-19　结合四皇后问题的遗传算法实例

知识点

关于进化

进化论最早是于19世纪由查尔斯·达尔文（Charles Darwin）在其著作《物种起源》（*On the Origin of Species*）中提出的。达尔文认为，生物可以通过变异产生不同的特性，并通过自然选择在繁殖过程中不断累积有利的变异特性，最终形成适应自然环境的生物，从而获得更大的生存优势。然而，达尔文的进化论并未完全解释生物体特征是如何遗传和改变的。后来，科学家们发现，难以通过后天学习获得的特征通常会逐渐积累到基因中，而容易通过学习获得的特征往往不会进入基因。这一发现为理解生物进化的遗传机制提供了新的视角。

格雷戈尔·孟德尔（Gregor Mendel）通过豌豆实验发现了现代遗传学的基本规律，即分离定律和自由组合定律。这些定律为遗传学的发展奠定了基础。直到20世纪中期，詹姆斯·沃森（James Watson）和弗朗西斯·克里克（Francis Crick）发现了DNA分子的双螺旋结构，并揭示了DNA中的碱基序列（腺嘌呤、鸟嘌呤、胸腺嘧啶、胞嘧啶），从而解释了生物基因遗传和变异的分子机制。

遗传算法模拟了生物进化的现象，但实际生物进化的机制远比遗传算法复杂。例如，基因突变不仅包括 DNA 的插入、缺失、倒位和复制，还涉及一些生物从一个生物体中借用 DNA 并将其插入另一个生物体的现象，这种现象称为水平基因转移。此外，某些基因会在基因组中自我复制成千上万次，这种现象称为基因重复，进一步增加了遗传变异的复杂性。

尽管生物进化的过程看似效率低下，据估算地球历史上共产生了约 10^{43} 个生物体，但这一过程确实塑造了地球上的生物多样性，并形成了有效的生物进化能力。

3.3.2 其他策略

在解决八皇后问题时，随机生成的初始状态有 86% 的概率会陷入局部最优解，导致算法只能解决 14% 的问题。但是，登山算法的求解速度非常快，成功找到解的平均步数为 4，陷入局部最优解的平均步数为 3。对于一个状态空间包含高达约 1 677 万（8^8）种可能排列的问题来说，其效率是相当高的。

然而，当登山算法陷入局部最优解时，如何继续寻找全局最优解呢？以下是几种改进策略：

1. 横向移动

该策略允许算法在当前状态的邻域内进行横向移动，通过反复搜索和评估邻域状态来寻找更优解。它的假设是：即便当前区域内不存在全局最优解，其邻域内存在更优解的可能性也较高。然而，为了防止算法陷入无限循环，需要对连续横向移动的次数加以限制。实验表明，在随机八皇后问题中，采用该策略可以将求解的成功率从 14% 提升至 94%，但相应地，每次成功找到解的平均步数将增加至约 21 步。

2. 随机重启登山法

该策略允许算法从随机生成的初始状态开始，执行一系列登山搜索。当搜索达到局部最优解或达到预设的搜索次数时，算法将从随机生成的初始状态开始新一轮搜索。该过程循环进行，直至找到全局最优解为止。它的假设是：通过多次随机重启和重复尝试，显著提高最终找到全局最优解的概率。实验结果表明，该方法对于解决随机八皇后问题非常有效，即使有 300 万个皇后棋子，也能在合理的时间内找到有效解。

3. 局部束搜索

可以将该策略理解为并行化的随机重启登山法。该算法同时执行多个并行的搜索过程，每个过程都相当于一个独立的随机重启登山法实例。这些并行的搜索过程彼此通信，通过共享各自的状态评估结果来协调搜索策略。该算法根据各搜索过程当前状态的优劣程度，优先继续最有希望达到目标状态的搜索路径。

3.4 对抗搜索

在现实世界中，存在大量的非确定性。即使一些操作本身具有确定性，但当多个操作相互作用并受到外界因素影响时，也会产生更为复杂的结果。例如，在进行路线导航时，仅基于既有的地图信息来规划最优路线，未必能得到实际上的最优路线，因为当大量用户都选择同一条路线时，可能会导致交通拥堵。

在这种情况下，既要考虑不同主体的决策，又要考虑每个主体在决策时所受到的其他主体决策的影响。这就会导致对抗搜索，又称为博弈。在对抗搜索中，每个主体都在假设对手会采取最优策略的情况下，最大化自身的收益，并通过不断迭代找到双方策略的均衡点。击败国际象棋冠军卡斯帕罗夫的"深蓝"系统所使用的 Alpha-Beta 剪枝搜索、击败世界围棋冠军李世石的 AlphaGo 系统所使用的蒙特卡洛树搜索，都是对抗搜索的典型应用。

为了简化问题，这里仅讨论两个主体之间的零和博弈问题。零和博弈是指博弈双方的收益总和为零，即一方的收益等于另一方的损失，最终结果为一胜一负或双方打平。围棋、象棋以及猜拳游戏都是典型的零和博弈问题。

> **思考**
>
> **博弈是否都具有零和博弈的特点？**
>
> 并非所有的博弈都是零和博弈。在某些博弈中，对抗者可能转化为合作者。例如，假设存在一个最大收益为固定值的终止状态，并且每个参与者的最大收益均为 1 000，此时的最优策略是所有参与者都共同努力达到该状态。也就是说，参与者会自动合作以实现共同的最大收益目标。

在零和博弈中，参与者的策略选择会直接影响博弈结果。例如，在井字棋游戏中，由于只要棋子形成三点一线就算获胜，因此应该始终优先选择可能形成三点一线的落子位置。若已经有两个同色棋子在同一条直线上，则应该优先在该直线上落子，以形成三点一线，而不是随机寻找落子位置。重新思考图 3-1 所示的棋局，若黑方阻止白方形成三点一线，而白方始终尝试形成三点一线，实际上可能的动作序列将大幅减少，如图 3-20 所示。

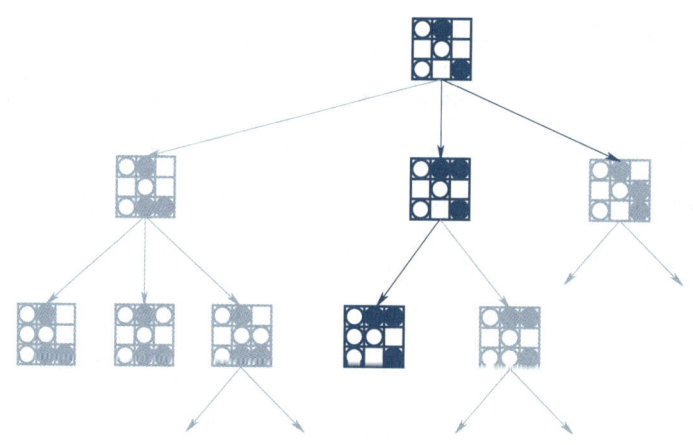

图 3-20　对抗搜索实现井字棋对弈场景的常见动作序列（灰色表示实际上并不可能出现）

为了显示零和博弈的效果，可以定义一个收益值，在参与博弈的两个玩家中，有一个玩家希望能取得最大收益，称为 Max 玩家，也是人们关注的主体，而另一个玩家则希望取得最小收益，称为 Min 玩家，可以将其看作被关注主体的对手。因此，这里主要围绕着 Max 玩家是否能获胜来讨论。图 3-20 所示的动作序列形成了一棵博弈树，其每个节点表示博弈的一个状态，而每一条边则表示不同玩家的一次行动，树的叶节点表示博弈结束。

博弈树记录了从初始状态到终止状态的所有可能的移动序列。如果状态空间无界，或者博弈规则允许局面无限次重复，博弈就可能具有无限性。即使状态空间有限，博弈树也会随着问题复杂度的提高而呈现指数增长。例如，井字棋的博弈树有 5 478 种不同的节点，而国际象棋每步的分支约为 35 条，平均深度约为 80 层，博弈树的节点数约为 $35^{80} \approx 10^{123}$，远超物理世界的表示能力。

3.4.1 极小化极大搜索

极小化极大搜索（minimax search）的基本思想是，使用一个收益值来对博弈树的中间节点进行评估，并采用深度优先搜索策略遍历博弈树，以找到使收益值最大化（或最小化）的动作。其中，Max 玩家会倾向于选择使收益值最大化的动作，而 Min 玩家则倾向于选择使收益值最小化的动作。

该算法首先给出 Max 玩家的所有可能走法，然后针对 Max 玩家的每一步走法，进一步给出 Min 玩家的所有可能走法，重复上述过程，即可生成一棵完整的博弈树。接着，在叶节点处计算收益值，最后从叶节点向根节点回溯，逐层计算中间节点的收益值：在 Min 玩家节点处取其子节点收益值的最小值，在 Max 玩家节点处取其子节点收益值的最大值，直至最终选择能使 Max 玩家在最坏情况下获得最大收益的动作。

为了简化问题，下面以某类棋局的中间两步棋为例来做说明。在图 3−21 中，圆形节点表示 Max 玩家节点，方块节点表示 Min 玩家节点。每个节点的名称都位于上方并用大号字表示，每个节点的收益值都位于下方并用小号字表示。叶节点的收益值是通过倒推计算出来的，既可能来自下方收益值的比较，也可能来自终止状态的收益值计算。

具体计算过程如下：

Min 玩家节点（第二层）：

节点 B1 的收益值取其子节点 C1 和 C2 收益值中的最小者，即 5。

节点 B2 的收益值取其子节点 C3 和 C4 收益值中的最小者，即 1。

节点 B3 的收益值取其子节点 C5 和 C6 收益值中的最小者，即 2。

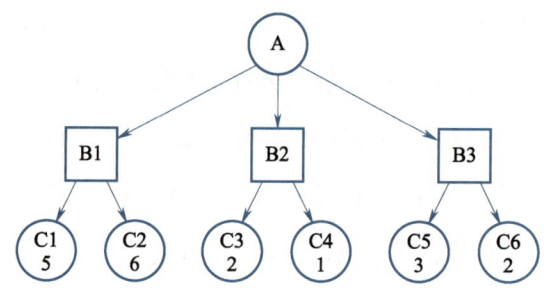

图 3-21 两步棋形成的博弈树

Max 玩家节点（第一层）：

根节点 A 的收益值取子节点 B1、B2 和 B3 收益值中的最大值，即 5。

Max 玩家选择收益值为 5 的 B1 动作；Min 玩家在 B1 节点下选择收益值为 5 的 C1 动作（对应最不利情况下的最优策略）。最终的博弈树及其节点收益值如图 3-22 所示。该过程体现了对抗搜索的平衡策略：Max 玩家通过极小化极大搜索来确保在最坏情况下最大化自身的收益。

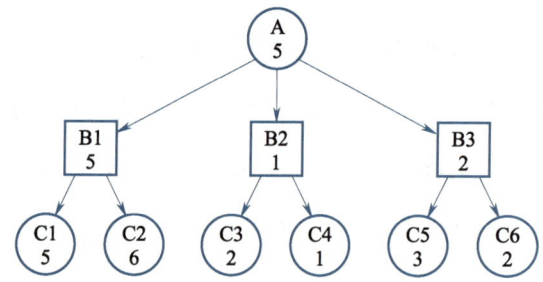

图 3-22 两步棋博弈树全部节点的收益值

3.4.2 Alpha-Beta 剪枝搜索

极小化极大搜索需要对几乎所有节点进行遍历和判断，这会导致计算性能显著下降。在实际应用中，经验表明某些选择值得深入探索，而另外一些选择则无须考虑。Alpha-Beta 剪枝搜索就是通过避免不必要的节点搜索来提高算法运行效率的。

Alpha-Beta 剪枝搜索的核心思想是：如果某个策略的收益值低于之前某个已知策略的收益值，则该策略无须进一步探索，即无须继续搜索这个节点的剩余子节点。

这种操作类似在博弈树上进行"剪枝",去除了不必要的判断。

具体来说,假设在博弈树的某个位置上存在节点 n,并且玩家可以选择移动到节点 n,只要玩家在博弈树的同一层或更上层的其他位置上有更好的选择,玩家就不会选择移动到节点 n。

为此,Alpha-Beta 剪枝搜索为每个节点都引入了 Alpha 与 Beta 两个变量,这也是该算法名称的来历。其中,对于每个节点,Alpha 变量表示到目前为止发现的 Max 玩家的最优收益值(即最大值),它只会在 Max 玩家节点处被更新;Beta 变量表示 Min 玩家当前的最优收益值(即最小值),它只会在 Min 玩家节点处被更新。在某个节点上进行判断时,Beta 变量若小于或等于 Alpha 变量,则说明 Max 玩家当前的最优策略比之前已有的最优策略差,因此无须再次搜索当前节点的剩余子节点。

在图 3-22 所示的博弈树中,假设节点 B1 已经被遍历完毕,其 Beta 变量表示节点 C1 和节点 C2 收益值中的最小值,即 5。接下来,在遍历 B2 节点的剩余子节点时,由于节点 C3 的收益值为 2,因此将节点 B2 的 Beta 值初始化为 2,而无须继续遍历节点 B2 的剩余子节点。其原因有两个:一是节点 B2 的 Beta 变量表示其子节点收益值中的最小值,由于节点 C3 的收益值已为 2,继续遍历节点 B2 的其他子节点(如 C4)只会使 Beta 值小于或等于 2。二是对于根节点 A 而言,其 Alpha 变量表示子节点 Beta 变量的最大值。由于节点 B1 的 Beta 值为 5,而节点 B2 的 Beta 值至多为 2,因此节点 A 的 Alpha 变量只需考虑节点 B1 和节点 B2 的 Beta 值中的最大值,即节点 A 的 Alpha 值至少为 5。

尽管 Alpha-Beta 剪枝搜索通过剪枝减少了计算量,但在面对较大规模的博弈树时仍可能面临计算复杂度过高的问题。为此,人们提出了多种优化策略:

(1) 优化节点遍历顺序

Alpha-Beta 剪枝的效率高度依赖状态节点的遍历顺序。通常应该优先遍历那些可能是最优选择的后继节点。可以通过领域知识或统计规律调整节点的遍历顺序,以尽早触发剪枝条件。例如,对于国际象棋来说,可以按照"吃子→威胁→前进→后退"的顺序遍历动作。

(2) 换位表

可以通过存储某些特定状态及其可能的收益情况,来简化对由不同路径产生的相同状态的处理。这种信息结构称为"换位表(transposition table)",在国际象棋中,换位表非常有效,在相同的时间内可以使搜索深度扩大一倍。

(3) 启发式评估与规则引导

可以利用一些经验规则对是否遍历当前的博弈树节点做出判断。例如,在国际象棋中,"兵"的价值为 1 分,"马"或"象"的价值为 3 分,"车"的价值为 5 分,"皇后"的价值为 9 分,根据这些分值的累加值,可以预估棋局的优劣,并提前决定是否剪枝。当然,利用现代机器学习方法,可以快速验证传统经验规则,如 1 个"象"相当于 3 个"兵",从而提升了评估的准确性。

(4) 预定义策略库

在某些特定的场景中,通过预定义策略库处理简单情况,比通过动态搜索生成决策结果更为高效。例如,在国际象棋开局阶段,标准走法(如"兵"前进两步)通常是固定的且无须复杂计算。若通过搜索生成此类简单决策,不仅耗时且意义有限。再如,在国际象棋残局阶段,由于棋子数量减少,可能的棋局组合有限,此时利用预定义的残局策略库,能够快速匹配最佳走法,避免冗余搜索。通过构建并调用开局和残局策略库,算法能够在特定阶段显著提升效率,同时减少不必要的计算开销。

知识点

这些算法能否构建出强大的国际象棋程序?

对于国际象棋,如果使用极小化极大搜索算法,在约 1 min 的计算时间内,只能向前搜索 5 层的棋局变化。由于人类棋手往往也能在棋局中规划出 6 到 8 步,因此,具备这样搜索深度的国际象棋程序难以战胜具有平均水平的人类棋手。然而,如果结合大型换位表,搜索能力则可以显著提升,大约能够向前搜索 14 层的棋局变化。这一搜索深度已经达到了专家级棋手的水平。进一步地,如果在此基础上加入精心设计的规则库,并且配备一个存储了大量残局招式的数据库,那么算法在博弈树中的搜索深度通常能达到 30 层以上。这样的搜索深度远远超出了任何一个人类棋手的能力。

当然,在对抗搜索中,玩家的行动并不总是遵循最优策略。Max 玩家的最优策略通常建立在 Min 玩家同样采取最优策略的基础上。即使 Min 玩家并未按照最优策略行动，Max 玩家仍需展现出面对最优对手时的水平。但这并不意味着在面对次优对手时，选择最优策略总是最佳选择。考虑一种情况：假设双方均按照最优策略行动，结果为平局。但此时，Max 玩家有一种冒险的走法，对于这种走法，Min 玩家有 10 种可能的响应方式，其中有 9 种方式会使 Min 玩家失败，而只有 1 种方式会使 Max 玩家失败。若 Max 玩家认为 Min 玩家没有足够的计算能力找到最优移动策略，那么他会尝试这种冒险的走法，因为在此情境下，拥有 9/10 的获胜机会要比一个确定的平局结果好。

3.4.3 蒙特卡洛树搜索

蒙特卡洛方法（Monte Carlo method），又称为统计模拟方法或计算机随机模拟方法，是一种基于概率统计理论的数值计算方法，其名称来源于摩纳哥城市蒙特卡洛，反映了该方法以概率为基础的特点。该方法可以追溯至第二次世界大战期间，当时美国在研制原子弹的"曼哈顿计划"中采用了这一方法。

蒙特卡洛方法的基本原理是通过生成随机数来解决复杂的计算问题，利用多次模拟实验来估计概率和期望值，从而对计算结果进行近似求解。例如，在计算圆周率时，可以通过在正方形区域内随机生成点来进行模拟，如图 3-23（a）所示。

当随机点的数量足够多时，可以利用落入内切圆的点数量与整个正方形内的点数量之间的关系来计算圆周率：

$$\pi = \frac{落入内切圆的点数量}{整个正方形内的点数量} \times 4$$

其中，4 是正方形与内切圆面积的固定比值。如图 3-23（b）所示，随着随机点数量的增加，计算误差趋于 0。只要生成足够多的随机点，就能获得较高精度的圆周率值。

对于围棋等棋类，传统的博弈树搜索主要面临两个问题：一是搜索空间庞大。围棋每一步的分支数量都非常庞大。例如，第一步就有 361 个分支。这极大地限制了搜索的效率。二是评价规则难以定义。与国际象棋等棋类不同，围棋缺乏明确的子力价值评估标准（如国际象棋中不同棋子的固定价值）。此外，围棋中的本手、俗手、妙手等状态在棋局的大部分阶段都处于动态变化之中，在早期和中期难以对其进行准确评估，只有到棋局的最后阶段，其价值才会逐渐清晰。

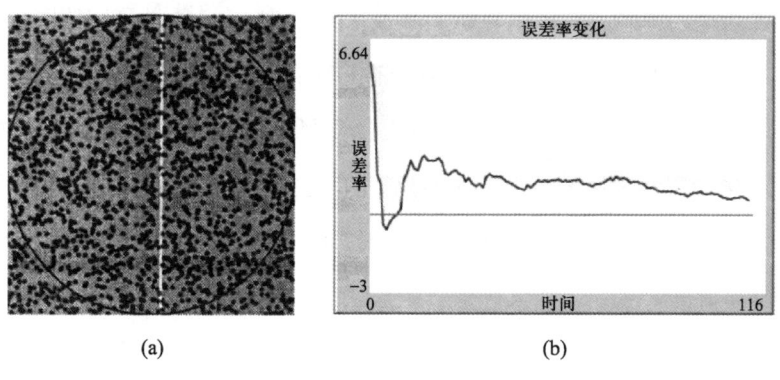

图 3-23　利用蒙特卡洛方法计算圆周率

而蒙特卡洛树搜索则展现出了其独特的优势，它利用现代计算机的强大计算能力，从当前状态开始进行多次完整的博弈模拟，并根据模拟的平均收益值来估算最优策略。在一次模拟中，先为一方参与者选择移动棋子，接着为另一方参与者选择移动棋子。在模拟过程中，如果完全采用随机移动的方式，往往没有实际意义。因此，现代蒙特卡洛方法通常结合神经网络，通过自我对弈学习到的移动策略，并辅以一些启发性规则来指导棋子的移动。在此过程中，博弈规则决定了最终的输赢和比分。上述操作会不断重复，直至达到某个终止局面。

通常情况下，蒙特卡洛树搜索并非只进行一次模拟，而是从当前博弈状态开始反复进行多次模拟，并记录从当前局面出发的每一个可能移动的胜率，最终选择执行胜率较高的移动。此外，算法还会考虑多种特殊情况。例如，对于模拟次数较少的状态，以及在过去模拟中表现良好的状态，算法都会提高其被选择的概率。

与传统的对抗搜索相比，蒙特卡洛树搜索完成一次模拟的时间复杂度较低。它在每个选择点上只需执行一个移动，从上往下遍历一次，其时间复杂度与博弈树的深度呈线性增长关系，而非指数增长关系。因此，蒙特卡洛树搜索有足够的时间进行多次模拟。

总体而言，蒙特卡洛树搜索可以应用于没有任何先验经验的全新博弈。只要知道博弈规则，蒙特卡洛树搜索不需要任何附加信息即可运行。在节点选择和模拟策略方面，该方法既可以充分利用人工制定的专家知识，也可以仅通过神经网络的自我对弈训练来获得优秀的策略。

> **知识点**
>
> **对抗搜索的发展**
>
> 对抗搜索与博弈论的发展密切相关。其中，极小化极大搜索最早可追溯到20世纪初；Alpha-Beta剪枝搜索则起源于20世纪50年代；1979年提出的SSS算法进一步改进了Alpha-Beta剪枝搜索，可以看成是A*算法的多智能体版本。目前，对抗搜索已经广泛应用于博弈问题的求解，包括国际象棋、围棋、桥牌等。例如，1958年，艾伦·纽厄尔等首次使用简化版本的Alpha-Beta剪枝搜索实现了国际象棋程序NSS；1997年，"深蓝"系统通过并行化的Alpha-Beta剪枝搜索击败了国际象棋世界冠军卡斯帕罗夫；2016年，AlphaGo将蒙特卡洛树搜索与深度神经网络相结合，成功战胜了世界围棋冠军李世石。这些里程碑事件标志着对抗搜索在博弈领域的不断发展和突破。

3.5 应用实例

3.5.1 投资组合优化

在投资领域，投资者经常面临一个问题：如何在众多资产中选择一个最优的投资组合，以在给定的风险水平下实现最大收益，即投资者希望构建一个包含多种资产（如股票、债券、基金等）的投资组合，目标是在满足约束条件（如最大投资比例、最小投资比例、流动性要求等）的前提下，最大化预期收益或最小化风险。由于该问题涉及复杂的约束条件和庞大的搜索空间，因此投资组合优化是一个融合了数学、统计学和金融学的复杂领域。

除了现代投资组合理论、资本资产定价模型等传统的金融模型方法，搜索方法也是一种可用于投资组合优化的有效手段。这些方法都有各自的优势和局限性。例如，局部搜索方法——遗传算法就是一种常见的优化方法。相关研究显示，遗传算法在制造业、金融业等行业优化任务中的应用率超过30%，充分体现了其多功能性和有效性。

在投资组合优化中,遗传算法将每个投资组合都视为一个状态,状态中的部分组合序列代表一组资产的投资比例。具体计算过程如下:首先,随机生成一个初始投资组合作为初始种群。其次,计算每个投资组合的适应度,如使用夏普比率(Sharpe ratio)。夏普比率综合考虑投资组合的预期收益和波动风险,其值越高,表明在承担相同风险的情况下,投资组合获得的超额回报就越高。再次,选择适应度较高的投资组合进入下一代种群。随机选择两个投资组合进行交叉操作以生成新的投资组合,并以一定的概率对投资组合中的序列进行变异操作,增加种群的多样性。最后,重复上述步骤,直到满足终止条件(例如,达到最大迭代次数或适应度提升不明显)。

与传统优化方法相比,遗传算法能够高效地处理大规模的搜索空间和复杂的约束条件,具有较强的稳健性和适应性。此外,遗传算法在投资组合优化中表现出了较高的搜索效率和优化能力,能够发现传统方法难以找到的优质解。然而,遗传算法的性能受参数设置(如种群大小、交叉率、变异率等)的影响较大,需要一定的调参经验。同时,其收敛速度可能受问题规模和复杂性的影响。

除了上述方法,近年来一些新型技术也在投资组合优化中得到了应用。例如,量子计算是一种遵循量子力学规律调控量子信息单元进行计算的新型计算模式。它具有极强的并行能力,其算力随量子比特数量的增加呈指数增长,远超经典计算机。量子计算能够高效快速地分析海量数据,极大提升金融服务的数字化水平和响应速度。麦肯锡和摩根大通等机构的多份报告指出,金融行业可能是率先通过量子计算获益的领域之一。量子金融(financial-quantum,简称 Fin-Q)特指量子科技在金融行业中的应用,具有广阔的发展前景。

3.5.2 地图导航

下面以高德地图为例进行说明。高德地图是一款地图导航互联网应用软件,其服务涵盖信息服务、驾车导航、共享出行、智慧公交、智慧景区、骑行、步行、长途出行等多个领域。高德地图可以被视为一种互联网基础设施,旨在建立人与位置之间的关系,并进一步构建人与真实世界之间的关系。然而,高德地图应用涉及大量的技术支持工作,包括地图制作、搜索推荐、路径规划、数据挖掘等。

1. 地图制作

地图制作是一个复杂的过程,需要经过数据采集、算法自动识别和人工修正等多个环节,才能生成可供地图服务使用的成果。地图制作算法主要分为两类:一类是道路标志识别。例如,识别图像中的限速标志和禁停标志。另一类是 POI(point of interest,关注点)挂牌识别,即识别路边的店铺等关注点。地图制作存在诸多挑战。例如,道路标志种类繁多、街道挂牌复杂且密度高,以及因畸变、反光、遮挡或分辨率低而导致的图像质量问题。小目标检测问题在图像检测领域尤为突出:从远处看能够大致识别目标,但放大后像素质量较差,导致小目标本身的信息量有限。

2. 搜索推荐

在地图应用中,搜索产品的形态有很多。用户可以输入简短的目的地信息,地图据此进行精确搜索并返回结果。此外,还包括类目搜索(如美食、娱乐)和品牌搜索。在导航过程中,地图还提供了沿途搜索功能。尽管地图搜索输入的内容通常是描述用户关注点类型的结构化短文本,数据规模仅为千万级(相比之下,电子商务和搜索引擎的数据规模可达十亿级甚至千亿级),但地图搜索对精度的要求更高,而且需要收集地图的空间位置信息来作为支持。自 2010 年起,高德地图开始构建搜索系统,并于 2014 年引入搜索专家系统,全面采用机器学习和深度学习技术,构建了相关的技术平台,以支持搜索业务的全链路发展。

地图搜索还需要解决用户输入的正确性问题。如果输入的语句正确,则可以直接搜索到目的地;但在实际应用中,用户输入的语句往往存在错误。为此,搜索算法引入了地理纠错功能,通过高低频纠错、语义匹配和语义改写,结合空间关系建立了文本空间模型。除了单纯的文本匹配,地图搜索算法更重要的功能是识别用户意图。例如,判断用户的搜索范围是本地还是外地、是精确搜索还是广泛搜索、是实时需求还是基于调研的需求,以及出行目的是旅游还是公务等。

3. 路径规划

在实际场景中,路径规划算法需要解决超大规模的实时路径规划问题,所面临的挑战包括路网规模庞大(如全国道路数量巨大)、道路属性变化频繁(每隔一段时间就有一定的更新),以及路况信息需要实时更新等。为了提高效率,路径规划算法在标准算法的基础上引入了预处理技术。例如，Arc Flags 和 Multi-Layers 等算法。对于超大规模最短路径问题，学术界提出了中转节点路由算法（TNR）、收缩层次算法（CH）、案例式推理算法（CBR）等高效算法。

在实际应用中，路径规划需要在算法性能和预处理性能之间找到平衡，以满足规模、实时性和路况更新的需求。例如，在保证路径规划算法性能的基础上，支持小时级路网结构更新和分钟级路况更新。实时性需求推动了算法的设计，基础算法通常采用分层计算方式，将路网划分为多个单元进行预计算，每个单元都根据路网结构和权重变化进行动态更新。

4. 数据挖掘

高德地图基于海量用户数据，从用户需求出发，实现了车道级安全预警等功能。这种方法的有效性，建立在对用户使用导航功能时产生的数据进行深度挖掘和分析的基础之上。理论上，参与的用户越多，网络预警的能力就越强。根据阿里巴巴相关财报，2024 年国庆节期间高德地图的日活跃用户数峰值首次突破 3 亿；QuestMobile 发布的《2024 中国移动互联网春季大报告》显示，2024 年第一季度高德地图的月活跃用户数达到 8.01 亿。庞大的用户群体为高德地图的数据应用创新提供了坚实基础，也是其实现车道级安全预警的重要优势。

例如，高德地图的前车急刹预警功能通过分析前方多辆车辆的刹车行为，结合北斗卫星导航系统的高精度定位能力，判断车辆速度的异常变化，并结合交通环境进一步分析，以准确判断急刹车事件。高德地图利用自研的时空感知模型，从海量正在使用导航的车辆中精准识别出可能受前车急刹影响的车辆，并及时向用户发出预警。

3.6 实验

3.6.1 常见的搜索算法演示

【目的】通过可视化展示，直观地了解各类常见搜索算法的运行效果。

【说明】相关内容主要来自斯坦福大学的在线算法演示工具。

【准备】请查看本书配套资源中的对应内容。

【操作】

步骤1 打开本书配套资源中的"第3章"→"3.6.1"中的Exec1.html文件。这是一个演示寻找最短路径的搜索算法。在演示界面中，绿点表示起始点，红点表示终止点，可以通过拖曳来改变它们的位置。

步骤2 单击空白处可以增加围墙阻隔，再次单击相同的位置则可以去除围墙。

步骤3 用户可以在演示界面的右上角选择不同的搜索算法，然后单击"Start Search（开始搜索）"按钮，即可观察动态的搜索执行过程。此外，演示界面还有"Clear Path（清除路径）"和"Clear Walls（清除围墙）"等按钮，方便用户随时调整演示过程。

步骤4 搜索执行完毕后，可以在演示界面的左下角查看最短路径的总长度、消耗的时间以及操作的步骤数量等信息。通过这些信息，用户可以直观地观察各类搜索算法的执行过程和效率对比，如图3-24所示。

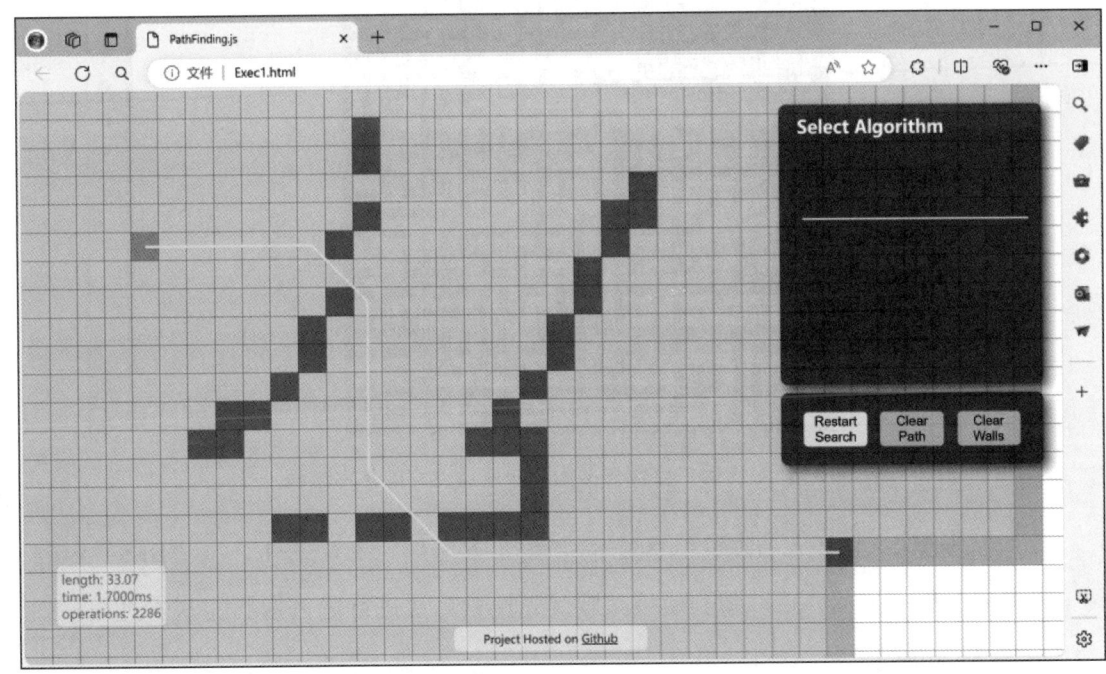

图3-24 寻找最短路径的搜索算法演示（Exec1.html）

3.6.2 搜索算法在解谜类游戏中的应用

【目的】通过可视化展示,了解各类常见的搜索算法在解谜类游戏(如迷宫和魔方)中的运行效果。

【说明】迷宫问题的资源来自 Maze Game,魔方问题的资源来自 Intelligent-Magic-Cube。

【准备】请查看本书配套资源中的对应内容。

【操作1】迷宫问题

步骤1 打开本书配套资源中的"第3章"→"3.6.2-1"→"BFS"中的 Exec2.html 文件,可以看到使用广度优先搜索算法进行迷宫遍历的基本过程,如图 3-25 所示。

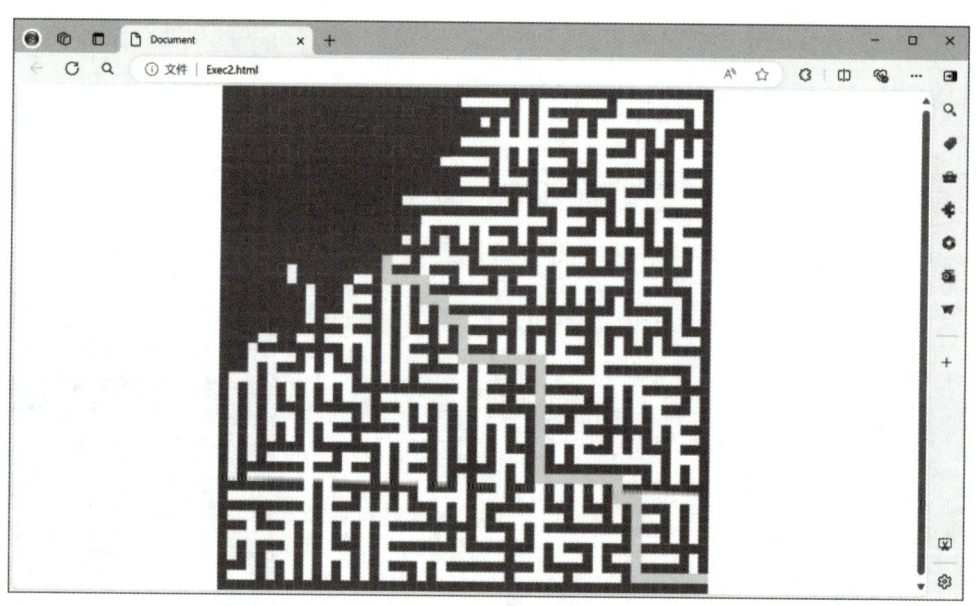

图 3-25 使用广度优先搜索算法遍历迷宫的基本过程

步骤2 打开本书配套资源中的"第3章"→"3.6.2-1"→"DFS"中的 Exec3.html 文件,可以看到使用深度优先搜索算法进行迷宫遍历的基本过程,如图 3-26 所示。

【解释】

迷宫问题虽然看起来复杂,但其基本解决思路很简单。可以从当前点开始,首先判断当前点是否为目标点。如果是，则意味着已经找到了终点；如果不是，则需要继续遍历。遍历的方法通常是检查当前点的上下左右四个相邻点，并进一步判断这些点是否是终点。在处理当前点遇到多个可以继续遍历的点时，深度优先搜索（DFS）算法和广度优先搜索（BFS）算法会采取不同的策略：前者优先沿着一个方向深入搜索，直至到达终点或遇到"死胡同"，然后回溯；后者则优先搜索当前点周围的相邻点，逐步扩展搜索范围，直至找到终点。

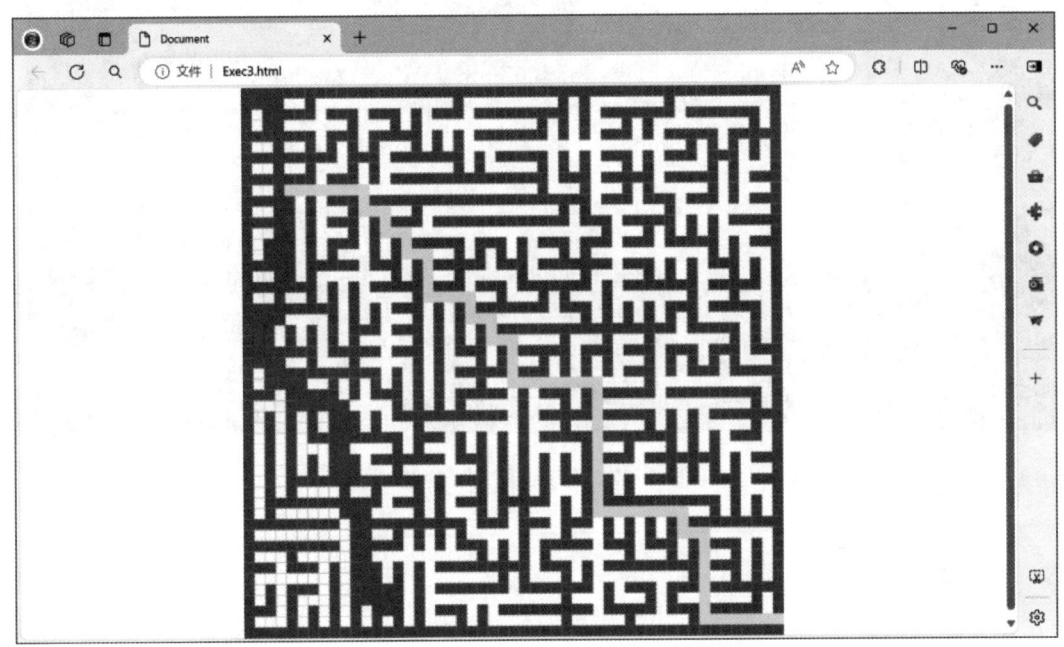

图 3-26　使用深度优先搜索算法遍历迷宫的基本过程

【操作 2】魔方问题

步骤 1　新建一个 PyCharm 项目，将本书配套资源中的"第 3 章"→"3.6.2-2"中的所有文件都复制到该项目中，并将"main.py"设置为运行文件。

步骤 2　必要时安装第三方库 tkintertools，并在 PyCharm 窗口下方的"Terminal（终端）"选项卡中输入以下命令：

pip install -i 阿里云 Python 包索引镜像站点网址 tkintertools

步骤 3　在显示界面中，可以通过拖曳魔方来调整其方位，以观察魔方的整体状态。使用鼠标左键可以旋转魔方，使用鼠标右键可以平移魔方，使用鼠标滚轮可以缩放魔方。

步骤 4 通过"打乱魔方"功能设置初始魔方状态,如图 3-27 所示。

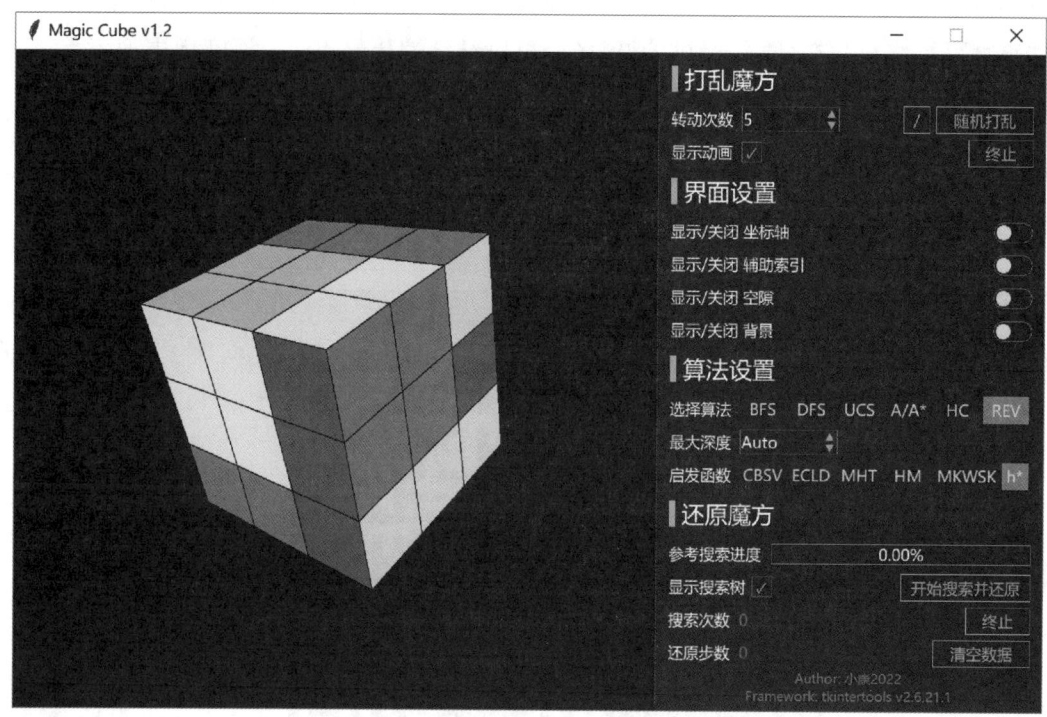

图 3-27 "打乱魔方"功能

步骤 5 在"算法设置"中选择合适的搜索算法。

步骤 6 在"还原魔方"区域单击"开始搜索并还原"按钮,即可看到完整的还原过程。

【解释】

①"算法设置"中的各类算法缩略词及其含义如表 3-1 所示。

表 3-1 各类算法缩略词及其含义

缩略词	英文全称	说明
BFS	breadth-first search	广度优先搜索
DFS	depth-first search	深度优先搜索
UCS	uniform-cost search	一致代价搜索
A/A*	A or A* algorithm	A 或者 A* 算法
HC	hill-climbing method	登山法
REV	reverse engineering	逆向工程(测试常用)

② "算法设置"中各类启发函数的缩略词及其含义如表 3-2 所示。

表 3-2　各类启发函数的缩略词及其含义

缩　略　词	英　文　全　称	说　　明
CBSV	chebyshev distance	切比雪夫距离
ECLD	Euclidean distance	欧几里得距离
MHT	Manhattan distance	曼哈顿距离
HM	Hamming distance	汉明距离
MKWSK	Minkowski distance	闵可夫斯基距离
h^*	heuristic distance (custom)	自定义启发式距离

在本例中，三阶魔方共有 $3^3=27$ 个方块。可以使用一个大小为 $1×27$ 的数组来表示每个方块的位置，并将它们编号为 0~26。当方块的编号与其在数组中的索引一致时，魔方处于还原状态。由于每个方块都有对应的坐标位置，因此可以计算每个方块当前位置与目标位置之间的差异，并以此作为启发函数。

由于魔方转动一次只能转动一个面，因此：

角方块：每次旋转都沿着坐标轴方向移动，因此使用曼哈顿距离作为启发函数。

边方块：每次旋转都沿着对角线方向移动，因此使用欧几里得距离作为启发函数。

面中心方块：始终不移动，因此在计算启发函数时不考虑。

综合上述因素，可以得到启发函数 h^*。

并非所有的启发函数都适用于所有算法。例如：

◇ 当启发函数为切比雪夫距离或欧几里得距离时，对应的算法为 A* 算法。

◇ 当启发函数为曼哈顿距离时，对应的算法为 A 算法。

◇ 闵可夫斯基距离是否适用于 A* 算法则取决于参数 p 的值。

③ 在搜索算法执行过程中，可以通过"参考搜索进度"来了解总搜索空间的大小以及当前搜索空间的大小，并实时显示搜索次数。搜索完成后，显示还原步骤的数量。在搜索过程中实时展示搜索树。由于搜索树每层节点的数量呈指数增长，因此将其对数化后以线性方式展示。节点所处的层数越高，颜色就越深，搜索完毕后标识出搜索路径。

3.6.3 利用 NetLogo 进行仿真演示

【目的】了解通过 NetLogo 进行仿真演示的一般方法。

【说明】NetLogo 是一个用于对自然和社会现象进行仿真的可编程建模环境。它能够在建模中控制成千上万的个体进行多主体建模仿真。个体之间存在竞争关系，它们能够同时运动并相互影响。因此，NetLogo 建模能够很好地模拟微观个体的行为、宏观模式的涌现以及两者之间的联系，特别适合模拟随时间发展的复杂系统。它广泛应用于与群体分析和对抗分析相关的人工智能领域。

【准备】从 NetLogo 官网下载 NetLogo 软件，如图 3-28 所示，可以选择其最新版本。该网站同时还提供了基于浏览器的在线操作方式。

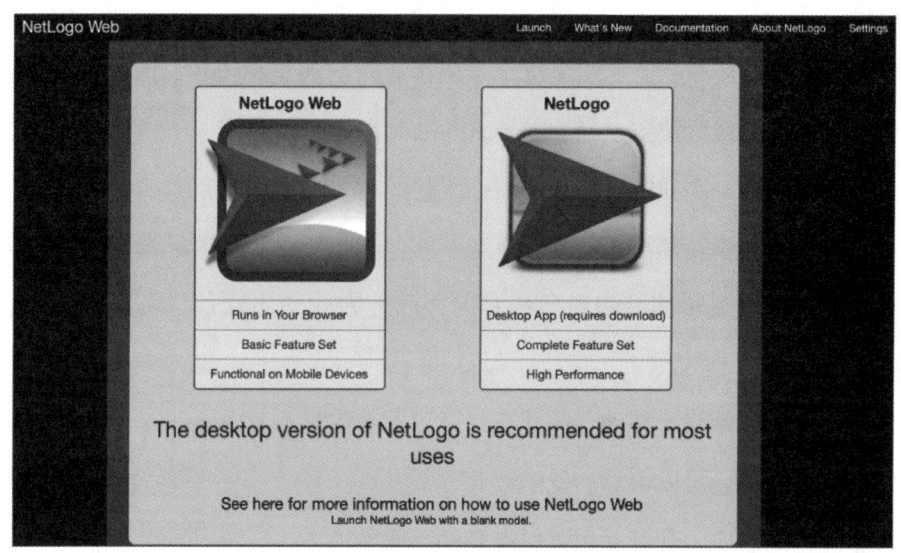

图 3-28　NetLogo 官网界面

【操作 1】基本使用

以 NetLogo 自带的"狼吃羊"捕食者和猎物种群模型为例进行说明。

步骤 1　在 NetLogo 窗口中选择"文件"→"模型库"，继续选择"Sample Models（样例模型）"→"Biology（生物学）"→"Wolf Sheep Predation（狼吃羊）"命令，单击"打开"按钮即可加载并打开"狼吃羊"捕食者和猎物种群模型（以下简称"狼吃羊"模型），如图 3-29 所示。

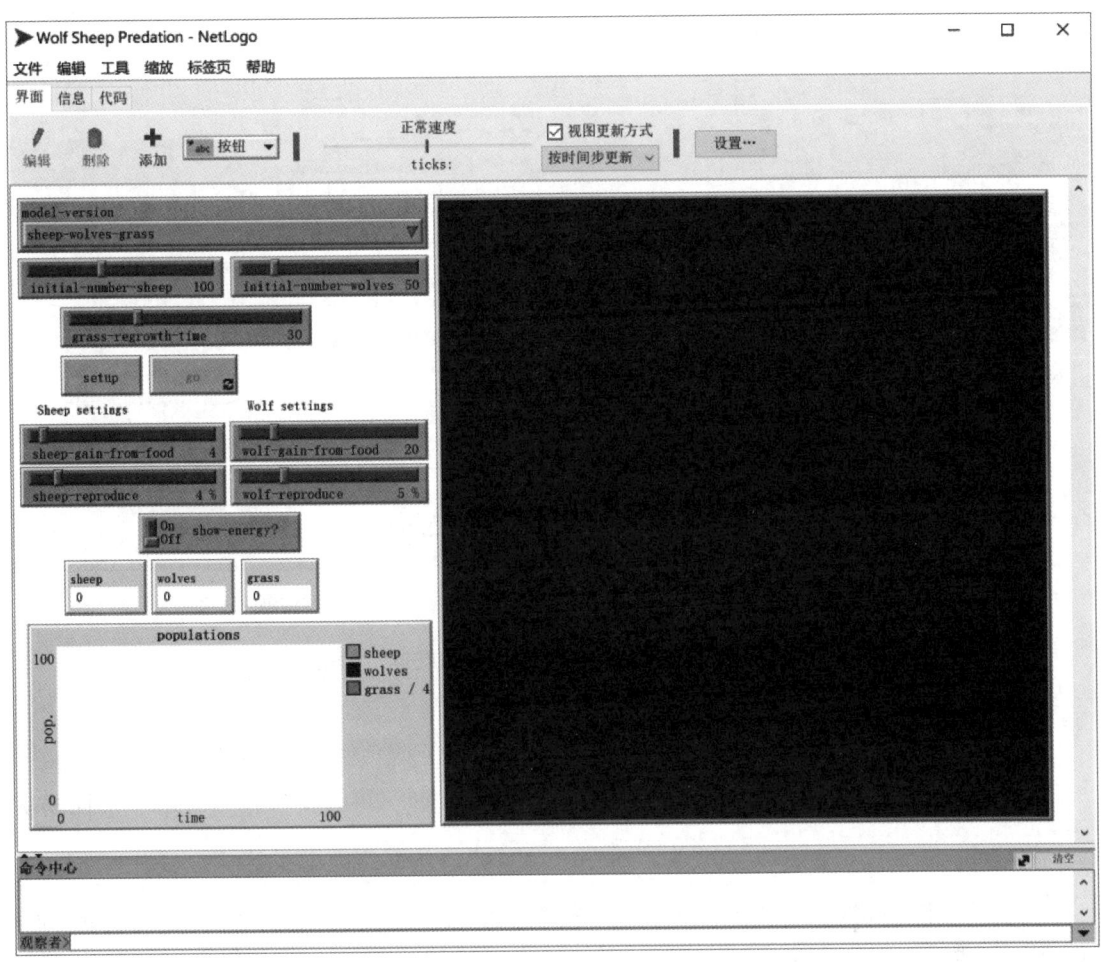

图 3-29 在 NetLogo 窗口中打开"狼吃羊"模型

步骤 2 在 NetLogo 的"狼吃羊"模型窗口中,单击"界面"选项卡。在该选项卡的左侧窗格中,上部有一些参数设置按钮,用于设置羊和狼的初始数量、青草重新长出的时间、羊再生的速率等参数。中部是"setup"按钮和"go"按钮。单击"setup"按钮可以构建初始界面;单击"go"按钮则可以根据参数设置和代码规则(在"代码"选项卡中编写)运行模型,实现草的生长、羊吃草、羊的繁殖、狼吃羊、狼的繁殖等完整的生态演化过程。用户可以在"界面"选项卡的右侧窗格中查看动态的演化场景。"界面"选项卡的左下角还会动态显示当前羊、狼和草的数量以及种群数量之间的对比关系,如图 3-30 所示。

步骤 3 在"界面"选项卡的工具栏中,可以通过调节"ticks(刻度)"滑块来改变模型的运行速度。单击"go"按钮可以暂停模型运行,再次单击"go"按钮则可以继续模型运行。

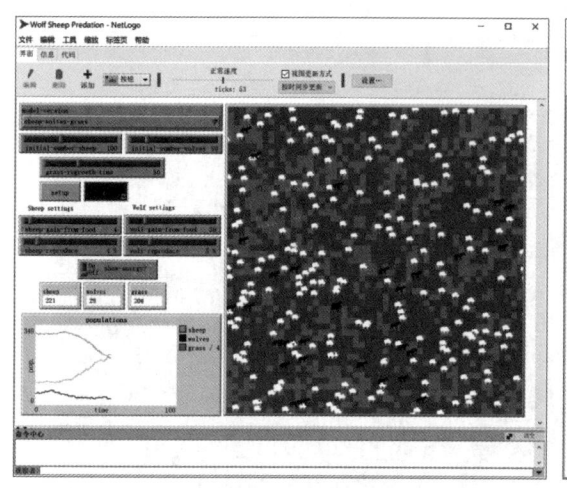

(a)"界面"选项卡

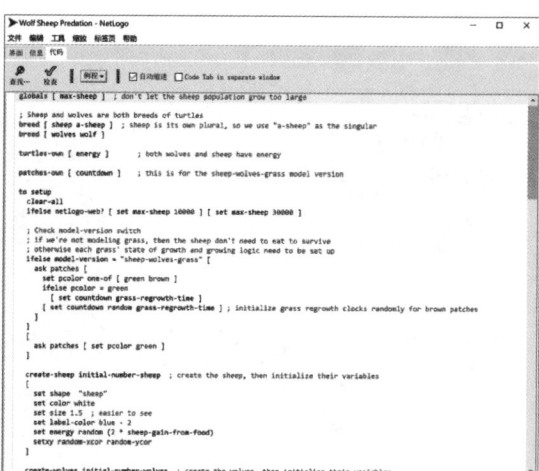

(b)"代码"选项卡

图 3-30 在 NetLogo 中运行"狼吃羊"模型

步骤 4 可以通过调整各个参数,来观察不同参数组合下的种群演化效果。例如,可以观察初始状态下羊多而狼少的情况。为此,可以将"模型版本"选择器从"sheep-wolves-grass"更改为"sheep-wolves",从而忽略草的因素以简化问题。接着,将"initial-number-sheep(羊的初始数量)"滑块设置为 100,将"initial-number-wolves(狼的初始数量)"滑块设置为 20,然后运行模型。在这种设置下,狼会逐渐增多,最终所有的生物种群都将消亡,如图 3-31 所示。

【操作 2】自定义模型

这里以"羊吃草"为例来做说明,完整的项目及其代码见本书配套资源中的"第 3 章"→"3.6.3"中的 Exec4.nlogo 文件,双击可以利用 NetLogo 打开该项目。

步骤 1 单击"文件"→"新建"命令,新建项目。

步骤 2 在"界面"选项卡的工具栏中,确认当前选择的组件为"按钮",然后单击左侧的"添加"按钮。接着,在左侧窗格中的空白处单击,即可创建一个新的按钮。在弹出的"按钮"对话框的"命令"输入框中输入"setup",即可完成用于初始化环境的按钮的创建,如图 3-32 所示。所有组件都可以通过在右键快捷菜单中选择"Edit(编辑)"命令进行设置,或者在选择"Select(选择)"命令后拖曳以调整位置。

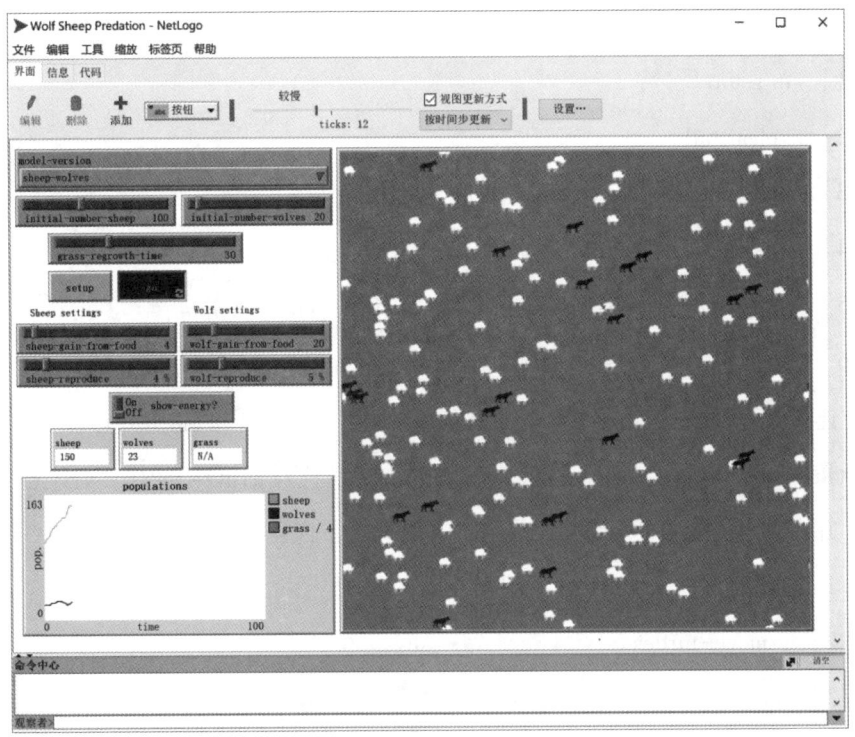

图 3-31 仅考虑狼和羊数量的"狼吃羊"模型运行结果

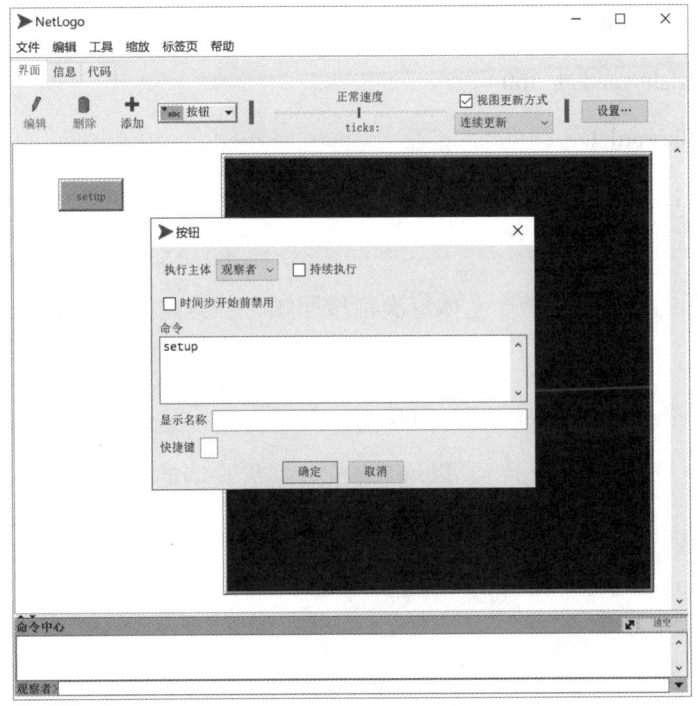

图 3-32 创建用于初始化环境的"setup"按钮

3.6 实验 147

步骤3 在"代码"选项卡的编辑窗口中,输入以下代码:

［1］ to setup
［2］   clear-all
［3］   ask patches [set pcolor green]
［4］   create-turtles 100
［5］   ask turtles [setxy random-xcor random-ycor]
［6］ end

上述代码的功能是生成100个主体(代表羊),并让它们随机分布在窗体上。

步骤4 继续创建"go"按钮,在该按钮的设置对话框中选中"持续执行"复选框,并在"代码"选项卡的编辑窗口中输入以下代码:

［1］ to go
［2］   move-turtles
［3］ end
［4］
［5］ to move-turtles
［6］   ask turtles [
［7］   right random 360
［8］   forward 1
［9］   ]
［10］ end

上述代码的功能是让每个主体每次都按照顺时针方向随机选择一个角度,然后前进一格。

步骤5 现在每只羊都可以自由移动,但不会执行其他任何操作。接下来,可以设置羊吃"草"(绿色瓦片),以增加能量。需要说明的是,羊在移动时会损失能量。相关代码如下:

［1］ turtles-own [energy]
［2］
［3］ …
［4］

[5]　to go
[6]　　move-turtles
[7]　　eat-grass
[8]　end
[9]
[10]　to move-turtles
[11]　　ask turtles [
[12]　　　right random 360
[13]　　　forward 1
[14]　　　set energy energy - 1
[15]　　]
[16]　end
[17]
[18]　to eat-grass
[19]　　ask turtles [
[20]　　　if pcolor = green [
[21]　　　　set pcolor black
[22]　　　　set energy (energy + 10)
[23]　　　]
[24]　　]
[25]　end

【解释】

① 跟踪羊群的总能量：在代码的开头添加 turtles-own 声明，并创建一个名为 energy 的变量，用于跟踪每只羊的能量值。

② 如果瓦片是绿色，就让羊将瓦片改为黑色表示吃草，此时羊的能量值增加10个单位。

③ 移动增加了能量值的消耗，羊的能量值减少1个单位。

步骤6　进一步增加功能，实现羊群的繁殖和死亡机制，同时让草在被吃掉后能够逐渐恢复。相关代码如下：

[1] to go
[2]   move-turtles
[3]   eat-grass
[4]   reproduce
[5]   check-death
[6]   regrow-grass
[7] end
[8]
[9] to reproduce
[10]   ask turtles [
[11]   if energy > 50 [
[12]   set energy energy - 50
[13]   hatch 1 [set energy 50]
[14]   ]
[15]   ]
[16] end
[17]
[18] to check-death
[19]   ask turtles [
[20]   if energy <= 0 [die]
[21]   ]
[22] end
[23]
[24] to regrow-grass
[25]   ask patches [
[26]   if random 100 < 3 [set pcolor green]
[27]   ]
[28] end

步骤7 创建一个滑块，用于动态调整羊的数量，并在初始阶段生成羊群。在

"界面"选项卡的工具栏中，确认当前选择的组件为"滑块"，然后单击左侧的"添加"按钮。接着，在左侧窗格中的空白处单击，以创建滑块。将滑块的全局变量名称设置为"number"，如图3-33所示。

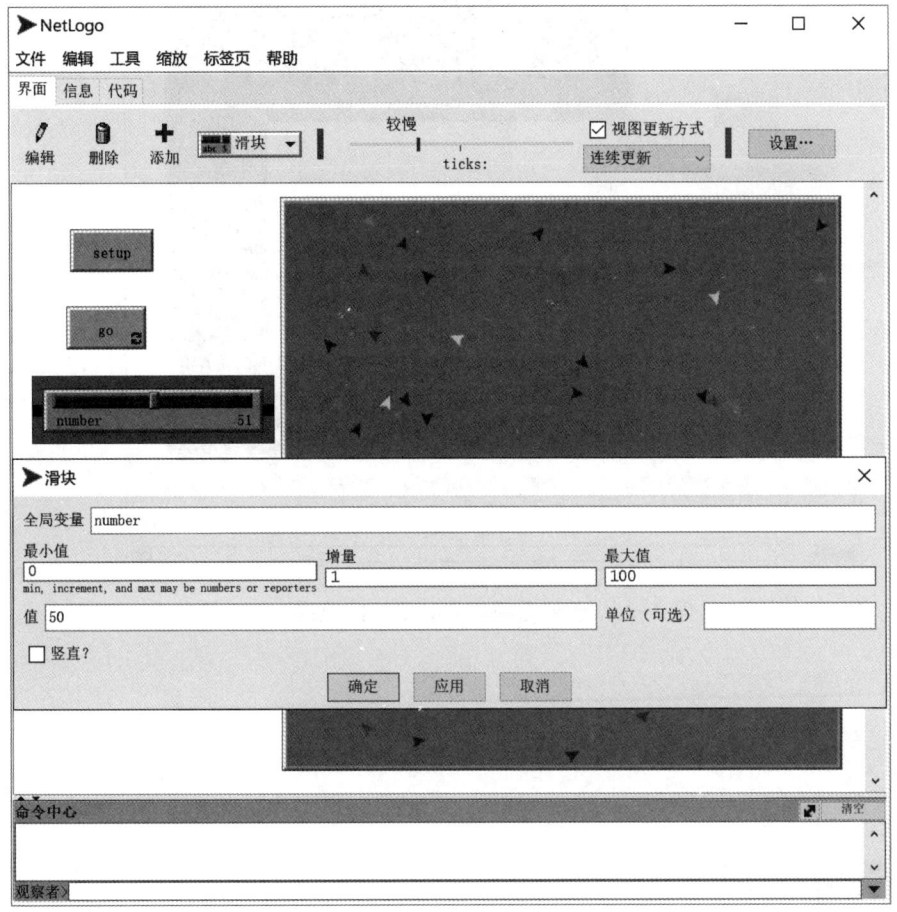

图3-33 创建表示羊的数量的"number"滑块

在"代码"选项卡中，将"setup"相应代码中的"create-turtles 100"更换为"create-turtles number"。

步骤8 创建一个监视器，用于观察不断变化的羊的数量。在"界面"选项卡的工具栏中，确认当前选择的组件为"监视器"，然后单击左侧的"添加"按钮。接着，在左侧窗格中的空白处单击，以创建监视器。将其报告器设置为"count turtles"，如图3-34所示。

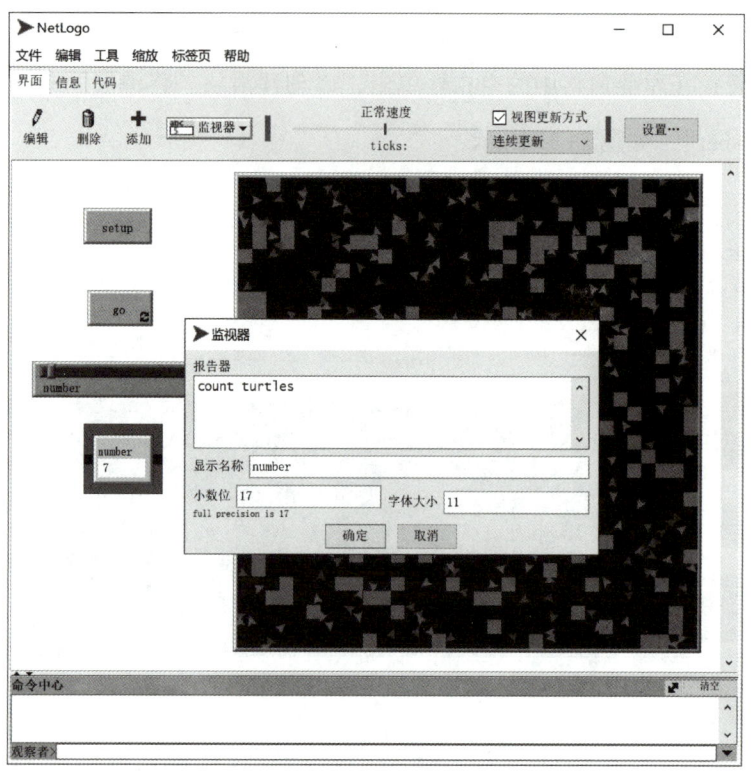

图 3-34 创建监视羊的数量的监视器

思考与练习

1. 假设在一个自动导航路径规划系统中,抵达目的地是基本的求解目标,如果要获得最优解,还应该满足哪些要求?

2. 为什么说在搜索算法中,即使找到了最优解,其在实际应用中也往往不能保证一定是最优的?请举例说明。

3. 很多算法都强调其求解的状态组合数量极为庞大,甚至超过了宇宙中原子的数量。尽管计算机的处理能力一直都在按照摩尔定律快速增长,但是如果未来研制出一种超级计算机,能够处理如此大规模的数据,是否就能解决这个问题呢?怎么能知道该解决方案一定无法完成?

4. 对于井字棋,可能的棋局状态大约有多少种?

5. 你觉得广度优先搜索和深度优先搜索各自的优点及缺点有哪些?

6. 分别使用广度优先搜索算法和深度优先搜索算法,写出图 3-35 中 A 到 J 的路径遍历过程。

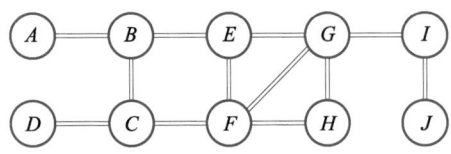

图 3-35　路径遍历示例

7. 有人说"广度优先搜索总是能找到一个动作最少的解",为什么这样说?

8. 有信息搜索方法中的"有信息"是指什么?

9. 在贪心最佳优先搜索中,没有产生全局最优结果的一个主要原因是它仅扩展从当前状态到目标状态代价最小的节点。请结合自己的理解思考对其进行改进的策略。

10. 如何理解贪心最佳优先搜索中"贪心"两字的含义?

11. 有人说"A*算法一定能找到全局最优解",为什么?

12. 对于图 3-36 所示的节点路径图,请结合常见的搜索算法写出其搜索的执行步骤。

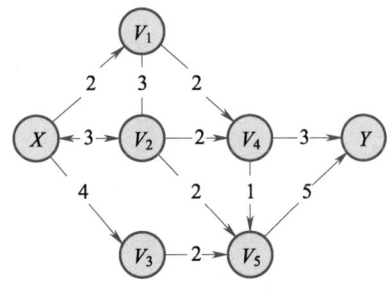

图 3-36　节点路径图

13. 对于登山法、模拟退火算法和遗传算法,请解释它们的基本思想及其如何体现在算法的设计中。

14. 在对抗搜索中,如何计算收益值?可以结合象棋、围棋等不同棋类的情况进行解释。

15. 对抗搜索通过剪枝去除没有意义节点的计算开销。在可以适当牺牲效果的情况下，还有哪些剪枝策略可以更好地提升计算速度？

16. Red Blob Games 网站提供了许多搜索算法的在线演示。可以结合自己的兴趣了解相关算法的运行效果和原理。

17. Stockfish 和 Lizzie 分别是著名的国际象棋和围棋计算引擎。查阅资料，了解它们的计算能力及其实现方法。

18. 在 NetLogo 的"狼吃羊"模型中，调节参数并观察不同的参数输出，分析哪种参数组合能够获得较为稳定的种群数量演化关系。

第 4 章 知识方法

【格言】

知识是集无数思想与经验之大成的东西。
——美国思想家拉尔夫·沃尔多·爱默生（Ralph Waldo Emerson）

【教学目标与要求】

知识方法是一种重要的人工智能方法，它强调将人类已有的知识经验转化为一种计算机能够表达、存储和推理的有效机制。虽然该方法并不是当前主流的人工智能方法，但是其未来的发展方向依然乐观。本章主要围绕知识推理和知识图谱等内容，介绍相关人工智能方法及其主要应用。通过学习这些知识，读者不仅能够了解知识方法的特点，还能够深刻理解大语言模型背景下，使用知识图谱技术的必要性。

【知识导图】

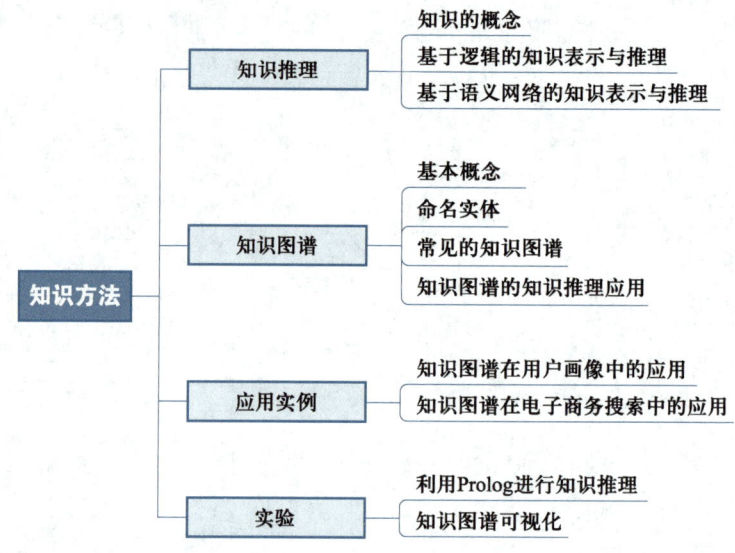

【导引】

虽然搜索方法提供了大量有用的算法来帮助人们求解各种问题，但是反观人类自己的思考方式，我们会发现，人类大脑其实并不擅长搜索问题的求解，相反，人类更倾向于通过知识推理的方式来进行思考。知识推理不仅需要人类具有一定的知识储备，还需要人类在此基础之上运用各种逻辑推理方法来实现思维过程。

这种思考方式对应了两类常见的智能行为：一是大胆试错，尝试使用多种方法去解决问题，尽管这种行为存在较高的失败风险，但正如"第一个吃螃蟹的人"，这是无数开拓者必须经历的过程。二是知识传承，如果别人已经证明"这个看起来硬邦邦的螃蟹可以吃"，我们就可以放心食用。这种利用传承知识来指导实践的行为更为简单有效，尤其是人类在长期实践中积累的大量知识，成为提高人类智能水平的重要依托。然而，如何将这些知识从人类大脑中提取出来，并转化为计算机可用的资源，却并非易事。有些问题至今尚未完全解决，例如：

◇ 人脑中的知识是如何组织的？

◇ 不同的词语概念如何连接才能形成有效的推导关联？

◇ 如何从海量互联网信息中自动抽取有效的知识？

这些问题都是在学习本章过程中需要关注的基本问题。希望读者通过本章的学习，能够对这些问题形成自己的理解和答案。

4.1 知识推理

4.1.1 知识的概念

知识是人类在改造客观世界的过程中积累的经验，以及对这些经验进行总结和升华的成果。对反映客观世界的描述、名称、数据、经验等信息进行加工和整理，可以形成知识。知识主要分为以下三种类型：

① 陈述性知识：用于描述概念、事实、事物等的静态信息，如"伦敦位于英国"。

② 过程性知识：用于描述时序步骤的动态信息，如"如何启动汽车"。

③ 元知识：用于描述知识的使用规则、解释规则、校验规则及程序结构，可以理解为"关于知识的知识"。

这些知识往往表现为一套系统性的定义、描述和公理系统，并被存储在人类的记忆和各种文献资源载体中。正如牛顿所言"如果说我比别人看得更远，那是因为我站在巨人的肩膀上"，这里的"巨人"可以理解为人类积累的宝贵知识。只有掌握了知识，才能更快、更好地理解世界并解决现实问题，这体现了知识的力量。

与搜索方法不同，知识代表了一种总结性的、具有理论抽象的信息。例如，如果多次执行导航搜索算法都会规划出相同的路线，那么可以在了解其背后的地理知识和路线特点的基础上，总结出合理的导航经验，以用于后续的导航实践。这凸显了知识在人工智能决策中的重要性。

由于人类的高级思维活动离不开知识，因此人工智能同样需要知识。知识是人类智能的本质特征之一。使用计算机表示、存储知识，并利用检索、推理与预测等方法实现机器的智能行为，一直都是人工智能领域的重要研究方向。然而，人类的知识并不完美，只有相对的正确性、局限性和抽象性，既没有绝对正确的真理，也没有一成不变的真理。此外，受限于人类的认知水平和科学技术的发展水平，人类的知识还具有不完备性、不确定性和模糊性等特点。

思考

人工智能学习知识和人类学习知识有什么区别？

人类学习知识需要一代代人从零开始，逐步积累。这一过程包括两方面：一是知识传承，人类需要通过记忆和学习来掌握已有的知识。在这方面，人工智能具有明显的优势。例如，基于知识的现代人工智能技术建立在可大规模复制的知识库之上。如果将这样的知识库复制到所有机器中，所有机器就将立即拥有这些知识。二是知识创新，人类的知识并非纯粹的思维产物，而是在与客观世界进行交互的过程中不断提炼和升华的。然而，现代人工智能技术尚未形成有效获取外界信息并与外界进行交互的能力，因此缺乏知识创新的可能性。

人工智能不仅关注知识的基本特性，还关注计算机处理的可行性。这就要求知识适合计算机处理、能够采用统一的形式化表示方法，并且能够进行高效求解和推理。这些需求催生了知识表示方法等知识研究的相关内容。

20 世纪 50 年代的小规模认知地图（cognitive map）和 20 世纪 60 年代末的语义网络（semantic network），是知识表示方法的早期探索。20 世纪 70 年代出现的基于知识的系统，通过知识库和推理模型来实现人工智能，取得了大量的应用成果，如 MYCIN（用于医疗诊断的专家系统）、DENDRAL（用于分子结构识别的专家系统）和 XCON（用于计算机系统配置的专家系统）。20 世纪 80 年代出现的概念图（concept map），强调命题网络，主要应用于教育领域。然而，这些知识表示方法由于构建困难、计算能力不足和描述能力有限，而未能持续发展，但为后来的知识图谱等新型知识表示方法奠定了基础。

为了构建推理模型并进行问题求解，人工智能研究在技术路线上有两个主要方向：一是连接主义，以神经网络为代表，认为大脑神经元及其连接机制是智能活动的基础。相关研究为后来的神经网络和深度学习方法奠定了基础。二是符号主义，以知识工程为代表，认为物理符号系统是智能行为的基础，认知过程可以被视为符号表示上的一种运算。通过计算机模拟人类的认知过程，可以实现人工智能。

客观上看，尽管符号主义在人工智能领域具有重要地位，但其由于面临"常识"问题、不确定性知识的表示和求解等难题，发展受到一定限制。近年来，随着深度学习的快速发展，连接主义在人工智能领域取得了显著进展。神经网络和深度学习等技术的广泛应用，为连接主义提供了强有力的支持。但是，符号主义和连接主义在人工智能领域各有特点，它们强调不同的理论基础和研究方法。在实际应用中，这两种方法论可以相互补充，共同推动人工智能的发展。

20世纪90年代，随着互联网的发展，互联网产生的大量知识内容逐渐成为人们研究和利用知识的主要来源。1998年，网景公司（Netscape）推出了开放目录项目（open directory project，ODP），可以根据性质和内容对网页进行分类，从而实现了对互联网网页高效、便捷的检索。同年，万维网之父蒂姆·伯纳斯-李（Tim Berners-Lee）提出了语义网（semantic Web）的设想。之后，万维网联盟（W3C）基于结构化语义表示，提出了互联网语义标识语言RDF（resource description framework，资源描述框架）和OWL（Web ontology language，万维网本体语言）等，这些语言通过规范化的语法形式，从半结构化的网页文本中抽取实体及其关系。2006年，链接数据概念的提出进一步推动了语义数据的互联互通。2007年，互联网知识库的出现，促进了包括DBpedia和Freebase在内的早期知识图谱项目的发展。2012年，谷歌公司在Freebase等的基础上提出了现代意义上的知识图谱（knowledge graph）。这一过程体现了知识表示和处理规模、计算和推理能力的不断演进。因此，可以将知识图谱视为在大数据和高算力的基础上发展起来的现代知识表示方法。知识图谱能够表达各类实体及其之间的关系，提高了搜索等应用的准确性，成为现代人工智能研究和应用的一个重要方向。

知识点

如何从互联网网页中抽取结构化的语义信息?

例如,下面是一个简单的 HTML5 网页 index.html 的代码(限于篇幅,只展示部分内容,完整的代码请见本书配套资源中的 "第 4 章" → "4.1.1" → "网页" 中的 index.html 文件):

```
<!DOCTYPE html>
<html lang="zh-CN">
<head>
    <meta charset="UTF-8">
    <title>语义标签示例</title>
    <link rel="stylesheet" href="styles.css">
</head>
<body>
    <header>
        <!--网页头部,通常包含导航链接、LOGO 等 -->
        <h1>我的博客</h1>
        <nav>
            <ul>
                <li><a href="#home">首页</a></li>
                <li><a href="#about">关于</a></li>
                <li><a href="#contact">联系</a></li>
            </ul>
        </nav>
    </header>
    ……
```

该网页主要给出了结构化的数据内容,使用浏览器打开后呈现出单一的网页外观,如图 4-1 所示。

再增加一个单独的样式文件 styles.css,部分代码如下:

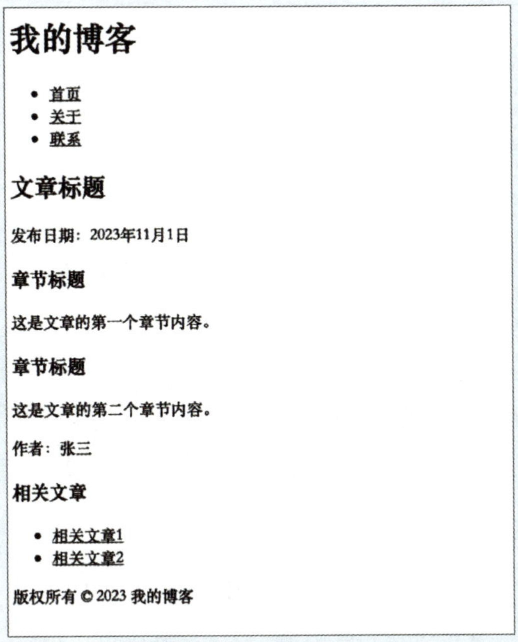

图 4-1 只有结构化数据的网页（index.html）

```
/* 全局样式 */
body {
    font-family: 'Arial', sans-serif;
    line-height: 1.6;
    margin: 0;
    padding: 0;
    background: #f4f4f4;
}


/* 清除浮动 */
.clearfix::after {
    content: "";
    display: table;
    clear: both;
```

4.1 知识推理

}

/*标题和段落样式 */

h1, h2, h3, p {

    color: #333;

}

……

此时在网页前增加一句（见 indexStyle.html）：

<link rel=" stylesheet" href=" styles.css" >

即可看到样式化后的网页效果，如图4-2所示。

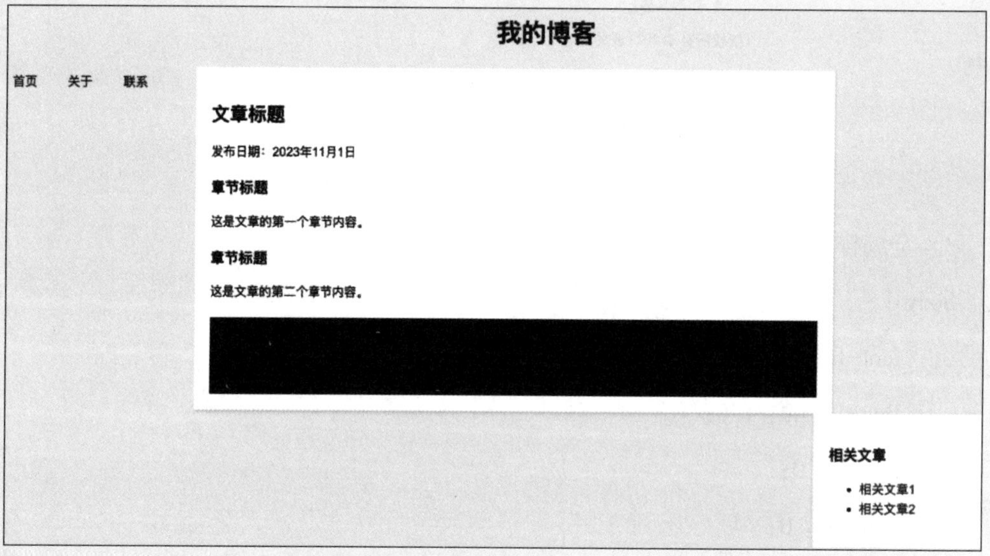

图4-2 利用单独的样式来格式化网页外观（indexStyle.html）

4.1.2 基于逻辑的知识表示与推理

按照功能的丰富程度，可以将逻辑分为命题逻辑（propositional logic）和谓词逻辑（predicate logic）等。

1. 命题逻辑

（1）命题和命题逻辑

命题是指可以判断为真或假的一段陈述，例如"明天是晴天"和"明天晒被子"等。作为知识，这些陈述要么为真，要么为假。命题逻辑使用逻辑连接词（如"且""或""非"等）将命题组合成结果为真或假的复合命题。命题逻辑不考虑命题的内部结构或含义，只关注命题的真假及其之间的逻辑关系，是语法最简单的逻辑表达语言。

（2）逻辑连接词

常见的逻辑连接词有以下几种（其中，P 表示"明天是晴天"，Q 表示"明天晒被子"）：

① 且：通常用"$\land$"表示，表示当两个命题都为真时，复合命题才为真。例如，"$P \land Q$"表示"明天是晴天并且明天晒被子"。

② 或：通常用"$\lor$"表示，表示当两个命题中至少有一个为真时，复合命题为真。例如，"$P \lor Q$"表示"明天是晴天或明天晒被子"。

③ 非：通常用"$\neg$"表示，表示对当前命题的否定。例如，"$\neg P$"表示"明天不是晴天"。

④ 蕴含：通常用"$\rightarrow$"表示，如果 P 为真则 Q 也必须为真，否则蕴含命题为假。例如，"$P \rightarrow Q$"表示"如果明天是晴天，那么去晒被子"。反之，如果不是晴天，则可晒可不晒被子。

⑤ 双条件：通常用"$\leftrightarrow$"表示，表示两个命题互相蕴含，两者同时为真或同时为假。例如，"$P \leftrightarrow Q$"表示"当且仅当明天是晴天才去晒被子"。

2. 谓词逻辑

谓词逻辑在命题逻辑的基础上引入了谓词和量词。

（1）谓词

谓词是用来描述或表示属性、性质和关系的表达式。例如，"isStudent"表示判断是否是学生。谓词本身不具有真假值，但当指定具体的个体或集合时，它可以形成一个能判断真假的命题。例如，"isStudent（张三）"表示"张三是学生"，其结果要么为真，要么为假。利用谓词可以表达和计算各种常见的知识规则，并进行逻辑推理。例如，假设 Q 和 K 是夫妻，这里的"夫妻"表示一个谓词，代表两个个体之间的关系。"王后"和"国王"分别表示个体为王后和国王，则有：

$$夫妻(Q, K) \wedge 王后(Q) \rightarrow 国王(K)$$

该命题的含义是：如果 Q 和 K 是夫妻，并且 Q 是王后，那么 K 是国王。

(2) 量词

量词主要用来量化命题中个体的数量，可以对集合中的一部分或全部个体进行描述。常见的量词有两个：

第一个是全称量词，用"$\forall$"表示，其含义是"所有的""每一个""任意的"等。例如，"$\forall x\ \text{isStudent}(x)$"表示"对于所有的个体 x，$\text{isStudent}(x)$ 都成立，即所有个体 x 都是学生"。量词与命题逻辑相结合，可以表达更复杂的规则，例如：

$$\forall x(\text{isStudent}(x) \rightarrow \text{Person}(x))$$

表示"所有的学生都是人"，即对于任意一个个体 x，只要"学生"这个谓词成立，那么"人"这个谓词也一定成立。

第二个是存在量词，用"$\exists$"表示，其含义是"存在一个""至少有一个""有的"等。例如，"$\exists x\ \text{isStudent}(x)$"表示"存在一个个体 x，$\text{isStudent}(x)$ 成立，即至少有一个个体 x 是学生"。

采用这些类似数学的写法，结合逻辑推理规则，可以实现自动逻辑推理。

例如，假言连锁推理的规则为

$$p \rightarrow q, q \rightarrow r \therefore p \rightarrow r$$

其含义是：如果 p 为真则 q 为真（蕴含逻辑），且 q 为真则 r 为真，那么 p 为真则 r 也为真。符号"$\therefore$"表示"所以"。

按照这个规则，可以进行如下逻辑推理：

假设有二个命题：

P：今天是晴天

Q：地面是干的

R：人们会外出行走

以及两条逻辑推理规则：

如果今天是晴天（P 为真），则地面是干的（Q 为真），表示为 $P \rightarrow Q$。

如果地面是干的（Q 为真），则人们会外出行走（R 为真），表示为 $Q \rightarrow R$。

现在已知"今天是晴天（P 为真）"，按照假言连锁推理规则，可以推导出"人们会外出行走（R 为真）"。

再如，逆否推理的规则为

$p \rightarrow q, \neg q \therefore \neg p$

其含义是：若 p 为真则 q 为真，且若 q 为假，则 p 必定为假。

为什么客人走了？

按照这样的逻辑推理，我们来看看下面这个笑话：

一位主人请甲、乙两位客人吃饭。主人和甲先来到饭馆，等了很久，乙还没来。主人自言自语道："哎，该来的还没有来。"甲听后心想："该来的是还没来的，我已经来了，那么我是不是就不该来？算了，我还是走吧。"主人没有意识到，他无心的一句话经过甲的推理，竟然得出了一个与自己意愿完全相违的结论，结果把甲气走了。

在上述情境中，主人原话的逻辑可以隐含地表达为：如果是"该来的"（p），则他"会来"（q），即 $p \rightarrow q$。甲根据逆否推理（$\neg q \therefore \neg p$），即如果"没来"（$\neg q$），则"不是该来的"（$\neg p$），得出自己"不是该来的"（$\neg p$）结论。

事实上，基于逻辑的知识表示在逻辑推理中蕴含了诸多规则，如析取消去规则、合取引入规则及归谬法等。对这些规则进行组合运用，可以对更复杂的逻辑问题进行有效的表示和求解。借助这些组合规则，计算机也能够自动执行相关的逻辑推理演算，从而获得一种强大的知识推理能力。

4.1.3 基于语义网络的知识表示与推理

1. 表示方法

语义网络可以追溯到 20 世纪 60 年代末至 70 年代初。随着语义网络的发展，逐渐衍生出语义链接网络、语义相似网络和今天广泛应用的知识图谱等多种形态。虽然知识图谱也是一种语义网络，但它对网络图中的边进行了约束，例如边只能从一个有限集合中选择，并具有代数结构，以便快速检索。如今，知识图谱已成为最重要的语义网络形式之一。

语义网络是一种利用网络图结构表达概念之间语义关系的知识表示方法。其中，网络图中的节点代表概念,边代表语义关系。需要注意的是,语义网络不适于表达具有复杂时序特点的过程性知识。除了直接使用网络图表示语义网络,还可以通过多个三元组来表示语义网络。三元组的形式为

(节点 m,边,节点 n)

其中,节点可以表示事物、概念、属性、状态、动作等各类知识实体,边通过标签表示相连实体之间的语义关系,并通过方向表示两者之间的主宾关系。常见的语义关系包括类属、整体、部分、从属、能力、时间、位置、相近关联八种。

例如,在中国古人的朴素认知中,所有动物都可以按照皮肤附着物及其状态,分为羽、毛、鳞、介、倮五种,其语义网络如图 4-3 所示。其中,A-Kind-Of、Is-A 表示类属、Part-Of 表示部分、Can 表示能力。

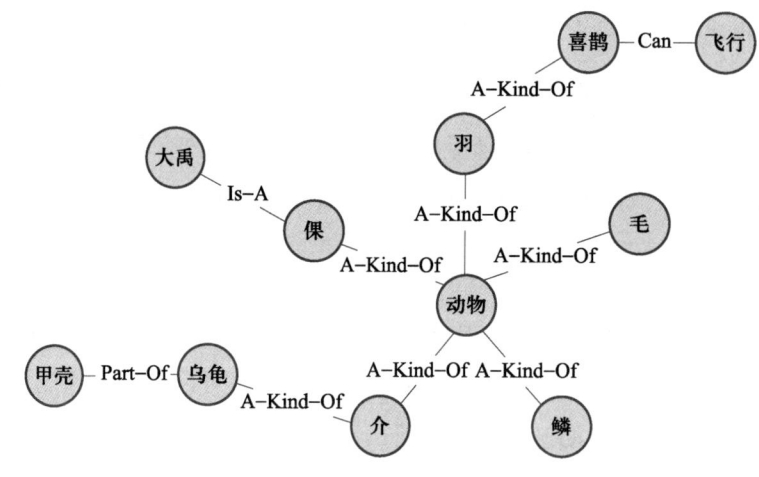

图 4-3 语义网络的示例

语义网络的常见用途之一是表达人类语言中词语之间的关系。HowNet 便是一个典型的例子,它以汉语和英语词语所代表的概念为描述对象,通过构建这些概念之间的关系,以及概念属性之间的关系,形成了一个网状知识系统。

知识点

HowNet

HowNet 是一个大型英汉双语知识本体库,可以为计算机处理自然语言提供语义知识支持。HowNet 包含大量的概念、词义及其之间的关系。知识以概念为基本单位,每

166　第 4 章　知识方法

个概念都由一个或多个词义组成，每个词义都有自己的定义和相关的语义关系，包括同义、反义、上下位（即层次结构）、整体、部分等。同时，HowNet 不仅提供了英语词汇的语义信息，还提供了这些词汇对应的汉语翻译，有利于进行跨语言信息处理。

下面以"爱"这个概念为例进行说明：

概念：爱（love）

词义 1：

-定义：[情感] 对人或事物有很深的感情

-语义关系：

　-上位概念：情感（emotion）

　-下位概念：慈爱（maternal love）、恋爱（romantic love）

　-同义词：喜爱（fondness）、热爱（ardor）

　-反义词：恨（hate）

词义 2：

-定义：[动词] 喜欢并且深情地对待

-语义关系：

　-上位概念：对待（treat）

　-下位概念：疼爱（cherish），珍爱（treasure）

　-同义词：恋（be fond of），宠（indulge）

　-反义词：厌恶（dislike）

……

2. 推理方法

不同的知识表示方法对应不同的推理机制。总体而言，语义网络的推理机制还不够完善，它仅提供了继承和匹配两种推理机制。为了实现这两种机制，需要根据语义网络的规则和约束，进行网络遍历、路径搜索、模式匹配等操作，以找到与问题相关的节点和关系。

（1）继承

继承是从抽象节点遍历到具体节点的过程。例如，利用"Is-A"和"A-Kind-Of"等语义关系可以实现继承推理。实际的推理过程往往会因问题的复杂性而变得复杂。例如，某些元素属性需要通过计算才能得到，甚至需要引入不确定性来描述知识。

以图4-4所示的语义网络片段为例。

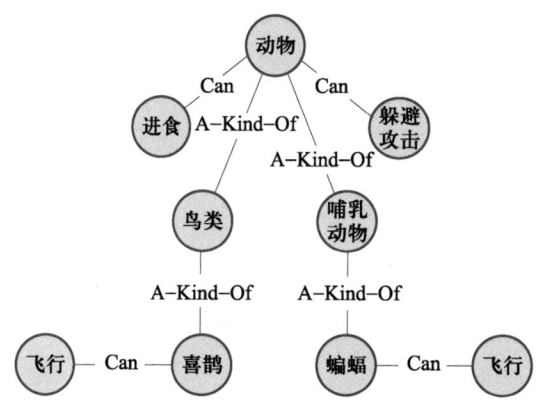

图4-4 语义网络的一个片段

假设需要了解"喜鹊"可以进行的活动，可以执行以下操作：

① 将"喜鹊"作为待求解节点加入节点表。

② 检查"喜鹊"能进行的活动，例如"飞行"，并记录。

③ 检查"喜鹊"的继承弧，由于"喜鹊 A-Kind-Of 鸟类"且"鸟类 A-Kind-Of 动物"，将"动物"加入节点表，并从节点表中删除"喜鹊"。

④ 检查"动物"能进行的活动，例如"进食""躲避攻击"，并记录。

⑤ 检查"动物"的继承弧，若无则从节点表中删除"动物"，结束推理。

（2）匹配

匹配是另一种重要且常见的语义网络推理方法，它要求在语义网络中寻求与待求解问题相符的模式。因此需要先根据问题来构建语义子图，然后根据语义子图与语义网络的匹配情况来寻找相关信息，这种匹配既可以是精确匹配，也可以是近似匹配。

假设需要了解所有会飞的动物中有哪些是哺乳动物，可以执行以下操作：

① 构造一个查询网络片段，该片段包括一个"空"节点，并且具有一个与"飞行"相联系的"Can"语义关系。

② 遍历语义网络，查询与该网络片段相匹配的片段。

③ 对上述结果再次遍历，查询每个节点是否存在名称为"哺乳动物"的上级节点，若有则保留，否则删除。

在该操作中，匹配过程非常重要，也是最具挑战性的部分，需要在性能和效果之间取得平衡。

4.2 知识图谱

4.2.1 基本概念

知识图谱是一种将具体的语义知识通过形式化描述组织起来的知识系统。它一般通过图结构来抽象地描述人类认知中的各类实体及其之间的相互关系，图中的节点表示语义知识符号，图中的边则表示语义知识符号之间的关系。利用知识图谱，可以进行有效的知识推理和计算，方便了知识的分享与利用。图4-5展示了一个知识图谱的片段，其中圆圈、圆角矩形和菱形分别表示人物、地点和单位三种实体，带有标签的边表示相关实体之间的关系。

与语义网络不同，知识图谱出现得较晚，虽然它们在结构和使用上具有相似性，但是知识图谱具有自己的特点：第一，知识图谱在存储设计和检索策略上可以使用独有的技术实现。例如，底层可以使用关系数据库或者改造后的关系数据库，甚至结合 NoSQL 数据库。这种技术实现方式使得知识图谱的共享性不如语义网络，更多地表现为特定应用的后台支撑技术。第二，知识图谱主要服务互联网搜索、电子商务平台商品推荐等具体的领域，因此其节点通常选择更加具体且符合应用要求的实体，而语义网络则侧重于通用概念的表达和推理。

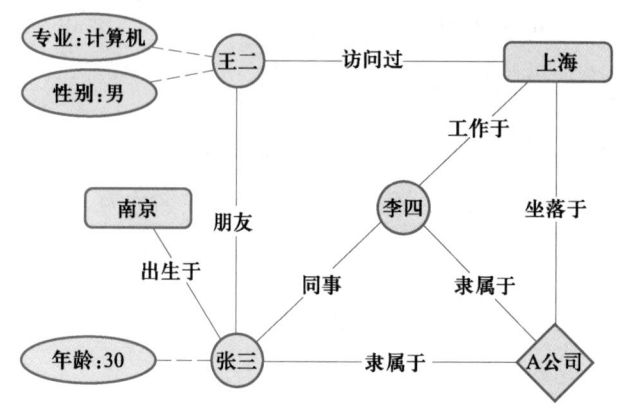

图 4-5 知识图谱示例

在知识图谱的发展过程中，本体（ontology）是构建知识图谱的基础。本体原本是一个哲学概念，指对客观世界进行描述的概念体系。在知识图谱中，本体提供了领域知识的概念化描述和分类体系，并为知识图谱的构建提供了结构和语义支持，被视为一种元知识。本体中的概念、术语及其之间的关系可以作为知识图谱中的实体和关系，本体中的类和属性与知识图谱中的节点和边相对应。

本体不仅包括图结构，还具有逻辑构造器，能够表达更复杂的逻辑关系和推理规则。而知识图谱则更注重实体之间的关系表示，逻辑约束较弱。例如，知识图谱中的多元关系通常通过节点和边表示，而本体则可以通过逻辑构造器（如 and、or 等）来表达更复杂的多元关系。这种差异使得本体在表达复杂概念和关系时具有更高的灵活性和表现力。因此，本体主要用于领域知识的建模和表示，为知识图谱的构建提供基础。而知识图谱则侧重于知识的可视化、搜索和推理应用，如智能搜索、文本分析、机器阅读理解等。在 Protege 本体编辑器中查看本体如图 4-6 所示。

实体是知识图谱中最基本的元素，不同的实体之间存在一定的关系，知识图谱通常采用三元组的形式来表达各类实体及其之间的关系，其中，实体和关系的三元组形式分别为

$$\{实体,属性,属性值\}$$

$$\{实体\ m,关系,实体\ n\}$$

例如，图 4-5 中的一些实体及其之间的关系可以表示为

$$\{张三,年龄,30\}$$

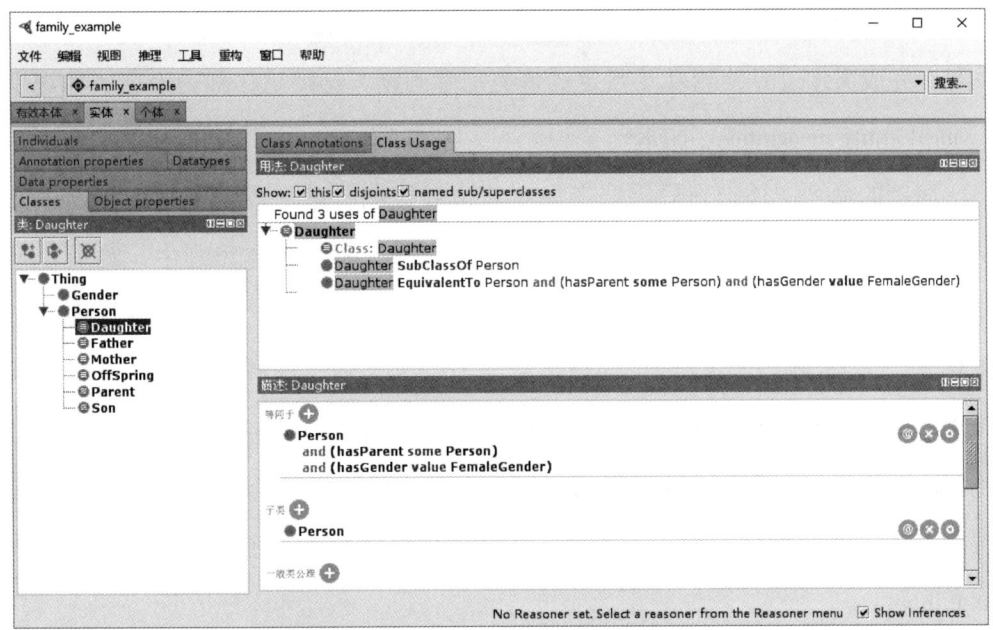

图 4-6 在 Protege 本体编辑器中查看本体

{李四, 工作于, 上海}

在实际应用中,知识图谱往往包含数以亿计的实体和更多的关系。因此,对于相关的表示、存储及检索方法,都需要进行专门的研究。例如,存储形式可以采用 RDF、JSON 等格式,各种格式的语法虽然不同,但是都具有相同的知识表示能力。

4.2.2 命名实体

命名实体(named entity)是指文本中的具有特定意义或指代性强的实体,通常分为三大类七小类,分别是实体类(如人名、地名和组织机构名)、时间类(如时间和日期)、数字类(如货币和百分比)。在不同的应用领域,命名实体的定义和种类可能有所不同,其中最常见的三种命名实体是人名、地名和组织机构名。

1. 命名实体识别

由于互联网资源非常庞大,如何自动地从这些资源中抽取实体及其之间的关系成为一个重要的研究方向。以实体抽取为例,需要解决自动识别文本中指定类别的实体、完成实体边界检测以及判定实体类别等问题。这种工作称为命名实体识别(named entity recognition,NER)。

简单的命名实体识别只需要考虑实体边界检测,进一步的工作还可以进行实体类别判定和更多的信息处理。例如,在细粒度命名实体识别中,对于"阿尔伯特·爱因斯坦",不仅可以将其识别为"人物"类别,还可以将其进一步细化到"人物/物理学家/理论物理学家"等层次类别,这有助于后期进行知识推理时的内容判断和匹配。此外,细粒度命名实体还可以将同一实体归入多个不同的层次类别。例如,也可以将"阿尔伯特·爱因斯坦"归入"诺贝尔奖获得者"或"相对论提出者"等类别。在更复杂的情况下,还需要考虑命名实体嵌套问题。

命名实体识别工作面临的主要困难是人类语言具有复杂性和动态变化的特点。例如,同一个"纽约市"实体可以表达为 New York City、New York、NY、NYC、The Big Apple 等。此外,随着新词语在互联网上不断出现并被广泛传播,基于旧语料库的模型可能失效,如何及时并持续更新语料库,需要人们进行深入研究。

研究者开发了许多标准数据集和工具来辅助命名实体识别,如 Python 的 Spacy 命名实体识别库和斯坦福大学提供的基于 Java 的命名实体识别器(Stanford NER)等。

在命名实体识别的基础上,还需要进行命名实体链接和关系抽取。

2. 命名实体链接

由于人类自然语言中存在一词多义和多词一义的现象,命名实体识别需要通过消歧技术来明确实体,这一过程称为命名实体链接(named entity linking,NEL)。常见的方法是将识别出的实体链接到知识库中的正确实体上,以消除歧义。例如,在句子"小米发布了新款产品,我也买了一个"中,只有通过上下文才能确定"小米"指的是小米公司。命名实体链接又称为实体链接或命名实体消歧(named entity disambiguation,NED),它为每个实体分配一个唯一标识,确保将已识别的命名实体无歧义地指向知识库中的目标实体。命名实体链接面临的主要挑战是如何处理多词一义和一词多义的问题。解决该问题的关键在于获取更多的语义信息，通常是通过对外部语料库或本地信息进行深入分析来实现的。

早期的命名实体链接主要采用字典法和机器学习方法，而后期则更多地利用深度学习方法来实现更加精确的自动实体抽取。

3. 关系抽取

在抽取实体的基础上，可以进一步抽取不同实体之间的关系，该关系对于知识推理来说非常重要。这种从原始文本中发掘实体之间关系的方法称为关系抽取（relation extraction，RE），具体是指从文本中抽取出具有特定意义的命名实体（如人名、地名、组织机构名等），并进一步分析这些实体之间的语义关系。这些关系通常以三元组的形式表示，如"（史蒂夫·乔布斯，联合创始人，苹果公司）"。关系抽取一般可以分为预定义关系抽取和开放式关系抽取。预定义关系抽取中的关系是系统预先定义好的，而开放式关系抽取则需要自动从文本中发现并识别关系。传统的关系抽取方法通常需要人工设计规则，而基于深度学习的关系抽取方法则可以自动学习文本中句子的深层语义，成为当前主要的关系抽取方法。

4.2.3 常见的知识图谱

1. Freebase

Freebase 是一个开放性的全球通用知识图谱资源库，其主要内容由互联网社区成员提供。Freebase 最初由美国 Metaweb 公司于 2007 年 3 月公开发布，后来被整合到谷歌公司的知识图谱工具中。Freebase 包含超过 4 600 万主题和 26 亿条事实，可以为约三分之一的 Google 搜索提供答案。需要说明的是，谷歌公司后来关闭了 Freebase，并将其数据全部迁移至 Wikidata。

Freebase 的数据结构自下而上分为主题（topic）、类别（type）和域（domain）三层，其中：

主题：每个条目都代表一个主题，每个主题包含若干表达该主题内容特征的属性字段。例如，主题"Justin Bieber"包含属性"出生日期""职业"等。

类别：同类的主题组成一个类别。例如，所有电影主题都属于"电影"类别，共享"导演""上映时间"等属性。

域:相关类别组成一个域。例如,"电影"和"音乐"属于"艺术与娱乐"域。

Freebase 的下载版本包含约 19 亿个三元组,压缩后为 22 GB,解压后为 250 GB,规模庞大。为了方便研究,人们也开发了一些小规模的 Freebase 子集,如 FREEBASE-15K(FB15K)。FB15k 是一个基于 Freebase 数据集构建的知识图谱数据集,包含 5.5 万个三元组,覆盖人物、组织、地点、电影等多个领域。

2. OpenKG

OpenKG 是由中国中文信息学会语言与知识计算专业委员会发起和倡导的中文开放知识图谱社区项目,它提供了一系列面向各个领域的知识图谱数据集,目前已形成近百个数据集,包括中文电子病历命名实体识别数据集、通用知识图谱、七律数据集等,其主页如图 4-7 所示。

图 4-7 OpenKG 主页

OpenKG 的通用知识图谱(Ownthink)目前已经构建了超过 2 500 万个实体,并建立了亿级别的实体属性关系,同时提供可视化展示(如图 4-8 所示)、下载数据、歧义关系解析、实体知识获取等服务功能。

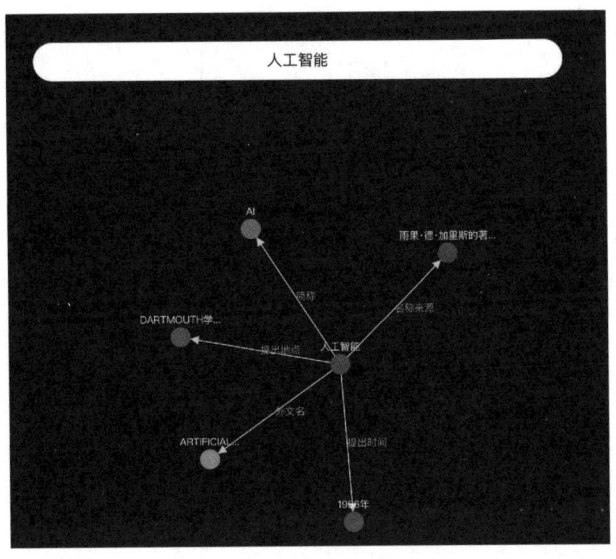

图 4-8　OpenKG 的知识图谱可视化展示界面

4.2.4　知识图谱的知识推理应用

知识图谱最常见的一种知识推理应用是知识库问答（knowledge base question answering，KBQA）。知识库问答旨在通过解析用户以自然语言表述的问题，结合知识图谱中的结构化知识进行推理，最终获得准确的答案。知识库问答的技术流程主要包括以下几个步骤：第一，命名实体识别与链接。识别用户问题中的实体（如人名、组织机构名、地名等），并将其准确地链接到知识图谱中唯一的对应实体上。第二，关系推理与语义匹配。提取用户问题中的语义信息，并与知识图谱中的关系进行匹配，确定问题所涉及的实体之间的关系。第三，答案生成。根据匹配结果，推断出答案实体或关系。第四，多轮推理与逻辑运算。对于复杂问题，可能需要在多个三元组之间进行联合推理和逻辑运算。例如，要回答问题"哪位科学家既是相对论的提出者，又获得过诺贝尔物理学奖？"需要结合三元组｛相对论，提出者，阿尔伯特·爱因斯坦｝和｛阿尔伯特·爱因斯坦，获奖，诺贝尔物理学奖｝进行推理。

下面以一个使用 Freebase 知识图谱对问题"What is the name of Justin Bieber's brother?"进行推理的案例来进行更详细的说明。

先将该问题分解为以下四个部分，抽取的问题特征如图 4-9 所示。

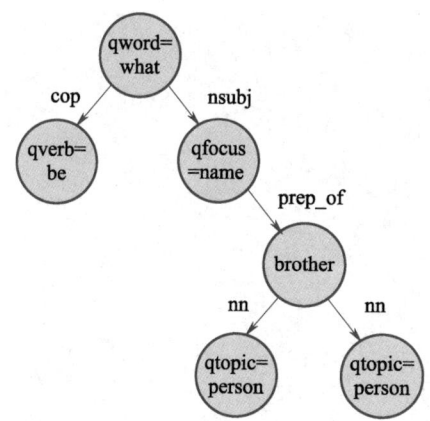

图 4-9　问题特征的抽取

① 问题词（qword）：可以是 Who、When、What、Where、How、Which、Why、Whom、Whose 等。这里是 What，表示询问具体的信息。

② 问题关注点（qfocus）：表示答案的类型，如姓名、金额或时间等，比较复杂的还需要通过逻辑计算获取。这里是 Name，表示关注的是姓名。

③ 问题话题实体（qtopic）：表示问题主题，有助于找到问题的答案。这里是 person，即 Justin Bieber。

④ 问题谓语（qverb）：表示问题动词，如 is、play 等，有助于判断答案的类型。例如，play 后面通常会出现乐器和球类等实体。这里是 be，表示问题的核心关系。

（1）命名实体识别与链接

将问题话题实体"Justin Bieber"，链接到 Freebase 知识图谱中的实体"Justin Bieber"上。

（2）关系推理与语义匹配

提取问题的语义信息："Justin Bieber's brother"，将其与 Freebase 知识图谱中的关系 sibling 进行匹配。

（3）答案生成

从 Freebase 知识图谱中提取三元组（Justin Bieber, sibling, Jaxon Bieber），生成答案："Jaxon Bieber"。

(4) 多轮推理与逻辑运算

若问题更复杂（如"Where is Justin Bieber's brother's birthplace"），则需要联合多个三元组进行推理：

（Justin Bieber，sibling，Jaxon Bieber）

（Justin Bieber，place_of_birth，London）

最终答案为"London"。

"Jaxon Bieber"及相关实体在 Freebase 知识图谱中的信息如图 4-10 所示。

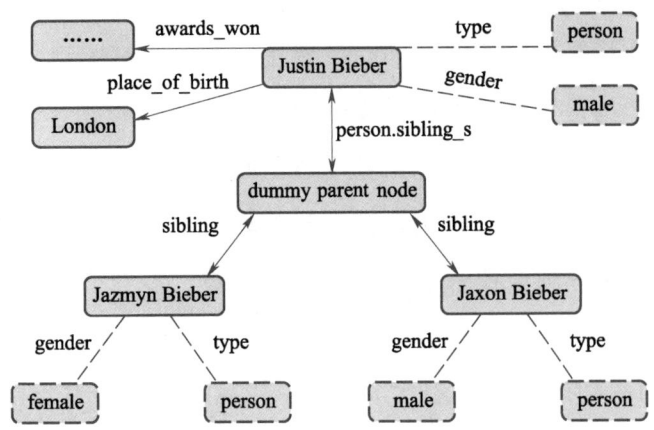

图 4-10 "Jaxon Bieber"及相关实体在 Freebase 知识图谱中的信息

在图 4-10 中，实线框表示实体，虚线框表示属性。在根据问题从 Freebase 知识图谱中抽取特征来匹配实体时，会发现存在多个可能的实体。针对这样的实体，其特征若包括 gender = male（性别为男）、type = person（类型为人物）、relation = sibling（关系为同辈亲戚），则通常表示男性的同辈亲戚，即兄弟。基于这些特征，可以较为精确地匹配出一个候选实体集合，其中包含"Jaxon Bieber"。需要注意的是，在 Freebase 知识图谱中，对于具有相同关系的多个实体，系统往往会使用一个伪父节点（dummy parent node）来进行统一的表示。因此，在判断不同实体之间的具体关系类型时，只有结合更多的属性信息才能进行准确的分析和判断。

4.3 应用实例

4.3.1 知识图谱在用户画像中的应用

在互联网时代，用户数据已成为企业竞争的新焦点。为了更好地理解和服务用户，企业需要对用户进行深入分析，构建用户画像。知识图谱作为一种新兴的技术手段，以其强大的语义处理能力和丰富的结构化数据，为用户画像的构建和应用提供了新的视角。在应用层面，尤其是电子商务领域，知识图谱常被用于构建用户画像，以提供更加个性化的购物体验。其应用既包括对用户行为数据的分析，又包括基于这些数据构建实体和关系模型，从而帮助电子商务平台更好地理解用户需求和偏好。下面以美团公司为例进行说明。美团公司的用户画像技术依托于一个多层级、多维度、跨业务的零售商品知识图谱体系，如图 4-11 所示。

美团公司的技术团队通过构建"美团大脑"，打造了一个基于知识图谱的生活服务领域大规模知识图谱。"美团大脑"通过对商户、商品、用户评论以及场景的深入理解和结构化知识建模，构建了人、店、商品、场景之间的知识关联。这种知识图谱的应用使美团公司能够在零售领域提供更好的服务。

与餐饮、外卖、酒店等领域相比，零售领域对知识图谱的建设和应用提出了更大的挑战。一方面，零售商品数量庞大，覆盖领域广泛；另一方面，零售商品本身的信息往往比较稀疏，只有结合生活中的常识知识进行推理，才能补齐隐藏在背后的数十维属性，从而形成对商品的完整理解。例如，"××薯片黄瓜味"这样简单的商品描述背后就蕴含着丰富的信息，只有对这些信息进行结构化提取和知识推理，才能更好地支持下游搜索、推荐等模块的优化。相关推理过程如图 4-12 所示。

当然，商品知识图谱的构建也面临一些困难：

① 信息来源质量低：商品本身的信息比较匮乏，通常以标题和图片为主。商户上传的商品数据往往不完整，商品详情页面虽然蕴含大量的知识信息，但其质量参差不齐且结构各异，知识挖掘难度极高。

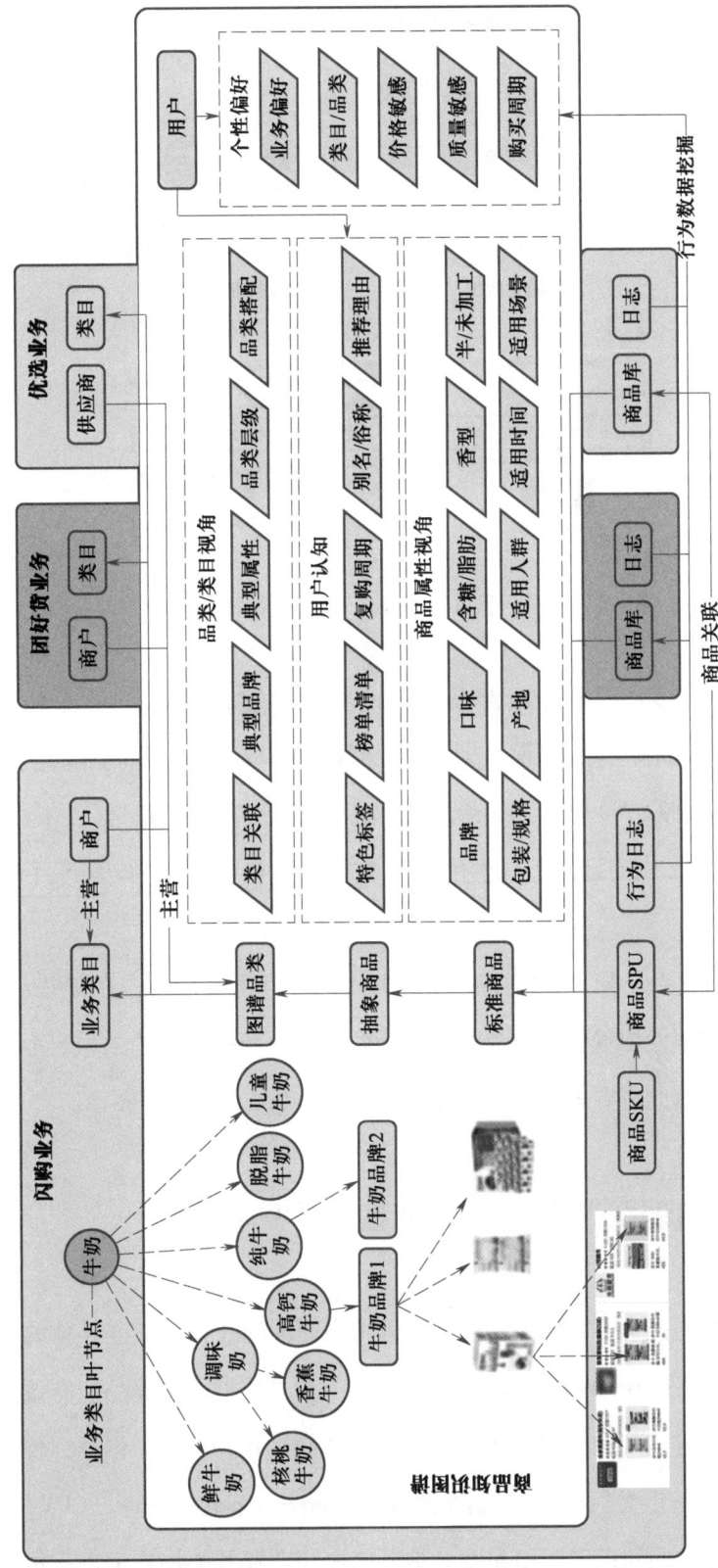

图 4-11 美团公司的多层级、多维度、跨业务的零售商品知识图谱体系（来源：美团官网，2021 年 9 月）

4.3 应用实例 179

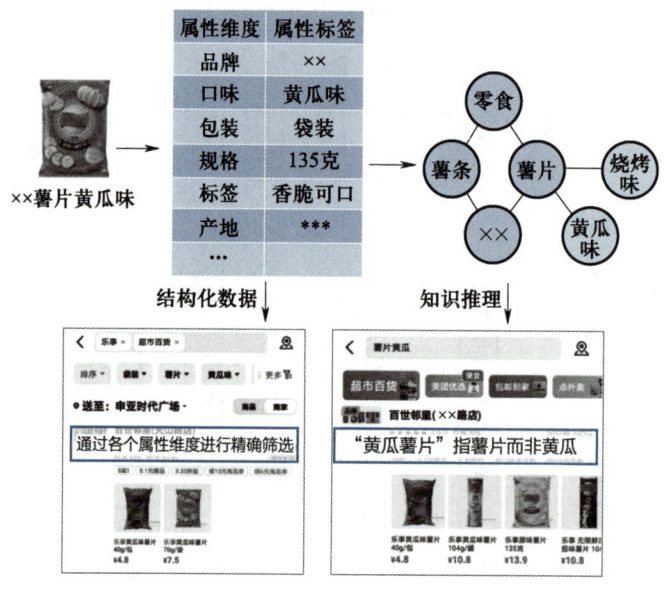

图 4-12 对信息进行结构化提取和知识推理示例

② 数据维度多：商品领域涉及众多的数据维度，因此处理效率成为一个较大的问题。以商品属性为例。对于商品属性而言，不仅需要构建其通用属性，如品牌、规格、包装、口味等，还需要覆盖各个品类/类目下的特定属性，如脂肪含量、是否含糖、适用人群等，因此整体上会涉及上百个维度的属性。

③ 依赖常识/专业知识：需要结合常识知识进行语义理解。在某些应用领域，知识图谱的构建不但依赖较强的专业知识，如疾病与药品之间的关系，而且对准确性的要求极高，因此需要采用专家与算法相结合的方式构建知识图谱。

4.3.2 知识图谱在电子商务搜索中的应用

不同于一般的搜索引擎用户，电子商务用户面临的往往是一些具体的问题或场景。例如，"举办一场户外烧烤需要哪些工具"或"购买什么商品能有效预防家里老人走失"等，这些问题需要更多的"知识"来辅助用户决策。但是，传统电子商务技术通常采用基于类目-属性-属性值（category-property-value，CPV）的体系，这种体系缺乏必要的知识广度和深度，难以描述和理解各类用户需求。例如，当用户搜索"如何举办一场户外烧烤"时,只能返回单个或几个类目的商品而不能理解用户的一系列需求。

为了解决这些问题,阿里巴巴为搜索和推荐设计的电子商务知识图谱——阿里巴巴电商认知图谱(Alibaba E-commerce Cognitive Concept Net,AliCoCo)提出了新的解决方案:将用户需求显式地表达成图中的节点,以用户需求节点为中心连接用户需求、知识、常识、商品和内容,为电子商务领域的用户理解、知识理解、商品和内容理解提供了统一的数据基础。

阿里巴巴电商认知图谱主要由四部分构成,即电子商务概念(e-commerce concept)层、原子概念(primitive concept)层、分类体系(taxonomy)层和商品(item)层,具体如图4-13所示。

(1) 电子商务概念层

电子商务概念层将用户需求显式地表示为用自然语言描述的短语节点,如户外烧烤(outdoor barbecue)、儿童保暖(keep warm for kids)等,并将其称为电子商务概念。

(2) 原子概念层

为了更好地理解反映用户需求的电子商务概念,将这些短语拆解为更细粒度的词语,称为原子概念。例如,可以将电子商务概念"户外烧烤"拆解为"动作:烧烤 & 地点:户外 & 天气:晴",其中"烧烤""户外"和"晴"都是原子概念。

(3) 分类体系层

AliCoCo通过构建描述基本概念的分类体系来管理原子概念。AliCoCo的分类体系是一个巨大的树状结构,包含百万级别的原子概念实例。分类体系定义了"时间""地点""动作""功能""品类""IP"等一级分类,并在每个分类下继续细分,形成树形结构。每个分类都包含分类的实例,即原子概念。例如,"烧烤""户外"和"晴"分别属于"动作-消耗性动作""地点-公共空间"和"时间-天气"。不同的分类之间还存在不同的关系。例如,在"品类-服饰-服装-裤子"和"时间-季节"之间定义了一个"适用于(季节)"的关系,形成三元组实例:<棉裤,适用于,冬季>。

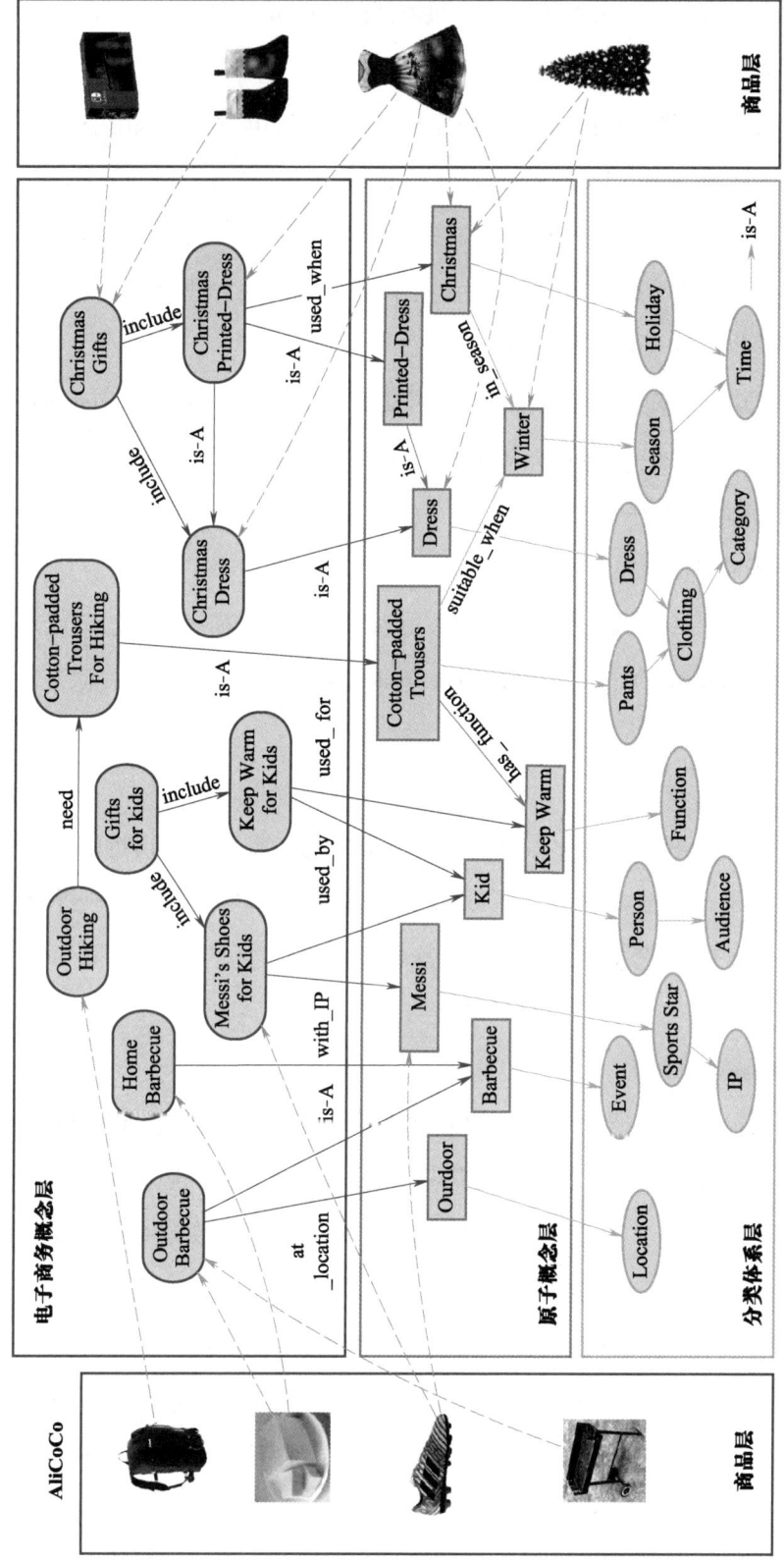

图 4-13 阿里巴巴电商认知图谱的结构示意图

(4) 商品层

商品层中的商品和内容信息与电子商务概念、原子概念之间有关联。例如，与"户外烧烤"相关的商品包括烧烤架、炭火、食材等。这些商品可以直接关联电子商务概念"户外烧烤"，但不一定直接关联原子概念"户外"。对于商品来说，电子商务概念描述的是商品的使用场景，而原子概念则刻画商品的细粒度属性。

基于这一知识图谱，可以实现电子商务搜索和电子商务推荐等应用。

① 电子商务搜索：搜索引擎的核心问题是相关性，其面临的最大挑战是用户端与商品端之间存在语义隔阂。而 AliCoCo 通过为大量原子概念和电子商务概念关联相应的商品，为用户理解商品提供了丰富的标签。此外，它还包含大量同义词和上下位关系数据，显著提升了搜索的相关性，改善了用户体验。在电子商务搜索场景中，当用户输入的关键词命中某个电子商务概念时，搜索引擎会以知识卡片的形式展示与该概念相关的多样化商品，帮助用户更直观地了解和选择商品。这种形式类似 Google 的知识图谱，当用户搜索某些实体时，搜索引擎会通过知识卡片展示与该实体相关的信息。例如，当用户在淘宝上搜索"烘焙"时，系统会识别出"烘焙工具"这一电子商务概念，并通过知识卡片展示与烘焙相关的多种商品，如烤箱、烤盘、烘焙模具等。这些商品会按照不同品类排序展示，同时还会提供一些关于烘焙知识的文字解释，辅助用户进行决策。而在电子商务场景的自动问答中，AliCoCo 可以为语音交互提供底层知识支持。例如，用户在询问天猫精灵"周末要组织一场户外烧烤，我需要准备哪些东西？"时，AliCoCo 能够提供相关知识，帮助回答用户问题，如图 4-14 所示。

② 电子商务推荐：目前电子商务推荐主要以商品推荐的形式为主，但是为了满足用户多样的购物需求，也可以进行一些主题推荐，以更人性化地满足用户的购物需求。例如，在手机首页的信息流推荐中，可以在商品之间插入以电子商务概念为主题的知识卡片。当用户点击知识卡片时，就会跳转到相应页面，展示该电子商务概念下的商品。此外，有关电子商务概念的简短文字也非常适合用作推荐理由展示在商品坑位中，以提高推荐的可解释性，进一步吸引用户的关注。

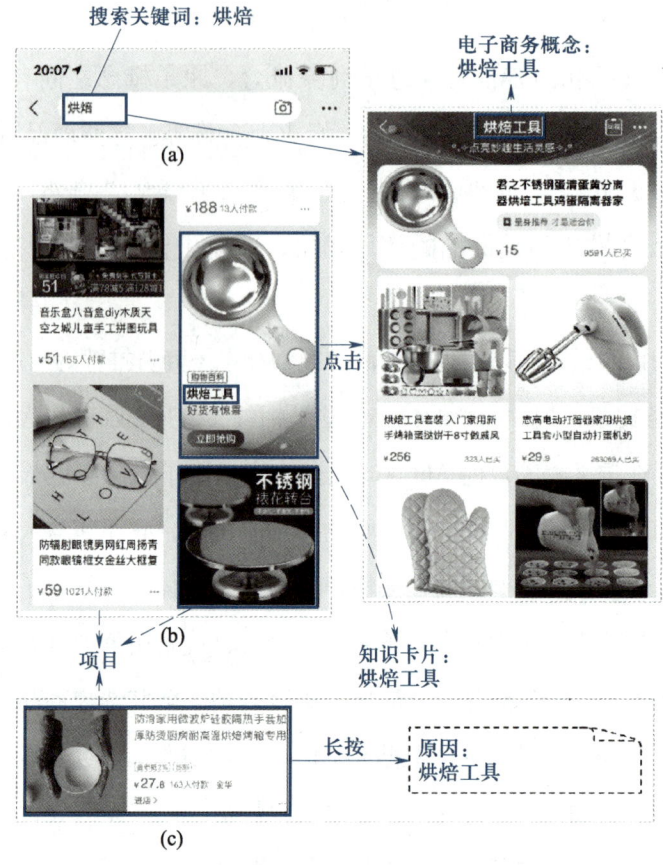

(a) 查询触发语义搜索中的知识卡片;(b) 将概念直接显示为带有一组相关项目的知识卡片;

(c) 概念在搜索和推荐中起着解释作用

图 4-14　用户需求驱动的电子商务示例

4.4　实验

4.4.1　利用 Prolog 进行知识推理

【目的】了解通过 Prolog 进行知识推理的一般方法。

【说明】Prolog 是一种专门解决逻辑问题的编程语言。从字面来看，Prolog 是"逻辑编程（programming of logic）"的意思。只要给出事实和规则，它就会自动分析其中的逻辑关系，允许用户通过查询完成复杂的逻辑运算。

【准备】

Prolog 官网界面如图 4-15 所示。

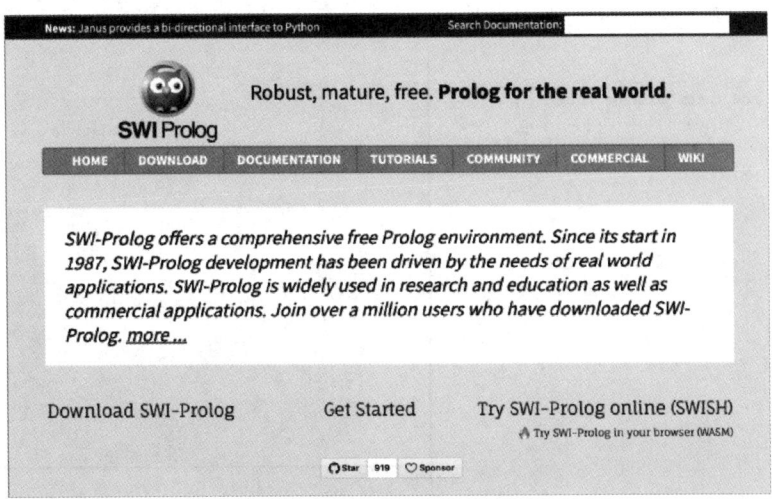

图 4-15　Prolog 官网界面

既可以选择安装本地软件版本，也可以选择 Prolog 官网提供的在线编程工具（Try SWI-Prolog online）来完成一些推理案例。这里以本地软件版本为例进行说明。

【操作 1】关系的定义与查询

步骤 1　创建程序。单击"Program"按钮，创建一个程序，如图 4-16 所示。

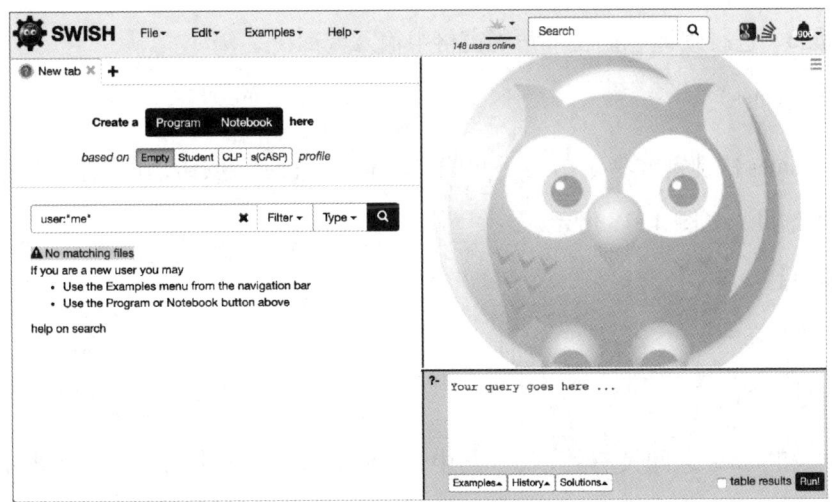

图 4-16　创建新的程序

此时，可以看到由三个窗格组成的编程区域（如图 4-17 所示）：左侧窗格用于编写代码；右下角的窗格用于进行逻辑推理和查询；右上角的窗格用于显示结果。

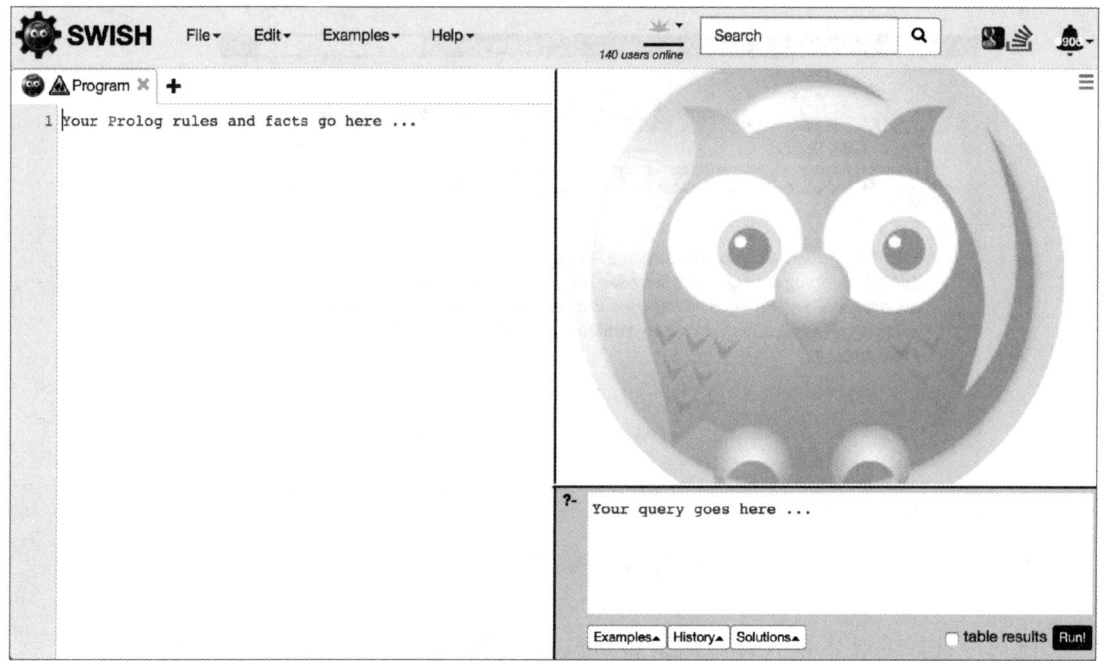

图 4-17　新建程序的界面

步骤 2　定义关系。在左侧窗格中输入代码：

a(jack, james).

步骤 3　进行查询。在右下角的窗格中输入查询：

a(X, james)

按 Ctrl + Enter 快捷键或者单击右下角的"Run（运行）"按钮，可以在右上角的窗格中看到结果，如图 4-18 所示。

【解释】

① 对于关系 a：

a(jack, james).

表示 jack 和 james 之间具有关系 a。其中，jack 和 james 以小写字母开头表示常量，代表实体对象。两个实体对象之间的关系，用括号表示。需要注意的是，在输入代码时，所有语句的后面都要加点号表示结束。

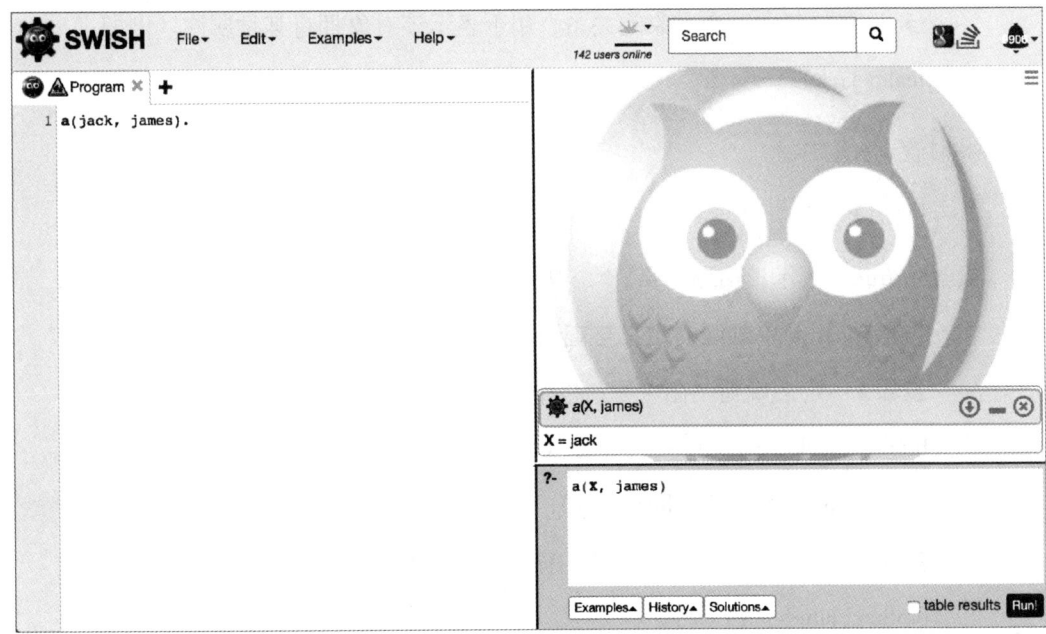

图 4-18　进行简单的关系定义与查询

② 对于查询：

a(X, james)．

表示查询与 james 之间有关系 a 的其他实体对象。其中，X 表示变量，即任意其他实体对象，必须以大写字母开头。

显示结果为：jack。

③ 这种关系不具有对等性。例如：

a(james, X)．

会显示 false，表示没有匹配的结果。

如果希望关系具有对等性，则需要完整地写出两个关系：

a(jack, james)．

a(james, jack)．

④ 关系的含义对后续的计算和操作来说并不重要：关系的名称只用来表达实际语义。例如，上面的代码可以写成更有语义的表示：

brother(jack, james)．

brother(X, james)．

⑤ 也有只包含一个对象的关系，用于表示该对象拥有某种属性。例如：

male(jack).

此时查询：

male(jack)

会显示 true，表示该命题为真。

【操作2】简单规则的定义与查询

步骤1 定义规则。在左侧窗格中输入代码：

brother(jack, james).

brother(X, Y) :- brother(Y,X).

步骤2 进行查询。在右下角的窗格中输入查询：

brother(james, X)

输出结果为

X = jack

【解释】

在左侧窗格中，第二行定义了一条新规则，其中 X 和 Y 都是大写，表示这是两个变量。符号":-"表示推理关系，表示如果右边的关系 brother(Y, X)为 true，那么左边的关系 brother(X, Y)也为 true。根据这条规则，brother(jack, james)可以推理得到 brother(james, jack)。

【操作3】复杂规则的定义与查询

步骤1 定义规则。在左侧窗格中输入代码：

female(lucy).

child(jack, lucy).

mother(X, Y) :- child(Y,X), female(X).

步骤2 进行查询。在右下角的窗格中输入查询：

mother(lucy, jack)

输出结果为 true。

【解释】

① 规则定义说明：定义了一个属性 female(lucy)，表示 lucy 是女性；定义了一

个子女关系 child(jack, lucy)，表示 jack 是 lucy 的孩子。母子关系 mother(X, Y) 是根据已有的 child 关系和 female 属性共同定义的。只有当 child(Y, X) 和 female(X) 两个条件同时为真时，mother(X, Y) 才为真。

② 条件分隔符：在规则定义中，多个条件之间使用逗号（,）分隔，表示逻辑"与"（AND）关系。

③ 否定条件的使用：可以使用"\+"表示否定条件。例如：

female(lucy).

male(X):- \+female(X).

child(jack, lucy).

mother(X, Y):- child(Y,X), \+male(X).

查询为

mother(lucy, jack)

输出结果为 true

【操作 4】根据 Prolog 演示程序了解逻辑推理过程

步骤 1 打开演示程序。选择"Examples（演示）"→"Example programs（演示程序）"命令，如图 4-19 所示。

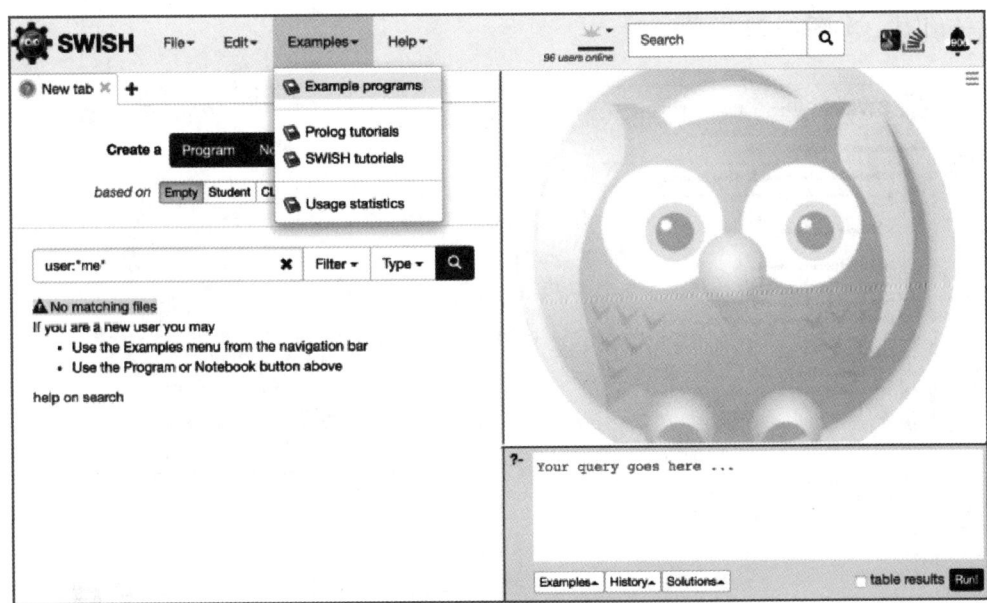

图 4-19　打开演示程序

步骤 2 选择知识库推理演示。单击"Knowledge bases（知识库）"链接，进行知识库推理演示，如图 4-20 所示。

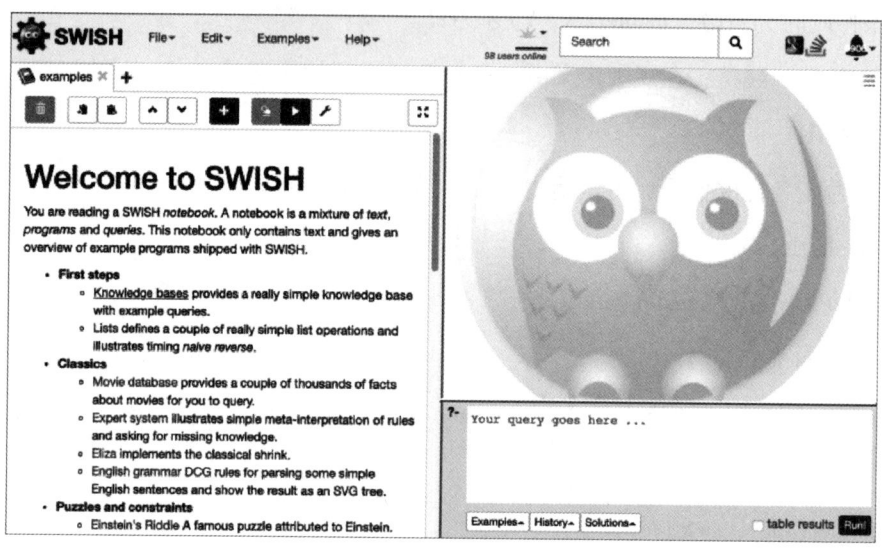

图 4-20　选择知识库推理演示

步骤 3 查看规则定义。左侧窗格中给出的是一个案例的规则定义，这个案例已经定义好了一些规则，具体内容是表达朋友之间的喜爱和嫉妒。其中，前四行定义了四对朋友关系，接下来定义了一个表达嫉妒的复杂规则 jealous，该规则由多行语句组成，如图 4-21 所示。

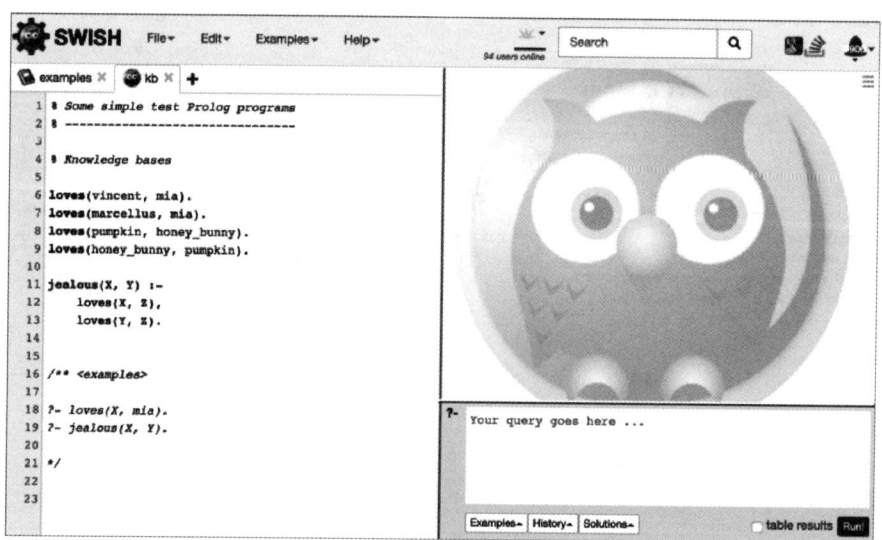

图 4-21　复杂的规则定义

步骤 4 进行逻辑推理查询。在右下角的查询窗格中输入要判断的问题，例如：

◇ 查询谁喜爱 marcellus：

loves(marcellus，X)

◇ 查询 marcellus 是否会嫉妒 honey_bunny：

jealous(marcellus，honey_bunny)

结果如图 4-22 所示。

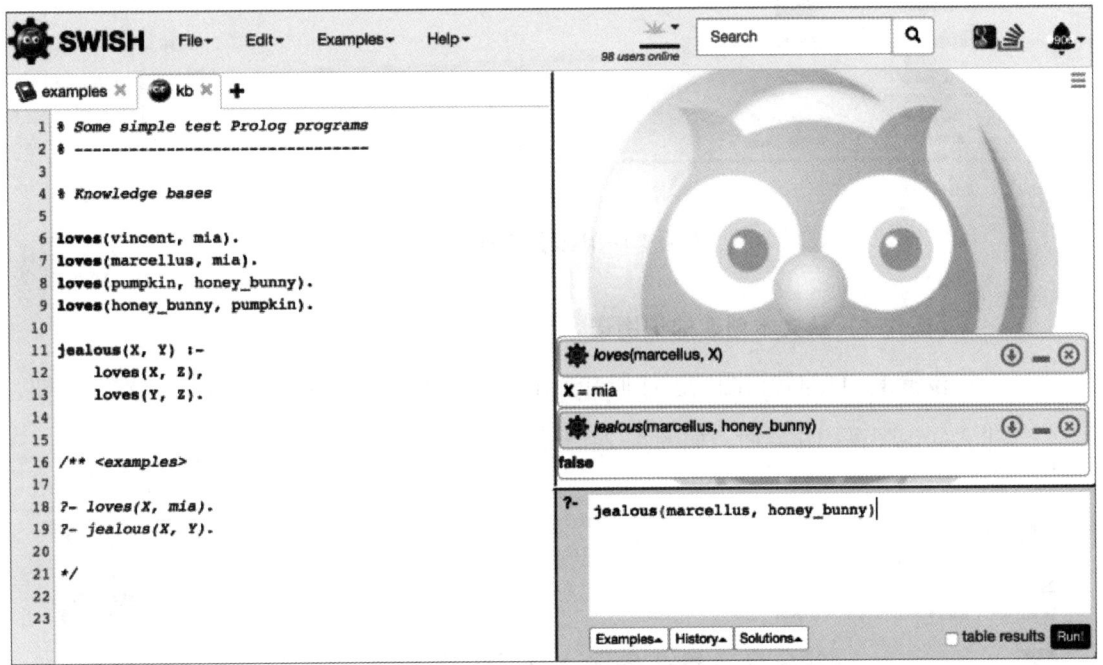

图 4-22　在 Prolog 中定义规则并显示逻辑推理结果

4.4.2　知识图谱可视化

【目的】了解一些常见的在线知识图谱生成和可视化工具的使用方法。

【说明】本例使用"码投图谱"等在线知识图谱工具，来演示命名实体识别、关系抽取及可视化功能。

【准备】"码投图谱"官网界面如图 4-23 所示。

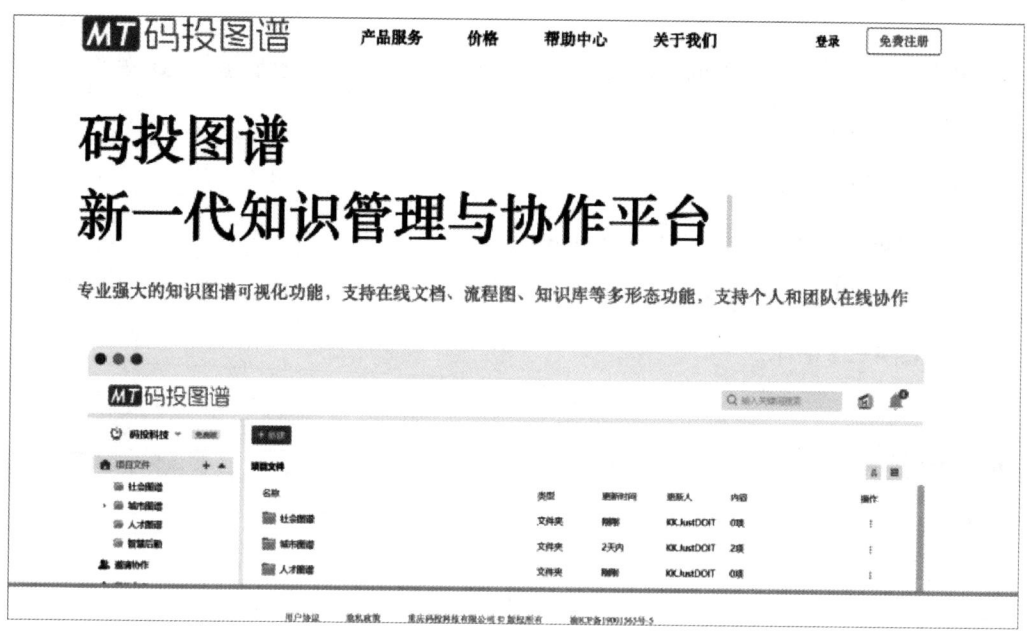

图 4-23　码投图谱官网界面

【操作1】从文本创建知识图谱

步骤1　创建知识图谱。注册并登录后，进入个人主界面，单击"新建"按钮，进入知识图谱构建界面，如图 4-24 所示。

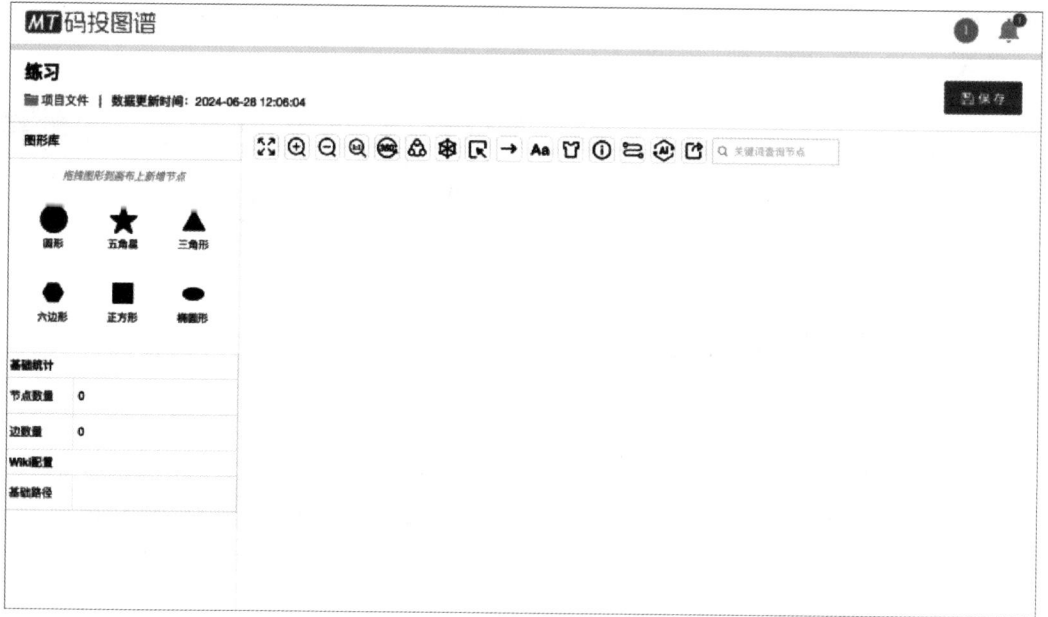

图 4-24　知识图谱构建界面

步骤 2 使用 AI 功能提取三元组。单击知识图谱构建界面工具栏中的"AI"图标,使用 AI 功能自动从文本中提取三元组并将其转换为知识图谱。例如,输入文本:"江苏是南京的省会,位于中国东部地区。南京有玄武区、鼓楼区等区域。"单击"提取三元组转图谱"按钮,可以看到生成的知识图谱,如图 4-25 所示。

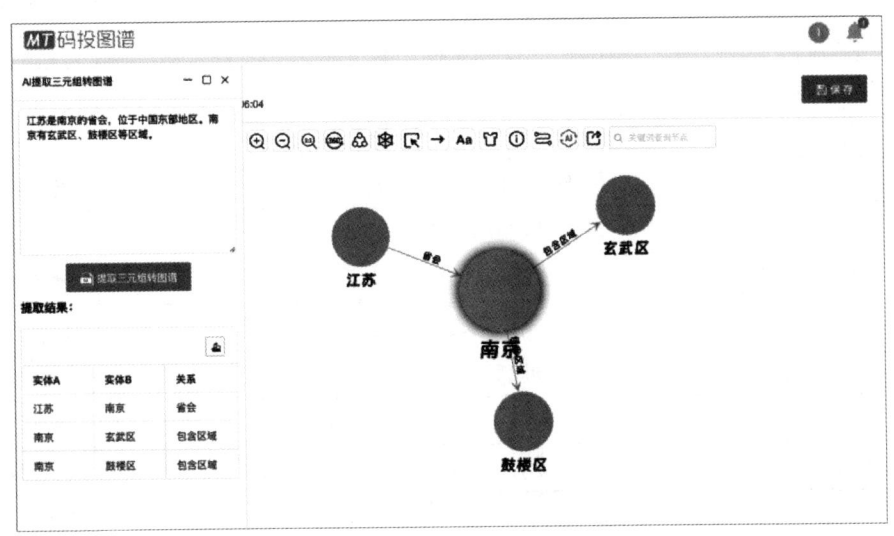

图 4-25 知识图谱构建界面

【操作 2】根据三元组数据文件创建知识图谱

步骤 1 新建项目并将其导入三元组。在工作台中单击"新建"按钮,并选择"导入三元组转图谱"项,如图 4-26 所示。

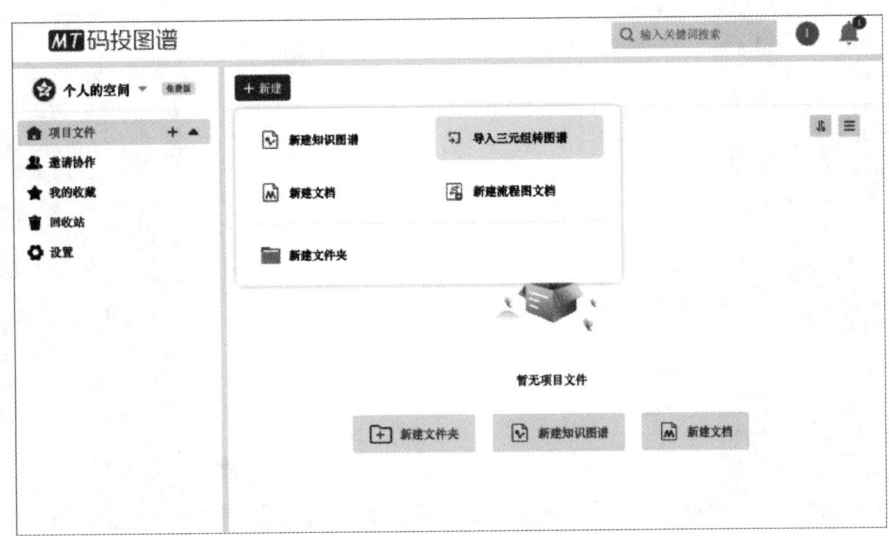

图 4-26 在工作台中选择"导入三元组转图谱"项

4.4 实验

步骤 2 准备三元组数据文件。该操作需要事先准备好包含实体及其之间关系的三元组数据文件，格式如表 4-1 所示。

表 4-1 三元组数据文件

节点 A	节点 B	关系
雾都明灯项目	如何提升轨道交通站厅空间品质	问题
雾都明灯项目	如何打造高水平的红色文化历史展厅	问题
雾都明灯项目	轨道交通站厅与文化历史展厅有机融合	重要目标
雾都明灯项目	红色文旅目的地	建设目标
雾都明灯项目	抗战历史展示厅	建设目标
雾都明灯项目	党性教育大学堂	建设目标
雾都明灯项目	时尚体验云商店	建设目标
雾都明灯项目	1. 坚持问题导向和目标导向相结合	设计导则
雾都明灯项目	2. 抓牢红色文化和艺术设计相结合	设计导则
雾都明灯项目	3. 凸显文旅融合和城市更新相结合	设计导则

本例可以使用系统自带的模板数据文件"三元组数据模板.xlsx"。在参数设置中，按照数据文件的格式，设置"起始节点列""结束节点列""关系列""根节点"等，并通过自定义功能设置新的项目文件名称，如图 4-27 所示。

图 4-27 三元组转图谱的参数设置

步骤 3 修改和新增知识图谱内容。在显示的知识图谱中，可以继续修改和定义新的节点等。例如，在"图形库"中选择一个形状，并用鼠标右键单击该形状，在弹出的快捷菜单中选择"添加连线"命令，即可增加新的关系，如图 4-28 所示。

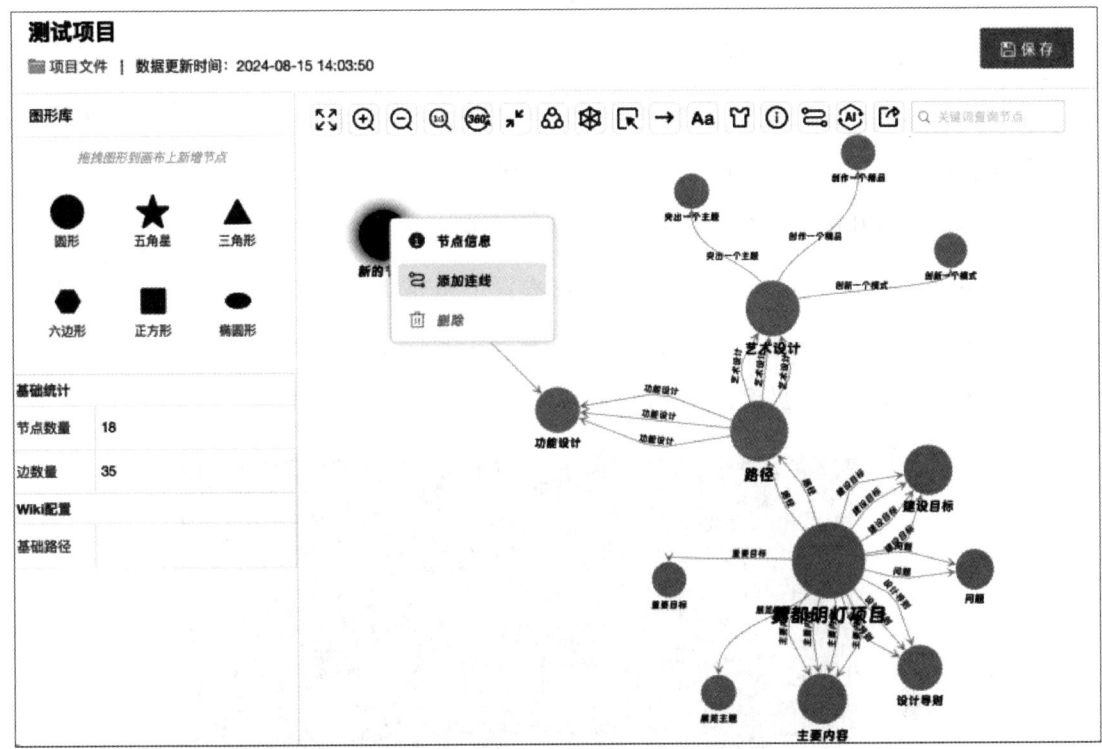

图 4-28　在知识图谱中添加新的关系

思考与练习

1. 查阅资料，了解元知识，并说明哪些知识可以称为元知识？

2. 知识与记忆和语言有着密切的关系。例如，记忆力不好的人通常很难进行复杂知识的学习和推理。再如，澳大利亚的土著语言古古·伊米德希尔语（Guugu

Yimithirr)中没有表示相对方向(如前、后、左、右)的词语,因此这种语言的使用者只使用东南西北等绝对方向。他们会说"我北边的胳膊有点疼"。这种语言上的差别也导致了行为上的差异:Guugu Yimithirr 使用者在开阔地形上的定向能力更强,而英语使用者则更擅长将叉子放在盘子的右侧。因此,有人认为"知识依赖存储",也有人认为"语言决定了认知水平"。针对这些观点,谈谈你的看法。

3. 如何理解符号主义与连接主义各自的特点?

4. Wumpus 世界是一个有趣的推理游戏,玩家需要根据周围的环境信息来寻找所有包含金子的方格,如图 4-29 所示。然而,在游戏开始时,玩家无法事先知道每个方格中具体包含什么内容。在该游戏中存在两种危险:Wumpus 和无底洞。如果某个方格中有 Wumpus,则其上下左右四个相邻方格中会显示有臭味(stench);如果某个方格中有无底洞,则其上下左右四个相邻方格中会显示有微风(breeze)。玩家需要通过这些提示信息进行推理,最终找到包含金子的方格。

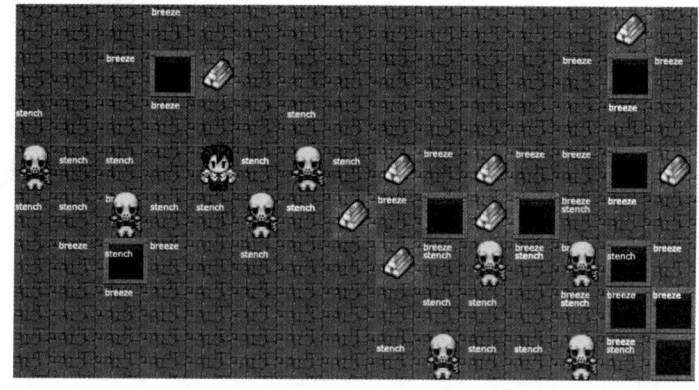

图 4-29 Wumpus 世界游戏界面

读者可以运行该游戏,并观察如何利用逻辑规则来判断路线。请将相关步骤写出来,看看有哪些基本规则。

5. 查阅资料,了解为什么基于知识的系统等人工智能技术在 20 世纪 80 年代和 20 世纪 90 年代未能取得预期的成功。

6. 查阅资料,了解开放目录项目(ODP)的发展历程及其现状。

7. 对于两个命题的"与"逻辑连接及"或"逻辑连接,分别可以形成哪些不同的真假组合结果?

8. 无论命题 P 是真还是假,$P \vee \neg P$ 是否总为真?$(P \wedge Q) \rightarrow P$ 是否逻辑等价?

9. 在刑事侦查的过程中，被列入侦查范围的人或事往往较多，因此常常需要对其中的某些对象或情节给予否定，以缩小侦查范围。例如，在某盗窃案中，侦查人员可以这样推断："如果甲是作案者，那么他有作案时间；经查，甲无作案时间；所以，甲不是作案者。"请结合逆否推理的规则对此做出合理性解释。

10. 已知图 4-30 所示的图案：

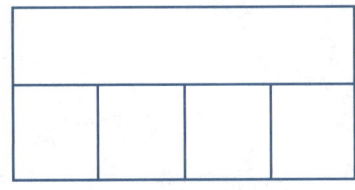

图 4-30　图案示例

需要使用三种颜色对一组矩形进行填涂，确保任意相邻的矩形没有相同的颜色。查阅相关资料，并利用 Prolog 完成这一推理任务。

11. 虽然鸟类有翅膀，但并非所有鸟类都会飞行，如鸵鸟和企鹅。因此，在构建类似图 4-4 所示的语义网络片段时，对于"飞行"这一功能，如何进行有效表示，能既方便检索又便于存储？

12. 查阅资料，了解 WordNet 和 HowNet 等常见的语义网络知识库。

13. 查阅资料，了解有哪些公开的知识图谱应用工具。

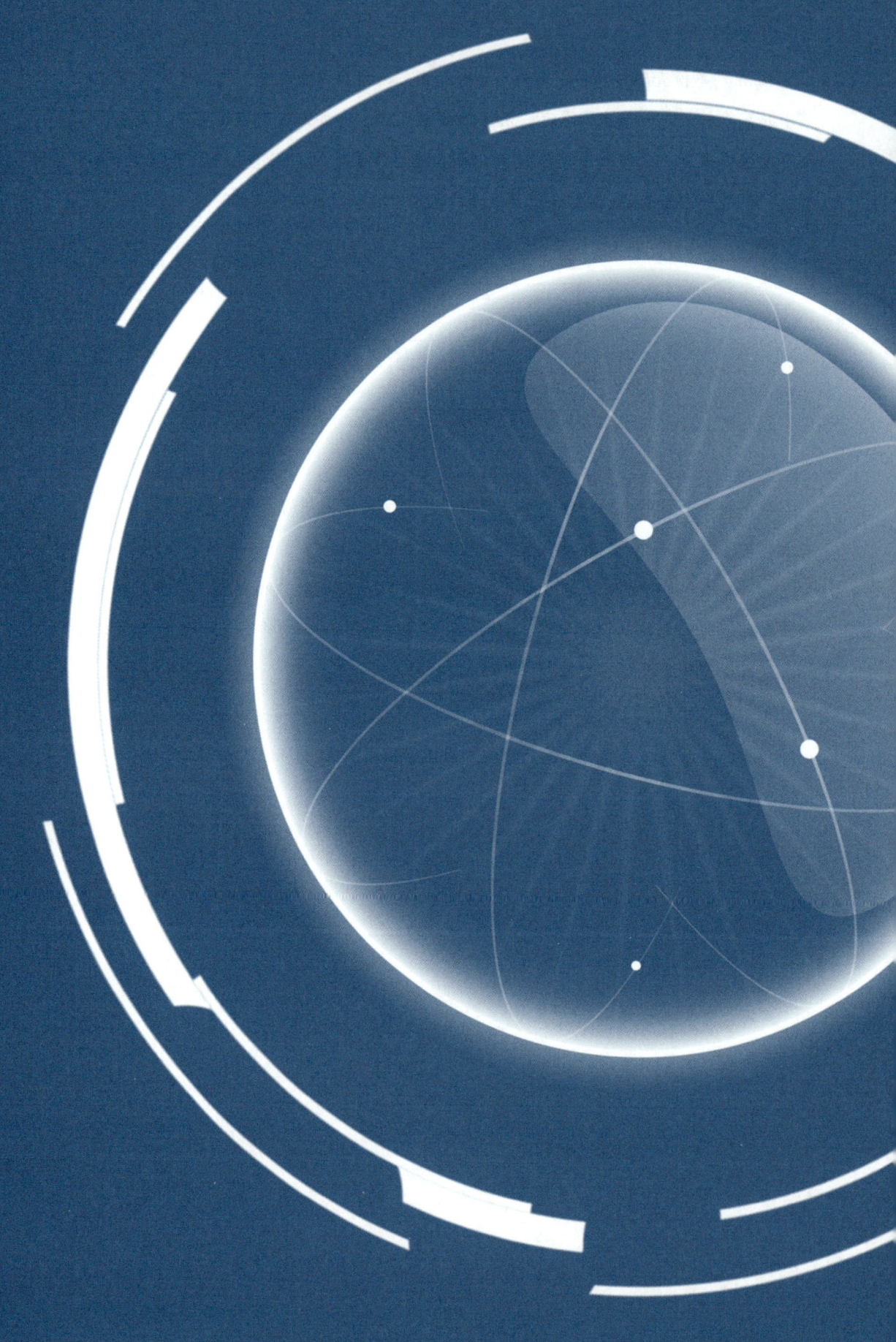

第 5 章 机器学习方法

【格言】

计算机体系结构黄金时代的到来正归功于机器学习。
—— Google DeepMind 首席科学家杰夫·迪安（Jeff Dean）

【教学目标与要求】

机器学习是最重要的现代人工智能方法之一，它以数据驱动为特点，使计算机能够自主发现并利用数据中的规律。由于这一特性，机器学习在很多领域都取得了突破性的进展。本章将详细介绍机器学习方法的相关内容，涵盖基本概念、基本过程、常见的机器学习类型，以及评价这些方法有效性的手段。

【知识导图】

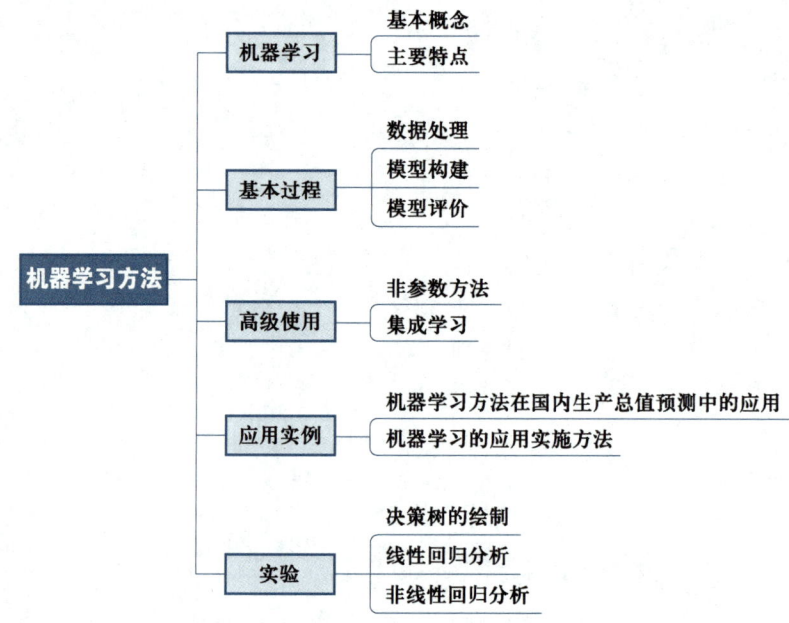

【导引】

前面介绍的人工智能方法要求人们精心设计思维过程及逻辑推理的每个步骤,并将这些步骤转化为算法和程序,引导计算机自动完成计算。然而,随着需要计算机解决的问题的复杂度不断增加,人们往往无法事先知道哪些方法能够有效应对。例如,如何在庞大的用户交易数据集中识别出潜在的欺诈行为,甚至对于如何界定欺诈行为也缺乏明确的标准。这促使人们思考:能否让计算机自己去学习"如何思考",并运用这种思考方法去解决问题?尽管计算机的思维模式和内在逻辑可能与人类不同,但只要有效,便不失为一种有价值的替代或补充方案。这便是机器学习理念的起源。

在学习本章时,以下几个问题值得思考:

◇ 机器学习是否意味着机器会学习?

◇ 机器学习适合解决哪些问题?

◇ 如何评价机器学习方法的有效性?

◇ 机器学习和人工智能之间是什么关系?

希望读者在学习完本章后,能够对这些问题形成自己的认识和理解。

5.1 机器学习

5.1.1 基本概念

1. 机器学习的定义

所谓机器学习,是指将与特定应用相关的数据输入选定的算法模型,通过训练使该模型能够较好地拟合这些数据的特征。随后,利用这个经过训练的模型,对更多相关的数据进行预测性分析。

那么,为什么要使用机器学习?主要有以下两个原因:

微视频 机器学习

处理复杂问题:对于一些复杂问题,尽管人类了解基本的处理方法,但由于相关因素的复杂度过高,难以预见所有可能发生的情况,经常发生人类误以为自己掌握了所有关键因素而实际上并非如此的情况。这就使得基于有限认知的算法总是无法有效应对各种情况。例如,股市的波动涉及众多复杂的因素,而且基于既有判断的操作还会引发新的影响,直接将所有这些因素都纳入算法并予以实现并不可行。

解决未知问题:对于某些问题,人类甚至不知道如何处理,更无法将其转化为可执行的算法。以人类的语言为例。人们虽然能运用语言进行对话和思考,但对其内在机制知之甚少,因此难以编写出能够准确模拟这一过程的代码。

机器学习方法在处理上述问题时表现出了很高的有效性。它不再对问题背后的因果关系和逻辑处理过程进行探究,而是从数据的输入与输出两个维度来挖掘其内在关联性。例如,对于股市预测,只需将当前股市的相关数据作为输入、股市涨跌作为输出,通过机器学习方法学习输入与输出之间的关联性,就可以根据新的股市数据预测涨跌。再如,对于人类的语言对话,只需将大量的语言提问作为输入、回答作为输出，机器学习就可以学习到数据之间的内在关联，从而实现对任意人类提问的有效回答。

实际上，人类的一些行为与机器学习有相似之处。例如，在驾驶汽车时，人类通过观察周边环境来辨识当前的驾驶条件，并通过踩油门或刹车来尝试并验证车辆是否按照预期的速度行驶。在此过程中，人们还会根据不同环境的特点灵活调整踩油门或刹车的力度。这里，可以将周边环境视为输入，而将踩油门和刹车的动作视为输出。尽管人们通常不清楚这些输入与输出是如何实现的，但由于它们之间存在着紧密的关联性，人们依然能够利用这种关联性来学习并掌握驾驶汽车的方法。

2. 机器学习的类型

（1）按照反馈类型分类

机器学习可以按照不同的标准进行分类，其中最常见的分类方式是基于反馈类型来分类，即将机器学习分为监督学习、无监督学习和强化学习三种类型。在第 1 章中已经对这三种机器学习方法做过介绍，下面进一步对它们进行说明：

① 监督学习（supervised learning）："监督"在机器学习中是指训练数据带有明确的标签，这些标签指明了每个输入数据所对应的输出结果。例如，当一张图片被标注为"猫"时，机器学习算法会将从图像中提取的特征与"猫"这一标签建立关联。监督学习通过"输入-输出对"来学习并建立一个映射关系。可以将这一过程形象地理解为一名教师（即数据标签）在指导学生（即机器学习模型）学习的过程中，明确告知学生哪些预测是正确的，哪些预测是错误的。通过这种方式，模型能够不断调整自身的参数和内部结构，从而更准确地预测新数据的输出。但是，带有标签的数据往往并不容易获取，而且监督学习的成效在很大程度上依赖数据标签的准确性。

② 无监督学习（unsupervised learning）：无监督学习主要用于处理那些没有标签的原始数据，其算法种类较少。例如，聚类方法，只需将数据集中的数据划分为若干组，使组内数据的相似度尽可能高、组间数据的相似度尽可能低。至于要分为几个组以及这些组究竟代表什么，并没有确定的答案。此外，异常检测（用于检测数据集中的异常点或不符合数据分布规律的数据点）、降维算法（能够减少数据的维度，同时保留数据的原始结构和特征关系）等，都是常见的无监督学习方法。

③ 强化学习（reinforcement learning）：强化学习作为一种特殊的机器学习方法，其核心在于，算法在学习过程中会不断接收反馈（如有效或无效），并据此动态调整动作，以优化算法效果。强化学习的目标是学习一种策略，以在未知环境中取得最大的效用。与一般的机器学习方法相比，强化学习不局限于对静态数据集的学习。一般的机器学习方法的主要目标是学习一个模型，用来解决预定义的问题。而强化学习则更像两个人在没有教师指导的情况下学习下棋，他们通过不断地对弈来学习棋艺并提升自己的技能。当然，强化学习也面临环境变化、反馈获取困难以及存在延迟等问题，因此需要大量的试错过程，导致学习效率低下。然而，强化学习的环境适应性更强，这使得它在游戏、机器人控制、自动驾驶等领域有着广泛的应用。

此外，还有一些不常见的机器学习方法，如半监督学习和弱监督学习等。其中，半监督学习是一种结合了监督学习与无监督学习的机器学习方法，它先使用少量带有标签的数据来构建一个初步的模型，然后，利用这个模型对大量没有标签的数据进行预测，并分配标签，为监督学习提供基础。弱监督学习则针对标签有噪声、不精确或被随意提供的情况，形成了专门的研究方向。

（2）按照算法名称分类

按照算法名称进行分类，机器学习方法更为多样。例如，监督学习方法包括 k 近邻、朴素贝叶斯、支持向量机、随机森林、神经网络等方法。每种方法又可以进一步细分。例如，朴素贝叶斯可以分为高斯朴素贝叶斯、多项式朴素贝叶斯等。在实际应用中，对于特定的问题，往往存在一些实践证明更有效的机器学习方法。

从更广的意义上看，机器学习反映了偏差与方差之间的权衡问题。例如，假设一种函数代表一种机器学习方法，对于如图 5-1 所示的若干数据点，可以使用多种函数来拟合。

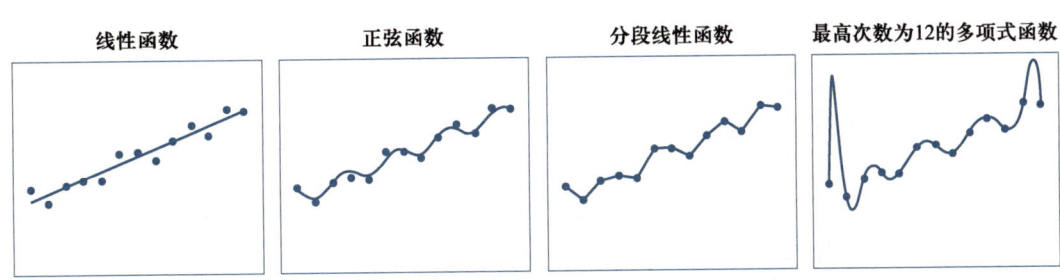

图 5-1 利用多种函数来拟合数据点

在函数拟合过程中，某些函数能够较好地反映数据的变化规律，但不同函数所体现的变化关系和可解释性有所不同。例如，对于时序数据而言，线性函数通常不如分段线性函数和正弦函数常见且合理。那么，如何选择合适的函数呢？常见的判断标准有两个：一是偏差，即拟合结果与实际情况的契合程度。在图 5-1 中，分段线性函数和多项式函数的偏差较小，能够更准确地反映数据的变化。二是方差，即拟合后数据的整体波动程度。在图 5-1 中，线性函数的方差较小，表明其拟合结果较为稳定。在实际应用中，偏差和方差往往难以同时达到最优，因此在选择机器学习模型时，通常需要在两者之间进行权衡，以找到折中方案。

知识点

欠拟合和过拟合

拟合反映了机器学习模型学习数据特征的准确性。欠拟合表示模型未能充分学习数据特征。例如，图 5-1 中的线性函数拟合最为简单，仅需要两个参数。根据奥卡姆剃刀原则，如果能够解决问题，最简单的方法通常是最优选择。然而，线性函数拟合的偏差较大，这种现象称为欠拟合。但拟合度并非越高越好。在图 5-1 中的分段函数拟合和多项式函数拟合中，参数多达十几个，拟合效果几乎达到 100%。然而，无论这些数据是否完全正常（例如，是否存在噪声等），这种拟合由于过度拟合了已有数据的表现，因此对于新数据往往无法进行有效拟合。类似"东施效颦"，过度拟合不正确的数据特征表现，会导致最终的失败。这种现象称为"过拟合"，也是一种不良的学习状态。因此，在机器学习中，既要避免欠拟合，确保模型能够充分学习数据特征，也要防止过拟合，确保模型具有良好的泛化能力。

5.1.2 主要特点

1. 依赖数据

机器学习方法高度依赖数据。作为一种数据驱动的方法，机器学习模型通常不具备任何先验知识，而是从数据中学习模式和规律。与前面介绍的许多方法（如搜索方法）不同，数据的质量和完整性是决定机器学习方法是否有效的关键因素。在许多情况下，数据还决定了机器学习模型的应用范围。例如，互联网上的话题演变快速且不断产生新的表达方式，难以及时对基于互联网语料数据的模型进行训练，导致这些模型在面对新话题和新表达方式时，无法有效回答或解决相关问题。即使是大语言模型，也无法回答超出其训练数据范围的问题，如图 5-2 所示。

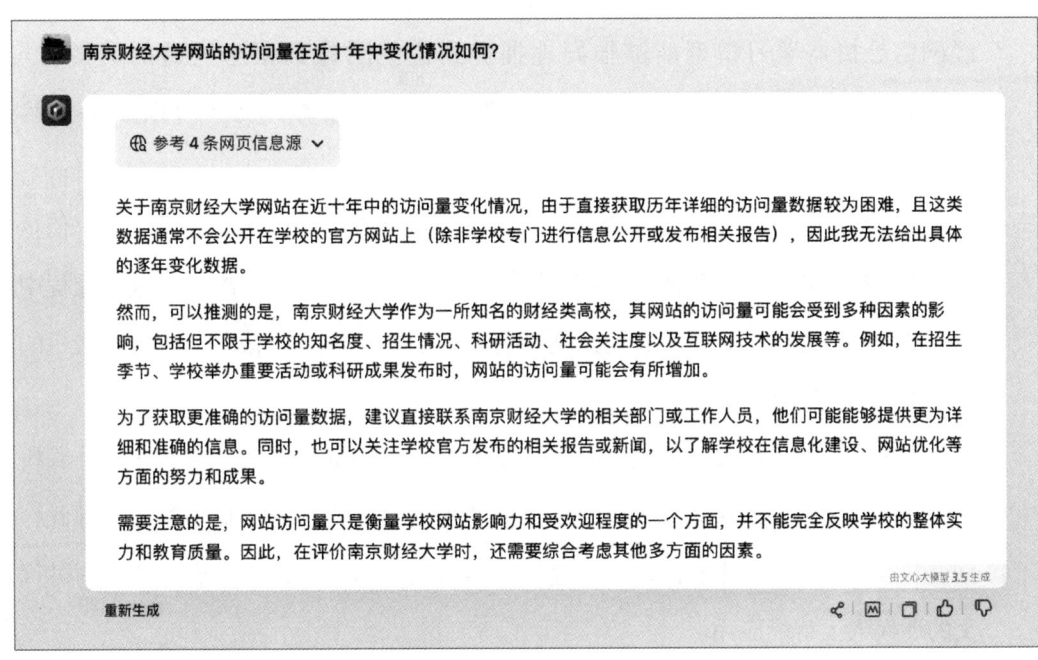

图 5-2　大语言模型无法回答超过其训练数据范围的问题

如果无法有效获取数据，就无法开展相关的机器学习研究。因此，人们在各应用领域中积极探索并积累了大量的可用数据资源。然而，与算法不同，数据资源具有隐私保护和版权要求的特点，并非所有数据都可以自由获取。为了促进相关研究的推广和对比分析，全球研究者公开了许多优秀的数据资源，并在不同应用领域形成了一系列标准数据集。这些标准数据集为机器学习研究提供了重要的基础，同时也推动了领域内的技术进步和方法比较。

2. 自主学习

机器学习能够自主学会处理问题的方法。虽然机器学习方法本身需要人们设计和研发，但它们所解决的问题无须人们预先设计具体的处理方法，利用训练好的机器学习模型即可完成这些任务。这也是"学习"一词的由来。例如，在人脸识别任务中，人类虽然具备快速识别人脸的能力，但无法准确地描述这一识别过程的具体机制，因此难以将其固化为一种有效的计算机程序。借助机器学习方法，在利用人类脸部图像数据进行训练时，诸如卷积神经网络等机器学习模型能够很好地捕捉到这些图像数据中人脸的关键特征。同样，机器学习方法也完全适用于其他图像识别任务，乃至可以用于自然语言处理等其他领域。

虽然可以肯定地说，机器学习方法解决问题的方式和过程与人类不同，但这并不意味着机器学习不够先进或存在缺陷。正如尽管鸟类在漫长的生物进化过程中形成了高效的飞行模式，但飞机的出现迅速超越了鸟类飞行的极限，而现代飞机的飞行原理与鸟类的飞行模式完全不同。

同时，人们需要反思机器学习中"学习"一词的准确含义。它并非指计算机像人类一样学习，而仅仅指计算机根据人们预先定义的方法从数据中学习。因此，直到近几年，随着大数据和深度学习等机器学习模型的发展，才形成了具有划时代意义的现代人工智能应用。

3. 需要训练

机器学习模型需要进行训练。所谓训练，实质上是指对模型中的各类参数进行调整的过程。机器学习模型本身具有固定的功能和运行方式，不同模型之间的差异主要体现在参数的不同上。这些参数控制了模型从输入特征到输出预测的计算过程，既决定了是否处理某些操作，也决定了某些操作的处理幅度。因此，不同的参数组合可以完成不同的处理任务。

在通常情况下，参数的初始值是随机选择的，或者基于某些启发式方法进行设置。在训练过程中，这些参数会通过优化算法逐步调整。一般而言，参数的数量越多，模型的表示能力和灵活性就越强。然而，更多的参数也意味着需要更多的计算资源和更长的训练时间。因此，在设计机器学习模型时，需要在模型的复杂性与计算效率之间取得平衡，以达到最佳的性能。

读者可能会怀疑，仅通过调整参数设置是否能够实现像自然语言对话这样复杂的人工智能应用。事实上，对于大多数现代人工智能应用而言，深度学习方法是最常见的机器学习方法。在这类方法中，模型的参数通过反向传播算法进行更新，从而使模型能够更好地拟合训练数据。这类方法所使用的参数规模巨大。在常见的"7b"或"13b"规模的大语言模型中，"b"表示"10亿（billion）"，因此"7b"表示"70亿"个参数。达到这种规模的机器学习模型完全能够实现许多长期难以有效实现的功能。

4. 预测问题

机器学习的功能可以归结为预测问题。预测问题通常分为分类问题和回归问题两类。对于分类问题，输出是有限集合中的某个值，如判断天气是晴天还是雨天，或者产量是增加还是减少等。而对于回归问题，输出则是一个具有连续取值特点的数值，如气温的具体数值，或者产量应调节到的具体规模等。

有些问题虽然表面上并不直接表现为分类或回归问题，但实际上可以转换为预测问题。例如，电子商务中的推荐系统可以将用户可能感兴趣的商品推荐给用户。如果将这个问题视为分类问题，就是判断某个商品是否值得向用户推荐；而如果将其视为回归问题，就是评估该用户愿意接受该商品的可能性，或者该商品与该用户的相关性。通过这种方式，许多复杂问题都可以转化为机器学习中的预测任务，进而利用相应的算法来解决。

机器学习算法并非绝对精确。不同的模型选择和训练参数都有可能导致结果存在差异，即使是调整到最优状态的模型，在处理真实数据时也往往难以做到完全正确。通常，只能通过一些测度指标来评估模型的总体性能。如果模型结果相对最优且符合应用需求，就可以将其作为备选方案。需要注意的是，同一种测度指标也会因模型、数据集和训练方法的不同而产生差异。因此，通常建议使用标准数据集进行多次测试，并以测试结果的平均值作为衡量模型性能的标准。这种方法能够更客观地反映模型的实际表现，并为模型选择提供可靠依据。

> **更有效率的机器学习方法**
>
> 虽然机器学习方法强调从数据中学习,但并非意味着人们不能对其进行任何调整和选择。例如,在迁移学习(transfer learning)方法中,可以将一个领域的知识迁移到一个新的领域,从而利用较少的数据加速新领域的学习过程。这种方法在自然语言处理等领域尤为有效。人们一般使用大量共享的通用领域文本数据来训练模型的初始版本,然后使用少量特定领域的标注数据来进一步优化和完善该模型。经过改进的模型不仅能迅速具备处理一般语言的能力,还能学习到新领域特有的词汇、词语、句法结构和其他语言特征。此外,即使对于同一个应用领域,选择更为合理的机器学习模型,也能显著提升学习效率。例如,在时序数据的预测任务中,选择长短期记忆(LSTM)网络和循环神经网络(RNN)等模型更合适。

5.2 基本过程

本节以决策树分类方法为例,说明机器学习的一般处理过程。

5.2.1 数据处理

以下是一个简化的电子商务企业订货数据,该数据集反映了该企业的商品采购情况,具体内容如表 5-1 所示。

表 5-1 用于决策树分类的电子商务企业订货数据

商 品	采购价格	进口税率	预订用户数	存储费用	是否采购
1	50	0.03	60	30	不采购
2	100	0.06	100	20	不采购

续表

商 品	采购价格	进口税率	预订用户数	存储费用	是否采购
3	210	0.03	250	30	不采购
4	200	0.03	450	30	不采购
5	220.3	0.09	500	20	不采购
6	150	0.03	50	30	采购
7	210	0.03	90	30	采购
8	320	0.03	100	30	采购
9	120	0.03	285	30	采购
10	21.6	0.03	450	30	采购
11	80	0.03	500	20	采购
12	155	0.06	500	30	采购
13	80	0.03	510	20	采购
14	91	0.09	520	30	采购

从表5-1中可以看出,"是否采购"似乎受到多种因素的影响,如果能了解这些因素之间的影响关系,就可以判断是否应该对新商品进行采购。

为了表述方便,通常将这个机器学习的数据表格称为数据集(data set),其中一列称为特征、属性或字段,一行称为记录、实例。不同列的取值类型可能不同,通常需要将所有被处理的列转换为数值型数据。表5-1中的"采购价格"列、"进口税率"列、"预订用户数"列、"存储费用"列已经是数值型(包括浮点型和整型)数据,而"是否采购"列可以通过数据类型转换,如将"不采购"映射为0,"采购"映射为1,来转换为整型数据。

然而,这种简单的映射方式存在一个问题:由于1比0大,因此机器学习算法可能会错误地认为"采购"比"不采购"大,这显然不合理,甚至可能导致潜在的判断问题。因此,更常见的方法是使用独热编码(one-hot encoding)。例如,将表5-1中的"是否采购"列转换为两个新列:"采购"和"不采购",如表5-2所示。独热编码可以有效地解决离散型数值转换问题,并且消除数值大小带来的不利影响。

表 5-2　使用独热编码表示"采购"与"不采购"两个类别

商　品	采购价格	进口税率	预订用户数	存储费用	采　购	不采购
1	50	0.03	60	30	0	1
2	100	0.06	100	20	0	1
3	210	0.03	250	30	0	1
4	200	0.03	450	30	0	1
5	220.3	0.09	500	20	0	1
6	150	0.03	50	30	1	0
7	210	0.03	90	30	1	0
8	320	0.03	100	30	1	0
9	120	0.03	285	30	1	0
10	21.6	0.03	450	30	1	0
11	80	0.03	500	20	1	0
12	155	0.06	500	30	1	0
13	80	0.03	510	20	1	0
14	91	0.09	520	30	1	0

以上案例仅说明了数据类型转换的过程。在实际应用中，数据还需要经过预处理，具体步骤如下：

1. 消除明显有错误的数值

例如，如果采购价格小于 0，则一定是无效数据。很多数据都对数值区间有着明确的要求，因此可以根据数据字典规定的数值区间判断数据是否有错误。对于错误数据，可以选择删除所在行或利用其他字段预测并替换该值。

2. 填充缺失的数值

缺失值并非没有值，而是"有值但未知"，通常将其标记为"unknown（未知）"。缺失值的处理方法与错误数值类似，可以选择删除或填充缺失值的方法。

3. 进行必要的数据整理

整理数据主要是为了满足应用需求或提高算法性能。例如，采购价格的数值较为零散，但决策者可能只关注高价和低价，此时可以将连续型的"采购价格"映射为离散型数值。此外，可以将"采购价格"和"存储费用"合并为"支出成本"，以减少列数并更好地满足分析需求。

在实际应用中，数据规模通常比较大。对于机器学习算法来说，较多的数据往往更有利，学习到的方法更稳健，数据异常产生的影响更容易被自动纠正。因此，算法通常不会主动去筛选或抽样数据。然而，对于数据特征（属性）而言，较多的特征虽然会使信息量更丰富，但会显著增加算法的处理难度。例如，若使用决策树对具有几百个特征的数据进行判断，决策树就会过于复杂。因此，通常采用数据降维等特征工程方法进行处理。

5.2.2 模型构建

机器学习模型的种类繁多，本节主要介绍分类和回归两种基本模型。

1. 分类模型

决策树是一种常见的分类模型，它通过分析各个特征（属性）的不同条件组合来判断数据应该被划分到哪个类别中。可以将决策树理解为一种树状结构，其中每个内部节点（非叶节点）表示一个特征（属性）上的条件判断，每个分支代表一个条件下的更多情况，每个叶节点代表最终的判断结果。例如，表5-2对应的决策树如图5-3所示。

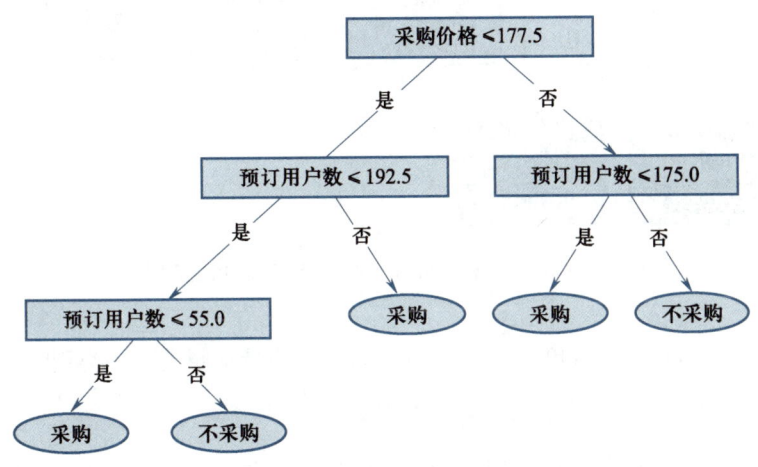

图5-3 判断是否采购的决策树

在该决策树中，所有的内部节点都用矩形表示，代表一个判断条件；所有的叶节点都用椭圆形表示，代表一个判断结果。从图5-3中可以看出，采购价格和预订用户数是两个重要的判断条件。对于低价商品（采购价格低于 177.5 元），需要进一步判断预订用户数所在的区间，最低和最高的两个区间都属于采购；对于高价商品，也需要判断预订用户数所在的区间，较低的区间属于采购。

那么，应该如何构建这棵决策树？基于决策树的机器学习方法可以完成这一任务。具体的算法有很多，但其基本思想是从采购价格、进口税率等众多特征中找到当前最重要的特征，然后递归地寻找相对重要的特征。好的决策树应该可以通过较少的条件判断得到正确的结果，该树中的所有路径都比较短，整棵树的层数也比较少。

这个寻找过程就是决策树机器学习方法需要做的事情。图 5-4 是用 pydotplus 可视化库绘制的决策树，展示了商品采购的具体判断条件和结果。

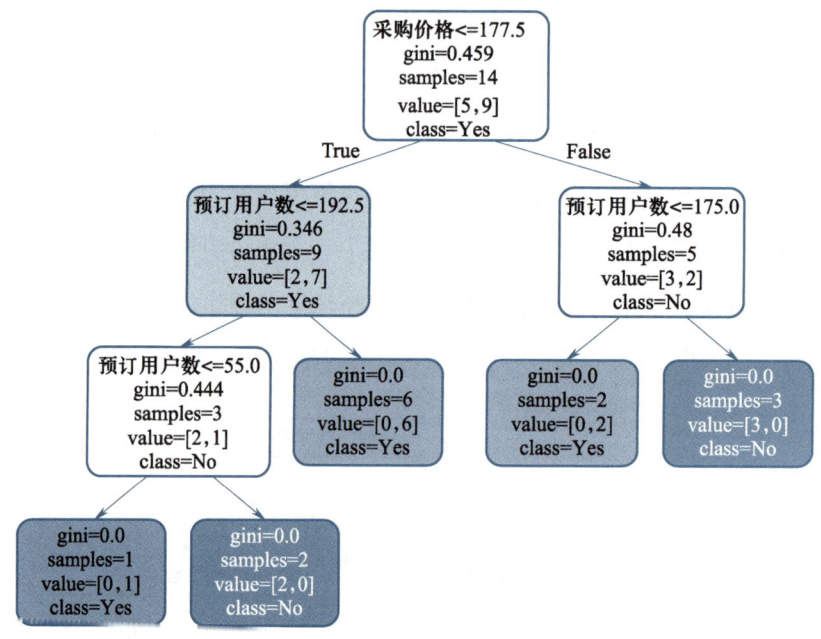

图 5-4　用 pydotplus 可视化库绘制的决策树

gini：表示节点的不纯度，当一个节点的所有记录都属于同一类别时，该节点是纯的，即 gini 为 0，这样的节点被称为叶节点。

samples：表示下属记录的数量，可以看出，分支节点的 samples 值为下属节点的 samples 值之和。叶节点的 samples 值表示相关类别的记录条数。

value：表示下属记录在各个类别中的数量。例如，根节点上的 5 和 9 分别表示"不采购"和"采购"的记录数量。

class：只有叶节点才具有实际意义，它表示最终的类别名称。而分支节点的 class 值表示其下属节点中出现次数最多的类别名称。

决策树的构造方法通常采用"信息增益"作为测度标准。以下通过表 5-3 所示的简单示例来说明。

表 5-3 用于决策树分类的简单数据

员　工	年龄区间	是否有资质	考核结果
1	20-29	N	No
2	20-29	Y	Pass
3	30-39	N	No
4	30-39	Y	Pass
5	40-49	N	Pass

如果按照"是否有资质"分类，得到两组考核结果，如表 5-4 所示。

表 5-4 按照"是否有资质"分类的考核结果

员　工	是否有资质	考核结果
1	N	No
3	N	No
5	N	Pass
2	Y	Pass
4	Y	Pass

可以看出，分类后两组考核结果的混乱程度降低，其中一组（Y）已经完全一致。

如果按照"年龄区间"分类，得到的两组考核结果如表 5-5 所示。

表 5-5 按照"年龄区间"分类的考核结果

员　工	年龄区间	考核结果
1	20-29	No
2	20+	Pass
3	30+	No
4	30+	Pass
5	40+	Pass

可以发现，每组考核结果的混乱程度并没有减少，极端情况下甚至可能增加。因此，相较于"年龄区间"，按照"是否有资质"分类更合理。此外，由于这种分类方式不稳定，决策树在构建过程中也表现了出极大的敏感性。只要有一组稍微不同的记录输入，就可能导致生成的决策树完全不同。

这种思想也形成了决策树判断分类属性的依据。为了表达混乱程度，人们提出了"熵"的概念。所谓熵，就是混乱程度，熵值越大，混乱程度越高。按照这个逻辑，分类之前的"考核结果"比较混乱，熵值比较大；分类之后如果每个组"考核结果"的熵值减小，那么分类有效。于是，可以把分类前后熵值的减少程度作为判断分类是否合理的标准，这个减少程度也被称为"信息增益"。

2. 回归模型

从字面意义上看，回归（regression）是指"返回"，可以理解为停止背离趋势的发展，逐渐恢复到原先的状态。在数据分析领域，回归的概念源自人们对于自然现象的观察。例如，身高高于平均值的父母，其子女的身高往往不会持续增高，而是趋于接近人群的平均身高；同样地，当某年的捕鱼量偏离其历史平均水平时，下一年的捕鱼量往往有向这一平均水平回归的趋势。鉴于这些观察结果，在数值预测中，回归现象变得极为普遍。随着时间的推移，"回归"一词被赋予了更广泛的数学意义，不再局限于描述向均值靠拢的现象，而是泛指通过拟合数据预测因变量随自变量变化的趋势或规律。时至今日，回归已成为数值预测方法中的一个常见术语，这一名称既体现了其数学原理，也反映了其历史背景及在实际应用中的独特价值。特别地，回归模型主要用于对连续型变量进行预测，其应用范围十分广泛。

按照特征数量的不同，可以将回归模型分为单变量回归模型和多变量回归模型。例如，在既定的生产条件下，能耗受产量影响，因此可以根据产量来预测能耗，这是单变量回归模型，又称为一元线性回归模型。如果进一步考虑节能减排的投入，能耗就受产量和节能减排投入两种因素的影响，这就形成了多变量回归模型。

按照拟合方式的不同，可以将回归模型分为线性回归模型和非线性回归模型。例如，对于一个产品，销售额和销售量之间就存在典型的线性关系，即

$$销售额 = 销售量 \times 产品单价$$

线性关系是指当一个变量发生变化时，另一个变量会按照一个固定的比例相应

地发生变化，而且这种变化连续且均匀，不会出现突然的跳跃或非线性转折；反之，就认为是非线性关系。例如，利润并不会随着销售量的增长而一味增长，甚至在销售量达到饱和状态之后，利润可能会下降。

在实际应用中，单变量回归模型与多变量回归模型、线性回归模型与非线性回归模型可以组合成多种回归模型。下面以单变量线性回归模型为例进行说明。表 5-6 给出了产品的销售额和销售量数据。

表 5-6　产品销售额和销售量数据

产　　品	销　售　额	销　售　量
1	100	200
2	200	540
3	330	850
4	400	800
5	560	1 600

在实际应用中，由于销售渠道可能会调整产品价格，完美的线性关系并不常见，因此回归机器学习方法需要从数据中学习"销售额"和"销售量"之间的线性关系。数学方法已经证明，即使数据存在偏差，也存在唯一的线性关系使整体偏差最小。这种偏差在数学上可以被理解为一种损失函数，因此这个线性关系具备使该损失函数最小化的特性。事实上，可以利用线性回归方法来拟合这种关系，并将其表示为

$$销售额 = 销售量 \times 2.8 - 93.44$$

其形态如图 5-5 所示。

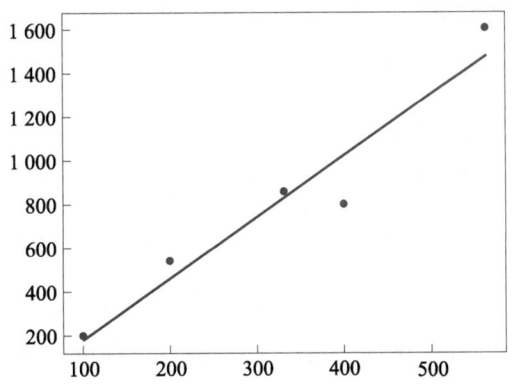

图 5-5　使用线性关系拟合，以实现最小损失

可解释性

如果能够观察实际模型并理解其在给定输入后产生特定输出的原因,以及输入发生变化时输出将如何变化,那么可以认为该机器学习模型具有可解释性。决策树分类和线性回归模型通常具有较好的可解释性。

例如,决策树分类类似常见的 IF-THEN 经验判断方法,其结构直观且易于理解。相比之下,矩阵分解和概率计算等方法的分析结果则较难理解。决策树在构造时也考虑了可解释性,其根节点通常是信息增益最高的属性,这使得决策过程更加透明。线性回归模型同样具有较高的可解释性,因为其因变量与自变量之间存在明显的线性相关性,这与人类的常识认知相符。人们可以轻松估算变量之间的变化关系,从而理解模型的输出结果。

需要注意的是,相关性并不等同于因果性。可解释性模型能够解释"会发生什么",但并不一定能够解释"为什么会发生"。因此,在使用可解释性模型时,需要谨慎区分相关性与因果性,以避免误解模型的输出结果。

机器学习方法是如何确定上述产品销售额和销售量示例中 2.8 和 -93.44 这两个数值的呢?常见的一种策略就是利用计算机强大的计算能力进行试错,不断寻找到相对最优的答案。

例如,可以将上述示例中 2.8 和 -93.44 这两个数值视为两个权值。首先,随机选择一对权值组合,并测量当前组合下的偏差情况。其次,判断从当前组合开始,向哪个方向调整权值能够进一步减少偏差,并据此确定权值变化的方向。这个过程不断重复,直到找到一组使偏差最小的权值组合为止。为了加快搜索速度,还可以从多个权值组合开始并行探测,从而提高效率。

这个过程通常被称为"梯度下降"。梯度下降的机制类似一个人被困在山上,需要在浓雾中寻找下山路径的情形。由于能见度低,他无法直接确定下山的方向,但可以通过感知周围地形的坡度,找到最陡峭的下降方向,并沿着该方向移动。理论上,这种方法能够帮助他更快地找到下山的路径。梯度下降算法的核心思想与此类似:通过不断调整参数,沿着使目标函数(如偏差)下降最快的方向移动,最终找到最优解。

5.2.3 模型评价

1. 基本方式

在数据集的所有列中，通常会有一列用于最终判断和预测。例如，如果目标是预测是否需要采购新货物，那么"是否采购"这一列可以称为预测列，而剩余的列则用于机器学习模型的训练，以发现它们与预测列之间的关联。这些剩余的列通常称为特征列，以区别于预测列。

模型不仅需要学习，还需要评估，以证明其结果的合理性或改进后的效果是否更优。从理论上讲，应该将机器学习模型部署到实际运行环境中，使用实时或新收集的数据对模型性能进行评估，这种方法通常称为"在线测试"。然而，由于成本和可行性的限制，人们更多地采用"离线测试"方法，这种方法相对简单且易于实施。

离线测试的基本思路是将原始数据集划分为两部分：一部分占比较大，通常为80%~90%，用于机器学习模型的训练，这部分数据称为"训练集"；另一部分数据则用于测试模型的性能，称为"测试集"，如图5-6所示。利用这种方式，可以在模型部署前对其性能进行初步评估，从而为模型的优化和改进提供依据。

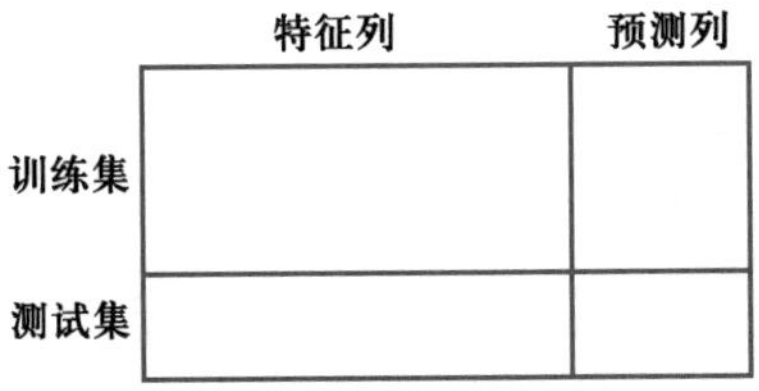

	特征列	预测列
训练集		
测试集		

图5-6 机器学习中常见的数据集划分及其命名

虽然测试集中预测列的实际值是已知的，但是在接下来的预测环节中，假设预测列的值是未知的，以模拟真实场景。利用模型对测试集的特征列进行预测，得到预测列的预测结果。可以通过将预测列的预测结果与实际值进行对比，来评估模型预测的有效性。

然而，这种评价方式也存在一定的问题，因此在实际应用中常常需要改进：

(1) 过拟合问题

测试集可能与训练集存在某种程度的相关性，而且这些数据集都是已有的数据，无法反映现实世界中数据的动态变化。如果一味地追求模型在现有数据上的有效性，即让模型在拟合已有数据时表现得越来越好，反而可能导致模型在面对更多真实数据时拟合能力下降，出现过拟合问题。因此，需要在模型的拟合能力和泛化能力之间做出折中，以提高模型对未见过的、新的数据的预测能力。

(2) 数据划分问题

即使使用训练集和测试集，不同的划分也可能导致不同的效果。例如，对于时序模型，应该按照时间顺序划分数据，以旧数据预测新数据，而非随机划分。再如，即使是随机划分，也可能导致偶发的模型预测异常。因此，通常采用交叉验证方法，即多次随机划分数据集，取平均有效性作为评估标准。

(3) 验证集的使用

在机器学习中，有时需要比较多个模型以选择最合适的模型。此外，对于深度学习等模型，在训练前需要设定一些参数以优化训练过程，这些参数称为超参数。如果直接利用训练集来选择模型或调整超参数，就有可能产生过拟合。因此，通常会划分出一部分数据作为验证集。验证集介于训练集和测试集之间，其数据规模通常较小，专门用于模型选择和超参数调优。需要注意的是，验证集并非在所有情况下都是必需的，但其可以有效降低过拟合的风险，并提高模型的泛化能力。

2. 分类评价指标

由于机器学习模型的预测功能不同，评价方法也有所差异。例如，对于表5-1所示的电子商务企业订货数据决策树案例而言，它是一个分类预测，即预测"是否采购"是属于"采购"还是属于"不采购"。可以用与实际值一致的测试集的预测结果的数量所占的比例，来表示模型的整体有效性。

常见的分类评价指标有精确率（precision）和召回率（recall）。

所谓精确率，是指在模型预测为正例的所有样本中，实际为正例的样本所占的比例。精确率越高，说明模型的预测越准确。之所以只考虑正例，一方面是因为在绝大多数应用场景中，预测正例具有实际意义；另一方面，正例和反例并无绝对标准，可以将此处的正例理解为关注的样本，而将反例理解为不关注的样本。

例如，对于表 5-2 所示的电子商务企业订货数据决策树案例，假设测试集中有 10 条记录，其中类别为"采购"（这里用 T 表示）和"不采购"（这里用 F 表示）的记录各有 5 条。训练好的模型对测试集的预测结果是"采购"的记录为 4 条，是"不采购"的记录为 6 条。对于测试集中的每一条记录，都有一个实际值和一个预测结果，两者之间存在对应关系，表示它们是对同一条记录的分类结果，如图 5-7 所示。现在只考虑"采购"正例记录的预测情况。

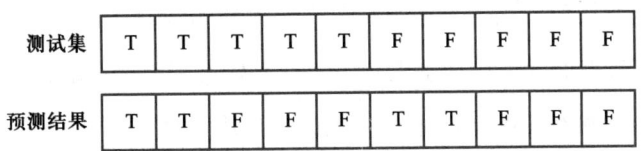

图 5-7 机器学习对测试集中记录的实际类别和预测结果

由于只有 4 条记录的预测结果为"采购"，因此最终返回这 4 条记录的信息。在这 4 条记录中，经过验证发现有 2 个预测结果是错误的，因此，可以计算出精确率为 2/4 = 50%。显然，最好的精确率为 100%，意味着所有预测结果均正确；最差的为 0，意味着所有预测结果均错误。然而，在实际应用中，精确率绝对值的大小往往并不是评判预测模型好坏的唯一标准，精确率相对于其他模型是否更优，或者是否已经达到了特定应用场景的要求更为重要。

精确率反映了模型对正例的识别能力，在实际应用中，如果对预测结果的精确性有较高的要求，特别是在误报代价较高的情况下，精确率就显得尤为重要。其基本原则是，宁可遗漏一些正确的实例，也要确保被预测为正例的实例尽可能准确。但是，精确率无法衡量模型是否具有全面捕获所有实际正例的能力。

为了全面评估模型捕获实际正例的能力，就需要使用召回率指标。召回率是指在模型预测为正例的样本中，实际为正例的样本占全部正例样本的比例。其基本原则与精确率相反，即宁可包含一些错误的实例，也要尽量避免遗漏任何正确的实例。以汽车召回为例，召回的目标是将有问题的车辆全部找到并回收，即使误收了一些其实没有问题的车辆，也绝不能遗漏任何有问题的车辆。从这个意义上看，汽车召回与机器学习中的召回概念相似，都强调对所有正例（即关注的样本）的"召回"能力，体现了模型识别和捕获所有实际正例的能力。对于图 5-7 所示的例子，实际为"采购"的正例有 5 条，其中预测出来的记录只有 2 条，因此召回率为 2/5 = 40%。

一个严谨的评价指标不仅需要关注对正例的预测能力，还需要关注对负例预测的准确率。例如，在图 5-7 所示的例子中，从整体的预测结果来看，有 3 个实际为正例的样本被错误地预测为负例，有 2 个实际为负例的样本被错误地预测为正例。因此总共有 5 条记录被错误预测，占总记录数（10 条）的 50%。这个指标就是准确率（accuracy）。不过，在实际应用中，准确率不如精确率常见，其主要原因在于：一方面，负例预测的准确率在某些场景中意义不大；另一方面，在正负例样本极不均衡的情况下，即使模型对少数正例样本的预测能力较差，但由于负例的绝对数量庞大，模型若在预测时能命中较多的负例，其整体准确率仍可能显得很高。

对精确率和召回率等指标的表示还可以采用另一种常见的方法。仍以图 5-7 为例。可以将预测结果中实际为正例且被正确预测为正例的样本看成是真阳性（true positive，TP）；将实际为正例但被错误预测为负例的样本看成是假阴性（false negative，FN）；将实际为负例但被错误预测为正例的样本看成是假阳性（false positive，FP）；将实际为负例且被正确预测为负例的样本看成是真阴性（true negative，TN）。最终的表示如图 5-8 所示。

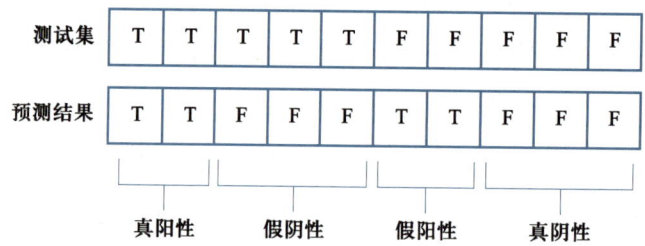

图 5-8　按照真阳性、假阴性、假阳性、真阴性对分类结果进行归类

利用这种表示方式，可以将精确率表示为

$$\frac{TP}{TP+FP}$$

将召回率表示为

$$\frac{TP}{TP+FN}$$

不同的应用场景对假阳性和假阴性往往有不同的要求。例如，某些垃圾邮件识别系统，在强调过滤垃圾邮件的同时，确保不误判真正有用的邮件，因此要求系统具有较低的假阳性（即减少将正常邮件误判为垃圾邮件的情况）。然而，另

一些垃圾邮件识别系统则更关注拦截所有可能的垃圾邮件，以避免因漏判而带来的风险，因此要求系统具有较低的假阴性（即减少将垃圾邮件误判为正常邮件的情况）。

对于分类预测任务而言，虽然精确率和召回率这两个指标都是越高越好，但在实际应用中，它们往往呈现出此消彼长的"跷跷板"效应。虽然无法从理论上证明这种效应一定存在，但经验表明，召回率会更有可能随着返回结果数量的增加而上升，精确率则可能因返回结果数量的增加而下降，因为其中可能包含更多的错误判断。

为了综合评估分类性能，人们通常将精确率和召回率结合起来，采用 F1 值（F-score）作为评价指标：

$$F1 = \frac{2 \times 精确率 \times 召回率}{精确率 + 召回率}$$

F1 值通过调和平均数的方式，平衡了精确率和召回率的影响。

此外，还可以采用图形化的方式来表示分类性能，如 PR 曲线（精确率-召回率曲线）。PR 曲线以精确率为纵轴，召回率为横轴，根据不同返回结果的数量绘制可能的指标值组合，如图 5-9 所示。

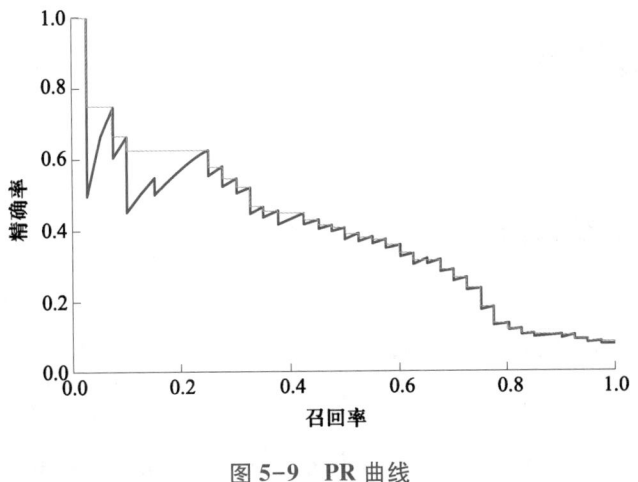

图 5-9　PR 曲线

PR 曲线能够从宏观上展示模型的整体性能，并直观地反映精确率和召回率之间的关系。通常，更优秀的模型对应的 PR 曲线位置更高且更平缓，表明其在精确率和召回率之间达到了更好的平衡。

3. 回归评价指标

回归评价指标通常基于预测值与实际值之间的差值来评估模型的拟合程度。常见的指标包括平均绝对误差（mean absolute error，MAE）、均方根误差（root-mean-square error，RMSE）和 R 方（R^2）等。这些指标的计算方法各不相同，但均通过实际值与预测值之间的差异来衡量模型的性能。其中，MAE 计算预测值与实际值之差的绝对值的平均值。MAE 值越小，说明模型的预测精度越高，误差越小。RMSE 计算预测值与实际值之差的平方的平均值的平方根。它对极端离群值更为敏感，若预测中存在明显的离群值，会显著拉高 RMSE 值。与 MAE 类似，RMSE 值越小，表明模型的预测精度越高。R^2 表示回归模型的拟合程度，其取值范围为 0 到 1。R^2 越接近 1，说明模型的拟合程度越高，预测效果越好。

这些指标从不同角度反映了回归模型的性能，可以根据具体需求选择合适的评价方法。MAE 和 RMSE 主要用于衡量预测误差的大小，而 R^2 则侧重于评估模型对数据的解释能力。

5.3 高级使用

5.3.1 非参数方法

前面介绍的方法都属于参数方法，它们通过对数据进行训练，得到能够在模型中表达的参数组合，从而实现对特定数据的拟合。训练完成后，无须再次使用训练数据，可直接利用训练好的模型对新数据进行预测。除此之外，机器学习方法中还有一类特殊的方法，称为非参数方法。这类方法不依赖训练得到的参数，而是直接保留所有训练数据，并根据待预测数据与训练数据之间的相似度来完成预测。

在非参数方法中，如果待预测的数据恰好在训练数据集中，则可以通过类似"查找"的方式直接返回预测结果。然而，在更多的情况下，待预测数据并不会直接出现在训练数据中,此时非参数方法需要判断哪些训练数据与待预测的数据相似,并利用这些相似数据来进行预测。

最简单的一种非参数方法是最近邻方法,即寻找与待预测数据最相似的 k 条记录作为邻居,这种方法被称为 k 近邻(k-nearest neighbor)方法。k 近邻方法通过计算待预测数据与训练数据之间的距离(如欧几里得距离),选择距离最近的 k 个样本,并根据这些样本的标签或值进行预测。这种方法简单直观,适用于分类和回归任务,但其计算复杂度较高,尤其在数据规模较大时。

对于分类任务而言,可以从这 k 个邻居中选择出现次数最多的类别作为预测类别。例如,对于表 5-2 所示的电子商务企业订货数据,如果有一条新的货物信息如表 5-7 所示。

表 5-7 需要预测是否采购的新货物信息

商品	采购价格	进口税率	预订用户数	存储费用	采购	不采购
15	310	0.06	400	30	?	?

计算记录之间的相似度有很多方法,如夹角余弦方法、皮尔逊相关系数方法等。其中,对于表 5-2,利用皮尔逊相关系数方法的计算结果如表 5-8 所示。

表 5-8 对于表 5-2 计算出的皮尔逊相关系数

商品	采购价格	进口税率	预订用户数	存储费用	采购	不采购	皮尔逊相关系数
1	50	0.03	60	30	0	1	0.923 0
2	100	0.06	100	20	0	1	0.981 7
3	210	0.03	250	30	0	1	0.998 0
4	200	0.03	450	30	0	1	0.953 6
5	220.3	0.09	500	20	0	1	0.953 6
6	150	0.03	50	30	1	0	0.700 5
7	210	0.03	90	30	1	0	0.781 4
8	320	0.03	100	30	1	0	0.708 6
9	120	0.03	285	30	1	0	0.942 8
10	21.6	0.03	450	30	1	0	0.752 9
11	80	0.03	500	20	1	0	0.827 2
12	155	0.06	500	30	1	0	0.902 9

续表

商品	采购价格	进口税率	预订用户数	存储费用	采购	不采购	皮尔逊相关系数
13	80	0.03	510	20	1	0	0.825 5
14	91	0.09	520	30	1	0	0.833 4

可以看出，标注灰色底纹的是最相似的 2 条记录，它们都属于"不采购"，因此可以认为新的记录也属于"不采购"。

对于回归任务而言，可以采用类似的方法，即使用最近邻方法进行预测。具体来说，可以选择 k 个邻居的预测列的平均值或中位数作为预测结果，或者在这些邻居上进一步应用回归模型进行求解。此外，还可以根据邻居与待预测数据之间的相似度进行加权，然后将这些权重值汇总，得到预测列的最终结果。

与参数方法不同，非参数方法适用于一些无法用固定参数集表示模型的场景。然而，非参数方法也可能存在过拟合问题。因此，可以通过使用多个不同的 k 值进行交叉验证，以选择最佳的 k 值，从而在模型复杂度和泛化能力之间达到平衡。

最后，补充说明机器学习方法中不同记录之间相似度的计算问题。

① 连续型特征值：如果特征值为连续型数值，则可以使用欧几里得距离或曼哈顿距离等度量方法。欧几里得距离是两点之间的直线距离，而曼哈顿距离则是两点在水平和垂直方向上的距离之和。这两种距离都属于闵可夫斯基距离（Minkowski distance，也称为 Lp 范数）的特例。图 5-10 展示了二维坐标系中欧几里得距离和曼哈顿距离之间的区别，其中单线表示欧几里得距离，双线表示曼哈顿距离。

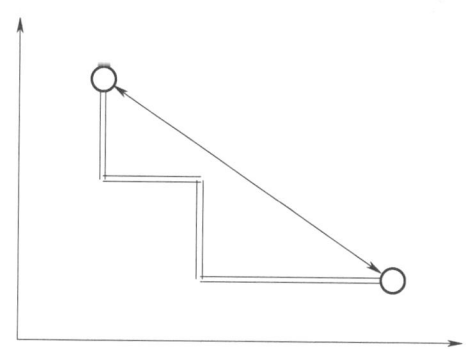

图 5-10 欧几里得距离和曼哈顿距离之间的区别

② 布尔型特征值：如果特征值为布尔型数值，可以使用汉明距离（Hamming distance），即两组记录之间不同特征的数量。

③ 标准化处理：在实际计算中，不同特征的数据单位可能对距离计算产生影响。因此，必要时可以对特征值进行标准化（normalization，也称为归一化）处理，以消除量纲差异，确保距离计算的合理性。

选择合适的相似度计算方法和适当的预处理步骤，可以有效提升非参数方法的预测性能。

5.3.2 集成学习

俗话说"三个臭皮匠，抵个诸葛亮"，集成学习的核心思想正是如此。它通过组合多个形式相同或不同的机器学习方法来形成最终的综合预测结果。一个单独的模型称为基模型，而组合后的模型称为集成模型。

集成模型之所以优于单一模型，主要有以下两方面原因：一是偏差的互补与抵消，集成模型能够通过组合多个基模型，弥补单一模型可能存在的偏差。例如，三个线性分类模型组合后可以表示单一线性模型无法表示的复杂区域，如图 5-11 所示的三角形区域。二是多数表决提升准确性，即使每个基模型的预测准确率都达不到 100%，但一般都能通过集成模型中常见的多数表决机制，来取得较为理想

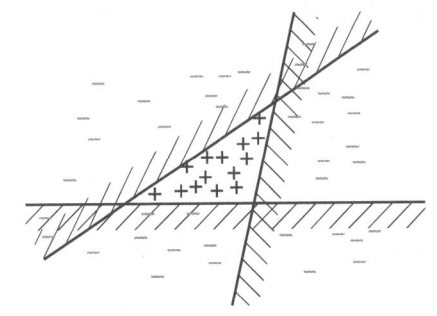

图 5-11　三个线性分类模型可以表示单一线性分类模型无法表示的三角形区域

的结果。例如，一个二分类模型的准确率可能仅为 80%，但由 5 个基模型组成的并采用"五局三胜"策略的集成模型，其准确率可提升至 89%。如果使用 17 个基模型（以超过 9 个一致的结果作为最终分类结果），准确率甚至可以提升至 99%。

这种集成多种结果的方法在其他领域也得到了广泛的应用。例如，区块链中广泛使用的拜占庭算法，其核心思想与集成学习类似，即将绝大多数一致的数据结果作为最终的可信结果。这种方法不但结果可靠，而且计算方式简单易行。

集成学习策略有多种类型，下面分别进行简要说明：

1. 自助聚合法

该方法是指使用不同的数据组合对同一机器学习模型进行多次训练，并将所有

结果集成起来，取其平均值作为最终结果。与交叉验证的无放回策略不同，自助聚合法采用有放回的随机抽样方法，在保持训练集与数据集规模一致的条件下，从数据集中抽取有重复的数据作为训练集，未被抽取的数据则作为测试集。

2. 堆叠法

该方法包括两种主要方式：一是在不同的数据集上用同一模型进行训练，得到多个基模型并将它们组合起来；二是在相同的数据集上用不同的模型进行训练，得到多个基模型并将它们组合起来。这些组合的模型可以构成一个多层集成模型，每一层都在前一层的输出上进行操作。实践证明，堆叠法能够有效减小偏差，所获得的模型性能通常优于任何一个基模型。

3. 随机森林法

该方法主要用于决策树算法。通过随机选择多组特征并构建基于这些特征的多棵决策树，形成一个由多棵决策树构成的集合，被形象地称为"随机森林"。随机森林法具有许多优点，例如，每棵决策树的构建速度都较快，且可以并行处理。此外，可以通过增加森林中树的数量，进一步提升模型性能并持续降低错误率。

4. 自适应提升法

例如，AdaBoost 算法是一种著名的自适应提升法，曾被评选为数据挖掘的十大经典算法之一。其核心思想是通过迭代调整样本权重，使得模型在每一轮训练中更加关注之前分类错误的样本，从而逐步提升模型的性能。自适应提升法的处理示意图如图 5-12 所示。

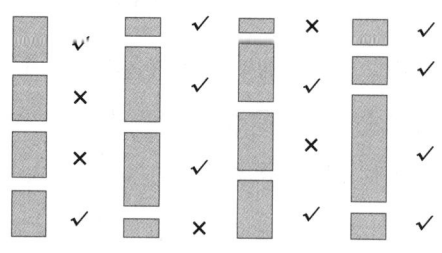

图 5-12 自适应提升法的处理示意图

5. 梯度提升法

该方法是一种基于梯度下降的自适应提升法。在多次训练的过程中，它不关注已有模型的参数更新，而是专注于如何更新下一个训练模型的参数，并且沿着梯度下降最快的方向进行更新。这样可以尽快找到效果最好的模型参数组合。例如，XGBoost（极限梯度提升）就是一种结合了剪枝和正则化技术的梯度提升法。

6. 在线学习

该方法认为，预测数据可能与已有训练数据的特征分布规律不同，因此基于历史数据训练的模型不一定适用于新数据的预测任务。为了应对在线学习的预测需求，可以采用多种模型进行预测，并为过去表现较好的模型赋予更高的权重，如随机加权多数算法。可以将在线学习方法理解为一种在时间序列过程中进行多模型集成的学习策略。

5.4　应用实例

5.4.1　机器学习方法在国内生产总值预测中的应用

20世纪七八十年代以来，以真实商业周期模型为基础的时间序列模型和宏观经济模型，为经济问题的建模提供了可解释的框架。同时，通过探索企业和家庭的行为，这些计量框架获得了更多的实践参考依据。经过多年的发展，传统计量方法在国际机构、投资银行和微观企业中得到广泛应用。由于早期算力和数据的限制，国内生产总值等宏观经济指标的监测和预测主要依赖能够获得显式解的计量经济学模型、时间序列分析以及动态随机一般均衡（dynamic stochastic general equilibrium，DSGE）模型等。但是，随着经济环境日益复杂，尤其是在经济内生驱动与外生冲击相结合、指标数值区间发生显著变化的情况下，这些传统方法的局限性逐渐显现。

随着计算机算法的改进、算力的提升以及数字生产要素被广泛收集，以机器学习为代表的人工智能技术在国内外宏观经济指标的监测与预测中得到了越来越多的应用。特别是数据资源在经济监测和预测中的价值不断被挖掘，人们在时间序列大数据处理和建模方法上也不断取得突破。借助诸如Informer、TFT、XGBoost等机器学习方法，宏观经济分析在经济领域的作用日益显著。

1. 数据层面的发展

近年来，随着高频数据的快速发展，宏观经济分析所需的数据资源不断丰富。所谓高频数据，一般是指时间间隔较短（低于一日）的数据，这种数据的规模远大于传统数据，反映的经济现象也更为微观。例如，以美联储为代表的国外机构不仅关注通胀和劳动力市场等传统数据，还密切关注二手车批发价格、新租约租金、供应商交货时间或支付价格的调查回复等高频数据，甚至包括非传统的实时信息，如谷歌公司的移动数据和餐饮预订平台 OpenTable 的数据。利用这些数据，并结合长期实践的验证，可以在每月上半月就较好地完成对当月通胀的预测，也可以在未来一两年内提升对全球经济的监测能力。

2. 方法层面的优势

机器学习方法在数据表征（representation）、评估（evaluation）和优化（optimization）方面具有显著优势，它尤其擅长对大规模、高维度、多粒度和非结构化数据进行拟合、回归或分类预测。其强大之处在于能够挖掘统计框架中难以捕捉的响应变量（response variable）和解释变量（explanatory variable）之间的高度非线性关系。这些非线性关系主要源于经济的不确定性和金融摩擦等因素。此外，机器学习在即时预测问题中的表现尤为突出。例如，在预测国家或地区的国内生产总值时，可以结合各地发布的"税电指数"来追踪当地的经济发展情况。该指数是将企业税收销售发票数据和用电数据结合起来，经过模型测算得出的指标，可以为政府决策和企业提供及时的信息，并评估政策实施效果。

2021 年，亚当·理查森（Adam Richardson）进行的一项研究表明，机器学习方法可以帮助中央银行通过即时预测国内生产总值增速来了解国家当前的经济状况。该研究将新西兰国内生产总值增速作为目标变量，将约 600 个实时数据作为预测变量。结果表明，机器学习方法显著优于简单的自回归基准模型和动态因子模型。

3. 机器学习方法的效果对比

霍普（Hopp）和丹尼尔（Daniel）在 2022 年的一项研究中对比了 12 种机器学习模型的性能，观察了这些模型在即时预测美国季度国内生产总值增速中的表现，如图 5-13 所示。该研究针对美国经济史上的三个动荡时期：20 世纪 80 年代初的经济衰退、2008 年金融危机以及 2020 年新冠疫情危机。分析表明，表现最好的两种方法是长短期记忆（LSTM）网络和贝叶斯向量自回归（Bayesian VAR）模型。

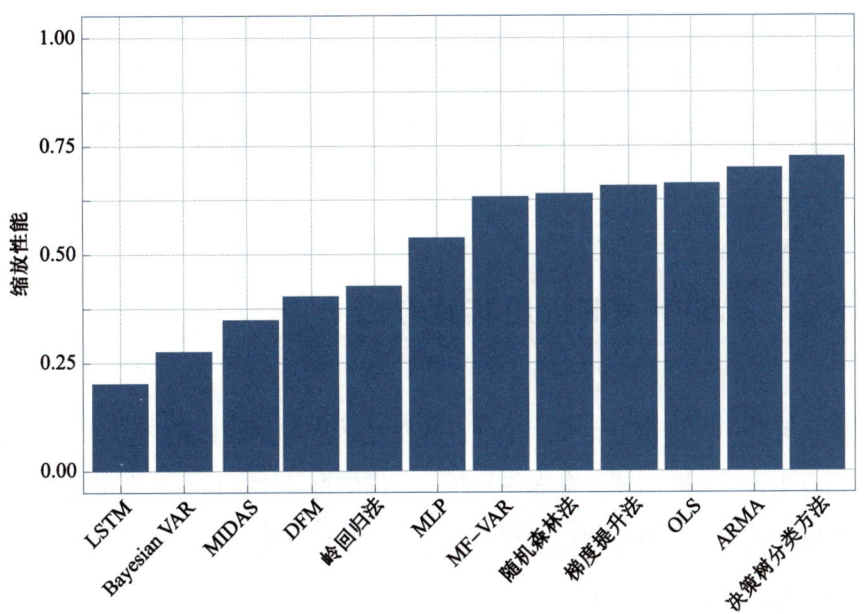

图 5-13　12 种机器学习模型在即时预测国内生产总值增速方面的效果对比

（数值越小效果越好）[①]

4. 机器学习方法应用的注意事项

在应用机器学习方法预测国内生产总值等宏观经济指标时，需要注意以下问题：

① 算法选择：需要根据数据特征和预测目标的性质选择适合的机器学习算法。例如，可以使用深度学习算法进行宏观经济预测，并将其与传统机器学习算法的性能进行比较。

② 因果推断：结合因果推断技术解释机器学习模型的结果，以提高模型的解释性和可靠性。

③ 与传统方法结合：将机器学习方法与传统计量方法（如向量自回归模型）相结合，以提高预测的准确性和解释性。

④ 多源数据整合：探索如何利用非结构化数据（如新闻报道和社交媒体数据）改进宏观经济预测。例如，可以使用自然语言处理技术来分析文本数据，并将其与

---

① 资料摘自：HOPP D. Benchmarking econometric and machine learning methodologies in nowcasting GDP [J]. Empirical Economics. 2023，66（5）：2191-2247.

传统的宏观经济数据相结合。

尽管机器学习方法在宏观经济预测中展现出了巨大的潜力，但仍然需要进一步探索以确定最佳实践。目前，传统计量方法仍然是宏观经济预测的主要工具，而机器学习方法作为一种越来越有效的补充手段，为经济预测提供了新的视角和方法。未来，随着技术和数据的发展，机器学习方法在宏观经济领域的应用前景将更加广阔。

5.4.2 机器学习的应用实施方法

前面主要介绍了机器学习方法本身，但是在实际应用中，如何有效应用机器方法以及在应用该方法时需要注意哪些问题，同样值得关注。只有全面掌握这些知识，才能更好地在实际场景中使用机器学习方法并提升最终的效果。

1. 目标的具体化和定量化

在应用机器学习方法之前，首先需要明确并量化应用目标。有些目标可能过于模糊，如"实现平台综合收益最大化"，此时应该通过具体的数值指标（如收入增长率、用户留存率等）来明确目标。此外，某些目标可能并非仅靠机器学习方法就能完全解决，如"提高用户满意度"，这涉及系统设计、用户体验优化等多个方面，单纯依靠算法提升可能无法全面实现目标。

2. 机器学习方法的选择

在明确具体任务后，需要选择合适的机器学习方法。首先确定是采用监督学习、无监督学习还是采用强化学习。机器学习方法的选择需要根据具体的应用场景来决定，不同的应用场景适合使用不同的方法。同时，不同的机器学习方法之间可以相互支持和进行功能转换，因此同一应用场景可能适合使用多种机器学习方法。通常可以通过探索性数据分析来明确数据的特点，进而选择更适合的方法。例如，在电子商务推荐系统中，可以采用以下方法：

① 分类方法：将推荐商品划分为用户喜欢或不喜欢的类别。

② 回归方法：预测用户对某商品的喜好程度。

③ 聚类方法：将用户和商品分别划分为不同的组，基于组进行推荐。

④ 强化学习方法：通过用户反馈（如好评）不断优化推荐策略。

3. 数据的收集与处理

在现实应用中，数据往往存在很多问题。除了技术层面的数据预处理方法，还需要关注以下问题：

① 数据不足问题：可以通过数据增强技术来丰富数据。例如，对于图像数据，可以通过旋转、平移、裁剪、缩放、调整亮度或颜色平衡以及添加噪声等方式生成更多样本。

② 数据质量问题：可以通过众包等方式提高数据质量。

③ 数据不平衡问题：例如，在信用卡交易数据集中，如果有效交易的数量远多于欺诈交易（如前者的数量为 1 000 万，后者的数据为 1 000），即使分类器始终预测"有效"，准确率也可能高达 99.99%，但这并无实际意义。此时需要采用过采样、欠采样或合成数据等方法来解决数据不平衡问题。

知识点

高德地图是如何知道红绿灯等待时间的？

高德地图知道红绿灯等待时间，并非直接接入红绿灯系统，而是基于其独特的计算和分析方式，具体过程如下：

数据收集：高德地图利用道路上的大量用户数据。这些用户在红绿灯路口的行驶或等待状态，包括启停时间等，被高德地图记录下来。

规律分析：高德地图会在后台记录每个路口处每一辆车的等待时间和通行时间，进而分析这些路口红绿灯的变化规律。这种分析覆盖了路口四个方向上的红绿灯变化情况。

大数据计算：收集到的数据被传送到后台服务器，通过复杂的算法，高德地图能够推演出每个路口红绿灯的倒计时情况。

专利支持：高德地图为此申请了《红绿灯周期时长的挖掘方法、电子设备及计算机程序产品》专利。

截至目前，高德智能红绿灯在全国范围内提供的每日读秒服务次数已超过 20 亿次。需要注意的是，这一方法尤其适用于那些没有联网的红绿灯路口，因为这些路口本身并不带有读秒功能，直接靠联网获取红绿灯等待时间并不可行。

4. 算法实施与优化

算法设计完成后的实施过程并非一帆风顺,通常需要大量的用户操作、系统监控和维护工作。这主要有以下两个原因:一是环境与需求变化,外部环境和应用需求可能会不断地发生变化,需要动态调整机器学习方案;二是实践中不断出现问题,许多问题只有在实际应用中才能发现,这对现有方案提出了新的改进需求。

5.5 实验

5.5.1 决策树的绘制

【目的】自动生成并解读决策树。

【说明】利用 Python 的决策树绘制功能,对常见的数据集进行分类分析。

【准备】

步骤 1 安装 Python 模块。使用 Python 语言及以下模块:

pandas:用于数据处理。

scikit-learn:用于机器学习模型的构建和训练。

pydotplus:用于绘制决策树的可视化。

这些模块需要单独在 Python 开发环境中安装,例如:

pip install pandas scikit-learn pydotplus

如果需要使用阿里云 Python 包索引镜像站点,可以执行以下命令:

pip install -i 阿里云 Python 包索引镜像站点网址 pydotplus

步骤 2 安装 Graphviz 可视化工具。从 Graphviz 官网上下载并安装 Graphviz 工具包(如 stable_windows_10_cmake_Release_x64_graphviz-install-2.49.0-win64.exe)。安装时建议将其添加到 PATH 中,即在 "Graphviz 安装" 对话框中选择第二个或第三个选项,如图 5-14 所示,确保安装完成后,系统可以识别 Graphviz 的命令行工具。安装好后建议重启计算机。

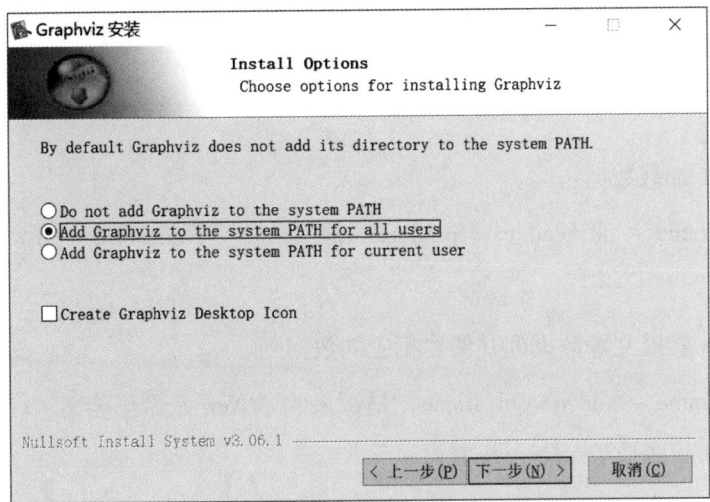

图 5-14 在"Graphviz 安装"对话框中选择相关选项

【操作 1】基本使用

步骤 1 打开开发工具。打开 Python 语言开发工具，如 PyCharm 等。

步骤 2 添加数据文件。将数据文件 products.csv 添加到项目中，该文件的内容为表 5-1 所示的某电子商务企业订货数据。

步骤 3 添加代码文件。将代码文件"企业订货.py"添加到项目中，该代码文件的内容如下：

［1］ import pandas as pd

［2］ from sklearn.preprocessing import LabelEncoder

［3］ from sklearn import tree

［4］ import pydotplus

［5］ import matplotlib.pyplot as plt

［6］

［7］ # 将文本数据列转换为数值列

［8］ def addNewCol(frame, preColName, newColName)：

［9］ 　　encoding = LabelEncoder()

［10］ 　　encoding.fit(frame[preColName])

［11］ 　　education_new = encoding.transform(frame[preColName])

```
[12]        col_Attrition = pd.DataFrame(education_new, columns=[newColName])
[13]        frame = pd.concat([frame, col_Attrition], axis=1)
[14]        return frame
[15]
[16]    # 加载数据
[17]    frame = pd.read_csv('products.csv', sep=',', encoding='GBK')
[18]
[19]    # 转换文本数据列并新建相应的数据列
[20]    frame = addNewCol(frame, '是否采购', 'New 是否采购')
[21]    # 去除原先的文本数据列
[22]    frame.drop(columns=['是否采购'], inplace=True)
[23]
[24]    # 主代码
[25]    y = frame['New 是否采购']
[26]    X = frame.drop(columns='New 是否采购')
[27]    model = tree.DecisionTreeClassifier()
[28]    model.fit(X, y)
[29]    data = tree.export_graphviz(model, feature_names=X.columns,
[30]                                class_names=['No', 'Yes'], filled=True,
[31]                                rounded=True)
[32]    graph = pydotplus.graph_from_dot_data(
[33]        data.replace('helvetica', 'Heiti'))
[34]    graph.write_png('result.png')
[35]    plt.imshow(plt.imread('result.png'))
[36]    plt.axis('off')
[37]    plt.show()
```

步骤 4 可以在屏幕上看到如图 5-4 所示的图片，也可以在当前项目文件夹下看到一个名为 result.png 的文件，两者的内容是一样的。

【解释】

观察输出的图片，可以发现"采购价格""进口税率""预订用户数"和"存储费用"这4个特征列对"是否采购"这一预测目标的影响程度不同。其中，"采购价格"和"预订用户数"是最重要的两个特征列，它们与预测目标的关系最密切。

【操作2】进一步的使用

步骤1 打开开发工具。打开 Python 语言开发工具，如 PyCharm 等。

步骤2 添加数据文件。将新的数据文件 bi-attrition.csv 添加到项目中，该文件的内容为企业离职员工数据。

步骤3 修改操作1的代码。根据以下方法修改"企业订货.py"代码（参考代码文件"离职员工.py"）：

① 修改数据文件的加载路径：在代码中找到"# 加载数据"部分，并将其中的数据文件名称"products.csv"替换为"bi-attrition.csv"，确保数据文件位于正确的文件夹下。修改后的代码如下：

frame = pd.read_csv('bi-attrition.csv', sep=',', encoding='GBK')

② 添加特征列转换代码：在代码中找到"# 转换文本数据列并新建相应的数据列"和"# 去除原先的文本数据列"部分，根据数据集中实际需要转换的特征列，添加相应的转换代码。需要注意的是，对于所有离散型数值的特征列，都需要进行编码或转换，以便后续分析或建模。例如：

转换文本数据列并新建相应的数据列

frame = addNewCol(frame, 'Attrition', 'NewAttrition')

frame = addNewCol(frame, 'BusinessTravel', 'NewBusinessTravel')

frame = addNewCol(frame, 'Department', 'NewDepartment')

frame = addNewCol(frame, 'EducationField', 'NewEducationField')

frame = addNewCol(frame, 'Gender', 'NewGender')

frame = addNewCol(frame, 'JobRole', 'NewJobRole')

frame = addNewCol(frame, 'MaritalStatus', 'NewMaritalStatus')

frame = addNewCol(frame, 'Over18', 'NewOver18')

frame = addNewCol(frame, 'OverTime', 'NewOverTime')

```
# 去除原先的文本数据列
frame.drop(columns=['Attrition'], inplace=True)
frame.drop(columns=['BusinessTravel'], inplace=True)
frame.drop(columns=['Department'], inplace=True)
frame.drop(columns=['EducationField'], inplace=True)
frame.drop(columns=['Gender'], inplace=True)
frame.drop(columns=['JobRole'], inplace=True)
frame.drop(columns=['MaritalStatus'], inplace=True)
frame.drop(columns=['Over18'], inplace=True)
frame.drop(columns=['OverTime'], inplace=True)
```

③ 修改主代码:在代码中找到"# 主代码"部分,根据实际需求,将目标列(如'NewAttrition')替换为实际需要预测的列名称,然后删除目标列。删除目标列后,保留的特征列将用于后续建模或分析。

```
# 主代码
y = frame['NewAttrition']                      # 设置目标列
X = frame.drop(columns='NewAttrition')         # 删除目标列,保留其他特征列
```

步骤 4 查看输出结果。运行代码后,观察输出的图片。如果内容较多,则可以对图片进行放大,以便更清晰地观察细节。

步骤 5 扩展应用。本方法适用于其他各类数据。读者可以自行替换数据文件和目标列,进行实验和验证。

5.5.2 线性回归分析

【目的】了解一般的单变量线性回归拟合方法及其可视化效果。

【说明】利用 Python 的线性回归分析功能,对常见的数据集进行回归分析。

【准备】使用 Python 语言及以下模块:

pandas:用于数据处理。

scikit-learn:用于线性回归模型的构建。

matplotlib：用于数据可视化。

这些模块需要单独在 Python 开发环境中安装，例如：

pip install pandas scikit-learn matplotlib

【操作1】 基本使用

步骤1 打开开发工具。打开 Python 语言开发工具，如 PyCharm 等。

步骤2 添加数据文件。添加数据文件 sales.csv，该文件的内容为表 5-6 所示的产品销售额和销售量数据。

步骤3 添加代码文件。将代码文件"线性回归.py"添加到项目中，该代码文件的内容如下：

```
[1]    import pandas as pd
[2]    from sklearn.linear_model import LinearRegression
[3]
[4]    frame = pd.read_csv('sales.csv', encoding='GBK')
[5]    X = frame['销售量'].values.reshape(-1, 1)
[6]    y = frame['销售额']
[7]    regressor = LinearRegression()
[8]    regressor.fit(X, y)
[9]    y_test_pred = regressor.predict(X)
[10]   print(regressor.coef_)
[11]   print(regressor.intercept_)
```

步骤4 观察输出结果。运行代码后，输出结果如下：

[2.80327869]

-93.44262295081978

【解释】

① 输出的第一个值 [2.80327869] 是回归模型的系数（斜率）。

② 输出的第二个值 -93.44262295081978 是回归模型的截距。

③ 这些参数定义了线性回归模型：$y = 2.80327869x - 93.44262295081978$。

【操作2】 可视化展示

步骤1 打开开发工具。打开 Python 语言开发工具，如 PyCharm 等。

步骤 2 添加数据文件。将数据文件 sales.csv 添加到项目中。该文件包含表 5-6 所示的产品销售额和销售量数据。

步骤 3 添加代码文件。将代码文件"直线拟合.py"添加到项目中,该代码文件的内容如下:

```
[1]   import pandas as pd
[2]   from sklearn.linear_model import LinearRegression
[3]   import matplotlib.pyplot as plt
[4]
[5]   frame = pd.read_csv('sales.csv', encoding='GBK')
[6]   X = frame['销售量'].values.reshape(-1, 1)
[7]   y = frame['销售额']
[8]   regressor = LinearRegression()
[9]   regressor.fit(X, y)
[10]  y_test_pred = regressor.predict(X)
[11]  plt.figure()
[12]  plt.scatter(X, y, color='green')
[13]  plt.plot(X, y_test_pred, color='black', linewidth=4)
[14]  plt.show()
```

步骤 4 观察输出结果。运行代码后,可以在屏幕上看到如图 5-5 所示的图片。

【解释】

从输出的结果可以看出,拟合直线与原始数据点之间的对应关系较好,说明线性回归模型能够较好地描述产品销售额与销售量之间的关系。

5.5.3 非线性回归分析

【目的】 了解一般的非线性回归拟合方法及其可视化效果。

【说明】 利用 Python 的非线性回归分析功能,对常见的数据集进行回归分析。

【准备】 使用 Python 语言及以下模块:

numpy:用于数值计算。

pandas:用于数据处理。

scikit-learn:用于构建非线性回归模型。

matplotlib:用于数据可视化。

这些模块需要单独在 Python 开发环境中安装,例如:

pip install numpy pandas scikit-learn matplotlib

【操作】基本使用

步骤 1 打开开发工具。打开 Python 语言开发工具,如 PyCharm 等。

步骤 2 添加数据文件。添加数据文件 sales.csv,该文件的内容为表 5-6 所示的产品销售额和销售量数据。

步骤 3 添加代码文件。将代码文件"非线性拟合.py"添加到项目中,该代码文件的内容如下:

```
[1]   import pandas as pd
[2]   import numpy as np
[3]   import matplotlib.pyplot as plt
[4]   from sklearn.preprocessing import PolynomialFeatures
[5]   from sklearn.linear_model import LinearRegression
[6]   from sklearn.pipeline import make_pipeline
[7]
[8]   frame = pd.read_csv('sales.csv', encoding='GBK')
[9]   X = frame['销售量'].values.reshape(-1, 1)
[10]  y = frame['销售额']
[11]  #创建一个多项式回归模型,这里使用二次多项式
[12]  model = make_pipeline(PolynomialFeatures(2), LinearRegression())
[13]  model.fit(X, y)
[14]  X_plot = np.linspace(0, 600)[:, np.newaxis]
[15]  y_plot = model.predict(X_plot)
[16]  plt.figure(dpi=200)
[17]  plt.scatter(X, y, color='blue')
```

[18]　plt.plot(X_plot, y_plot, color='red')

[19]　plt.show()

步骤4　观察输出结果。运行代码后,观察输出的可视化结果如图 5-15 所示。

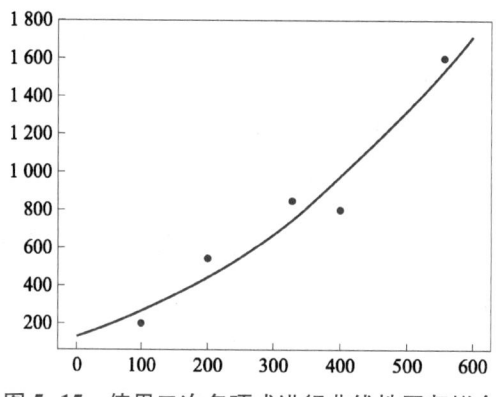

图 5-15　使用二次多项式进行非线性回归拟合

【解释】

① 从输出的可视化结果可以看出,拟合曲线与原始数据点并不十分吻合,说明二次多项式的拟合效果有限。

② 可以通过调整"# 创建一个多项式回归模型,这里使用二次多项式"部分中 PolynomialFeatures 的参数来改变多项式的次数。例如:

将多项式次数改为 3 次:

model = make_pipeline(PolynomialFeatures(3), LinearRegression())

将多项式次数改为 6 次:

model = make_pipeline(PolynomialFeatures(6), LinearRegression())

不同次数的拟合效果分别如图 5-16(a)和图 5-16(b)所示。

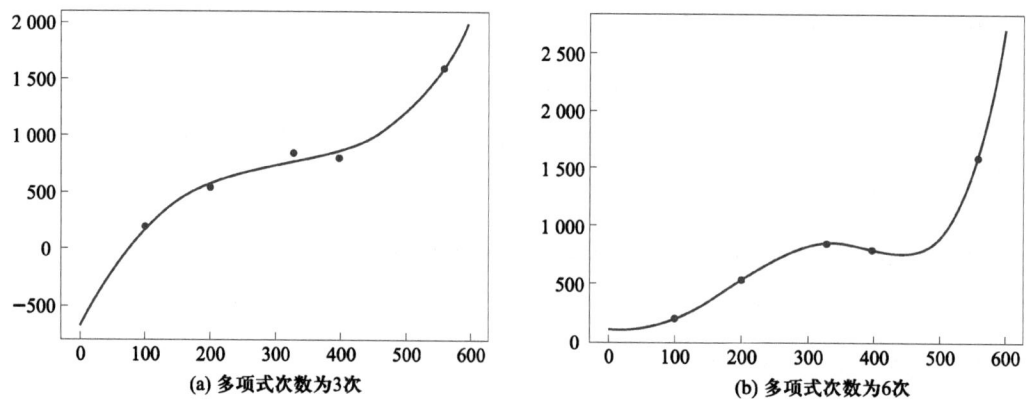

图 5-16　使用高次多项式进行非线性回归拟合

③ 从图 5-16 可以看出，随着多项式次数的增加，拟合效果虽然在训练数据上不断增强，但曲线的波动也更加剧烈。这种现象称为过拟合，即模型对训练数据拟合得过于完美，但对新数据的预测能力会下降。

思考与练习

1. 如果一台机器能够准确预测股市走势，并且能够自如地回答问题，是否可以认为这台机器具有与人类相同的思维能力？

2. 有人声称利用机器学习方法对人们进行 QQ 聊天、微博聊天和淘宝聊天的内容进行分析，能够更好地处理以短文本和动图为主的特殊对话。你是否认同这一说法？为什么？

3. 根据你感兴趣的领域，查找并了解一些常用的机器学习标准数据集。

4. 假设有一个存在错误的数据集（已使用灰色底纹标注），如表 5-9 所示。

表 5-9　一个存在错误的数据集

商品	采购价格	进口税率	预订用户数	存储费用	采购	不采购
1	50	0.03	60	30	0	1
2	100	0.06	100	20	0	1
3	210	0.03	250	30	0	1
4	200	0.03	450	30	0	1
5	-100	0.09	500	20	0	1
6	150	0.03	50	30	1	0
7	210		90	30	1	0
8	320	0.03	100	30	1	0
9	120	0.03	285	30	1	1
10	21.6	0.03	450	30	1	0

续表

商品	采购价格	进口税率	预订用户数	存储费用	采购	不采购
11	80	0.03	500	20	1	0
12	155	0.06	500	30	1	0
13	80	0.03	510	20	1	0
14	91	0.09	520	30	1	0

你觉得有哪些方法可以较好地处理这些问题？它们的原理分别是什么？

5. 查阅资料，了解什么是数据降维，为什么要进行数据降维，以及常见的数据降维方法有哪些。

6. 根据表5-3中的数据，绘制两棵决策树：一棵以"年龄区间"为根节点，另一棵以"是否有资质"为根节点。思考决策树的复杂度与属性选择顺序之间的关系。

7. 仔细理解图5-4中的内容，并逐一说明其中各类参数的含义。

8. 有人认为万事万物的熵（混乱程度）总呈现出不断增加的趋势。你如何理解这一观点？

9. 查阅资料，了解线性回归分析中梯度下降算法可能存在的问题及其解决方法。

10. 使用熟悉的工具计算表5-8中的皮尔逊相关系数，并结合更多的数据做出预测和判断。

11. 了解常见的相似度计算方法及其特点。

12. 为什么随着训练集数据量的增加，机器学习模型预测的准确率通常会提高？请结合图5-17说说你的理解，为什么曲线往往会呈现出这种状态？

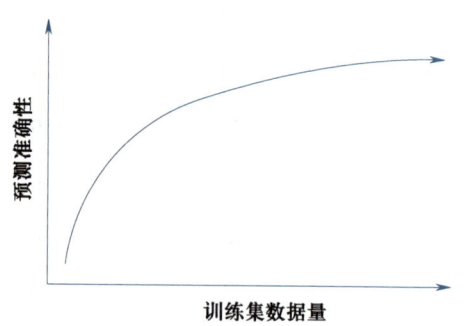

图 5-17 训练集数据量与预测准确率之间的关系

13. 给定两种机器学习方法（Personalized 和 Unpersonalized）的 PR 曲线，如图 5-18 所示，判断哪一种方法更好，并说明理由。

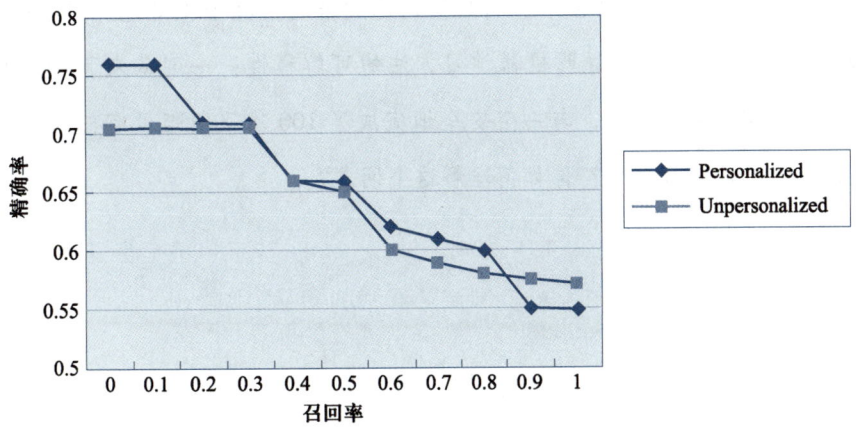

图 5-18　两种机器学习方法（Personalized 和 Unpersonalized）的 PR 曲线

14. 对于时序数据，由于只能按照时间顺序划分训练集和测试集，如何实现多轮交叉验证？

15. 使用真阳性（TP）、假阴性（TN）、真阴性（FN）和假阳性（FP）等，写出准确率的计算公式。

16. 为什么 PR 曲线会呈现出尖齿状？为什么这种尖齿总是左边垂直而右边倾斜？

17. 利用熟悉的工具计算表 5-10 中产品销售额预测值的 MAE、RMSE 和 R 方值。

表 5-10　产品销售数据

产品	销售量	销售额	销售额预测值
1	200	100	102
2	540	200	210
3	850	330	331
4	800	400	404
5	1 600	560	550

18. 数据隐私泄露是一个常见问题。对数据集进行统计分析并观察其分布特征，可以推断出数据来源机构的一些业务情况，进而引发隐私泄露的风险。例如，

分析电子商务平台用户的评分模式,可能会泄露电子商务平台的经营情况。因此,有人建议使用随机抽样来保护隐私,但也有人认为这种方法不可行。你如何看待这一问题?有哪些方法可以在不影响数据训练效果的情况下更好地保护数据隐私?

19. 有人用一个类比来说明机器学习方法的可解释性:一架从未飞行过但在理论上被证明可靠的实验飞机,与一架安全地完成了100次飞行但没有任何安全说明的飞机,你会更信任哪一个?你如何理解这个问题?

第 6 章 神经网络与深度学习

【格言】

我深信深度学习将无所不能。
——人工智能先锋人物杰弗里·辛顿（Geoffrey Hinton）

【教学目标与要求】

深度学习是建立在神经网络基础上的迄今为止最先进的机器学习模型。本章将结合神经网络与深度学习的产生背景，详细说明其工作原理和应用价值，重点介绍神经网络的计算方式和特点，并对卷积神经网络（CNN）、循环神经网络（RNN）和生成对抗网络（GAN）等常见的深度学习模型进行详细讲解。本书后续章节的许多内容都需要深度学习方法的支撑，因此本章内容也是读者学习后续章节的必要基础知识。

【知识导图】

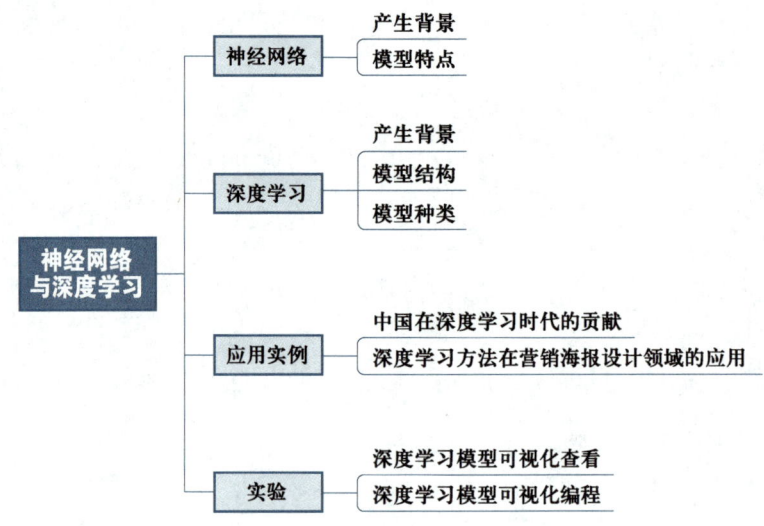

【导引】

机器学习的发展推动了计算机智能处理能力的不断提升,但这些进步长期以来处于渐进式的缓慢发展状态。直到深度学习被广泛应用,现代机器学习才开始展现出革命性的创新能力。许多计算机应用逐渐达到实用水平,并在人类社会生活和生产的各个方面发挥着越来越重要的作用。

深度学习的特点可以从以下两个方面来说明:一是大数据驱动,深度学习是大数据驱动的机器学习模型,充分体现了大数据方法在人工智能领域的应用;二是算力支撑,深度学习建立在强大的算力基础之上,充分发挥了现代高性能计算的优势,体现了"大力出奇迹"的特点。尽管深度学习取得了显著的成就,人们仍在不断反思其能力和极限,许多问题和困惑尚未解决。

在学习本章时,以下几个问题值得思考:

◇ 神经网络方法是仿生大脑吗?
◇ 深度学习中的"深度"是什么意思?
◇ 在什么情况下需要使用深度学习?在什么情况下不需要使用深度学习?
◇ 机器学习、神经网络、深度学习和人工智能之间究竟是什么关系?

希望读者在学习完本章后,能够对这些问题形成自己的认识和理解。

6.1 神经网络

6.1.1 产生背景

在人工智能研究领域,学者们很早就尝试通过模拟人类大脑的工作机理来实现计算机的思维过程。神经网络(neural network)就主要借鉴了大脑神经元的工作原理。人脑的基本工作单元是神经元(neuron),每个神经元都通过突触与其他神经元相连。当一个神经元受到刺激时,会向与其相连的其他神经元发送生物电信号,从而改变这些神经元的电位。同时,每个神经元都有可能接收到来自周围多个神经元的电信号。如果某个神经元接收到的电信号足够丰富并超过其自身的"阈值(threshold)",它就会被激活并向其他神经元发送电信号。大量神经元通过这种复杂的网络结构相互传递生物电信号,形成了人类认知和思维的基础。

微视频 神经网络

20世纪40年代,沃伦·麦卡洛克和沃尔特·皮茨提出了"M-P 神经元模型",对神经元进行了抽象表示,其结构如图 6-1 所示。

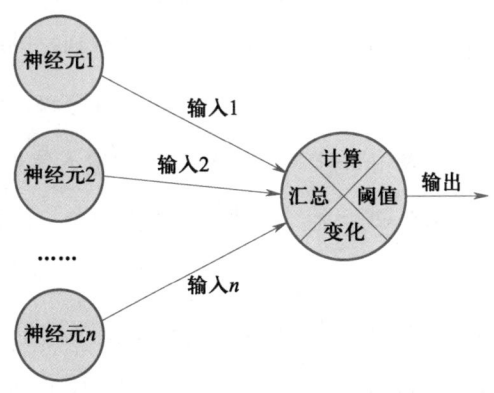

图 6-1 M-P 神经元模型

在 M-P 神经元模型中，每个神经元都会接收其他神经元输入的电信号，这些输入信号在神经元中汇总，当然不同输入信号的权重及其影响力可能不同。神经元通过激活函数对输入信号进行处理，甚至加入偏置（bias）以产生必要的变化。最终，神经元根据是否超过阈值，来决定是否产生输出信号及输出信号的强度。需要注意的是，由于偏置和权重的存在，即使输入的信号为 0，神经元也可能产生非 0 的输出。

这种带有阈值的输出判断是神经网络模型设计的一个重要部分，它能够将神经元的线性计算结果转换为非线性输出。例如，可以将小于 0 的数值全部转换为 0，而将大于 0 的数值通过激活函数（如 Sigmoid 函数）转换为接近 1 的值，如表 6-1 所示。

表 6-1 一种数值的转换方法（使用 Sigmoid 函数转换大于 0 的数值）

线性的原始值	非线性的输出值
−100	0
−2	0.119 202 9
−1	0.268 941 4
0	0.5
1	0.731 058 6
2	0.880 797 1
3	0.952 574 1
10	0.999 954 6

基于这种神经元模型，可以构建从简单到复杂的神经网络。例如，利用两层神经元构建的"感知机（perceptron）"是一种经典的双层神经网络。感知机的第一层神经元负责接收输入信号，但不进行任何处理，而是直接将这些信号传递给第二层神经元。第二层神经元通常采用 M-P 神经元模型，对输入信号进行加权求和并通过激活函数处理后输出，如图 6-2 所示。这种结构虽然简单，但为后续更复杂的神经网络模型奠定了基础。

进一步地，可以通过增加更多的神经元层来构建多层前馈神经网络（multi-layer feed-forward neural network）。在这种网络中，每一层的神经元都与前一层的所有神经元相连接（即全连接），而同层神经元之间不存在连接，也不存在跨层连接。

这种网络结构在计算机视觉等领域得到了广泛应用。

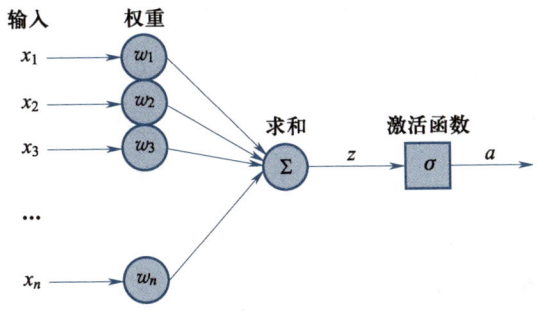

图 6-2　感知机的结构示意图

6.1.2　模型特点

简单的神经网络也称为前馈神经网络，通常表现出单向数值流动的特点。数据从输入层输入，经过中间的隐藏层逐层处理，最终通过输出层得到结果，如图 6-3 所示。

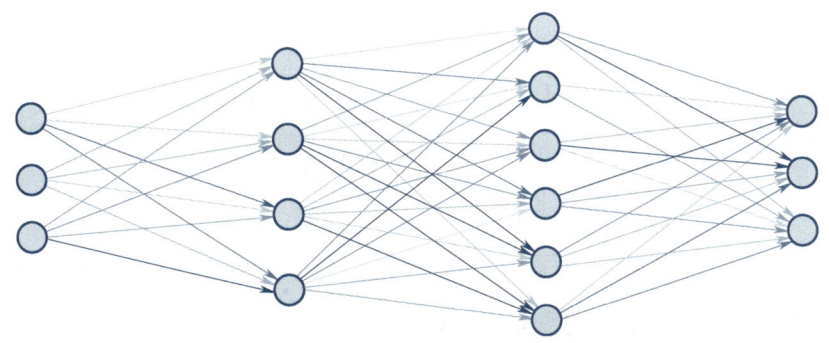

图 6-3　多层神经网络结构（边的深浅表示权重大小）

人工神经网络并没有完全模拟出真实生物的神经网络。尽管其结构与生物大脑的神经网络相似，但它们之间存在两个主要区别：一是结构简化，生物大脑神经元的连接方式远比人工神经网络复杂，且不存在明确的分层连接现象。在神经网络中，同层神经元之间的无连接、无跨层连接等限制，是为了简化人工神经网络的表达与计算而做出的折中选择。尽管如此，其计算效果却非常显著。二是数学基础，神经网络的计算有效性并非仅仅依赖对生物神经网络的形态模拟，而是建立在大量数学证明的基础之上。现代神经网络在数值扩展和传播机制方面的改进已在理论上被证明是有效的。例如，在神经网络训练中，网络的深度、宽度和连接性等整体结构以及大量神经元参数的设置，不能仅依赖随机组合测试来寻找最优解。因此，并非任意设计的网络结构都能作为有效且可计算的神经网络结构。

神经网络的隐藏层通常不如输入层和输出层那样具有多样化的特点，而且层数和每层宽度的设计也多依赖经验。一般而言，在权重总数固定的情况下，层次较深且每层较窄的神经网络通常比层次较浅且每层较宽的神经网络具有更好的学习效果。有时，人们会特意在隐藏层中引入干扰，让每一层对前一层的输出进行扰动和变化，以增强神经网络的通用性和稳健性，这种方法被称为"残差网络"。从理论上讲，隐藏层可以发现有意义的数据中间表示。例如，在图像识别中，有的隐藏层可能分离出图像的边缘，而有的隐藏层则可能识别出图像的局部特征和空间层次结构。尽管这些中间状态能确保结果的正确性，但许多状态对人类而言是难以理解的。

可以将神经网络类比为一个由多个水管和水阀组成的管道网络结构。假设可以将每个水阀都调节到一个合理的出水量，于是可以产生以下效果：在将"田"字对应的水流输入管道网络入口后，水流会不断地在管道中转移，直至使"田"字对应的管道网络出口处的出水量最大。进一步调节水阀，使在输入"甲"字对应的水流后，"甲"字对应的管道网络出口处的出水量最大，以此类推，相关处理如图 6-4 所示。

因此，神经网络的训练过程，就是设计整个管道网络结构，并不断调整各水阀的出水量阈值，直至实现上述目标的过程。

此外，人们还设计了反向传播算法和随机梯度下降法来训练神经网络模型。反向传播算法用于计算梯度并指导参数的更新方向，而随机梯度下降法则用于更新参数。这两个算法相互配合，共同完成神经网络的学习和优化过程。其中，反向传播算法会将预测结果与正确答案进行对比，若预测结果不理想，则从最后一层开始逐层向前调整神经网络各层的参数，以提高预测的准确性。虽然理论上任何优化算法都可以完成参数更新，但由于随机梯度下降法的随机性设计更适合大规模数据计算，而且支持批量并行计算，因此更为常用。

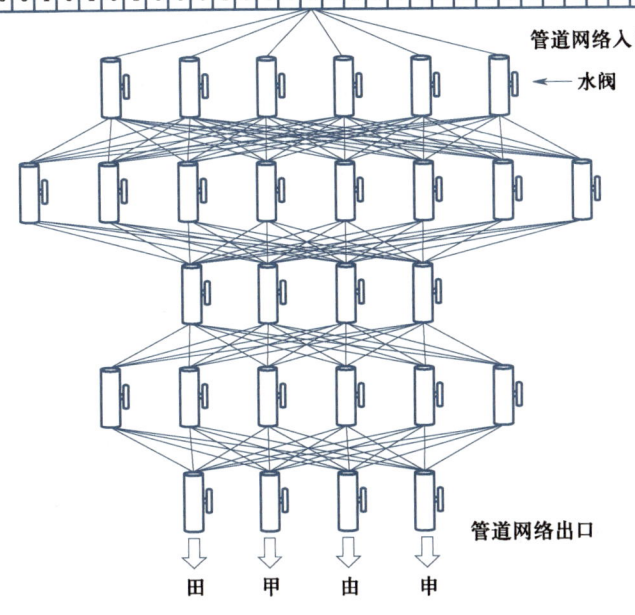

图 6-4 使用管道网络结构来表示神经网络

> **知识点**
>
> **反向传播方法的主要发明与应用**
>
> 戴维·鲁姆哈特（David Rumelhart）等人于 1986 年提出了适用于现代神经网络的反向传播方法。1989 年，乔治·赛班科（George Cybenko）进一步证明了只要神经网络足够宽，即使使用两层的神经网络也可以模拟任何连续函数，这一结论被称为万能近似定理（universal approximation theorem）。同年，杨立昆等人设计了用于手写邮政编码的卷积神经网络，并使用反向传播算法训练卷积神经网络，将其应用于美国邮政服务。

正如前面所介绍的，人工智能并非只有完全模仿人类大脑的组织结构和思维方式才能体现其先进性。相反，真正的超级人工智能极有可能基于一种尚未探明的新方法和新思路来实现，而神经网络作为当前人工智能领域的重要技术之一，很可能是实现超级人工智能的典型方法。这种方法为人类提供了一种认识世界和解决问题的新途径，即通过技术本身去发掘解决问题的关键因素。这不仅便于计算机去自动化地实现，还为反思人类自身的思维方式提供了有益的补充。

已有的研究显示，构造具有欺骗性的错误样本数据，如一张伪造成狗的鸟的图片，能够误导不同架构、超参数以及训练过程的各类神经网络模型。这些现象表明，神经网络模型识别物体的方式与人类理解世界及思考问题的方式并不相同。这也是目前包括深度学习在内的各类神经网络常被称为"黑匣子"的主要原因。

6.2 深度学习

6.2.1 产生背景

虽然机器学习能够使计算机从原始数据中学习并解决问题，机器学习方法的发展却呈现出一种有趣的现象：许多对人类智力极具挑战但对计算机相对简单的问题往往最先得到解决。例如，对于复杂的棋类对弈和大规模导航路线的快速选择等任务，计算机能够通过强大的计算能力迅速找到解决方案。而人脸识别和自然语言理解等对于人类来说相对简单的问题，却较晚才取得突破。这种现象的一个可能的解释在于，问题是否可以通过一系列形式化的数学规则加以描述。如果可以，即使问题再复杂，计算机也能通过足够的计算来解决。例如，利用决策树分类算法对大量订单数据进行训练和学习，即使数据量庞大，最终也能构建出远超人类大脑表达能力的复杂决策树。然而，对于那些无法形式化描述的问题，如某些人类难以用规则表达的任务，计算机则难以通过代码来解决。

传统的机器学习方法虽然不依赖复现人类处理逻辑的过程，而是通过自动识别输入特征和输出结果的模式来解决问题，但这种方法面临一个非常棘手的问题：如何有效地进行特征选择和处理。

一方面，这些应用所涉及的特征数量非常多，甚至缺乏足够的语义信息来进行有效的归类。例如，在猫和狗图像的识别任务中，图像本身并无猫、狗的语义标注，仅有动物形象的图像特征。这些特征是通过一个个带颜色信息的像素来表达的，而像素总数和每个像素的颜色组合起来是一个庞大的数字，传统的机器学习方法难以应对如此高维度的数据。以常见的 4K 照片为例，假设其像素总数为 3 840×2 160＝8 294 400，即超过 829 万个像素。如果每个像素的颜色信息使用 24 位真彩色表示，那么每个像素都可能有 16 777 216 种颜色。可以想象，这些像素及其颜色组合形成的数据规模非常惊人，给传统机器学习方法带来了巨大的挑战。

另一方面，传统机器学习方法难以高效地挖掘特征与预测信息之间的关联。例如，即使知道一张猫的图像，也很难直接通过这些像素各自的颜色信息，找到一种简单有效的方法与"猫"建立起数据关联。类似人类对图像的理解，有效的方法可能是识别图像中的轮廓（应当具有猫的大致外观）和整体颜色（猫的颜色应当与背景颜色有效区分）等特征。但这些高层次特征与单个像素颜色之间的关联并不直观。事实上，单个像素与图像是否为猫的相关性微乎其微。因此，需要从原始像素中提取关键特征（如猫的轮廓和整体颜色），但这些特征仍受光影、画面风格、遮挡等因素的干扰。

知识点

表示学习

表示学习是一种学习有效特征的技术，旨在将原始数据转换为适合机器学习的形式，避免手动提取特征的麻烦。它允许计算机在学习使用特征的同时，也学习如何提取特征。学习到的特征表示往往比手动提取的特征表示表现得更好，而且它们所需的人工干预很少。

虽然学习上述应用中的特征困难重重，但它们确实蕴含了关键特征因素，只是这些因素并非原始特征本身，而是从已有特征中提炼的高层次特征，甚至可能以人类难以理解的方式来表现数据的相关性。这正是深度学习所擅长的领域。

深度学习（deep learning，DL）是一种深度神经网络方法，其特点是具有多层结构，这里的"深度"是指层数较多。不同层的功能和计算方法可能不同，适合处理不同的数值计算需求，它们组合起来形成完整的功能整体。按照层级关系和整体结构，可以将深度学习模型分为卷积神经网络、循环神经网络和生成对抗网络等。

利用多层神经网络结构，可以将输入层中原本复杂的原始特征信息逐层分解为一系列嵌套的简单映射。这些映射由神经网络内部的多个隐藏层分别实现，最终形成能够抽取出来的、表达高层次特征的输出层特征信息。具体来说，高层次特征可以被视为低层次特征的组合。从低层到高层，特征表示变得更加抽象，也更能体现语义或意图。随着抽象层次的提升，猜测的不确定性逐渐减少，直至最终做出准确判断。

深度学习与传统机器学习相比，具有诸多优势。首先，在性能方面，深度学习的准确率远超传统机器学习，甚至在某些领域达到了低于人类平均错误率的水平。因此，现代人工智能应用主要依赖深度学习。其次，在数据需求方面，深度学习对数据量的要求不高，只要提供足够多的数据，其模型就能有效地学习并捕捉数据的整体特征。再次，深度学习减少了对复杂特征工程的需求，如传统机器学习中常见的探索性数据分析、特征选择和特征降维等。最后，深度学习具有较强的通用性，其模型能满足多个应用领域的处理需求，而传统机器学习则难以实现"一招鲜"的效果。

然而，这并不意味着传统机器学习已经完全失效。事实上，传统机器学习在某些方面仍具有独特优势。例如，传统机器学习所需的训练数据量较少，训练成本较低，且在可解释性方面优于深度学习。因此，在许多应用场景中，传统机器学习依然能够满足需求并得到广泛的应用。

6.2.2 模型结构

下面以 2012 年发布的 AlexNet 深度学习模型（以下简称 AlexNet 模型）为例进行说明。该模型凭借独特的深度神经网络结构设计，在当年的 ImageNet 大规模视觉识别挑战赛中获得了冠军。AlexNet 模型属于卷积神经网络，其结构包含多层神经网络，每一层都有特定的功能，这些层次相互协作共同完成复杂的任务，如图像分类、目标检测等。该模型主要分为卷积层、池化层、全连接层和激活层等层次，其基本结构如图 6-5 所示。

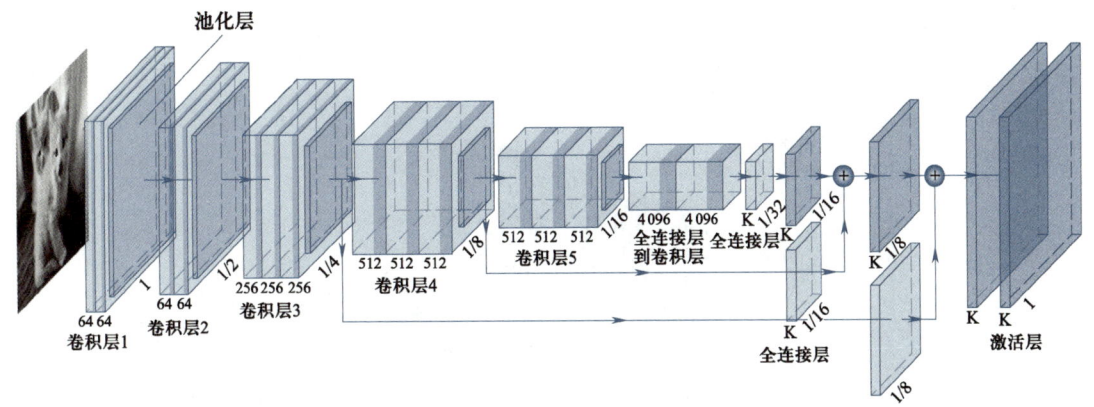

图 6-5 AlexNet 模型的基本结构

与一般的神经网络相比,AlexNet 模型呈现出"逐渐细长"的结构。该模型之所以没有采用传统神经网络中全连接的方式(即每层神经元之间两两连接),主要基于以下两点考虑:一是计算复杂度,对于图像数据而言,全连接会导致连接数量急剧增加,从而极大地提升了计算复杂度;二是图像特征提取,图像数据并非由一个个相互独立的像素构成。实际上,这些像素之间具有密切的邻接关系,能够表达整体的图像特征。抽取和整合这些特征,可以形成更有效的图像表示。如果采用全连接方式,无论是使用原始图像进行训练,还是使用像素随机打乱的图像进行训练,都会得到相同的结果,这显然是不必要的。

下面结合 AlexNet 模型的层次结构做进一步说明。

1. 卷积层

卷积层能够将原始图像中由多个像素组成的矩形区域映射为一个唯一的数值,从而实现对该区域信息的汇总表达。在图 6-6 中,原始图像中的像素会根据卷积核的大小进行排列,并以卷积核的中心为基准进行对齐。这样,就可以将原始图像中的每个像素值与卷积核中相应位置的数值进行计算。卷积核中的数值并不是预先设定好的,而是需要通过神经网络的训练来调整和优化,以找到最适合当前任务的数值。在计算过程中,卷积层通常采用点积运算方式,即将原始图像中的像素值与卷积核中相应位置的数值两两相乘,然后将结果汇总,最终得到目标像素值。对多个卷积层进行处理,可以将较大的数值矩阵逐步转换为较小的数值矩阵,同时保留和汇总能够在一定程度上反映原始图像整体特征的信息。因此,当将卷积层作为深度神经网络的组成部分时,会呈现出如图 6-5 所示的效果:层数越多,每层的数值数量就越少，但感受野（receptive field）越来越广。这种结构能够在保持原始数值整体特征的同时，通过汇总计算得到更为单一的结果。

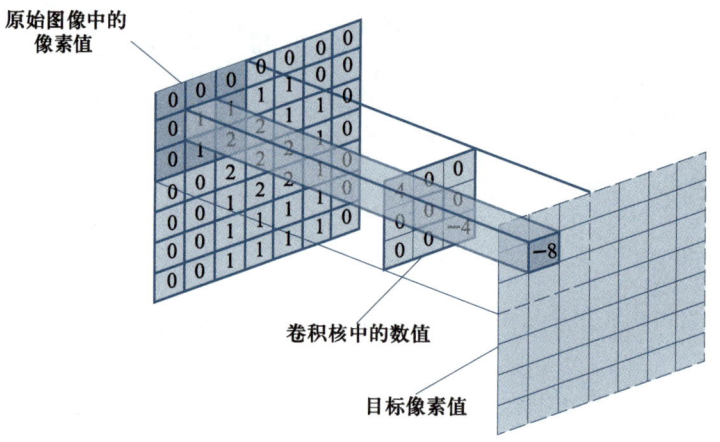

图 6-6 卷积层的工作原理（目标像素值为原始图像中的像素值与卷积核中相应位置的数值两两乘积之和）

从字面意义上理解，卷积是指通过对两个数值序列进行某种形式的运算，得到一个新的数值序列。在图像处理中，由于相邻像素之间具有语义相关性，因此对邻接像素进行卷积操作既有意义又有必要。可以将卷积核设计成多种数值模式，每种数值模式都对应着图像底层纹理的一种基础特征。每一个卷积核实际上是一个特征提取器，不同的卷积核负责提取不同的特征。具体来说，卷积核与原始图像的局部区域越匹配，汇总得到的目标像素值就越大。因此，使用不同的卷积核，可以分离出原始图像底层纹理的不同特征。尽管原始图像可能包含大量像素，但对多个卷积层进行汇总，最终可以将原始图像的全部特征转换为由几类汇总特征表示的特征向量。这一过程反映了对图像特征的一种抽象化提取，使得复杂的图像信息能够被有效地表示和处理。

2. 池化层

池化层的主要目的是通过降采样的方式，在不影响图像质量的前提下压缩图像数据并减少数值数量。图 6-5 展示了通过数据采样来减少数据规模的过程，其中池化层位于卷积层之后。池化层通常不需要参数训练，而采用固定的计算方法来缩减数据规模。此外，池化层没有激活函数等特殊输出，因此通过池化层进行数据采样相对简单。

池化方法有很多。例如，可以使用最大值池化或平均值池化等方法。以最大值池化为例，它会从输入图像的局部区域中选择最大值作为输出。在图 6-7 所示的池化示意图中，在将一个 3×3 的图像区域转换为一个 2×2 的图像区域时，最大值池化会从前者的每个 2×2 子区域中提取出最大值，从而实现数据的降采样和压缩。例如，右边 2×2 图像区域左上角的数值"2"，是通过对左边 3×3 图像区域左上角的四个数值进行最大值池化操作得到的结果。按照同样的方法，可以依次计算出右边 2×2 图像区域剩余的三个数值。通过这种操作，左边的 9 个数值被压缩为右边的 4 个数值。这种数值数量的减少是以牺牲部分信息为代价的，但只要确保池化操作与后续其他处理步骤合理配合，并满足应用要求，池化就能充分发挥作用。

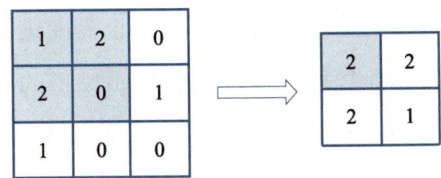

图 6-7　池化示意图

虽然卷积层和池化层都可以进行数据缩减，但它们的功能设计并不完全一致。例如，卷积核通常包含需要调整的参数，以有效地提取图像的整体特征。而池化核通常只有一个没有参数的计算框架，可以直接输出所需的结果。此外，由于功能设计的不同，它们在处理数据时的填充策略也可能有所不同。

3. 激活层

激活层通过激活函数和阈值设定对输入信号进行非线性变换，从而得到非线性输出信号。这是神经网络必备的基本功能层。需要根据应用需求和实际效果来选择具体的激活函数。

4. 全连接层

在经过多个卷积层和池化层的组合处理后，需要通过全连接层形成最终的输出结果。全连接层的作用主要有两个：一是将卷积层和池化层提取的局部特征整合为全局特征，从而捕捉到更高级别的抽象特征；二是作为神经网络的最后几层，负责将提取的特征映射到任务相关的输出空间，并根据任务类型输出预测结果。

卷积神经网络模型的生物学基础

深度学习作为一种神经网络方法,其起源与生物大脑的研究密切相关。那么,卷积神经网络中的卷积层等功能是否具有相应的生物学基础?答案是肯定的。例如,基于深度学习的图像识别技术源于对人类视觉系统的研究。研究发现,人类视觉皮层以分级的方式处理视觉信息,后脑皮层的不同视觉神经元与瞳孔所受到的刺激之间存在某种对应关系。例如,某些皮层神经元在瞳孔注意到物体边缘时会被激活。这些低层次的视觉识别信息经过汇总,最终形成大脑对物体的整体判断。

与传统的机器学习模型类似,深度学习模型也需要进行有效训练,两者之间的主要区别有两点:一是参数规模,传统线性分类模型的参数数量通常以十或百计,而深度学习模型的参数数量往往达到千万级别甚至上亿级别。例如,在 AlexNet 模型中,卷积层所有卷积核中的数值、全连接层中各类汇总运算的权重等都是参数,总量达 6 000 万。二是数据规模,深度学习模型需要大量的数据进行训练。如果数据不足,就难以有效地训练如此庞大的参数规模,使得模型效果不理想。相反,当数据充足时,深度学习模型的预测准确率就显著提升,如图 6-8 所示。这种现象被形象地称为 "数据饥渴"。这也使得深度学习模型对计算设备提出了更高的要求。

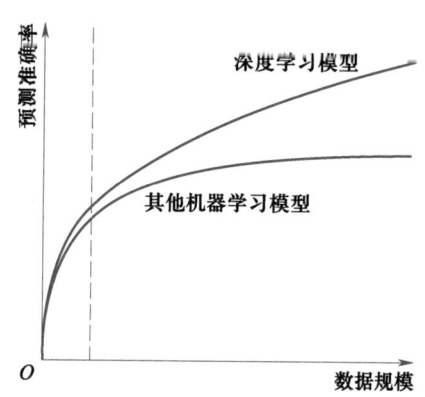

图 6-8 深度学习模型接收的数据越多效果越好

6.2.3 模型种类

除了前面介绍的卷积神经网络，常见的深度学习模型还包括以下几种类型：

1. 循环神经网络

循环神经网络（RNN）允许将较早时间步的输出作为当前时间步的输入。这种机制使得循环神经网络能够产生短期记忆效果，因此它常被应用于文本、语音、时序等序列数据的处理。

循环神经网络的基本原理是，将序列数据划分为多个时间步（如图6-9中的 x_1、x_2 等），每个时间步对应着序列数据中的一个实际元素（如一个词语、一个音频帧等）。每个时间步内的数据处理不仅接收当前输入，还接收上一个时间步的隐藏状态信息（如图6-9中的 h_1、h_2 等），其中隐藏状态是对过去信息的记忆表示。每个时间步可能输出一个结果（如图6-9中的 y_1、y_2 等）。

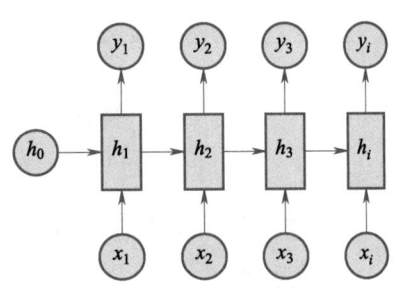

图 6-9 循环神经网络示意图

循环神经网络通过隐藏状态实现对过去信息的记忆，使得其在处理当前时间步的输入时能够考虑之前的信息。这种记忆机制是循环神经网络捕捉序列数据中时序依赖关系的关键。此外，循环神经网络可以在不同的时间步之间共享相同的权重和偏置参数，这种参数共享机制减少了模型的参数数量，提高了训练效率，并使其能够处理任意长度的序列数据。

但是，传统的循环神经网络在处理长序列数据方面存在局限性，难以学习到长期依赖关系。为此，研究者提出了多种改进方案，如长短期记忆（LSTM）网络和门控循环单元（gated recurrent unit，GRU）。这些结构通过引入门控机制和记忆单元等方式，显著提升了循环神经网络处理长序列数据的能力。

以长短期记忆网络为例。长短期记忆网络是一种特殊的循环神经网络结构，它通过引入三个"门"控制结构（即遗忘门、输入门和输出门）来解决传统循环神经网络在处理长序列数据时容易出现的梯度消失或梯度爆炸问题，从而能够有效地管理和维护长期记忆信息的流动。细胞状态是长短期记忆网络的核心部分（如图6-10

中的主线），负责在整个序列数据中传递信息，承载网络中的长期记忆信息。可以将细胞状态看作一条信息传输的"主干道"，它贯穿整个序列数据的所有时间步，并在每个时间步中根据输入信息、遗忘门和输入门的控制进行更新，从而保持对长距离依赖关系的敏感性。

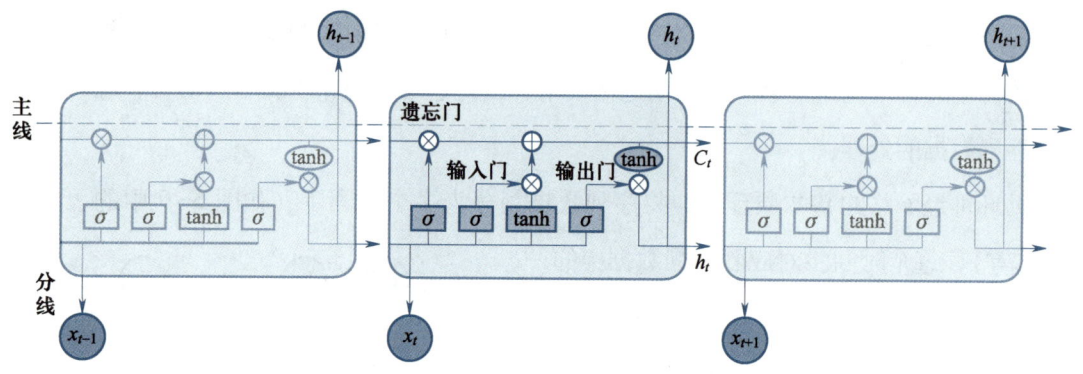

图 6-10　长短期记忆网络示意图

所谓"门"，可以理解为阀门，能够控制信息的流量。例如，遗忘门决定了上一时间步的细胞状态中有多少信息需要被遗忘，输入门决定了哪些新信息需要被加入细胞状态，输出门则通过当前时间步的输入信息和上一时间步的隐藏状态生成输出控制信号，决定了需要将细胞状态中的哪些信息输出到隐藏状态中，进而影响下一时间步的预测或决策。

2. 生成对抗网络

生成对抗网络（GAN）自 2014 年问世以来，迅速发展出多种变体，包括条件生成对抗网络（conditional GAN）、信息生成对抗网络（infoGAN）和深度卷积生成对抗网络（DCGAN）等。生成对抗网络基于"零和游戏"的博弈思想，其整体结构如图 6-11 所示。

生成对抗网络的具体工作流程如下：

① 利用初始生成器（通常是一个深度学习模型）生成在统计特征上与真实数据非常接近的合成数据。

② 利用初始判别器（通常也是一个深度学习模型）判别输入的数据是真实数据还是由生成器生成的合成数据。

③ 生成器和判别器通过相互对抗的方式进行训练。生成器试图生成逼真的数据以骗过判别器，而判别器则努力区分输入的数据是真实的还是合成的。

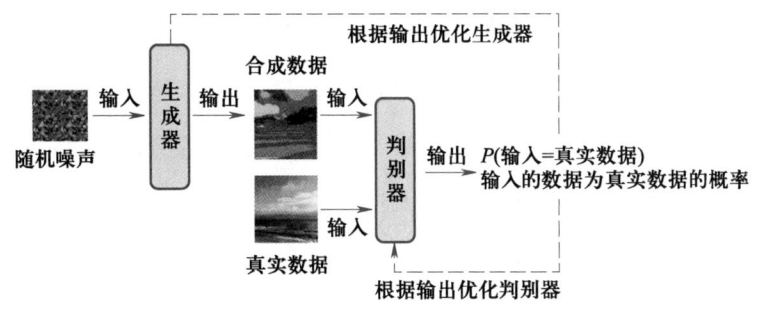

图 6-11 生成对抗网络示意图

④ 通过反向传播算法，生成器和判别器各自更新参数以最大化自身的性能。

⑤ 训练生成器，使其能够生成与真实数据在统计特征上难以区分的数据。而判别器则类似一个尽职尽责但已筋疲力尽的教练，其性能不断受到由生成器生成的逼真数据的挑战。随着训练的进行，判别器越来越难以像训练初期那样轻松地区分真实数据和合成数据。

生成对抗网络具有广泛的应用价值。例如，在数据增强领域，机器学习和深度学习通常需要大量的数据来训练模型以获得良好的性能，然而，很多实际应用缺乏高质量的数据或标注成本很高，利用生成器能够生成更多的与真实数据相似的数据，从而有效地增加训练数据集的规模和多样性，提高模型的泛化能力和稳健性。再如，在艺术创作和图像编辑领域，生成对抗网络可以生成逼真的图像、视频、音频等多媒体内容。通过学习不同风格之间的映射关系，生成对抗网络能够实现图像风格迁移、修复损坏图像、去除图像中不需要的对象等功能。

6.3 应用实例

6.3.1 中国在深度学习时代的贡献

随着深度学习的发展，人工智能已不仅仅是一种技术革新，更成为推动社会变革的重要力量。它正在深刻地改变着人们的生产方式、生活方式乃至思维方式。中国在这场变革中扮演了重要的角色，既是参与者，也是推动者。从政策支持到企业实践，从学术研究到人才培养，中国正在积极投入，努力抢占人工智能发展的制高点。

算力、算法和数据是深度学习的三大核心要素。其中，算力源于芯片，是数据和算法的基础设施与支撑。尽管美国在算法、算力和数据这三大领域长期占据主导地位，但中国的研究机构和企业近年来飞速追赶，国产产品的技术水平不断提升，取得了一系列显著成果。

1. 算力领域

人工智能芯片是专门为人工智能算法和应用设计的芯片。中国在人工智能芯片领域的研究起步较晚，但近年来相关研究机构和企业陆续发布了多项重要成果。例如，2017年华为发布了全球首款内置独立神经网络单元（NPU）的智能手机AI计算平台——麒麟970。2018年，中科寒武纪发布了我国首款云端人工智能芯片MLU100。2019年，华为发布了商用AI芯片昇腾910。2024年，华为发布了昇腾910C AI芯片，整体国产化率已接近55%，适用于大规模的AI训练和推理任务。地平线科技公司、平头哥半导体公司、昆仑芯科技公司等企业也纷纷推出人工智能芯片产品。

在智能制造和机器人技术领域，中国取得了显著突破，涵盖工业机器人、服务机器人和农业机器人等多个方向。这些技术的发展不仅提高了生产效率，还在一定程度上改变了制造业的就业结构。根据中国信息通信研究院发布的报告，截至2023年12月，中国算力总规模已达到230 EFLOPS（每秒百亿亿次浮点运算能力），位居全球第二。到2025年，中国算力规模将提升至超过300 EFLOPS，其中智能算力占比将达到35%。算力水平的大幅提升是中国在科技创新领域赶超世界的重要推动力。

除此之外，与芯片相关的其他信息技术的发展也非常迅速。截至2024年12月，中国累计建成并开通5G基站达到425.1万个。到2025年，中国累计建成的5G基站将达450万座以上。在6G领域，截至2025年初，中国提交的6G标准提案占全球总量的37%，相关专利的申请和授权数量位居全球前列，占比超过48%，展现了中国在网络通信领域的技术创新能力。在超级计算机领域，根据2024年11月公布的Graph 500全球排名，中国的"天河"超级计算机居于Small Data Green Graph500

（小数据图计算能效）榜单首位。截至 2024 年，中国共有 226 台超级计算机进入全球超级计算机 500 强榜单，约占总量的 45%，数量位居全球首位。此外，中国的量子计算也取得了显著进展。2025 年，中国量子计算产业规模预计将达到 115.6 亿元，保持 30%以上的增长率。

2. 算法领域

在算法实现层面，中国企业推出了多种深度学习框架。例如，百度推出了飞桨（PaddlePaddle）深度学习框架，支持分布式训练和部署，为开发者提供了丰富的工具和库。华为推出了昇思（MindSpore）深度学习框架，具有灵活的图模型、推理引擎和分布式训练等功能。在算法研究层面，中国的高影响力和原创性突破性论文自 2010 年后开始涌现。中国在人工智能领域的论文发表量在 2017 年超过美国，位居全球第一。2022 年，中国的人工智能专利申请量占全球总量的 61.1%，位居世界首位。2024 年，中国在人工智能领域的顶级模型开发和应用方面也取得了显著进展，特别是在大模型训练框架方面。在学科结构上，中国在模式识别、计算机视觉、数据挖掘和语音识别等领域表现突出。例如，科大讯飞等企业已成为全球领先的语音识别技术提供商。

在企业应用方面，中国科技企业展现了强大的实力和创新精神，在语音识别、图像识别、自然语言处理等领域取得了重大突破，并将人工智能技术应用于金融、医疗、教育等多个行业，推动了这些行业的智能化升级。截至 2024 年 12 月，全球人工智能企业数量已超过 31 000 家，其中中国企业约有 4 700 家，约占全球总数的 15%。中国人工智能产业已形成长三角、京津冀、珠三角三大集聚发展区。一批中国科技企业的人工智能开放平台已初步具备支撑产业快速发展的能力。例如，2025 年初，中国人工智能企业深度求索（DeepSeek）掀起一场从底层架构到终端的人工智能产业革命，开启了人工智能生成内容（artificial intelligence generated content，AIGC）的新纪元。

3. 数据领域

中国作为全球人口最多的国家之一，拥有海量的数据资源。这些数据涵盖了经济、社会、文化、科技等多个领域，为人工智能算法的训练和优化提供了丰富的"燃料"。根据《全国数据资源调查报告（2023 年）》，2023 年全国数据生产总量达到 32.85 ZB，同比增长22.44%，这相当于1 000多万个中国国家图书馆的数字资源总量。其中，与智能网联汽车相关的出行数据同比增幅达到49%，这主要得益于自动驾驶技术的不断发展和智能网联汽车市场的扩大。同时，与工业机器人等智能生产设备相关的制造数据同比增幅为20%，表明制造业在数字化转型过程中产生了大量有价值的数据。

中国在数据要素统筹管理方面也取得了显著的进展。政府不断完善数据管理体制，加强数据分类推进和数据资源统筹利用。通过推动数据共享开放，打破数据孤岛，促进了跨行业、跨领域的数据融合应用。同时，中国加强了对数据安全和隐私保护的监管，为人工智能产业的健康发展提供了良好的法律和政策环境。

6.3.2　深度学习方法在营销海报设计领域的应用

传统的电子商务营销海报设计需要大量的人工劳动，并且要求所有设计人员都按照统一的规范进行操作。例如，制作海报、修改文字、更换商品、调整设计、更换条幅等任务，每个设计师通常要对接多个运营人员，完成流水线式的重复性工作。

为了提升效率，阿里巴巴在2018年发布了一款名为"鹿班"的人工智能设计系统。该系统平均每秒可完成8 000张海报设计，一天可制作4 000万张海报，其定制界面如图6-12所示。

"鹿班"系统包含三大核心模块：风格学习模块、行动器模块和评估网络模块。

1. 风格学习模块

风格学习模块的主要任务是对大量设计素材进行结构化标注，并利用神经网络学习这些素材的特征，最终输出一个包含空间特征和视觉特征的设计框架。这一过程涉及的具体步骤如下：

① 数据标注：系统首先对大量设计素材的数据进行结构化标注。利用人工标注的方式，让机器理解设计由哪些元素组成，如商品主体、花朵背景、蒙版等。

② 设计手法与风格定义：在标注的基础上，利用设计经验知识进一步定义设计手法和风格。设计手法用于解释元素之间的逻辑关系，即为什么这些元素可以这样组合；而风格则用于从美学或视觉的角度描述设计给人的整体感受，让机器理解设计的组成和美学特征。

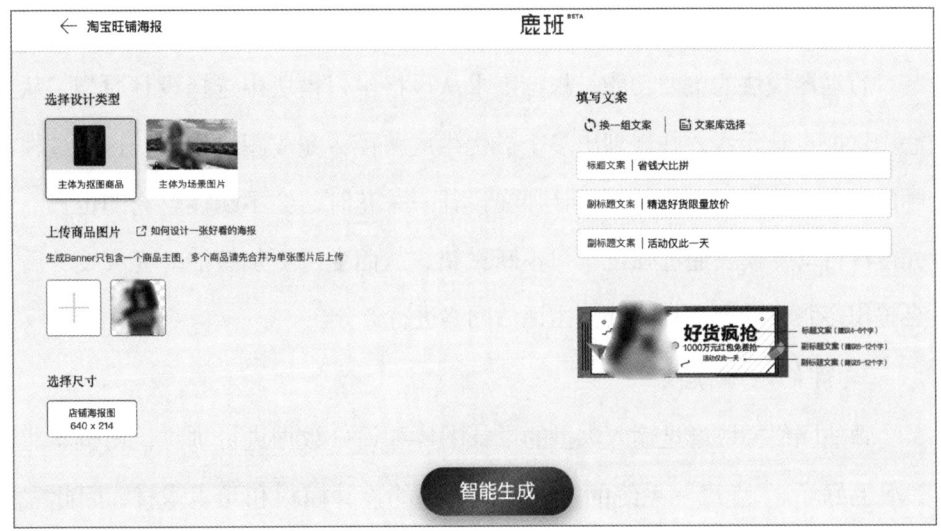

图 6-12 "鹿班"的海报定制界面

③ 设计框架生成：准备设计所需的原始文件（如花朵图案、设计图样等），并将这些文件输入深度学习网络。该网络具备记忆功能，能够记住复杂的设计步骤。经过神经网络学习，会生成一个由空间特征和视觉特征构成的设计框架。从技术的角度看，这是一个包含空间特征和视觉特征的模型；从设计师的视角看，它相当于在开始设计时脑海中形成的初步框架印象。设计框架的生成过程如图 6-13 所示。

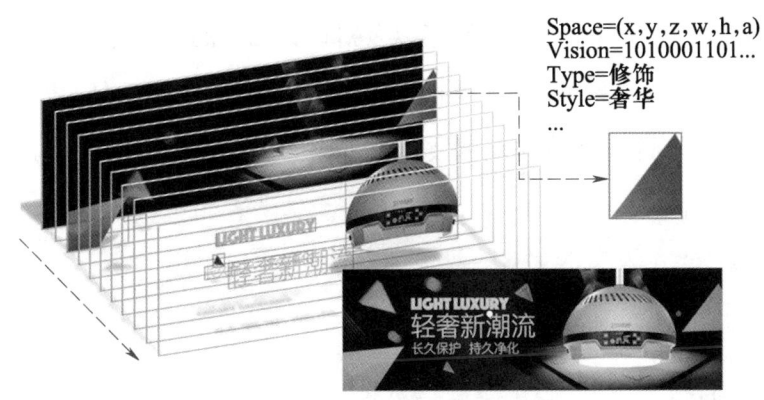

图 6-13 设计框架的生成过程

④ 设计元素的分类与管理：在设计框架的同时，元素中心会批量输入设计元素（如底图、主产品图、修饰元素等）。这些设计元素由元素分类器根据视觉特征和类型进行分类。此外，系统会提前收集相关的版权图库或自主设计的元素，并将它们输入元素分类器。元素分类器会将这些元素分配到不同的类型，如背景、主体、修饰等中，并完成图片库的提取。

2. 行动器模块

行动器模块的主要功能是根据需求从风格学习模块中选择设计原型，从元素中心中选取设计元素，并规划出多个最优生成路径，完成图片设计。这一过程与设计师的工作十分相似。例如，设计师在设计一朵花时，会不断调整它的位置、像素和角度。行动器模块通过强化学习不断试错，从而变得更加智能。完成设计后，系统会输出多张设计图，并将其交由评估网络进行评分。

3. 评估网络模块

评估网络模块通过输入大量的设计图片和评分数据进行训练，使机器能够判断设计的好坏。"鹿班"系统的基础是设计师的设计模板和元素素材，因此需要两名设计师角色对系统进行训练：一是风格学习设计师，负责帮助系统完成最新的风格学习，使系统不断进化并掌握更好的设计技巧；二是网络评估设计师，负责对系统的设计成果进行评估，告诉系统什么样的设计才是最好的。设计师的核心职责是将设计数据化。系统通过学习百万量级的设计稿，具备了设计上亿量级海报的能力。

当然，该系统也面临诸多困难。首先是缺少标注数据，人工智能依赖大量经过整理和标记的数据，而对于设计图样而言，标准化和结构化数据较为稀缺。其次是设计具有不确定性，对设计需求的理解以及对设计结果的评估存在主观性。例如，无法直接向机器输入"高端大气的海报"这样的抽象指令。最后是无先例可循，在设计领域，缺乏现成的、可供参考的技术或框架，对自主研发的要求较高。

6.4 实验

6.4.1 深度学习模型可视化查看

【目的】了解利用 Netron 和飞桨 VisualDL 等可视化工具对深度学习模型进行观察的方法。

【说明】深度学习模型往往涉及多层神经网络结构，模型一般以代码的形式呈现，不便于人们理解。可以通过可视化工具 Netron，形象地展示深度学习模型各层次之间的关系。Netron 是一个开源的可视化工具，能够以图形的方式展示各种深度神经网络、机器学习模型及其内部结构。开发者可以利用 Netron 来直观地理解、调试和验证不同框架生成的模型。

【准备】这里主要使用两个平台：一是 Netron 本地版本；二是 Netron 和飞桨 VisualDL 的在线版本。

【操作 1】利用 Netron 查看深度学习模型

步骤 1 双击文件 Netron-Setup-7.8.3.exe，安装 Netron。

步骤 2 安装好后启动 Netron，初始界面如图 6-14 所示。

图 6-14　Netron 启动后的初始界面

步骤 3 单击"Open Model（打开模型）"按钮，选择模型，如"squeezenet1.0-3"模型，打开 SqueezeNet 模型。该模型是一种轻量且高效的卷积神经网络模型，其参数数量是 AlexNet 模型的 1/50，但性能与 AlexNet 模型接近。

步骤 4 此时，SqueezeNet 模型的显示界面如图 6-15 所示。

Netron 能够以图形化的方式呈现模型中的各个层次及其之间的连接关系，便于用户快速了解模型的整体架构。单击不同的图形，如"Conv（卷积层）"，右侧会显示当前层次的详细情况，继续单击其中的"INPUTS（输入）"和"OUTPUTS（输出）"，可以追踪到其他相应的层次，如图 6-16 所示。

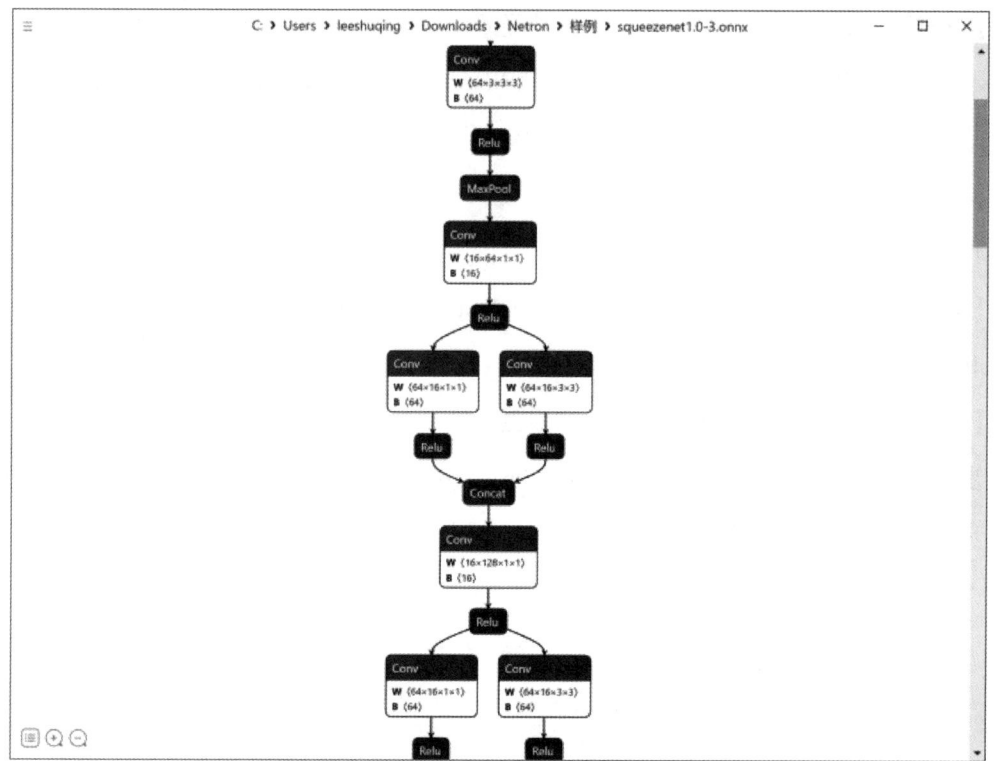

图 6-15　在 Netron 中 SqueezeNet 模型的显示界面

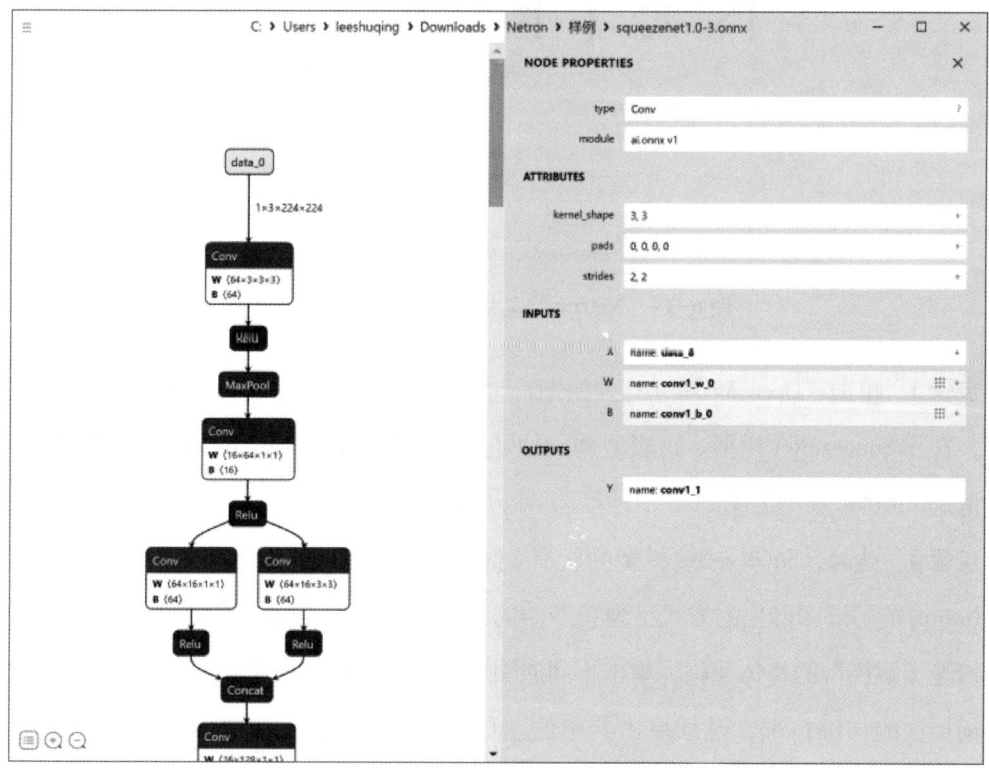

图 6-16　SqueezeNet 模型中的相关层次及其详细信息

对于支持的模型格式，Netron 还允许用户查看模型中包含的具体权重和偏置参数。例如，对于卷积层，单击"INPUTS"中"W（权值）"右边的"+"号，即可直观地查看卷积核的参数。其他参数的查看方法类似。

【操作 2】利用 Netron 在线版本查看深度学习模型

步骤 1 利用 Netron 在线版本查看深度学习模型的方法类似 Netron 本地版本，其主页如图 6-17 所示。

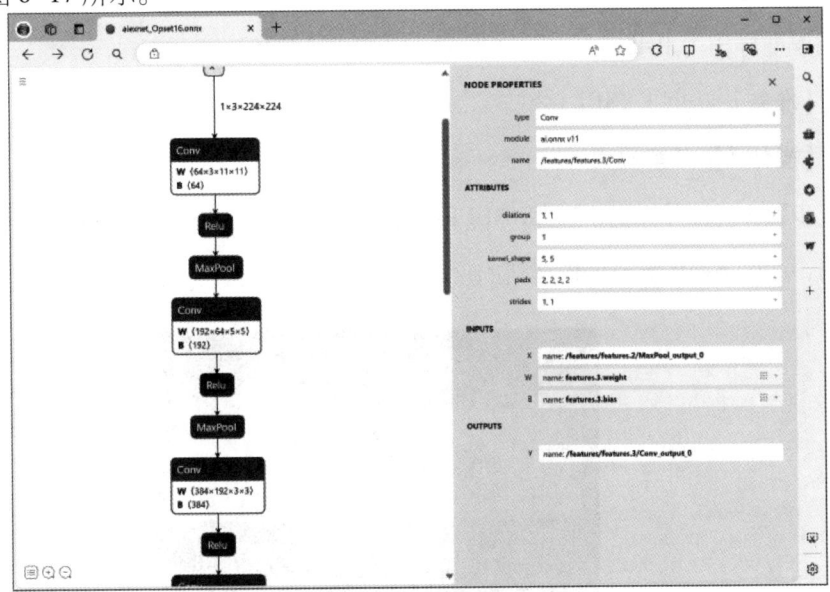

图 6-17　在 Netron 在线版本中显示 AlexNet 模型

步骤 2 飞桨 VisualDL 也可以进行类似的可视化展示。在其主页上单击"更换模型"按钮，即可查看指定模型的情况，如图 6-18 所示。

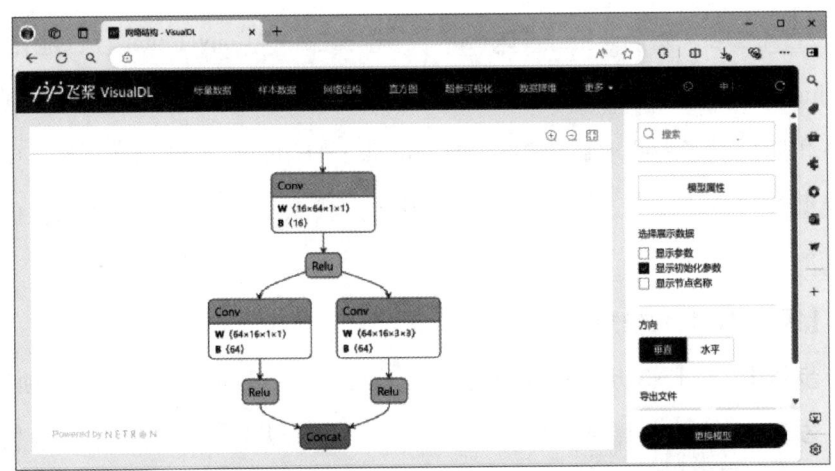

图 6-18　在飞桨 VisualDL 在线版本中显示 SqueezeNet 模型

6.4.2　深度学习模型可视化编程

【目的】了解利用可视化工具 ENNUI 对深度学习模型进行训练的常见方法。

【说明】ENNUI 是麻省理工学院开发的一款拖曳式神经网络可视化工具,它提供了易于操作的神经网络模型构建界面。该工具是一个基于浏览器的在线工具,用户可以通过拖曳界面元素直观地构建、训练和可视化神经网络模型,而且可以将构建的模型导出为 Python 代码,方便进一步开发和学习。

【准备】访问 ENNUI 官网。

【操作 1】了解界面

步骤 1　打开界面,在 ENNUI 的起始页面上单击"Start Building(开始构建)"按钮,如图 6-19 所示,构建新的项目。

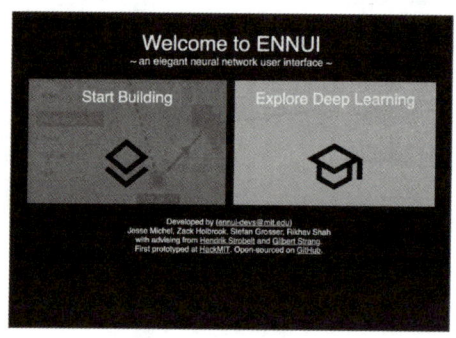

图 6-19　在 ENNUI 的起始页面上开始构建新的项目

步骤 2　ENNUI 的工作界面主要分为三部分(如图 6-20 所示):左侧提供各类神经网络层,如全连接("Dense")、卷积层("Convolution")、池化层("Max Pooling")和一些激活函数("Activations"),如 ReLU 等,它们可以自由组合,左下角还提供了一些项目模板,如"Blank""Default""ResNet"等;中间是可视化模型构建窗体,在这里可以通过拖曳的方式来组合各层;右侧则提供了模型训练功能。

【操作 2】构建模型

步骤 1　在 ENNUI 工作界面的左下角,选择"Blank"构建新的空项目。

步骤 2　自由选择神经网络层进行组合。可以进行以下操作:添加层,选择并单击所需的层后即可添加该层;删除层,单击要删除的层再按 Delete 键即可删除该层；建立和取消连接：单击一个层，会出现连接虚线，再单击目标层，即可在两层之间建立连接，按 Esc 键即可取消连接。对于部分层（如多个卷积层），需要汇总到一个连接层以产生最终输出。整体模型如图 6-21 所示。

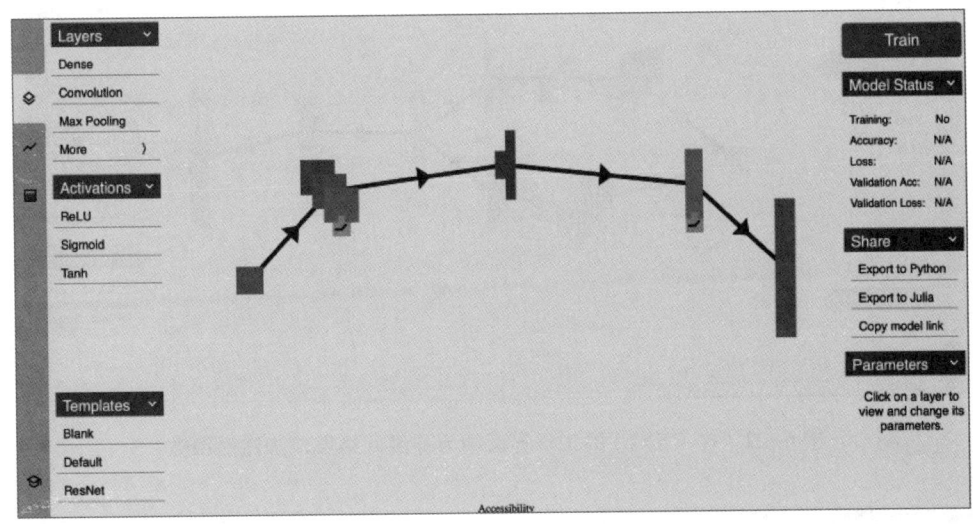

图 6-20　ENNUI 的工作界面

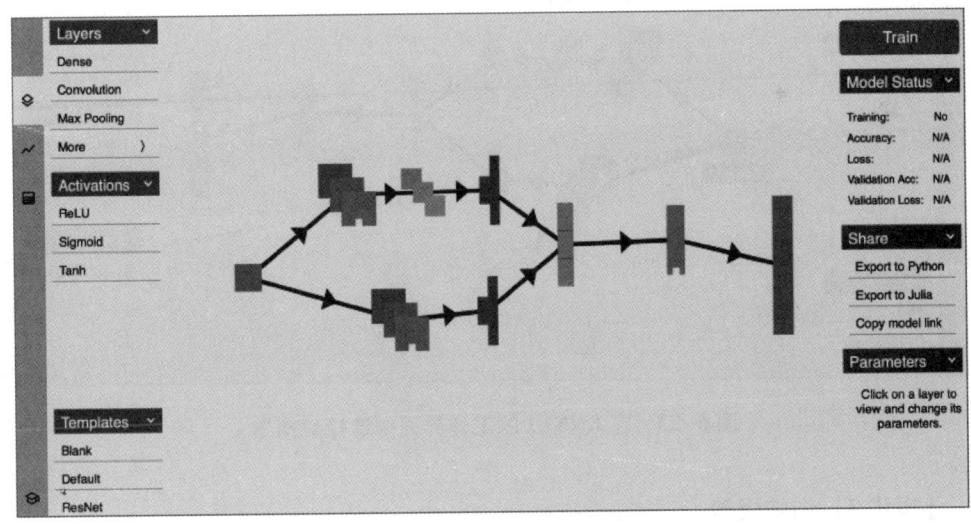

图 6-21　在 ENNUI 的工作界面中连接多个神经网络层

步骤 3　部分神经网络需要激活函数，此时相应的图形下方会显示一个方形缺口。可以自由选择激活函数并将其添加进去，界面如图 6-22 所示。

步骤 4　添加数据集。选择最左边的输入层，可以在右下角看到"Dataset（数

6.4　实验　271

据集)",默认选择的是手写数字数据集(MNIST),界面如图6-23所示。

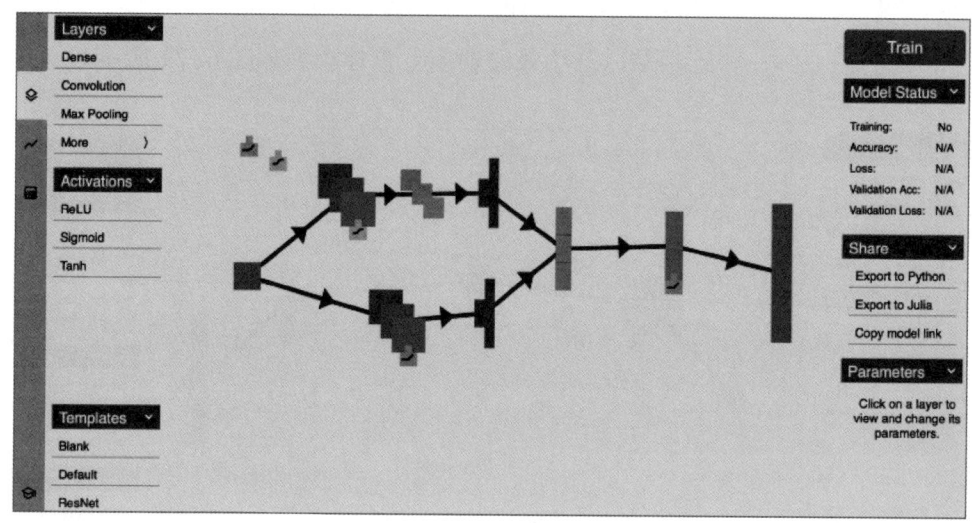

图6-22 在ENNUI的工作界面中为神经网络层增加激活函数

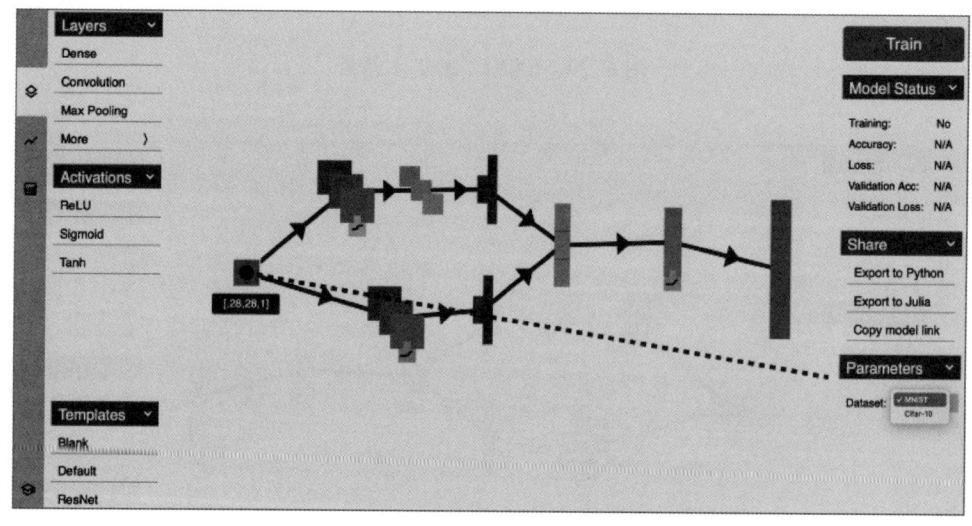

图6-23 在ENNUI的工作界面中选择数据集

【操作3】训练模型

步骤1 在ENNUI的工作界面中,单击右上角的"Train(训练)"按钮,即可看到加载数据集的界面,如图6-24所示。

步骤2 加载完成后,可以在右侧看到实时的训练参数和状态信息,如图6-25所示。

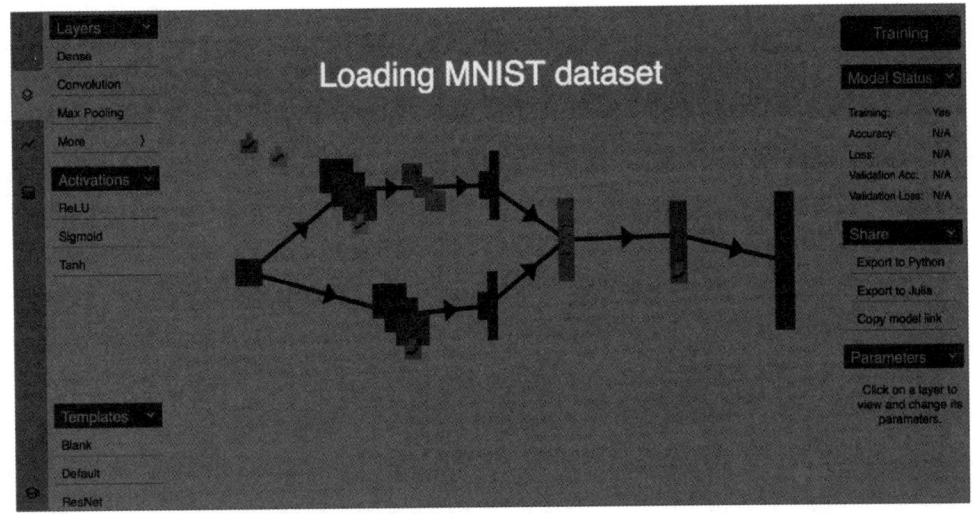

图 6-24　在 ENNUI 的工作界面中加载数据集

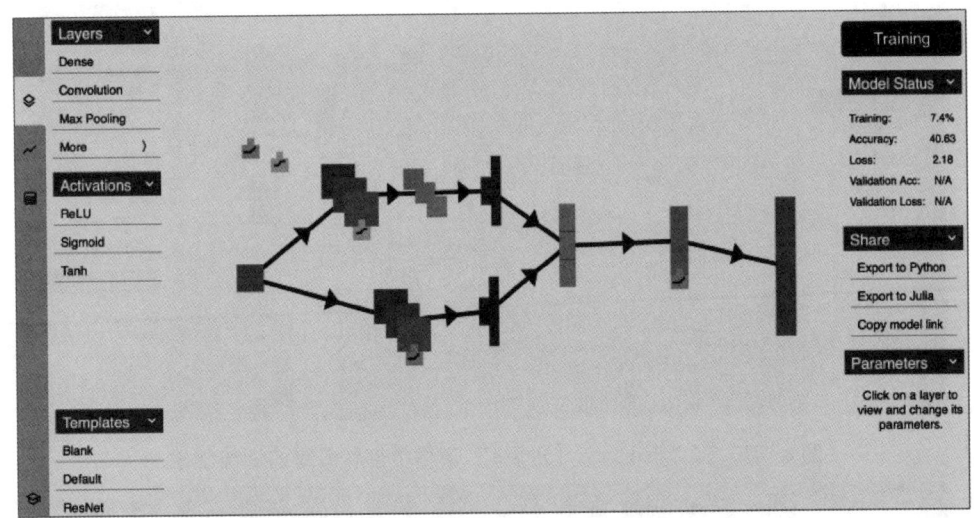

图 6-25　在 ENNUI 的工作界面中查看训练状态

步骤 3　单击左侧的"Progress（进展）"窗格，可以看到更详细的训练情况。例如，损失率（"Loss"）逐渐下降，准确率（"Accuracy"）逐渐上升，如图 6-26 所示。

步骤 4　训练全部完成后，可以在右侧看到最终的训练结果，如图 6-27 所示。此外，还能在表格中看到各类数据的预测值与实际取值之间的差异。

步骤 5　单击左侧的"Visualization（可视化）"窗格，可以看到更为详细的训练结果，如图 6-28 所示。

6.4　实验　273

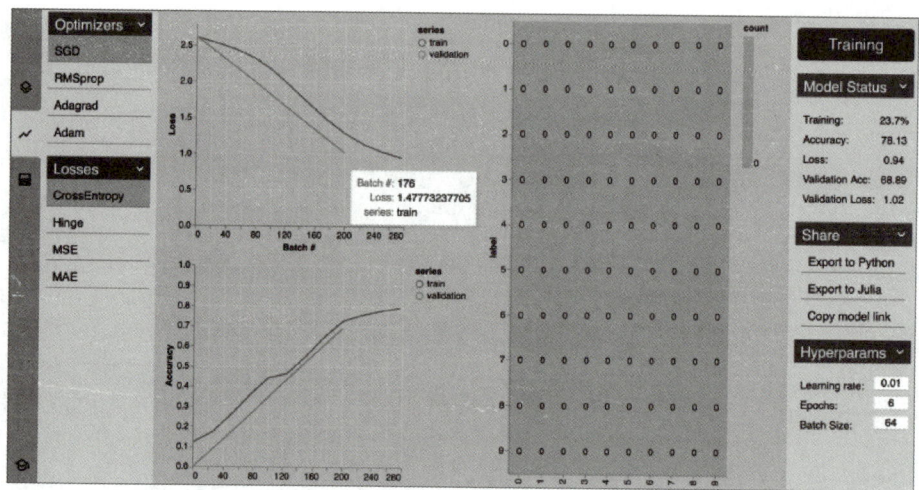

图 6-26 在"Progress（进展）"窗格中查看更详细的训练情况

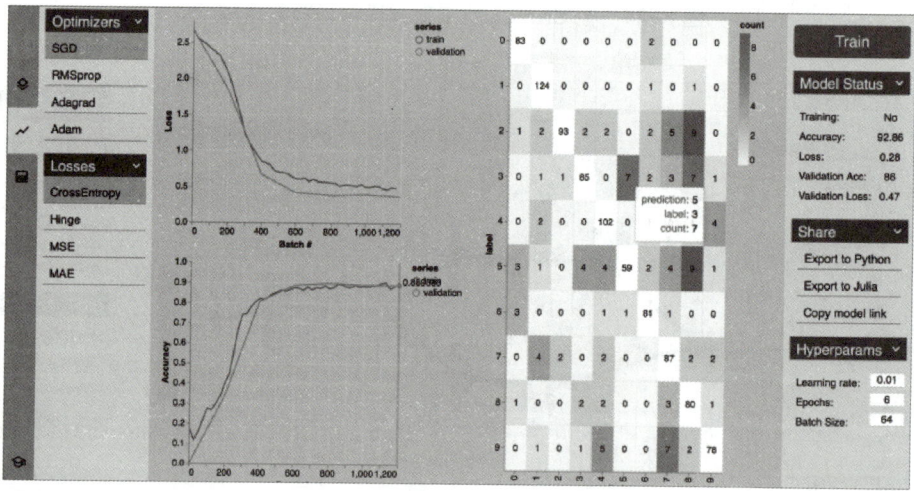

图 6-27 在"Progress（进展）"窗格中查看最终的训练结果

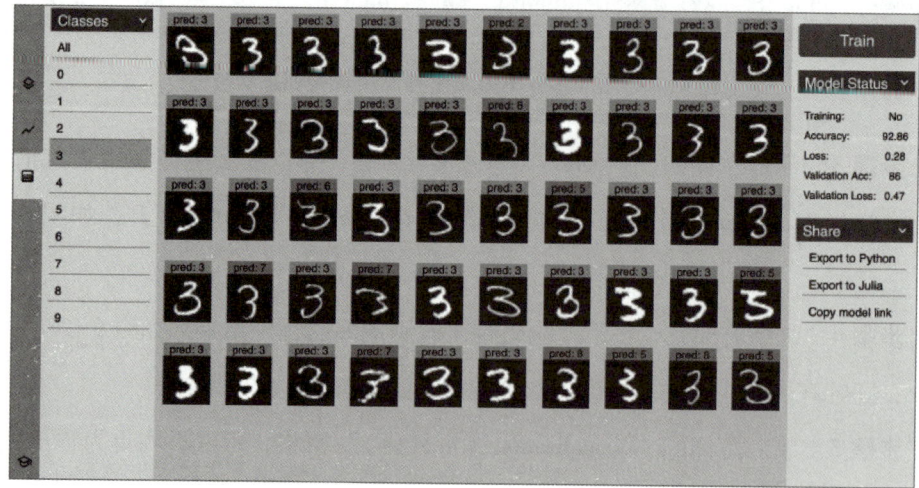

图 6-28 在"Visualization（可视化）"窗格中查看更详细的训练结果

思考与练习

1. 查阅文献，了解人工神经网络结构与生物神经网络之间有哪些相同和不同之处？
2. 神经元阈值的设计具有什么样的应用意义？
3. 在"深度学习"概念中，"深度"和"学习"分别是指什么？
4. 结合你的理解，说说 AlexNet 模型结构设计的特点和意义。
5. 池化层使用最大值池化或者平均值池化分别适用于什么样的应用场景？
6. 有人总结了线性回归模型、可能具有较深路径的决策树模型，以及具有更长更复杂计算路径的深度学习模型的特点，并绘制了如图 6-29 所示的示意图。

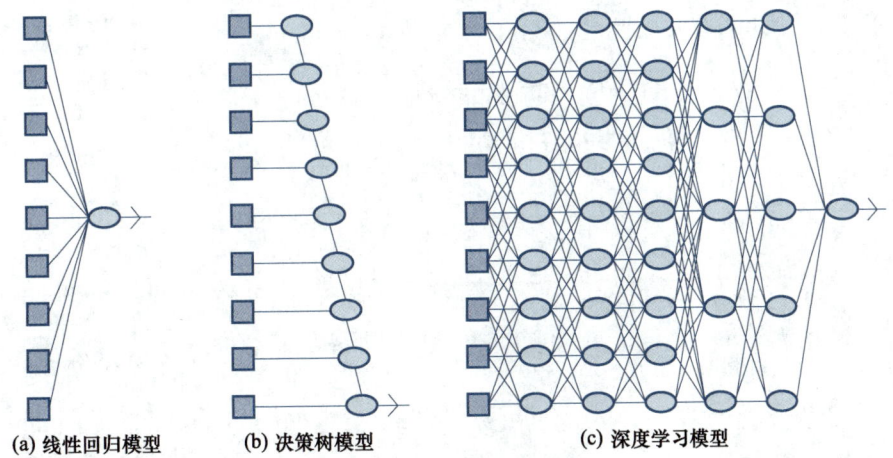

图 6-29　三种模型的示意图

结合你的理解，说说你对这三种模型的看法。

7. 在卷积神经网络中，哪些结构有助于图像特征的抽取？
8. 在循环神经网络中，能够实现长期记忆效应的基础设计要素有哪些？
9. 在长短期记忆网络中，三个"门"控制结构的功能分别是什么？
10. 查阅资料，了解更多的深度学习模型，并使用可视化工具查看其结构。
11. 深度学习具有怎样的意义？它和机器学习、神经网络和人工智能之间的关系是什么？

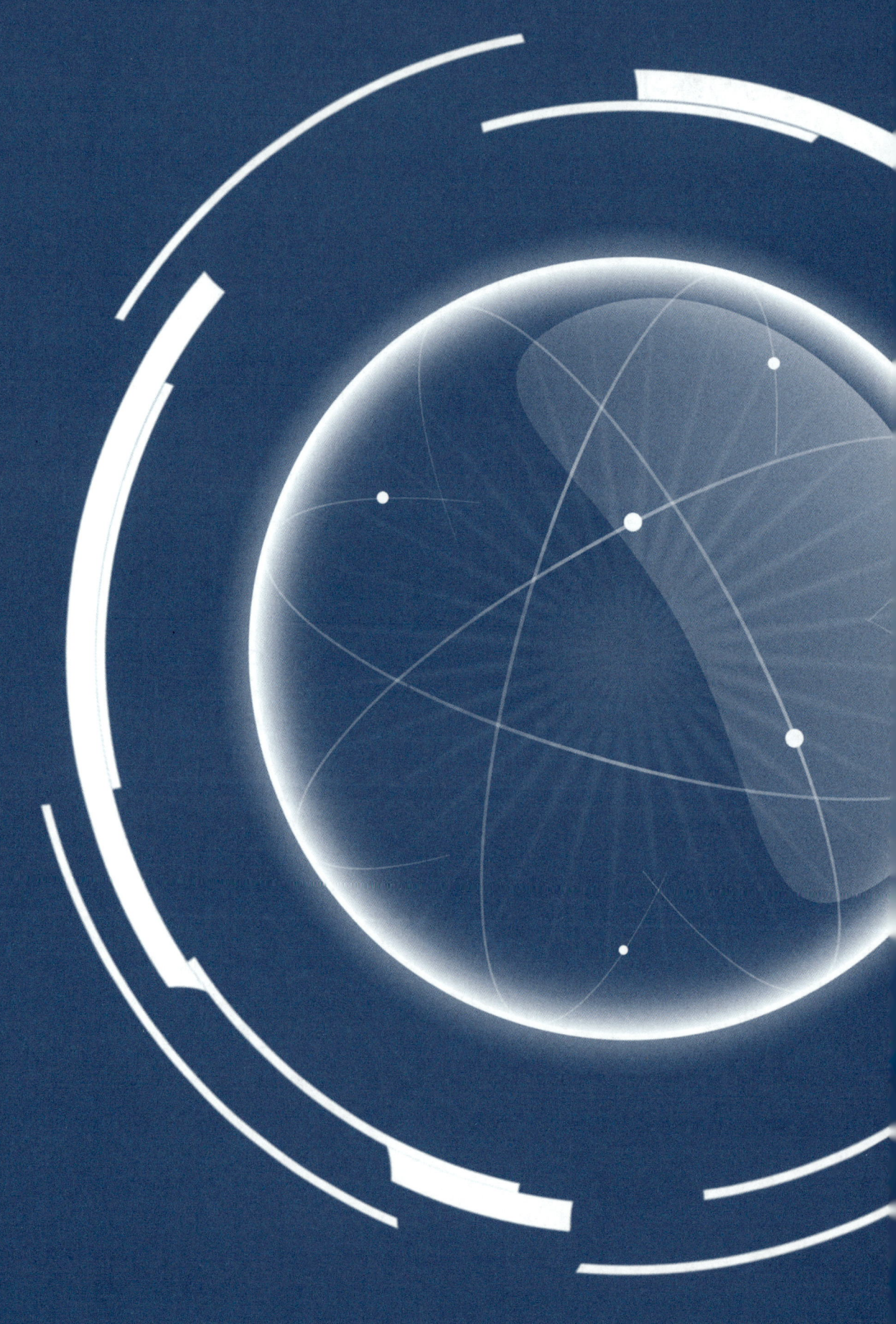

第 7 章 自然语言处理

【格言】

语言理解是人工智能领域皇冠上的明珠。

——微软公司创始人比尔·盖茨（Bill Gates）

【教学目标与要求】

自然语言处理是当前以大语言模型为代表的人工智能技术取得突破的重要领域之一。本章主要结合自然语言处理要解决的问题、历史发展和当前主要的自然语言处理方法，尤其是深度学习语言模型方法，系统讲解自然语言处理的相关理论知识和实际应用。此外，本章还将介绍词语分析、文本分析等相关知识，包括传统的统计语言模型方法等内容。

【知识导图】

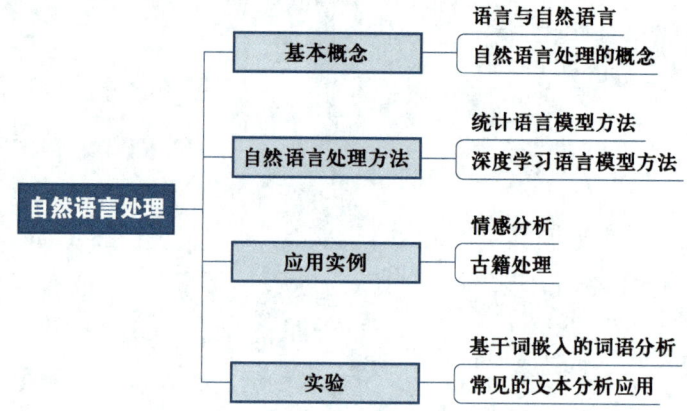

【导引】

人类虽然很早就具有语言能力，但对语言的研究时间并不长。即使到今天，人们对诸如语言产生的根本原因、儿童如何习得语言等问题还知之甚少。让计算机理解并生成人类的自然语言，更是在近几年才取得了关键性突破，成为当代人工智能技术的重要应用之一。这一领域的研究融合了语言学、统计学、计算机科学等多个学科长期积累的成果。

在学习本章时，以下几个问题值得思考：

◇ 自然语言处理的难点是什么？

◇ 计算机如何理解语义？

◇ 如何准确地理解一个词语的含义？

◇ 搜索引擎是如何利用自然语言处理技术进行检索的？

希望读者通过本章的学习，能够对这些问题形成自己的认识和理解。

7.1 基本概念

7.1.1 语言与自然语言

1. 语言

一般认为，人类语言的历史可以追溯到大约十万年前，而文字的出现则大约在五千年前。文字可以被视为语言的一种书面固化形式。时至今日，语言已成为人类这一物种所独有的重要能力和特征。只有借助语言，人类才能够表达自己的想法，并向他人传递信息。而通过固化的书面文字，人类更能够实现跨越时间的知识传承，从而为知识的积累奠定基础。关于语言与思维之间的关系，学界存在不同的观点：语言究竟是思维的外在表现，还是思维的重要工具和载体？尽管众说纷纭，但不可否认的是，现代人类的思维与语言现象高度结合。理解人类语言在很大程度上意味着理解人类的思维方式。

在人类的语言中，有些语言属于推理和思考范畴，但更多的语言属于知识的范畴。例如，在人类对自然现象的认识中，诸如"闪电是发生在雷雨云内部、云与云之间或云与地面之间的大气放电现象"这类事实性知识，无须通过推理获得，也无法通过推理得到。如果计算机具备了语言理解能力，就意味着计算机不仅能够与人类进行更自然的交流，还能够理解人类知识并学习新知识，这将极大地增强现代人工智能技术的能力。

2. 自然语言

(1) 自然语言的特点

自然语言不仅包含语法和语义规则等基本语言要素，还具有许多由人类语言习惯带来的特殊表达特点。这也是"自然"一词的由来。因此，很难用严格的定义来描述自然语言。例如，一个极端的例子是："是这段一意故两两位错的句语是但不并响影速快读阅"，尽管这句话的语法存在明显错误，但人们往往能快速理解其含义。此外，自然语言中还存在一词多义、多词一义等现象。更重要的是，人类语言本身并非一成不变。正如语言学家爱德华·萨丕尔（Edward Sapir）所言："没有一种语言是绝对不变的，任何语法规则都会有所遗漏。"因此，自然语言的处理难度极大，以至于在图灵测试中，也要求机器智能理解基于文字的问题，而且只有对相应的问题给出正确的回答才能通过测试。

自然语言是基于人类长期实践和认知经验形成的语言形式，虽然其中存在一些可以量化分析的客观规则，但也有许多主观性很强的灵活表达方式，这些都给自然语言处理带来了巨大挑战。

（2）自然语言的处理难点

① 词语的边界问题：在英语中，空格常被视为有效的词语分隔符，因此分词相对容易。当然，也存在一些特殊情况，像"New York"这样的词语跨越了空格。而在德语和丹麦语等语言中，空格并不用于分隔词语。例如，德语中的"Lebensversicherungsgesellschaftsangestellter"意为"人寿保险公司员工"，其词语边界并不明显。对于中文而言，这一问题更加突出。例如，短句"下雨天留客天留我不留"可能因分词边界的不同而产生不同的语义。又如"长长长长长长长"这样的句子，可以根据语音的不同进行分词，进一步增加了处理的复杂性。

② 词语写法的多样性：英语中存在人称、时态和单复数等常见的语法变换形式，而法语则拥有更复杂的语法体系，包括阴阳性、性数一致、时态、语态和语气等变化形式。此外，英语中还存在连字符（如"21-year-old"）和缩略语（如"USA"）等特殊写法，这些在医学文献中也较为常见。图7-1展示了一个医学缩略语查询功能的示例。

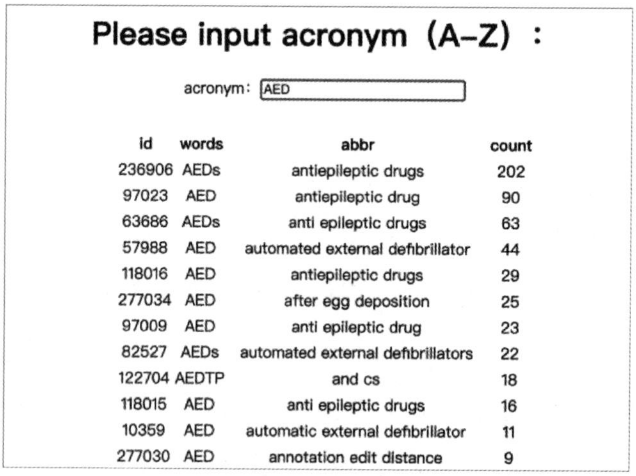

图7-1 医学缩略语词查询功能示例

③ 词语之间存在复杂的相互关系：词语之间的相互关系以及句法结构可能对语义分析产生重大影响。例如，句子"There is nothing on the menu that a vegetarian would like（这个菜单并不适合素食者）"如果直接使用词项匹配的方法进行分析，可能会导致错误的语义理解。此外，长距离依赖关系也是一个重要问题。例如，在句子"李四告诉我张三生病了，所以我把他送到了医院"中，最后的"他"显然指代"张三"而非"李四"。但是，由于句子较长，词语之间的依存关系需要结合较长距离的语义分析才能得出正确的结论。

7.1.2 自然语言处理的概念

研究人类语言的现代语言学在 19 世纪末和 20 世纪初逐渐形成，其发展与人工智能的兴起密切相关。20 世纪中叶之后，两者的交叉研究催生了诸如计算语言学（computational linguistics）和自然语言处理（natural language processing，NLP）等混合领域。所谓自然语言处理，是指让计算机去理解、解释和生成人类自然语言，从而实现人机之间的自然交互，其应用包括语言翻译、情感分析、文本生成等。

为了实现计算机对自然语言的处理，研究者提出了多种语言模型。严格来说，语言模型是一种统计模型，用于计算一个词序列或字符序列的概率分布，以预测后续出现某个词或字符的可能性。简单的理解是，语言模型用于预测在当前文本内容之后最可能出现的词语，或者评估一个句子或短语是否符合自然语言的表达习惯。例如，对于"我是一名"这样的文本，后面很可能出现诸如"学生"或者"教师"之类的词语，而不太可能出现诸如"天空"或者"山峰"等词语，这就意味着不同词语出现的概率并不一致。因此，语言模型是各种自然语言处理任务的核心，语言建模任务本身也可以作为衡量语言理解能力的基准。

自然语言处理的对象通常是由多个字符组成的序列。这些字符可以是单个字母、汉字、单词或词语，它们都来自一个预先定义的字典（词典）。问题的关键在于这些字符的出现顺序及其之间的关系是否符合人类的认知习惯。常见的判断标准是：越容易和越频繁出现在人类已有文本中的字符序列，越被认为是有意义的。换言之，一种文字序列的组合越可能出现，就越有意义。

知识点

特殊字符的使用

虽然自然语言处理涉及的字符通常来自字典，但也存在一些不在字典中的字符。例如，单个字符可能是其他语言的符号，或者词语可能是互联网新词。对于这些特殊情况，简单的处理方法是将所有未在字典中出现的字符替换为"<UNK>"等特殊标记，表示未知字符。此外，对于句子中的第一个字符，由于前面没有其他字符，因此无法根据前面的字符情况来判断当前哪个字符更容易出现。为此，通常会在句子的开头和结尾处分别添加"<START>"和"<END>"等特殊标记，以统计句首字符和句尾字符的出现频率。

根据处理的最小单位是单个字符（字母或汉字）还是单个词语，可以将自然语言处理模型分为字模型和词模型。文本处理的最小单位通常称为标识（token）。字模型以单个字符为处理单位，其字典规模较小。例如，常用的汉字约有 2 500 个，常用的汉语词语约有五万个；英文字母仅有 26 个，常用的英文词语也约有五万个。字模型无须分词，直接按字符分割即可，适用于字符级的语言处理任务，如拼音语言的拼写纠错、汉字语言的字符级生成，以及语音识别中语言种类的鉴定等任务。相比之下，词模型以单个词语为处理单位，其字典规模较大且需要分词。词模型在处理专业术语时准确度较高，因为专业术语通常以词语的形式出现，而且词语级的上下文信息有助于更准确地理解术语的含义。需要说明的是，本章的内容若无特别说明，均以词模型为例进行介绍。

不同的词语和句子对人类而言可以唤起不同的感受，但这种感受仅限于理解该语言的人。即使人们不了解某种语言，也不能否认该语言的文字本身具有语义。语义是语言的内在属性，不依赖于个体的理解。这一道理同样适用于利用计算机进行的自然语言处理。尽管自然语言处理涉及的词语和字符都具有丰富的语义，但计算机并不理解它们的语义，而是通过算法和模型来识别语言的模式与结构，从而完成特定的任务，如翻译、分类或生成文本。例如，"钟山苍黄"这四个汉字，如果写成拼音"Zhong Shan Cang Huang"，或者转换为五笔码"qkhh mmmm awbb amwu"，对于人类来说，可能失去了原文的意境和感受。然而，对于计算机处理而言，这些形式并无本质区别,因为计算机处理的是字符的模式与结构,而不是其语义或文化内涵。

因此,对于自然语言处理来说,语义分析的关键不在于理解语义,而在于通过一种量化的特征来表达这个语义。常见的方法是利用词语的分布假设:两个词语的语义越相似,它们在自然语言中的分布就越接近。例如,即使不了解"软兜"是什么,通过句子"长鱼的吃法很多,口味当然名不虚传,不过我认为最具特色的,当属软兜",可以推断"软兜"是一种鱼类美食。再如,利用学术论文关键词的共现关系可以识别同义词,如表7-1所示。

表7-1 利用学术论文关键词的共现关系识别同义词

关 键 词	同 义 词	相 似 度
数字参考服务	数字化参考咨询	1.000 0
虚拟参考服务	数字化参考咨询	0.971 4
因特网	Internet	0.964 3
NAS	DAS	0.935 7
特色数据库	数据库建设	0.928 6
著者号	书次号	0.885 7
虚拟参考咨询	数字化参考咨询	0.878 6
知识产权	知识产权保护	0.871 4
作者分析	载文分析	0.864 3

经过对词语所在上下文中的其他词语的分布特征进行分析,可以表达当前词语的语义。这种方法构成了现代自然语言处理中词语处理和表达的基础。

下面结合几个领域进一步介绍自然语言处理的发展。

(1)语音识别

目前,语音识别的单词错误率在理想环境下为3%~5%,与人工转录员的错误率基本相当。主流的语音识别方法主要基于深度学习技术,如循环神经网络、卷积神经网络和Transformer模型。然而,噪声环境下语音识别的稳健性仍然是语音识别大规模应用的主要挑战之一。

(2) 文本语音合成

与语音识别相反，文本语音合成是将文本转换为语音。这里不仅要解决词语发音问题，还要考虑诸如适当的停顿和强调等问题，以使句子听起来更加自然流畅。

(3) 机器翻译

机器翻译是指将文本从一种语言转换为另一种语言。其面临的主要挑战在于如何让机器翻译系统学习句子和短语的对齐方式，同时确保词语被正确翻译以及目标语言的语句被合理重构。目前，结合循环神经网络和 Transformer 模型的注意力机制已达到与人类相当的水平。

(4) 信息提取

信息提取通过解析文本来获取特定类别的实体对象及其之间的关系，类似命名实体识别和关系抽取。因此，知识图谱与自然语言处理已形成相辅相成的关系。

(5) 信息检索

信息检索旨在查找与给定查询相关的重要文档。在此基础上，信息检索的应用也衍生出了问答系统和推荐系统等新型信息服务形式。问答系统强调直接回答用户提出的自然语言问题，而推荐系统则会根据用户的偏好，主动推送他们可能感兴趣的内容。

7.2 自然语言处理方法

随着语言模型的发展，自然语言处理方法经历了从早期文法分析和句法分析向现代统计语言模型和深度学习语言模型的演变。在介绍这些方法之前，有必要对文法分析和句法分析进行简要说明。

文法分析和句法分析是早期自然语言处理的主要方法，这些方法依赖大量的人工标注数据。但是，人工标注面临以下挑战：一是可用于标注的数据量有限；二是大规模数据标注的成本极高；三是标注工作不但需要标注者具有高水平的语言技能，而且随着互联网的快速发展，每天产生的文本数量激增，远远超出了人工处理能力。

多年的应用实践和科学研究表明，数据驱动的模型更容易开发和维护，并且在基准测试中表现更优。相比之下，人工构建的文法分析和句法分析系统始终无法达到类似的性能。造成这种差异的原因尚不完全清楚，但一个可能的解释是，深度学习模型等新型模型能够学习到潜在的表征。这些表征不仅能捕捉语法和语义信息的基本表达方式，还能发现一些人们尚未了解的重要规律和特征。因此，现阶段主流的自然语言处理方法已不再依赖文法分析和句法分析等传统方法，而是转向统计语言模型和深度学习语言模型。

7.2.1 统计语言模型方法

语言研究最初关注词语及其所在的句子结构，随后逐渐扩展到主题和上下文。正如语言学家弗思（Firth）所言："你要通过一个词语周围的情况来确定它的含义（You shall know a word by the company it keeps）。"这种方法比较直观，主要利用词语的频次特征，即通过计算词语在特定上下文中的出现次数来估计词语之间的关系。

最简单的统计语言模型是 n-gram 模型。其中，"gram"源自希腊语词根"gramma"，意为"写下的东西"，通常翻译为"词元"，即自然语言处理中的最小处理单元，可以是单个字母、单词或一组词语等。"n"表示一个序列中连续出现的词元数量。这些词元的组合被视为一个整体，用于预测或分析文本数据。

当 $n=1$ 时，模型称为一元（uni-gram）模型，它仅考虑单个词元出现的频率。此时，该语言模型无法表示词元之间的顺序关系，只能把每个词元都视为一个独立的单元。这种方法又称为词袋模型（bag-of-words model），其含义是所有词元都被无序地放入一个"袋子"。不同"袋子"之间的区别仅在于包含的词元不同，而不考虑词元的顺序。词袋模型虽然简单，但在文本分类等任务中表现良好。例如，在文本分类中，可以根据当前文本包含的词语与各类别文本中词语的分布情况，综合判断文本所属的类别。

当 $n=2$ 时，模型称为二元（bi-gram）模型。它考虑的是两个连续词元共同出现的频率。实际上，n 可以取任何正整数，但通常取值不会太大。随着 n 的增加，虽然可以形成更复杂的多元模型，但词元组合的数量会呈指数增长，而很多词元组合在实际文本中出现的可能性很低，这使得模型很难准确估计这些组合的概率，从而影响模型的性能。不过，随着 n 的增加，模型能够更好地捕捉不同词元之间的先后关系，从而更完整地反映词元及其前后词元之间的承接关系。尤其是当 n 较大时，模型能更全面地捕捉词元之间的关系。

为了观察不同 n 值下 n-gram 模型的实际效果，这里使用李白的诗歌作为训练样本。例如，将"君"字作为第一个前缀字符，按照一元模型，只能得到诸如"君极人欲里青"之类的乱句；采用二元模型，可以得到诸如"君糠养之可掇仙人间"之类的似是而非的句子；而采用三元（tri-gram）模型，则可以得到"君为进士不得意"之类的通顺句子。

n-gram 模型的核心思想是：一个词元出现的概率取决于它前面出现的 $n-1$ 个词元。因此，要预测下一个词元是什么，只要根据前面的 $n-1$ 个词元进行计算即可。例如，对于"我喜欢吃苹果"这个序列，"苹果"这个词元出现的概率受到前面词元的影响。如果只考虑前面最近的一个词元，那么模型可以表示为

$$P(我喜欢吃苹果) = P(苹果|吃) \times P(吃|喜欢) \times P(喜欢|我) \times P(我)$$

这种模型就是二元模型。

进一步地，可以认为"苹果"出现的概率不仅受到前面一个词元的影响，还会受到前面两个词元（如"喜欢吃"）甚至更多词元（如"我喜欢吃"）的影响。以此类推，该模型可以表示为

$$P(我喜欢吃苹果) = P(苹果|喜欢吃) \times P(吃|我喜欢) \times P(喜欢|我) \times P(我)$$

当然，考虑的前面词元越多，计算量就越大，但模型的准确率也会越来越高。

这种方法有两个特点：一是不考虑后续词元，从而简化问题；二是基于统计计算：利用现有的语料库计算每个词元后面出现其他词元的概率，从而直接得出结果。

结合词元的词性信息，模型可以更准确地理解词元的含义并捕捉语言的一般规律。例如，在英语中，形容词通常位于名词之前，而在法语中则往往相反。这些语言规律不仅反映了不同语言的结构特点，也是自然语言处理重要的研究和应用方向。

马尔可夫模型

马尔可夫模型（Markov model）是一种用于处理序列数据的统计模型。它基于马尔可夫性质，即系统的未来状态仅依赖当前的状态，而与过去的状态（即历史）无关。在自然语言处理中，马尔可夫模型假设一个词语的出现仅依赖它前面的几个词语（通常是前一个或前两个词语），而不是句子中当前词语之前的所有词语序列。假设当前词语的出现只依赖前一个词语，则为一阶马尔可夫模型。假设当前词语的出现依赖前两个词语，则为二阶马尔可夫模型。

马尔可夫模型通常用于估计句子或词语序列的概率，广泛应用于自动补全、拼写检查和机器翻译等任务。通过分析大量的训练数据，模型可以计算出不同词语序列的概率。基于这些概率，模型可以预测下一个最可能出现的词语，从而生成文本或辅助其他语言处理任务。马尔可夫模型的局限性在于它简化了语言的复杂性，忽略了长距离依赖关系。如果一个词的出现依赖句子中较远的词语，那么马尔可夫模型通常无法捕捉到这种依赖关系。

7.2.2 深度学习语言模型方法

与统计语言模型不同，深度学习语言模型首先要对词语本身进行必要的处理。常见的处理方法是词向量和词嵌入。利用这些方法，可以将词语表示为连续型数值，从而摆脱离散型数值的局限性，使词语之间的计算成为可能。如果词语只能以离散的原始形式表示（即直接以单词或字符的形式表示，如"江苏""广东"等），那么不仅无法进行必要的计算，甚至连计算语义相似度也变得非常困难，更无法直接应用于各种深度学习语言模型中。

1. 词语处理方法

（1）词向量

可以将词向量理解为一系列数值，每个数值都反映了当前词语的一个特征。将词语转换为独热编码是一种常见的词向量方法。例如，对于以下三段话：

江苏的城市

广东的城市

广东的省会

利用分词，可以得到五个词语："江苏""广东""的""城市"和"省会"。利用独热编码表示的词向量如图7-2所示。

	江苏	广东	的	城市	省会
江苏	1	0	0	0	0
广东	0	1	0	0	0
的	0	0	1	0	0
城市	0	0	0	1	0
省会	0	0	0	0	1

图7-2 利用独热编码表示的词向量

图7-2直观地展示了词向量的特点。可以将这个表格中从第二行开始的每一行都看作一个词向量，同样也可以将这个表格中从第二列开始的每一列都看作一个词向量。两者是对称的，因此在后续内容中不再对它们进行区分。从横向来看，每个词语都对应一个由0和1组成的五维向量。例如，"江苏"可以表示为

$$江苏=(1,0,0,0,0)$$

进一步地，这些词向量的组合可以表示原始句子的内容，如图7-3所示。

	江苏	广东	的	城市	省会
江苏的城市	1	0	1	1	0
广东的城市	0	1	1	1	0
广东的省会	0	1	1	0	1

图7-3 五个句子的独热编码

例如，"江苏的城市"可以表示为

$$江苏的城市=(1,0,1,1,0)$$

在更为复杂的方法中，可以使用取值更多样的词向量，这些词向量通常是基于与其他词语相关的特征构建的，如词语之间的距离或共现次数等。这里将词语共现次数作为衡量词语间相关关系的指标来进行说明。所谓共现次数，是指两个词语同时出现在同一个句子中的次数。在实际处理中，可以不按照句子来统计共现次数。例如，可以基于词语所在的文档进行统计，或者使用一个指定长度的滑动窗口（sliding window）来计算。对于不同的任务，滑动窗口的大小可以根据需求进行调整。例如，在词性标注任务中，一个包含约五个词语的固定大小的滑动窗口就能够提供足够的上下文信息；而在更复杂的问答系统中，滑动窗口可能包含几十个词语。

根据上述三段话得到的词语共现关系如图7-4所示。

	江苏	广东	的	城市	省会
江苏	0	0	1	1	0
广东	0	0	2	1	1
的	1	2	0	2	1
城市	1	1	2	0	0
省会	0	1	1	0	0

图7-4 三段话中五个词语的共现关系

由于"江苏"和"城市"只同时出现在一个句子中，因此将第二行"江苏"与第五列"城市"的交叉单元格标记为1。同样地，将第二列"江苏"与第五行"城市"的交叉单元格也标记为1。如果两个词语没有共现，则将对应的单元格标记为0。对角线上的单元格表示词语与自身的共现，这种共现没有实际意义，因此在表中全部标记为0。由于大部分词语之间没有共现关系，因此在实际的文档中，标记为0的单元格数量最多。有趣的是，"的"这个词的共现次数最高，达到2。然而，从语义角度看，"的"本身并没有实际意义。实际上，连词、虚词等不具有实际意义的词语，往往会有较高的共现次数。通常可以考虑去除这类词语，它们也被称为停用词，如图7-5所示。

在实际应用中，停用词的情况十分复杂。例如，对于某个公司而言，公司的名称也可以被视为停用词，因为它几乎会出现在该公司的所有文档中。

有了词向量，不同的词语就被转化为一个个包含多个数值的向量。此时，可以通过计算向量之间的相似度来完成更多的任务。向量相似度的计算方法有很多。对于稀疏向量，可以采用杰卡德（Jaccard）相似系数计算向量相似度。更常用的方法是余弦相似度，它通过测量向量间夹角余弦值来评估它们的相似度。图 7-6 展示了利用余弦相似度方法计算上述词向量相似度的结果。

a	an	and	are	as	at	be	by	for
from	has	he	in	is	it	its	of	on
that	the	to	was	were	will	with		

图 7-5 路透社数据集合 1（Reuters Corpus Volume 1，Reuters-RCV1）提供的 25 个停用词

	江苏	广东	的	城市	省会
江苏	1.00	0.87	0.45	0.58	0.50
广东	0.87	1.00	0.39	0.67	0.58
的	0.45	0.39	1.00	0.39	0.45
城市	0.58	0.67	0.39	1.00	0.87
省会	0.50	0.58	0.45	0.87	1.00

图 7-6 利用余弦相似度方法计算的向量相似度

从结果可以看出，"江苏"和"广东"作为两个省份，两者的相似度较高，而"城市"和"省会"也具有较高的相似度，这些计算结果符合它们的语义特点。

如果将这种词向量之间的相似关系通过可视化的方法呈现出来，就可以看到语义相近的词语彼此靠近，而语义较远的词语则互相远离。基于这种特性，可以对词向量进行一些有趣的计算，例如：

$$国王-男性+女性=女王$$

$$江苏-南京+广州=广东$$

（2）词嵌入

与词向量不同，词嵌入的特征数量通常较少，而且是通过机器学习算法从大量文本数据中自动学习得到的，往往不直接对应具体的语义。这种高度压缩且数量较少的特征，使得词嵌入比词向量更高效，因而在包括深度学习在内的现代自然语言处理方法中更为常见。

图 7-7 演示了一种词嵌入的表示方法。这里用 9 个特征的组合来表示一个词语。与传统的基于词频（取值为整数）的表示方法不同，词嵌入中的特征取值是浮点数。虽然不同的特征组合能够表达不同的语义，但很难解释每个特征究竟反映了哪些关键信息。也就是说，这些特征只是为了捕捉语义关系，而不是直接对应人类可理解的语义。

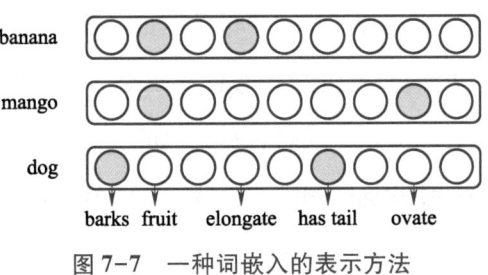

图 7-7 一种词嵌入的表示方法

其实，早在 20 世纪 50 年代，研究者就开始利用有限的特征来表达更多的词语。例如，在特定领域可以定义一些属性，并对这些属性进行打分，从而得到描述每个词语的词向量。例如，对于水果，可以定义酸度、甜度、大小、种类等属性，最终得到一种水果的词向量表示。然而，这种方法往往不仅需要大量的人工分类，还需要具备专业知识的专家进行人工标注，因此其应用范围较为有限。

机器学习方法产生以后，利用主成分分析（principal component analysis，PCA）等方法就可以自动从大量已有的特征中抽取数量有限的关键复合特征。2013 年谷歌公司提出了 Word2vec 模型，2014 年斯坦福大学提出了 GloVe 模型。这些模型通过无监督学习算法生成基于全局词频统计的词嵌入，其基本思想是统计每个词语在另一个词语的上下文滑动窗口中出现的次数，并据此对词语之间的语义相关性进行度量。例如，对于词语"江苏"和"广东"，考虑它们与另一个词语 W 的共现次数之比：

$$\frac{\text{共现次数}_{\text{江苏},W}}{\text{共现次数}_{\text{广东},W}}$$

当 W 是"长江"时，这个比值会比较高，因为"江苏"与"长江"更容易共现，而"广东"与"长江"共现的概率较低。反之，当 W 是"珠江"时，这个比值会比较低。如果 W 是诸如"的"等非实义词，或者"省份"这类与两者都有关系的词语，那么这个比值会接近 1。由此可见，词语之间的语义相关性可以通过数值关系来体现。

虽然词语共现是这些模型的基本思想,但是这些模型并不仅仅依赖词语共现,因此可以捕捉到更丰富、更复杂的规律。例如,在查询什么化合物属于"热电体"时,即使在语料库中,诸如"CsAgGa2Se4"也从未出现在"热电体"附近,但它出现在了"硫属化物""带隙"和"光电"等词嵌入附近,根据这些线索可以将其归为"热电体"。事实证明,虽然训练集中只有 2008 年之前的数据,但当要求模型查询哪些化合物是潜在的、尚未报道的"热电体"时,模型给出的前 5 个化合物中有 3 个都在 2009 年至 2019 年发表的论文中被证明属于"热电体"。

利用上述词嵌入方法,人们可以对各种常见的词语进行预训练,生成可以直接使用的词嵌入模型。直接使用这些预训练模型,能够节省大量的时间和成本。当然,用户也可以根据需要自行训练词嵌入模型,以完成特定领域的任务,如处理中国古籍文献等。与通用的预训练词嵌入模型不同,这些为特定任务生成的词嵌入模型可以在精心选择的语料库上进行训练,从而能够更好地关注与任务相关的词语,提升模型在特定领域的应用效果。

图 7-8 给出了一个具体的词嵌入实例,其中每个词语都被映射至 50 个维度,也就是说,用 50 个特征(50 列)表示一个词语,每个特征的取值范围为[-1, 1],红色代表 1,白色代表 0,蓝色代表-1,中间各值为过渡颜色。从图 7-8 中可以直观地看到词语之间的相似度。获取了词向量之后,除了可以计算词语间或句子间的相似度,查找近义词,代入模型,还可以组合词义,以及排除某种含义。

图 7-8 彩图

图 7-8　一个具体的词嵌入实例

在这些词语中，每个词语都对应着一个笔直的红色列（从右向左第 20 列），表明它们在该维度上高度相似。例如，"woman（女人）"和"girl（女孩）"在许多维度上高度相似，而"man（男人）"和"boy（男孩）"也是如此。此外，"boy"和"girl"之间也存在相似之处，但这种相似与"woman"或"man"之间的相似有所不同，可能是"青年"这一模糊概念的编码体现。需要注意的是，除了最后一个词语"water（水）"，其他都是表示人的词语。因此，可以观察到蓝色的柱子（从右向左第 3 列）一直向下延伸，并在词语"water"之前停止，这表明表示人的词语在特定的维度上具有一致性，而与"水"这样的非人词语之间存在显著的差异。

2. 基础模型

由于语言文字本身是按照序列的方式来呈现的，词语的上下文对于理解当前词语的语义十分关键。因此，各种适合处理序列数据的深度学习模型成为当前自然语言处理的主流模型。

（1）循环神经网络

循环神经网络是一种常见的模型，下面以文本生成为例进行说明。循环神经网络一次处理一个词语，通过其内部的隐藏状态来保存序列信息，这样它就能够记住之前的输入词语，并生成下一个输出词语。例如，以词语"the"开始，所有的输入词语都被编码为词嵌入，通过计算得到各种可能的输出词语，并选择最优的结果（如"cat"）作为第一个输出词语。这一选择涉及两种策略：一是选择概率最高的输出结果；二是引入多样性机制，使一些概率较低的词语也有机会被输出。随后，将这个输出词语"cat"的词嵌入作为下一时间步的输入，并采用相同的权重生成下一个输出词语"is"。同理，继续生成"cute"，最终形成完整的句子"The cat is cute"。具体结构如图 7-9 所示。

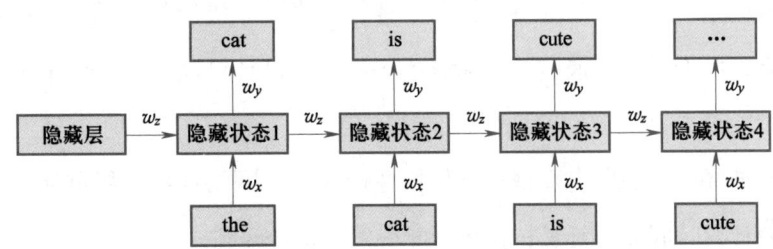

图 7-9 利用循环神经网络生成自然语言文本示意图

该模型能够有效地解决参数过多的问题，因为无论词汇量大小如何，权重 w_x、w_y 和 w_z 的数量都始终保持不变。此外，由于每次输出都依赖当前的输入词语以及前一个隐藏状态，这意味着输入词语的相关信息可以被无限期地保存在隐藏层中，供生成后续文本使用，从而确保了生成文本的整体连贯性。

循环神经网络同样适用于机器翻译任务。一种较为简单的方法是采用两个循环神经网络，分别用于处理源语句和目标语句。首先，在源语句上运行源循环神经网络，并将其最终的隐藏状态作为目标循环神经网络的初始隐藏状态。通过这种方式，每个目标词语的生成都隐式地依赖整个源语言语句及之前生成的目标词语。这种架构被称为序列到序列（sequence-to-sequence，Seq2Seq）模型。除了机器翻译，该模型还广泛应用于图像生成文本、将长文本改写为短文本等领域。

不过，这种方法存在一个问题，那就是仅利用最终隐藏状态可能会过度强调邻近上下文信息，而忽略长距离依赖关系。然而，在某些情况下，只有全面考察整个语句的上下文信息才更有意义。例如，在图 7-10 中，目标循环神经网络的第一个输出词语"据"，最受源循环神经网络在处理第一个"如"输入时的隐藏状态的影响。

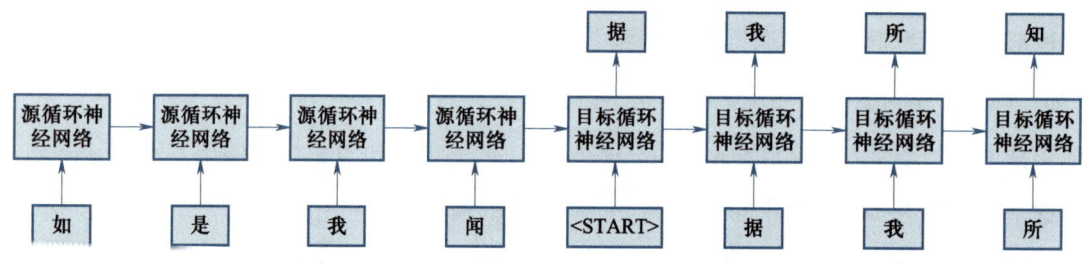

图 7-10　利用循环神经网络进行古汉语翻译示意图

为了解决这一问题，需要将目标循环神经网络设计成依赖源循环神经网络的所有隐藏状态，而不仅仅是最后一个隐藏状态。这种设计可以缓解邻近上下文偏差问题，使模型能够平等地访问前面任何词语的信息，如图 7-11 所示。然而，如果直接将源循环神经网络的所有隐藏状态与目标循环神经网络连接，权重计算量就会急剧增加，使计算时间显著延长，甚至可能引发过拟合问题。

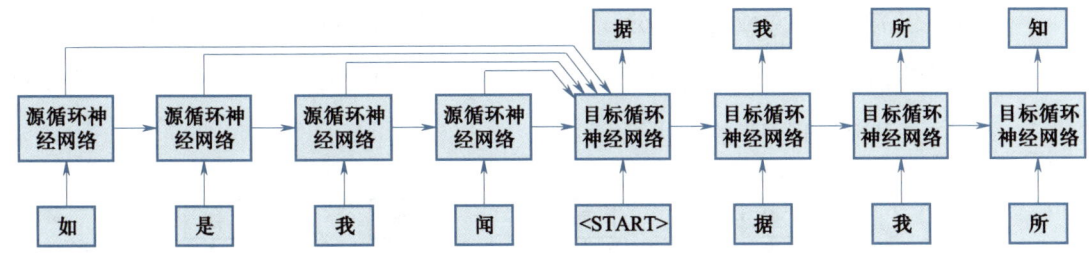

图 7-11 利用全连接隐藏状态实现的循环神经网络示意图

其实，在翻译目标语句时，目标语句的不同部分（目标部分）通常仅受源循环神经网络中对应部分（源部分）的隐藏状态影响。因此，只需要找到与当前目标部分对应的源部分的隐藏状态即可。这一过程可以通过一种称为注意力（attention）机制的神经网络来实现。注意力机制可以被集成到现有的循环神经网络中，它能够自动学习源语句中的哪些部分更重要，并给予重点关注，从而影响目标循环神经网络的计算。注意力机制的灵感来源于对人类视觉的研究。在利用视觉进行感知的过程中，人们会优先关注某些特定的区域或对象。因此，注意力机制不仅具有直观的意义，还具备一定的可解释性。在机器翻译任务中，注意力机制通常用于实现源词语与目标词语之间的对齐。

在图 7-12 中，注意力用虚线表示。可以看出，在处理目标循环神经网络的不同部分时，模型会关注与当前目标部分对应的源部分，这种关注会随着目标部分的变化而调整。具体来说，关注的过程是通过权重计算来实现的：首先计算目标部分与源部分的相似度，从而得到不同源部分的注意力权重，然后汇总这些权重，形成当前目标部分的注意力权重分布。

（2）Transformer 模型

Transformer 模型是一种更为先进的自然语言处理模型，目前主流的 AIGC（人工智能生成内容）模型几乎都采用了这一模型。为了与学术习惯保持一致，这里不对"Transformer"这一术语进行中文翻译。

Transformer 模型是一种基于自注意力（self-attention）机制的深度学习模型，该技术于 2017 年提出。它不仅需要计算目标部分与源部分之间的相似度，还需要计算目标部分内部及源部分内部的相似度。这种机制能够在不依赖顺序的情况下，对长距离上下文信息进行建模和表达。简而言之，自注意力机制认为，当前目标部分的处理不仅需要考虑对应的源部分,还需要考虑其他部分可能产生的影响,以及源部分之间的相互影响。利用这种方式,可以将更多的相关因素综合到当前目标部分的处理中,从而提升模型的表达能力。

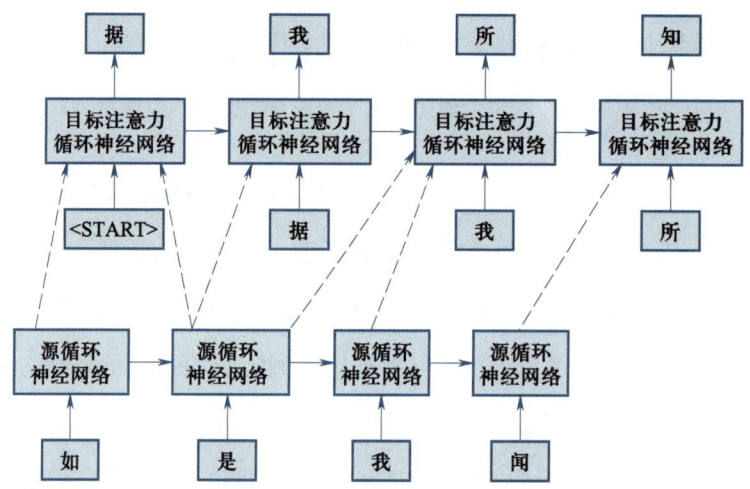

图 7-12 具有注意力机制的循环神经网络示意图

在图 7-13 中,目标循环神经网络的隐藏层与源循环神经网络的隐藏层之间也存在自注意力机制。因此,在计算当前目标部分时,模型会全面综合考虑不同目标部分之间、不同源部分之间,以及目标部分与源部分之间的多种注意力权重关系。

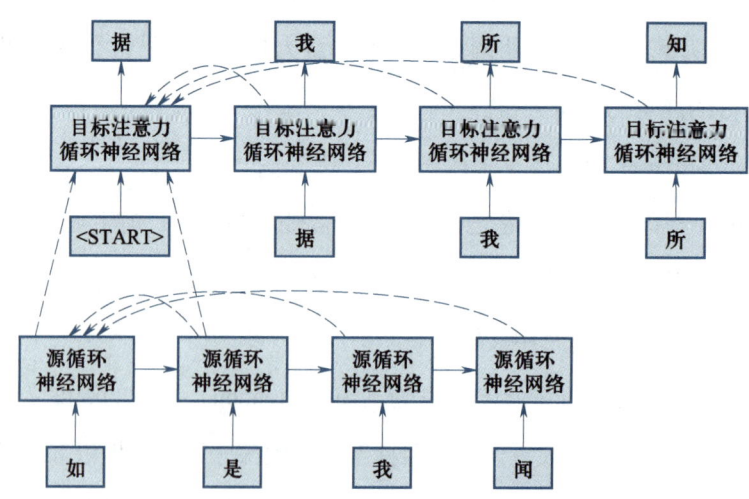

图 7-13 具有自注意力机制的循环神经网络示意图

但是，需要注意的是，能够完成文本生成等任务的深度学习模型并不限于 Transformer 模型。其他模型，如变分自编码器（variational autoencoder，VAE）和生成对抗网络（GAN），同样能够完成类似的任务。尽管如此，Transformer 模型在文本生成领域的优势显而易见，主要体现在其强大的上下文建模能力、训练的稳定性、高效的并行处理能力，以及生成文本的高质量和多样性。正是这些优势，使得 Transformer 模型成为现代主流的文本生成基础模型。

 知识点

多头注意力

多头注意力（multi-head attention）是注意力机制的一种扩展形式。它将原始内容复制为多个相同的部分，并将注意力模型分别应用于每一部分，每一部分都有自己的一组权重。最终，将这些部分的结果连接在一起形成最终输出。与直接求和不同，这种连接方式旨在使用不同的权重矩阵对原始内容进行多样化处理。每个新生成的内容在本质上都需要不同类型的相关信息，从而使模型能够在上下文向量的计算中引入更多的信息。

具体来看，Transformer 模型主要由两部分组成：编码器和解码器。这种编码器-解码器架构是 Seq2Seq 模型常使用的方法。其中，编码器由多个结构相同的层堆叠而成，每一层主要由两个子层构成：第一个是自注意力层（self-attention layer），用于捕捉输入序列中各元素之间的依赖关系；第二个是前馈神经网络（feed-forward neural network），用于将每个位置的表示映射到一个更高维度的空间中。此外，每个子层的后面还连接了一个残差连接层（residual connection），以增强模型训练的稳定性。解码器的结构与编码器类似，同样由多个相同的层堆叠而成。然而，解码器的每一层除了包含与编码器相同的两个子层，还在两个子层之间增加了一个额外的多头注意力层（multi-head attention layer）。这一层的作用是使解码器关注编码器的输出表示，从而生成目标序列。

由于自注意力机制不依赖序列中元素的顺序，因此 Transforme 模型可以并行处理数据，从而提高了计算效率。此外，自注意力机制使 Transformer 模型能够捕捉序列中的长距离依赖关系，这对于处理长文本来说尤为重要。在灵活性方面，Transformer 模型可以轻松适应不同的任务，只需对输入和输出进行适当调整即可。

从整体来看，Transformer 模型是一种通用的函数近似器。在拥有足够的训练数据和计算资源的条件下，它能够逼近任何连续函数，并达到所需的精度。因此，Transformer 模型具有高度的通用性，能够学习自然语言数据中的各种复杂模式，如词语之间的句法和语义关系，并利用这些知识生成连贯且有意义的文本。

但是，Transformer 模型对计算资源的要求较高。它涉及多种参数，包括层数、残差连接维度、前馈神经网络维度、注意力机制输出维度、每层的注意力头数以及输入上下文标识（token）的数量。这些参数中的每一项都需要大量的计算资源来支持，这使得训练和部署 Transformer 模型需要较高的算力成本。

 知识点

Seq2Seq 模型

Seq2Seq 模型是一种深度学习模型，专门用于处理序列到序列的转换任务。该模型主要由两部分组成：编码器（encoder）和解码器（decoder）。这种架构在自然语言处理领域尤为常见。编码器接收一个输入序列，并将其转换为一个固定长度的向量，称为上下文向量（context vector）。编码器通常采用循环神经网络或其变体，如长短期记忆网络或门控循环单元，来处理序列数据。解码器则以编码器生成的上下文向量作为初始输入，逐步生成输出序列。解码器同样通常使用循环神经网络或其变体来处理序列数据。

Seq2Seq 模型适合处理序列数据，并能够捕捉到序列数据中的长距离依赖关系。然而，该模型通常需要大量的标注数据进行训练。从效果来看，Seq2Seq 模型强调整体性，数据从输入到输出的整个过程完全由一个黑盒模型完成。Transformer 模型就是一种典型的 Seq2Seq 模型。

3. 上下文适应性处理

虽然上述方法能够较好地利用词嵌入结合深度学习模型来处理各种自然语言处理任务，但从本质上看，这些方法在解决一词多义问题方面仍存在不足。

例如，对于词嵌入而言，同一个词语只能对应一种词嵌入形式，这导致其不能很好地表达词语可能具有的多义性。因此，仅使用词嵌入是不够的，还需要结合词语的上下文，并将包含该词语的上下文一起转换为一个词嵌入。这样，生成的词嵌入能够更准确地反映该词语在特定上下文中的含义。可以想象，即使是同一个词语，如果其语义不同且用于不同的上下文中，生成的两个上下文词嵌入之间也会存在较大差异。

为了实现这一目标，可以采用结合上下文词嵌入的循环神经网络等方法，如图 7-14 所示。这种方法能够更好地捕捉词语在具体语境中的语义变化，从而提升模型对一词多义问题的处理能力。

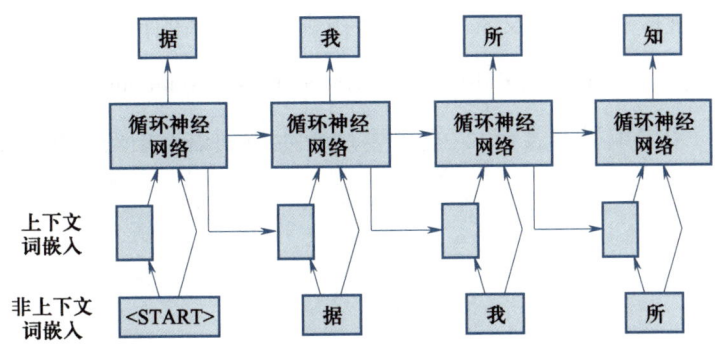

图 7-14　结合上下文词嵌入的循环神经网络示意图

此时，循环神经网络将接收两个输入：一个是已构建的非上下文词嵌入集合，另一个是上下文词嵌入，该上下文词嵌入来自当前词语前面的词语，因为语言模型通常只受已有语句的影响。接着，循环神经网络将输出一个包含当前词语的新上下文表示，供处理下一个词语时使用，并对下一个词语进行预测。这一过程会持续进行，直至完成对整个词语序列的处理。

这种方法仅考虑了当前词语前面词语的上下文，但这并不意味着其后面词语的上下文不重要。事实上，在某些情况下，只有了解了后面词语的上下文，才能更准确地理解当前词语的含义。例如，在句子"他能准时去才怪"中，"才怪"一词会否定前面的内容。为了更全面地捕捉上下文，一种简单的解决方法是采用从右到左训练的语言模型（right-to-left language model）。该模型基于后续词语对当前词语进行上下文表示，最终将从左到右和从右到左的两种处理结果结合起来。然而，这种方法在融合两个方向的处理结果时往往存在较大的困难。

  掩码语言模型是一种更有效的解决方法。在数据训练过程中，该方法会随机选择输入文本中大约15%的词语进行处理。其中，约80%的词语会被替换为特殊的[MASK]标记，约10%的词语会被替换为文本中的任意一个其他词语，剩余的10%的词语则保持不变。在模型训练过程中，遮掩后的文本被输入模型，模型的任务是预测被遮掩的词语。该模型会利用被遮掩词语的上下文来生成最可能的替代词。由于这种方法通过上下文来预测句子中被遮掩的词语，因此它能够促使模型更深刻地理解词语与其上下文之间的关系，从而提高模型在自然语言处理任务中的表现。此外，这种方法是一种自监督学习方法，不需要人工标注的数据，可以充分利用大规模的无标注文本数据进行预训练。著名的掩码语言模型有谷歌公司在2018年提出的BERT（Bidirectional Encoder Representations from Transformers，即Transformer双向编码器表示），它主要用于生成词语、子句和句子等各类成分的有效表示。

7.3 应用实例

7.3.1 情感分析

  情感分析（sentiment analysis）是一个应用广泛的领域，它使用多种方法来理解和分析文本中的情感倾向，其中常见的方法是基于自然语言处理技术实现的。

1. 情感分析的类型

情感分析需要对情感进行刻画，常见的分类标准有以下几种：

（1）按照情感极性分类

正向：表示文本中表达的情感是积极和正面的。例如，在产品评价中，正向情感可能表明用户对产品非常满意或喜爱。

负向：表示文本中表达的情感是消极和负面的。例如，在产品评价中，负向情感可能表明用户对产品不满意或存在抱怨。

中性：表示文本中没有明显的情感倾向，或者难以判断情感倾向。这类文本通常只是简单地陈述事实或提供信息。

（2）按照情感强度分类

强烈：表示文本中表达的情感非常强烈，无论是正面还是负面。

中等：表示文本中表达的情感处于中等强度。

微弱：表示文本中表达的情感非常微弱或几乎不可察觉。

2. 常见的情感分析方法

情感分析主要有以下三种方法：

（1）基于规则的方法

基于规则的方法，如情感词典方法。这种方法使用预定义的情感词典（包含正向和负向词汇及其权重）来判断文本的情感倾向。例如，HowNet 情感词典由中国科学院计算技术研究所和北京大学共同研制，包含大量的情感词汇及对应的情感极性和强度评估方法。该词典还将情感词汇按照词语的语义内涵和逻辑关系归纳为多个具体的情感类别，如喜、怒、哀、惧、爱、恶、忧、思等。此外，也可以通过编写正则表达式来匹配特定的情感表达模式，如表情符号、情感词短语等。

（2）监督学习方法

监督学习方法是一种机器学习方法，通过使用带有情感分类标签的数据集来训练分类器。分类器从中学习文本特征与情感标签之间的映射关系，从而实现情感分析。目前，主流的方法是利用深度学习模型，自动学习文本中的复杂特征以进行情感分类。

（3）无监督学习方法

无监督学习方法不需要预先标注数据，而是根据相似度对文本数据进行聚类，通过聚类发现文本数据中隐藏的情感模式或主题。此外，也可以使用隐含狄利克雷分布（latent dirichlet allocation，LDA）等主题建模方法，来发现文本数据中的主题，并根据主题与情感词汇之间的关联来推断情感倾向。

知识点

LDA

LDA 是一种文本主题生成模型,也是一种无监督的机器学习方法,主要用于识别隐藏在文本数据中的主题信息。LDA 假设文本是由多个主题混合而成的,而每个主题又由一组词汇以一定的概率分布构成。因此,该方法可以通过聚类得到一组组词汇并形成各个主题组。LDA 中的"隐含"一词是指主题并非直接从文本数据中观察得到,而是通过分析主题所包含的词语的分布和共现关系间接推断出来。此外,LDA 中的"狄利克雷分布"是指主题分布和词汇分布都遵循狄利克雷分布。

LDA 的核心优势在于能够自动从大量的文本数据中提取出潜在的主题信息,而无须人工标注。这使得该方法在文本挖掘、信息检索、自然语言处理等领域有着广泛的应用。

7.3.2 古籍处理

中华上下五千年的历史为我们留下了丰富的古籍资源。古籍是指至今尚存的文言时代的全部文本。由于其规模庞大,加之受物质条件和工具手段的限制,长期以来人们难以对古籍文献进行有效的检索和分析。例如,清代学者章学诚早已认识到索引的重要性,提出应将古籍中的人名、地名、书目等一切有名可查、有数可稽的内容编制成韵编(即音序索引),以达到事半功倍的效果。但是,直到清末,这类索引的编制仍然寥寥无几,主要原因在于版刻印刷时代,篇幅巨大的索引会带来巨大的出版压力。

随着数字化时代的到来,古籍处理受到中文信息处理技术界的特别关注,成为技术移植和创新实践的实验场。自 20 世纪 70 年代以来,古籍数字化取得了众多成果。古籍数字化,为人们阅读和研究古籍提供了极大的便利。用户可以在某本图书或某个平台上的全部图书中检索所需的字词,进而获取相关内容。借助相应的工具,用户还可以进行统计、校对、词语匹配、内容聚类等工作,这些功能逐渐成为古籍整理的工作语汇。

深度学习的进一步发展，为古籍文献的理解和综合分析提供了更多可能性。

1. 古籍文献的断句问题

由北京大学数字人文研究中心开发的"吾与点"古籍智能整理平台，利用深度学习方法实现了古籍的句读和标点，如图7-15所示。该平台基于BERT预训练语言模型，通过增量训练提升模型对古汉语的表示能力。它能够处理各类古籍文本，包括经史子集、佛藏、道藏和通俗小说等。在混合类文本测试集上，句读平均准确率超过94%，标点准确率达90%，达到了实用标准。

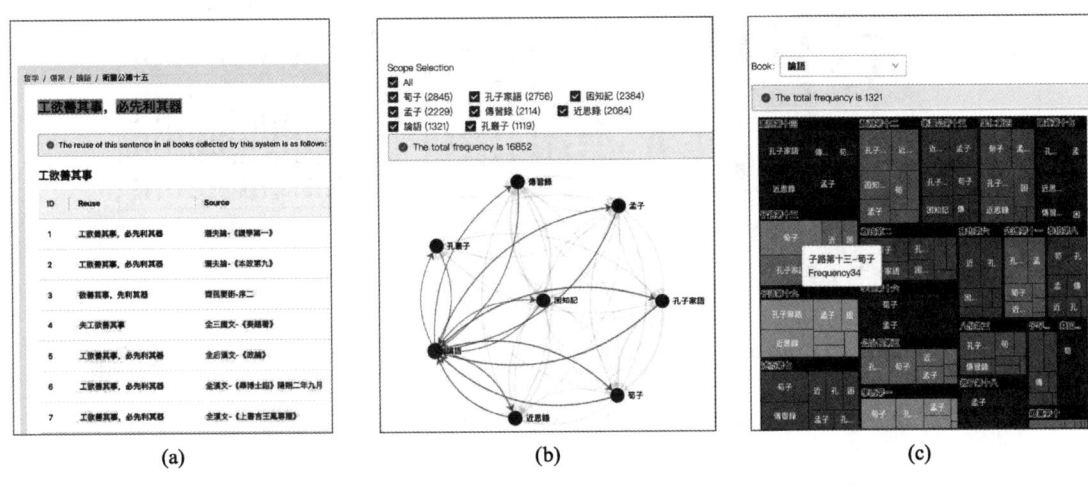

图7-15 北京大学数字人文研究中心开发的古籍文本可视化分析平台

2. 古籍文献的光学字符识别

深度学习的应用显著提高了光学字符识别（optical character recognition，OCR）的准确率，降低了应用门槛，使其成为古籍数字化领域最受关注的技术之一。OCR在古籍数字化基础工作中扮演着核心角色。由于古籍中的文字量大、异体字多、字形变化多样，古籍OCR任务比一般的OCR任务更具挑战性。常见的古籍OCR应用功能如图7-16所示。

3. 中国古籍文化知识库

在中国古籍文化知识库建设过程中，可以将中国古代知识工程作为重要的学术研究方向，并以此为基础推进古籍的数字化工作。例如，清华大学中国古典文献研究中心开发的"中国古典知识库（Chinese Classics Knowledge Base，CCKB）"，在保障古籍内容的完整性和内部逻辑的前提下，突破其原有的结构，关注古籍中年代、地域、人物、著述等实体的相关属性及不同实体之间的关系。利用这些实体及其之间的相互关系，对古籍进行深层组织和知识管理，从而构建了一个高起点、宽口径的古典学术研究平台。

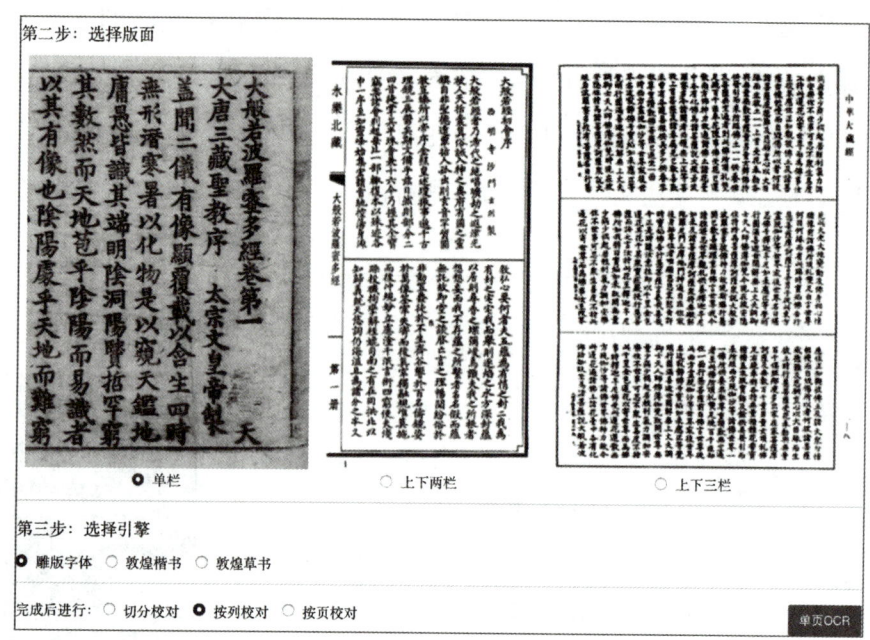

图 7-16　如是古籍数字化工具平台的 OCR 功能

7.4　实验

7.4.1　基于词嵌入的词语分析

【目的】了解基于词嵌入进行词语分析的方法。

【说明】腾讯 AI 实验室于 2021 年发布了中文词嵌入数据集，其内容新颖、覆盖面广且准确性较高，可免费下载使用。利用这些数据，可以完成很多种语义相关的文本分析应用。

【准备】

可以在腾讯 AI 实验室词嵌入数据集页面上下载中文词嵌入数据集。该页面提供了四个版本的数据集，用户可以根据词嵌入维度、词汇量及模型大小进行选择。本实验选择一个 200 维（即 200 个特征）的较小数据集版本，该数据文件的名称为 tencent-ailab-embedding-zh-d200-v0.2.0-s.tar.gz，大小为 1.5 GB。

【操作1】 运行准备

步骤1 解压缩文件。解压缩 tencent-ailab-embedding-zh-d200-v0.2.0-s.tar.gz 文件，获取名为 tencent-ailab-embedding-zh-d200-v0.2.0-s.txt 的数据文件，解压缩后文件的大小为 3.55 GB。将该文件复制到当前的 Python 项目中。

步骤2 导入 gensim 库。在 PyCharm 中导入所需的 gensim 库：

pip install -i 阿里云 Python 包索引镜像站点网址 gensim

步骤3 转换为二进制格式。由于该文件很大，先将其转换为二进制格式，以便后续快速加载和运行。相关代码如下：

```
[1]    from gensim.models import KeyedVectors
[2]
[3]    file = 'tencent-ailab-embedding-zh-d200-v0.2.0-s.txt'
[4]    model = KeyedVectors.load_word2vec_format(file, binary=False)
[5]    model.save('Tencent_AILab_ChineseEmbedding.bin')
```

运行后可以在当前的 Python 项目中看到名为 Tencent_AILab_ChineseEmbedding.bin 的新文件，其大小只有 61 MB，后续的代码直接加载该文件即可。

【操作2】 简单词语分析

步骤1 查看词嵌入表示。查看当前所有词语的词嵌入表示：

```
[1]    from gensim.models import KeyedVectors
[2]
[3]    model = KeyedVectors.load('Tencent_AILab_ChineseEmbedding.bin')
[4]    print(model['紫金山'])
```

输出结果为

[0.324374　0.252327　0.259765 -0.458233　0.059827　0.078372　0.392773
-0.318471 -0.26945　0.457624 -0.054479　0.139787 -0.131569 -0.152798
　0.410863 -0.293477　0.166063　0.266643　0.002041　0.428138　0.471445
　0.256402 -0.156744 -0.170054　0.389879　0.193542　0.402022 -0.037878
　0.023505 -0.344553　0.086515 -0.056768 -0.271991　0.01736　0.321813

......

【解释】

① 可以将代码第4行中的"紫金山"替换为所需的查询词语。

② 输出结果是一个200维的浮点数向量，不同的词语具有不同的数值，但维度数量均为200。从理论上讲，语义相似的词语，其词嵌入的整体相似度高。

步骤2　查看词语的同义词。相关代码如下：

[1]　from gensim.models import KeyedVectors

[2]

[3]　model = KeyedVectors.load('Tencent_AILab_ChineseEmbedding.bin')

[4]　print(model.most_similar('紫金山', topn=10))

输出结果为

[('牛首山', 0.5169723629951477), ('幕府山', 0.5128690600395203), ('栖霞山', 0.5003516674041748), ('钟山风景区', 0.4966297447681427), ('玄武湖', 0.4904484152793884), ('南京紫金山', 0.4876502752304077), ('中山陵', 0.4844593405723572), ('鸡鸣寺', 0.4763675928115845), ('北高峰', 0.46701011061668396), ('燕子矶', 0.4666505753993988)]

【解释】

① 可以将代码第4行中的"紫金山"替换为所需的查询词语，topn=10表示返回10个最相关的词语。

② 返回的同义词体现了语义相关性。例如，与"紫金山"相关的词语大多是南京地区的山脉或景点。

③ 每个返回的词语后面都有一个相似度权重值，该值越接近1表示越相似。

步骤3 测度词语相关性。相关代码如下：

［1］ from gensim.models import KeyedVectors

［2］

［3］ model = KeyedVectors.load('Tencent_AILab_ChineseEmbedding.bin')

［4］ print(model.similarity('南京', '江苏'))

［5］ print(model.similarity('南京', '南京路'))

输出结果为

0.7972107

0.55508876

【解释】

① 计算两个词语之间的相似度，可以测度它们的语义相关性。

② 例如，"南京"和"江苏"之间的相似度较高（0.797 210 7），而"南京"和"南京路"虽然文字组成相似，但语义差距较大（0.555 088 76），这种语义差距甚至比"南京"和"江苏"（文字组成完全不同但语义相关）之间的语义差距还要大。

【操作3】 简单应用

步骤1 找出不同意义的词语。相关代码如下：

［1］ from gensim.models import KeyedVectors

［2］

［3］ model = KeyedVectors.load('Tencent_AILab_ChineseEmbedding.bin')

［4］ print(model.doesnt_match("上海路 宝马车 广州塔 北京电视台".split()))

输出结果为

宝马车

【解释】

① 读者可以根据需要自行替换词语，并使用空格来区分不同的词语。

② doesnt_match 方法会找出与列表中其他词语语义差异最大的词语。在上述例子中，"宝马车"与其他词语（地名或地标）的语义差异最大。

步骤2 可视化词语聚类。相关代码如下：

```python
[1]     import jieba
[2]     from sklearn.manifold import TSNE
[3]     import numpy as np
[4]     import random
[5]     import matplotlib.pyplot as plt
[6]     from gensim.models import KeyedVectors
[7]
[8]     w2v_model = KeyedVectors.load('Tencent_AILab_ChineseEmbedding.bin')
[9]     terms = ['狮子','老虎','熊猫','大象','长颈鹿','猴子','狐狸','兔子',
[10]             '猫','狗','孔子','秦始皇','武则天','李白','诸葛亮','岳飞',
[11]             '成吉思汗','朱元璋','郑成功','康熙','丰田','本田','日产',
[12]             '宝马','奔驰','奥迪','特斯拉','保时捷','路虎','捷豹','北京',
[13]             '上海','广州','深圳','杭州','西安','成都','重庆','南京',
[14]             '武汉','牡丹','玫瑰','菊花','莲花','梅花','郁金香','茉莉花',
[15]             '百合','康乃馨','山茶花']
[16]
[17]    def reduce_dimensions(vectors, labels, num_dimensions=2):
[18]        vectors = np.asarray(vectors)
[19]        tsne = TSNE(n_components=num_dimensions, random_state=0)
[20]        vectors = tsne.fit_transform(vectors)
[21]        x_vals = np.asarray([v[0] for v in vectors])
[22]        y_vals = np.asarray([v[1] for v in vectors])
[23]        return x_vals, y_vals, labels
[24]
[25]    def plot_word2vec(x_vals, y_vals, words):
[26]        plt.rcParams["font.sans-serif"] = ["SimHei"]
[27]        plt.rcParams["axes.unicode_minus"] = False
[28]        random.seed(0)
[29]        plt.figure(figsize=(40, 40), dpi=500)
```

```
[30]        plt.scatter(x_vals, y_vals, c='y')
[31]        for i in list(range(len(words))):
[32]            plt.text(x_vals[i], y_vals[i], words[i],
[33]                    fontdict={
[34]                        'fontsize': 3,
[35]                        'color': "black",
[36]                    }
[37]                    )
[38]        plt.show()
[39]
[40]    terms_vector = {}
[41]    for place in terms:
[42]        if place not in w2v_model:
[43]            words = jieba.lcut(place)
[44]            vector = np.zeros((200,), dtype='float32')
[45]            for word in words:
[46]                vector += w2v_model[word]
[47]            terms_vector[place] = vector / len(words)
[48]        else:
[49]            terms_vector[place] = w2v_model[place]
[50]    labels = []
[51]    vectors = []
[52]    for l, v in terms_vector.items():
[53]        labels.append(l)
[54]        vectors.append(v)
[55]    x, y, words = reduce_dimensions(vectors, labels, num_dimensions=2)
[56]    plot_word2vec(x, y, words)
```

输出结果如图 7-17 所示。

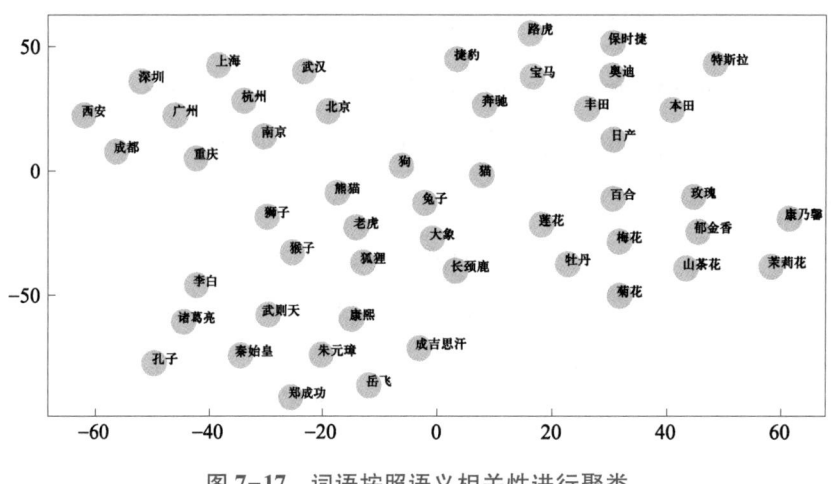

图 7-17 词语按照语义相关性进行聚类

【解释】

① 读者可以根据需要修改代码第 9 行中的 terms 列表，对词语进行增删。

② 如果使用了其他版本的数据集，则不仅要替换代码第 8 行中的文件名称，还要根据实际的词嵌入维度修改代码第 44 行中的"200"。

③ 从结果来看，语义相似的词语在向量空间中会彼此靠近，大致形成了 5 个不同的聚类。

7.4.2 常见的文本分析应用

【目的】了解通过自然语言处理工具库进行文本分析的方法。

【说明】HanLP 是自然语义公司维护的一个多语种自然语言处理工具包，它借助多语种语料库，支持针对包括简体中文、繁体中文、英语、日语等在内的 104 种语言进行的多种处理任务。这些任务包括分词、词性标注、命名实体识别、依存句法分析、成分语法分析、语义依存分析、语义角色标注、词干提取、词法语法特征提取、抽象意义表示，以及指代消解、语义文本相似度、文本风格转换等。可以免费进行相关测试。更多的文本分析功能参见 HanLP 在线演示网站。

【准备】在 PyCharm 中导入所需的 hanlp_restful 库：

pip install -i 阿里云 Python 包索引镜像站点网址 hanlp_restful

该库在未登录时默认每分钟只允许提交两次访问请求。如果需要增加请求次数，可参见其说明进行注册和登录。

【操作1】分词

[1]　from hanlp_restful import HanLPClient

[2]

[3]　HanLP = HanLPClient('FastAPI-Swagger UI 网址', auth=None, language='zh')

[4]　print(HanLP.tokenize('南京中山陵位于风景秀丽的紫金山麓'))

输出结果为

[['南京', '中山陵', '位于', '风景', '秀丽', '的', '紫金山', '麓']]

【操作2】语义角色标注

[1]　from hanlp_restful import HanLPClient

[2]

[3]　HanLP = HanLPClient('FastAPI-Swagger UI 网址', auth=None, language='zh')

[4]　doc = HanLP.parse('南京中山陵位于风景秀丽的紫金山麓', tasks='dep')

[5]　doc.pretty_print()

输出结果为

Dep Tree	Tok	Relation
└─►	南京	name
┌─►└──	中山陵	nsubj
┌┴───────	位于	root
│ │ ┌─►	风景	nsubj
│ │ ┌─►├──	秀丽	amod
│ │ │ └─►	的	mark
│ └─► └────	紫金山	advmod:loc
└────────────►	麓	dobj

【解释】

语义角色之间的关系可以通过它们之间的连接关系来体现，这些连接关系在依存句法分析中通常用特定的标签来表示。常见的标签及其含义如下：

- nsubj：名词性主语，通常是句子中执行动作或被描述的主体。
- root：中心词，通常是句子的谓语动词或主要谓语。
- amod：形容词修饰语，用于修饰名词短语。
- dobj：直接宾语，通常是动作的承受者或直接影响的对象。

【操作3】抽象意义表示

［1］ from hanlp_restful import HanLPClient

［2］

［3］ HanLP = HanLPClient('FastAPI-Swagger UI 网址', auth=None, language='zh')

［4］ graph = HanLP. abstract_meaning_representation('南京中山陵位于风景秀丽的紫金山麓',

［5］ visualization='svg')[0]['svg']

［6］ file = open('temp. svg', mode='w', encoding='UTF-8')

［7］ file. write(graph)

［8］ file. close()

运行后可以在当前项目的文件夹中看到一个名为 temp. svg 的文件，双击该文件后即可看到输出结果，如图 7-18 所示。

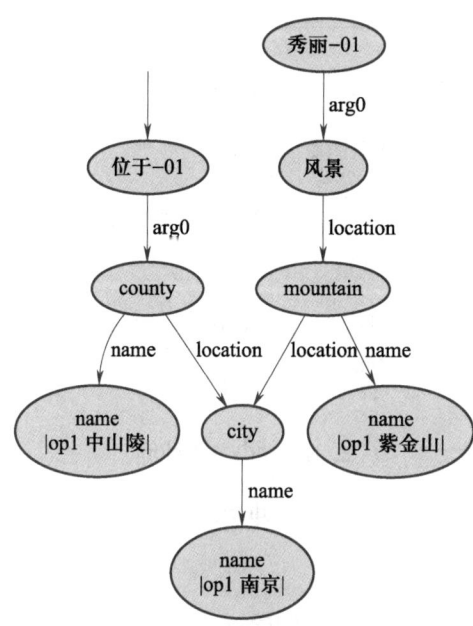

图 7-18　抽象意义表示的输出结果

【解释】

抽象意义表示是一种将句子的意义表示为以概念为节点的单源有向无环图的方法。它能够详细地反映句子中的各种语义角色和关系，如时间、地点、主体、对象和方式，即在什么时候、什么地点、谁对谁、怎样做。

思考与练习

1. 有人说"有了人类语言才有思维"，也有人说"有了思维才有人类语言"，你对此有何看法？

2. 查阅资料，了解计算机程序设计语言与人类自然语言相比，具有哪些便于计算机处理的特点。

3. 如果说"一种文字序列出现的可能性越大就越有意义"，那么当多个文字序列都可能出现时，应该如何判断其中哪个更有意义？

4. 语言不仅仅是由文字组成的简单序列，它还是一个复杂系统，包含多种可以用来理解和分析的特征。试说明这些特征。

5. n-gram 模型不考虑后续的文本内容，这种设计是否合理？

6. 在 n-gram 模型中，假设每个词元的出现概率是前面多个词元后面出现该词元的概率的乘积。如果前面某个词元后面出现该词元的概率为 0，那么应该如何处理？

7. 在分词方法中，有人主张使用字典中最短的词语进行匹配。例如，"大学生前来应聘"会被分词为"大学／生前／来／应聘"；而有人则主张优先使用最长的词语进行匹配。例如，"研究生物质量"会被分词为"研究生／物质／量"。这两种方法各有哪些优点和缺点？应该如何解决这些问题？

8. 如果认为像"的"这样的停用词没有实际用途，那么可以采用哪些方法来筛选出有效的停用词？

9. 词向量和词嵌入之间有什么相同和不同之处？

10. 为什么只有将词语转换为词向量等形式才能进行自然语言处理？

11. 试从人类思考的角度出发，总结自然语言处理中循环神经网络和注意力机制的功能和意义。

12. 为什么说卷积神经网络擅长短文本识别，而循环神经网络擅长长文本识别呢？

13. 很多互联网科研实验平台都提供了自然语言处理的在线分析演示功能，如清华大学的 THULAC、斯坦福大学的 CoreNLP 等，请自行实验和观察。

第 8 章

大语言模型

【格言】

　　ChatGPT 本身并没有真正改变世界，但是改变了人们对世界的期待。

　　　　　　——OpenAI 公司创始人萨姆·奥尔特曼（Sam Altman）

【教学目标与要求】

　　大语言模型是建立在自然语言处理方法和互联网大数据语料库基础之上的现代人工智能应用，因此其技术内容与自然语言处理具有诸多共性。本章不仅介绍了大语言模型的主要方法及其应用，还从技术、智能和伦理等方面全面探讨了大语言模型的特点和实际价值，并对一些常见的问题进行了辨析和总结。

【知识导图】

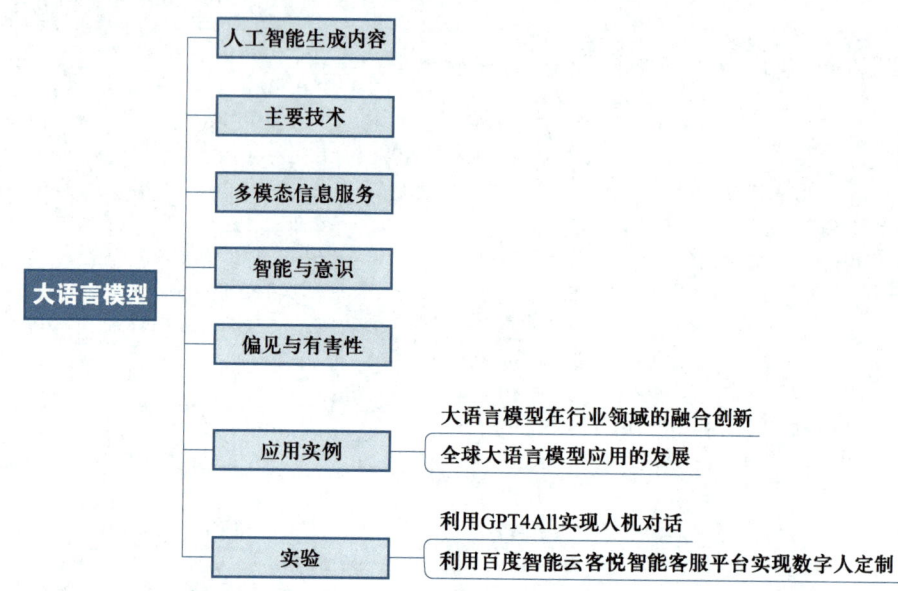

【导引】

自2022年以来，大语言模型技术受到了人们的广泛关注，尤其是在人机交互、图文生成等领域，实现了跨越式的技术变革，并对社会生产和人类生活的方方面面产生了深刻的影响。大语言模型起源于自然语言处理并融合了多模态等人工智能技术，首次在思维层面展现了智能涌现的特点，引发了人类对自身思维方式和能力的思考。可以预见，这种技术将在较长时间内影响人类社会的发展。因此，有必要从技术、价值和伦理等各个角度来全面理解和评估它的发展意义。

在学习本章时，以下几个主要问题值得思考：

◇ 大语言模型是如何思考和回答问题的？

◇ 大语言模型与人工智能技术之间存在哪些联系？

◇ 如何区分ChatGPT、人工智能生成内容（AIGC）、大语言模型和大模型这几个概念？

◇ 大语言模型是否具有自我意识？

◇ 大语言模型所谓的"幻觉"是如何产生的？

◇ 在众多的人工智能技术中，为什么大语言模型带来的社会影响最为强烈？

希望读者在学习完本章后，能够对以上问题形成自己的认识和理解。

8.1 人工智能生成内容

随着自然语言处理技术的不断发展，尤其是借助互联网大数据的资源优势，人们开始探索自然语言处理技术与其他应用场景的深度融合。作为数据驱动的机器学习方法，深度学习在自然语言处理技术中具有巨大的应用潜力。如果能够充分利用和挖掘大规模互联网数据集，基于深度学习的自然语言处理就能更准确地理解和掌握互联网语料库中文本组织及语言现象的各种规律。这种依托海量数据构建的机器学习范式，在语言模型领域表现得尤为显著——通过系统化挖掘互联网文本数据，模型可以逐步掌握人类语言的深层语义结构与生成规则。这类基于大规模数据构建的机器学习模型，被统称为"大模型"。其中专门针对自然语言处理任务开发的特定类型，因其主要基于互联网文本数据进行训练，而被称为大语言模型（large language model，LLM）或语言大模型。这类模型通过处理数十亿乃至数万亿量级的文本数据，逐步形成对复杂语言现象的系统化认知，如图 8-1 所示。

微视频　人工智能生成内容

大语言模型通常采用具有过亿参数的深度神经网络架构，通过在大规模自然语言语料库中进行"自监督学习"预训练（即预测语句中的隐藏部分）来学习语言规律。这种训练方式使模型具备了根据人类自然语言提问生成文本、图像等多媒体信息的能力。

为了准确理解大语言模型的相关概念，需要厘清以下几个概念：

（1）ChatGPT

ChatGPT 是一款基于大语言模型的对话生成工具，能够与人类进行基于文本的自然语言交流，并以人机对话的形式实现流畅的交互效果。它基于 GPT（如 GPT-

3.5、GPT-4)构建,通过大规模预训练和微调,具备强大的语言理解和生成能力。ChatGPT 由 OpenAI 公司开发,该公司由萨姆·奥尔特曼等人创立。随后,其他公司也陆续推出了类似的应用产品,如百度的"文心一言"等。

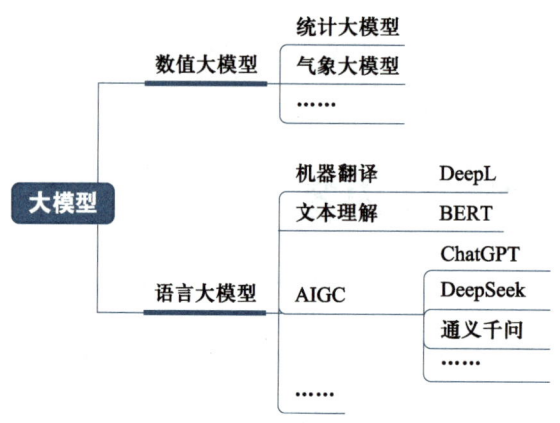

图 8-1　大模型的分类

(2) AIGC

严格来说,ChatGPT 属于人工智能生成内容(artificial intelligence generated content, AIGC)的范畴,也称为生成式人工智能(generative artificial intelligence, GAI)。AIGC 利用基于深度学习的自然语言处理技术,完成文本、图像、音频、视频等多种形式内容的自动生成。因此,不能将 ChatGPT 简单地等同于 AIGC,因为 AIGC 是一个更广泛的概念,涵盖多种内容生成形式,而 ChatGPT 是 AIGC 在文本对话领域的具体应用。相对而言,早期的数据内容多由专业人员生成,质量较高但数量有限,这种内容生成形式被称为专业生成内容(professional generated content, PGC)。随着互联网的发展,大量互联网用户生成的内容,如博客、帖子等,被称为用户生成内容(user generated content, UGC),其特点是数量庞大但质量参差不齐。而 AIGC 生成的内容在数量上几乎是无限的,其质量与互联网上广泛存在的数据的质量基本相当。

(3) 大语言模型

下面通过分析 ChatGPT 的名称来说明大语言模型的特点:

① Chat:含义为"对话",准确地反映了 ChatGPT 的主要功能。它只是大语言模型的一种具体应用形式,专注于对话生成,能够根据用户输入的文本产生相应的

回答。这种回答可以是简短的词语，也可以是较长的文本内容，其智能性和准确性能够满足大部分用户的需求。在很多大语言模型中，对话并非其唯一的功能，它们还具有文本创作、多模态信息生成等功能。

② GPT：含义为"生成式预训练 Transformer（generative pre-trained transformer）"，是由 OpenAI 公司开发的一种基于 Transformer 模型的深度学习语言模型。其中：

"G"表示生成能力，可用于文本生成任务。

"P"表示使用互联网文本数据进行了预训练，可用于测试和实际应用。

"T"表示采用了 Transformer 模型。例如，GPT-1 使用了 12 个 Transformer 层，而 GPT-3 使用的 Transformer 层则增加到 96 层。

GPT 经历了多个版本的迭代：

GPT-1（2018 年）：首个基于 Transformer 模型的生成式预训练模型。

GPT-2（2019 年）：参数量增加到 15 亿，展示了多任务学习能力。

GPT-3（2020 年）：参数量达到 1 750 亿，引入了上下文学习能力。

GPT-4（2023 年）：引入了多模态能力，参数量据称达到 1.8 万亿，训练数据集包含约 13 万亿个标识（token），使用了约 2.5 万个 A100 GPU，训练周期为 90 到 100 天。

ChatGPT 是基于 GPT-3.5 和 InstructGPT 模型的正式发布版本，而 GPT-4 进一步扩展了模型的多模态能力，提升了性能和效率。

预训练模型

预训练模型是指在大规模数据集上预先训练的模型，它通常使用无监督学习方法来学习数据的基础特征和结构。在这个过程中，模型能够学习到通用的特征表示，这些特征在后续针对特定任务的微调阶段非常有用。预训练模型的优点在于它们只要经过少量的微调就可以应用于不同的任务。这种方法显著降低了特定任务训练所需的数据量和时间成本。预训练模型已经在自然语言处理、图像识别等领域得到了广泛应用。

但是，预训练模型并非适用于所有的机器学习场景。预训练主要用于深度学习模型和具有泛化能力的模型，这些模型具有强大的特征学习能力，能够将学习到的特征迁移到不同的任务中。例如，在图像识别中，预训练模型能识别通用的视觉特征；在自然语言处理中，预训练模型则能理解语言的通用结构。相比之下，线性回归、逻辑斯谛回归等简单模型通常不需要进行预训练，这是因为这些模型的参数较少，可直接在特定任务的数据上进行训练。此外，某些模型是为特定任务量身定制的，它们的设计和参数优化都针对特定任务，因此预训练带来的收益有限。当预训练数据集与目标任务的数据分布差异较大时，预训练模型就难以有效地迁移到新任务上。

这些研究和应用的发展主要得益于以下三方面的支持：

① 技术发展：以深度学习为基础的自然语言处理技术发展迅速，尤其是以 Transformer 模型为代表的各类技术。Transformer 模型摒弃了传统的循环神经网络和长短期记忆网络，依靠自注意力机制处理输入序列，显著提高了效率和效果。Transformer 模型在文本生成和文本理解等应用中取得了显著成效。

② 数据资源：大数据为大规模互联网语料库的集成使用提供了基础。例如，GPT-3 的预训练使用了 45 TB 的高质量文本数据。这种大规模的数据预训练是通过模型中的"P"（pre-trained）来体现的，为模型提供了丰富的语言知识。

③ 硬件支持：各类高速计算芯片在技术、性能和可靠性等方面不断发展和完善，使得大数据处理和模型训练成为可能。例如，GPT-3 的 1 750 亿参数版本需要 2.8 TD 显存。如果从头开始训练，至少需要 1 024 块 A100 GPU，训练周期为几个月，训练成本为 460 万美元至 1 200 万美元。

许多人都把 AIGC 看作一种新型的搜索引擎，即一种新的互联网信息检索形式。从满足用户信息检索需求的角度来看，大语言模型确实具备搜索引擎的功能，并且提供了更加友好的自然语言交互方式。但从本质上讲，它与传统搜索引擎存在较大区别。信息检索和大语言模型都是人类访问互联网信息资源的手段。在访问海量的互联网信息资源时，人们主要使用两种工具：一种是主动检索和获取，这主要体现为搜索引擎中的用户检索和大语言模型中的用户提问；另一种是被动接收，如各类推荐系统。从这个角度看，信息检索和大语言模型有一定的相似性。

搜索引擎所检索的信息主要来自各类互联网网站，数据量庞大，但信息的质量和满足用户需求的能力直接受原始互联网信息资源的影响，难以把控。而大语言模型所使用的信息则是在对互联网中的大量已有信息资源进行智能处理后形成的即时回答，其中大部分内容并不直接来自互联网，甚至包含推理、总结和创造的成分。在一般情况下，大语言模型能满足用户的信息需求，但也依赖用户的准确提问及其引导结果生成的技能。

不妨用电子商务的 C2C（用户对用户）和 B2C（企业对用户）模式做一个类比。对于 C2C 电子商务平台，买家购买的商品都来自平台上的第三方卖家，商品质量参差不齐；而对于 B2C 电子商务平台，买家购买的商品则主要是由平台自己采购的，质量相对可控。因此，可以将传统搜索引擎视为一种 C2C 的信息检索服务，而大语言模型则类似一种 B2C 的信息检索服务。

当然，两者之间的融合也在不断加深。例如，许多搜索引擎都在集成大语言模型的功能。甚至在大语言模型出现之前，有些搜索引擎就已经开始提供带有分析推理功能的服务。例如，WolframAlpha 搜索引擎就能够完成包括数学推导、科学计算、日常百科等常见的信息服务。集成了自然语言处理功能的 Wolframalpha 搜索引擎主页如图 8-2 所示。

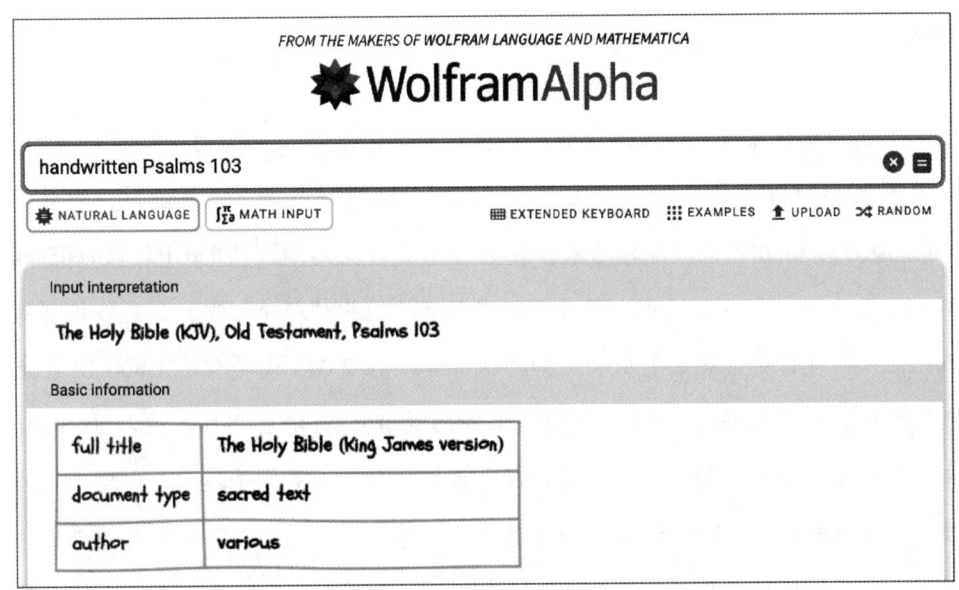

图 8-2　集成了自然语言处理功能的 Wolframalpha 搜索引擎主页

同时，大语言模型也开始广泛集成搜索引擎的内容，并且会显著提示信息的出处。集成了搜索引擎结果的智谱清言大语言模型问答页面如图 8-3 所示。

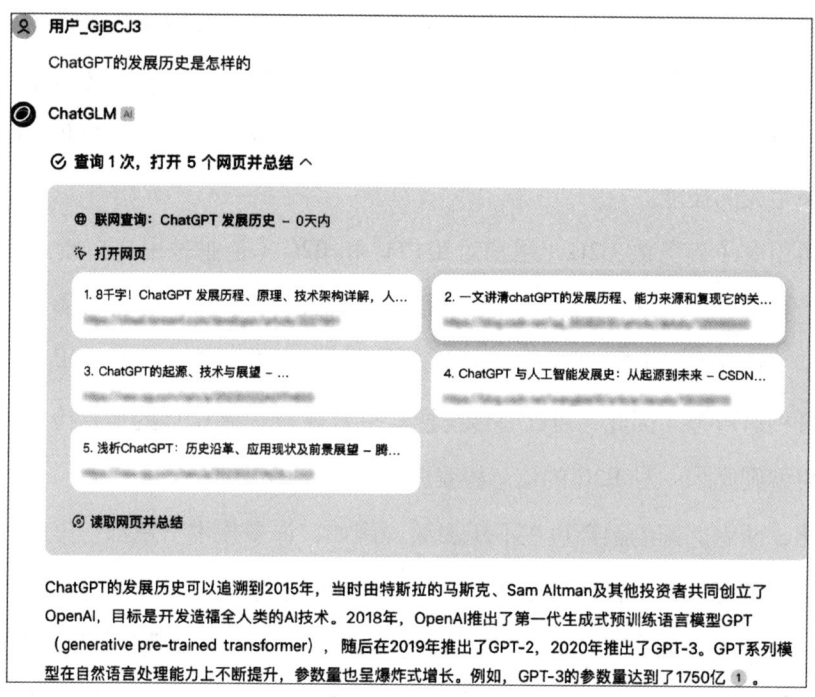

图 8-3　集成了搜索引擎结果的智谱清言大语言模型问答页面

> **知识点**
>
> 关于 DeepSeek
>
> DeepSeek 是由杭州深度求索人工智能基础技术研究有限公司开发的智能对话模型，该公司成立于 2023 年 7 月。DeepSeek 在数学、编码和推理任务等多个基准测试中取得了与 OpenAI 公司的 ChatGPT 相当的结果，在某些领域甚至超越了 ChatGPT。DeepSeek 模型虽然也是基于 Transformer 模型，并没有实现颠覆性的基础理论创新，但是在模型算法和工程优化方面进行了系统级创新。例如，DeepSeek 在 2 048 块英伟达 H800 GPU 上进行了数据训练，首次打破了大语言模型以大算力为核心的研发思路。在技术层面，DeepSeek 还集成了混合专家模型、多头潜在注意力机制和数据蒸馏等技术，实现了更为优秀的性能。最重要的是，DeepSeek 进行了开源，使得任何人都可以下载和部署自己的大语言模型，并能够根据所属行业的数据进行专门的微调，从而实现了各类面向特定行业的人工智能应用。

8.2 主要技术

不同的大语言模型在建模方法和设计方法上存在一定的差异,并且由于涉及商业机密,很难准确、完整地给出这些大语言模型的所有技术细节。但可以肯定的是,现有的大语言模型都是由各种成熟的技术和方法组合而成的,并选择了对话、多模态内容生成等与用户直接相关的应用领域。例如,杨立昆认为,ChatGPT 的成功是应用产品的成功,而不仅仅是技术的成功。

下面以 ChatGPT 为例进行说明。从公开资料来看,该模型主要使用了 OpenAI 公司开发的 InstructGPT 模型,其训练过程可以理解为一种基于人工反馈的强化学习(reinforcement learning from human feedback,RLHF)方法。该方法主要包括预训练与提示学习、结果评价与奖励建模、强化学习与自我进化三个步骤。通过这些步骤,大语言模型实现了从模仿期到管教期再到自主期的转变,具体过程如图 8-4 所示。

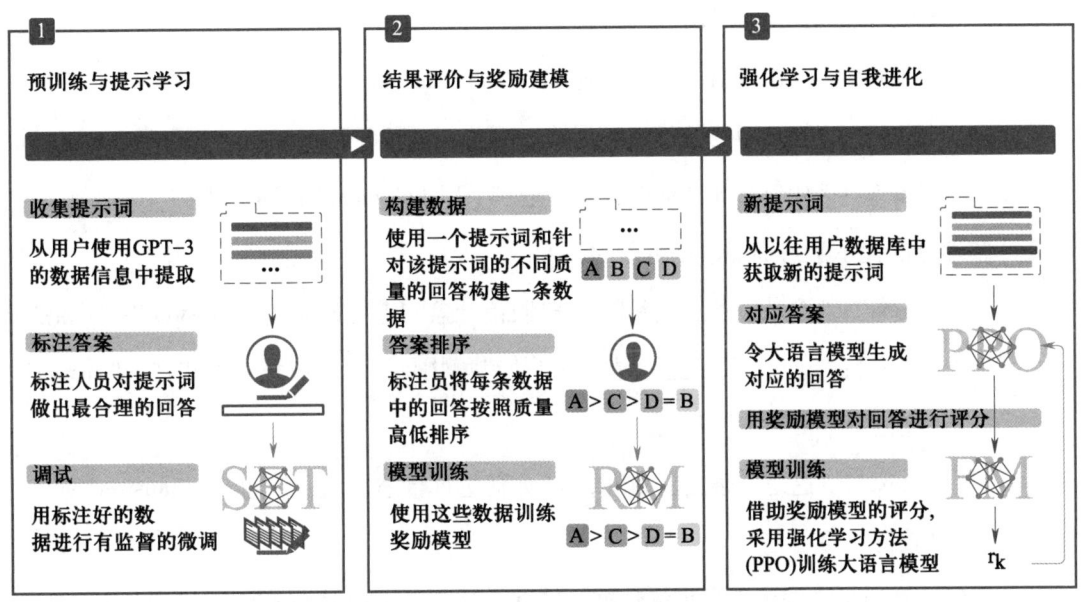

图 8-4 ChatGPT 的 RLHF 方法步骤说明

1. 预训练与提示学习

ChatGPT 在标准的深度学习语言模型的基础上，着重使用了提示学习（prompt learning）方法。提示学习属于监督学习，与传统方法不同，它不需要大量的标注数据，而是通过启发的方式，利用少量高质量的标注数据完成学习，是一种"小样本学习"。

在预训练与提示学习过程中，大语言模型从用户使用 GPT-3 的数据信息中提取提示词（prompt），然后由标注人员对这些提示词做出最合理的回答。这一过程涉及对数据的收集和标注，目的是让模型学习人类对话的模式和风格。在收集和标注工作完成后，用这些标注好的数据对大语言模型进行有监督的微调，以提高其对特定提示词的响应能力。

提示学习涉及以下两项重要内容：一是选择优秀的基础大语言模型。以 InstructGPT 为例，它基于经过实践验证有效且性能良好的 GPT-3 构建而成。如果基础大语言模型不佳，即使经过大量训练，也如同"对牛弹琴"，难以达到理想效果。二是具有有效的提示学习训练数据。已有研究表明，不同的提示学习训练数据，会对模型训练结果的精度产生极大的影响。

例如，原始的训练数据可能为

{"text"："股市开盘的走势如何？"，"label_name"："财经"}

{"text"："故宫博物院最新的展览有哪些？"，"label_name"："文化"}

{"text"："如何选择合适的大学专业？"，"label_name"："教育"}

整理过的提示学习训练数据可以为

{"text"："这是一条＿＿新闻，"+"股市开盘的走势如何？"，"answer"："财经"}

{"text"："这是一条＿＿新闻，"+"故宫博物院最新的展览有哪些？"，"answer"："文化"}

{"text"："这是一条＿＿新闻，"+"如何选择合适的大学专业？"，"answer"："教育"}

显然，高质量的提示学习训练数据，能使模型更精准地对相关问题进行回答。

由此也产生了一个有趣的现象：终端用户如果能够较好地掌握对大语言模型进行提问的方法，即学会更好地构造提示词，就有可能获得更有价值的答案。

2. 结果评价与奖励建模

传统自然语言处理面临的困难之一是标注数据的缺乏，尤其是高质量标注数据的不足。而 ChatGPT 则结合了基于人工标注的结果评价方法，从而增强了系统的有效性。

在 ChatGPT 训练过程中，模型使用一个提示词及针对该提示词的不同质量的回答构建一条数据，然后由标注人员将每条数据中的回答按照质量高低进行排序，以帮助模型区分高质量和低质量的回答。同时，ChatGPT 还建立了一个完善的评价系统，采用基于统一标准的排序评价，而非传统的分值评价，以减少主观因素对标注结果的影响。标注完成后，这些数据被用来训练奖励模型。此外，这种评价标注机制已被广泛地集成到实际应用中，能够在更广泛的范围内收集用户的真实反馈，如图 8-5 所示。

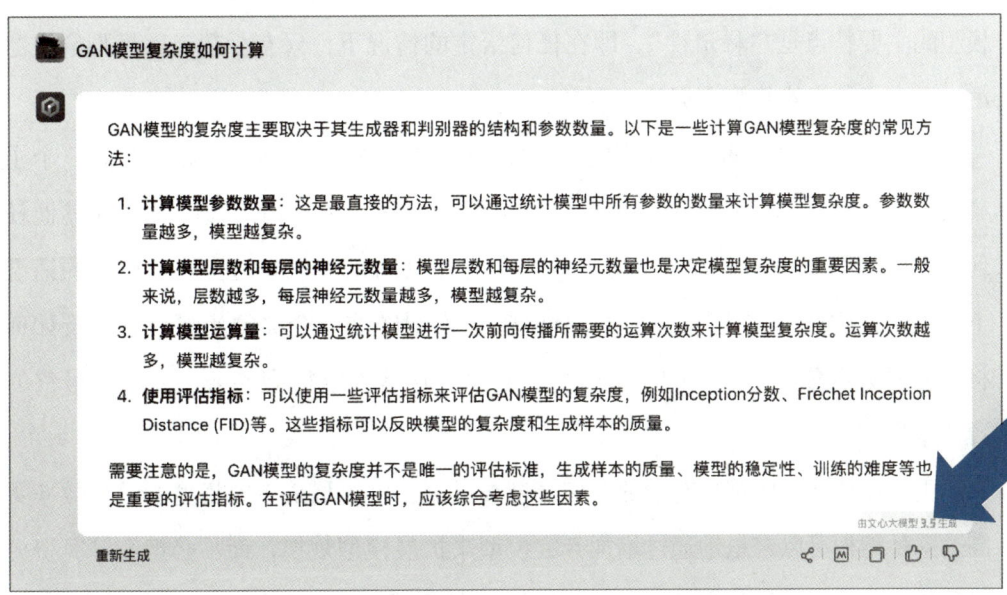

图 8-5　大语言模型提供的用户反馈机制示例

3. 强化学习与自我进化

通过预训练与提示学习得到大语言模型，通过结果评价与奖励建模得到奖励模型，二者协同作用，无须人工干预，即可通过类似相互博弈的方式，实现大语言模型的自我进化。由于奖励模型没有与大语言模型结合在一起，因此它们能够各自发挥优势，通过相互作用对大语言模型进行调整，使其不断达到更优的状态。

具体而言，这一过程采用近端策略优化（proximal policy optimization，PPO）的强化学习方法来实现。首先，从以往的用户数据库中获取新的提示词，并生成对应的回答。其次，使用之前训练的奖励模型对这些回答进行评分。借助这个评分，采用强化学习方法，特别是近端策略优化算法，来进一步训练和优化大语言模型，使其生成的内容与特定人群（如标注人员和研究人员）的偏好相一致。

除此之外，后续出现的很多新方法也在不断增强现有大语言模型的构造能力。

稀疏专家模型（sparse expert model）是一种新型的机器学习模型架构，近年来在大语言模型领域受到广泛关注。例如，谷歌公司的大语言模型 Switch Transformer 就属于这种类型。该模型旨在通过组合多个专家模型来提高整体性能和效率。这种模型的主要特点是"稀疏性"，即在任何给定的情况下，只有少数专家模型会被激活，而大多数专家模型则保持"沉默"。

稀疏专家模型由多个专家模型组成，每个专家模型都专门针对数据的一个子集或一个特定任务。这些专家模型可以是神经网络、决策树、线性模型或其他任何类型的模型。稀疏专家模型中包含一个门控机制，用于决定在给定输入的情况下应该激活哪些专家模型。路由是稀疏专家模型中的一个关键步骤，它涉及如何将输入的数据分配给选定的专家模型，并聚合这些专家模型的输出以生成最终的预测结果。

由于在任何时候都只有少数专家模型被激活，因此稀疏专家模型的计算效率更高。这种架构可以轻松地通过增加专家模型来扩展模型规模，而不必担心计算资源显著增加。同时，这种方法可以根据不同的任务或数据子集选择和定制专家模型，从而提高模型的泛化能力和性能。

在大语言模型时代，稀疏专家模型逐步发展为混合专家（mixture of expert，MoE）模型，混合专家模型又称为稀疏专家混合模型或稀疏混合专家语言模型等。这些名称所表达的意思基本一致。与稠密模型相比，MoE 模型的预训练速度更快，而且在推理阶段，由于只需要调用部分参数，因此具有更快的推理速度。不过，因为需要将所有专家系统都加载到内存中，因此 MoE 模型需要较大规模的显存。基于

MoE 的大语言模型的一个显著优势是，它们能够在所需计算资源远少于稠密模型的情况下进行有效的预训练。当计算资源有限时，MoE 模型可以显著扩大模型的规模，并更快地达到与稠密模型相同的质量水平。这也使得训练具有数千亿甚至万亿参数的模型成为可能。

8.3　多模态信息服务

1. 多模态方法

多模态（multimodality）是人类学习的一个重要特点，人类通过多种感官的组合来感受和表达信息。随着深度学习技术的发展，多模态方法开始与大语言模型相结合。这些模型不仅可以完成基于文本的用户交互，还可以进一步结合图像和视觉信息，提供更加智能的多模态信息服务，如通过文本生成图片、从视频中提取文本描述等。2023 年，OpenAI 公司发布的 GPT-4 就是一个多模态模型。它能够很好地理解图片所包含的语义内容，不仅可以接收文本和图像输入，还可以输出文本和图像内容。GPT-4 理解图像的方法不是先将图像转化为结构化或非结构化的文本信息，进而将图像问题转化为文本问题，而是直接将图像作为预训练任务的输入，让模型直接理解图像。

大语言模型的多模态能力是指模型能够根据信息内容的相关性来处理、理解和生成来自不同模态（如文本、图像、音频、视频等）的信息。这种能力使得模型能够更全面地理解用户输入，不再局限于单一的文本输入和输出，而是可以生成更加多样化的输出。相关实验结果表明，不同的词语会激活大脑中与其语义类别相对应的感觉皮层区域。语言能够帮助模拟与所描述情境相关的感知和运动体验，其概念表征与感知和运动表征紧密相连。因此，语言成为多模态信息整合的天然媒介。基于此，现代多模态方法主要采用以自然语言处理为核心的技术路线，建立各种类型信息之间的关联。

既然各类深度学习模型能够很好地捕捉图像与语义之间的关系、复杂文本之间的语义联系以及音频与文本之间的关系，那么只要提供存在对应关系的多模态数据，并采用适当的模型进行训练，系统就可以获取不同模态信息之间的关系，从而形成多模态信息服务。

在方法上，最早出现于 20 世纪 90 年代的多模态方法主要是将视觉和语言信息结合起来，还尝试了其他模态之间的信息融合，如视觉与声音、视觉与手势等跨模态关联。这些方法通常采用卷积神经网络和循环神经网络等技术。例如，使用循环神经网络来捕捉手势的动态时序特征。随着技术的发展，多模态方法逐步引入注意力机制，使模型能够聚焦于不同模态中的重要信息。这种机制能够有效避免不同模态中无关信息的干扰，提升模型的性能。

2. 多模态大模型的几个关键问题

（1）足够的多模态数据集

多模态大模型需要足够的多模态数据集进行训练。这些数据集至少提供两种模态信息之间的对应关系。例如，为图像提供完整的语义标注等。然而，由于数据集资源的限制，多模态大模型在训练和应用过程中可能会遇到一些问题。例如，如果模型主要使用特定风格的图片数据进行训练，其生成的图像往往会呈现出相似的风格。此外，曾经出现过模型无法准确绘制人类手势的情况，这也与训练数据中缺失相关手势图片密切相关。

（2）充分考虑自身的特点

多模态大模型一般采用与大语言模型相似的深度学习模型，但在设计上还需要充分考虑其自身的特点，例如：

① 多模态大模型通常包含多个模态专用编码器，每个编码器都专门处理一种模态的数据（例如，文本、图像、音频等）。这些编码器能够将各自的输入数据编码到一个共享的表征空间中。

② 多模态大模型设计的关键在于实现不同模态之间的交互，这通常是通过跨模态注意力机制或多模态融合层来实现的。这些机制使模型能够学习不同模态之间的关联性。

③ 多模态大模型需要在不同模态之间进行训练，以形成一个信息融合处理中

心,从而对来自不同模态的信息进行比较与融合。

④ 多模态大模型的解码器要能够执行多种任务,如文本生成、图像描述和情感分析等。这就要求解码器具备处理和生成多种类型数据的能力。

(3) 需要专业的数据处理方法

多模态大模型不仅要处理文本数据,还要处理图像、音频等其他类型的数据,包括对这些数据的解析和生成,这些任务都需要采用专业的数据处理方法来完成。

这里以文本转语音为例来进行说明。早期的方法大多采用电子手段来根据文本合成语音,但在情感表达和朗读流畅度上存在明显不足。2017 年,谷歌公司提出的 Tacotron 模型在语音合成领域取得了突破性进展。该模型是一个基于自注意力机制的端到端语音合成模型,包含一个编码器、一个自注意力解码器和一个后处理网络。它以文本为输入,生成声谱图帧,最终转换为波形声音文件。后续的改进版本生成的语音非常接近人类语音。

3. 常见的多模态大语言模型

现代多模态大模型已经实现了"端到端(end-to-end)"完全自动化的多模态融合和学习能力。下面介绍四种常见的多模态大模型:

(1) CLIP(contrastive language-image pre-training)模型

CLIP 模型是由 OpenAI 公司提出的一种用于训练文本和图像表示的神经网络模型。该模型采用联合训练的方法,同时训练文本和图像的表示,其基本思想是将图像和文本映射到一个共同的向量空间中,使得相似的图像和文本在该空间中的距离更近。该模型利用相似度和差异性的概念,通过最小化同类数据之间的距离和最大化不同类数据之间的距离来训练模型。常见的 CLIP 模型包括一个图像编码器和一个文本编码器,其中图像编码器通常采用预训练的卷积神经网络,而文本编码器则采用 Transformer 模型,其基本结构如图 8-6 所示。

(2) ViLBERT(vision-and-language BERT)模型

ViLBERT 模型是一种基于 Transformer 模型的深度学习模型,能够对图像和文本进行联合推理,并生成相关的自然语言描述。其基本思想是使用 Transformer 模型将图像和文本编码到一个共同的语义空间中。该模型采用两个并行的子模型：一个是基于语言文本的 BERT 模型，另一个是基于视觉信息的注意力模型。这两个子模型共享部分网络层，并在特定层中进行交互和融合，以实现多模态信息的整合。该模型能够在不需要额外图像注释或预处理的情况下完成联合推理任务。

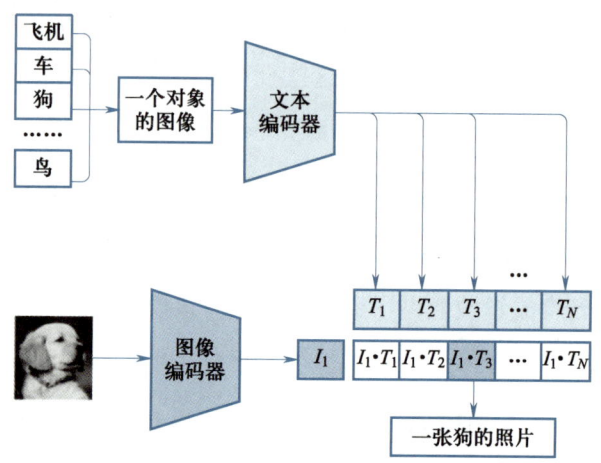

图 8-6　CLIP 模型架构示意图

（3）Stable Diffusion 模型

Stable Diffusion 模型是 StabilityAI 公司开发的图像生成模型，能够根据文本描述生成高质量、高分辨率的图像。它结合了多种机器学习技术，主要包括变分自编码器（VAE）和扩散模型（diffusion model）等。VAE 用于学习图像的潜在表示，并将这些表示与扩散模型相结合。扩散模型是一种生成模型，它通过逐步添加噪声来破坏数据结构，然后再逆转这一过程来生成新的数据。在 Stable Diffusion 模型中，这一过程被应用于生成新的图像数据。该模型的基本工作过程是：首先根据文本描述，使用文本编码器将其编码成潜在空间的表示；其次使用 VAE 解码器根据潜在空间的表示生成初始的低分辨率图像；最后通过扩散模型的反向过程逐步细化图像，增加分辨率并去除噪声，直到生成高分辨率的图像。

（4）DALL-E 模型

DALL-E 模型是由 OpenAI 公司开发的图像生成模型，能够根据给定的文本描述生成与之相符的图像。该模型主要采用生成对抗网络和变分自编码器等技术。其工作原理是利用文本编码器将给定的文本描述编码为一个向量,并将该向量输入图像生成网络,图像生成网络则利用该向量生成与描述相匹配的图像。该模型的特点在于采用了大规模的自监督学习,能够从互联网上搜集图像数据并自动训练模型。此外,该模型结合了多层蒙皮、镶嵌和连续几何等方法,从而能够生成具有奇幻、抽象风格的图像。

端 到 端

端到端通常是指一个系统、服务或解决方案能够覆盖从开始到结束的完整过程,包括所有步骤、组件和交互。在这个完全集成的过程中,系统可以自动实现从数据输入到最终结果输出的整个流程,其间无须用户进行干预或处理。

4. 新型多模态服务形态

多模态大模型的快速发展,使得新的多模态服务形态不断涌现。以元宇宙(metaverse)为例,它是一个融合了物理现实世界和数字虚拟世界的综合环境。在这一环境中,用户可以通过数字化身(avatar)进行工作、娱乐和社交活动。由于元宇宙中的视觉、听觉等感官体验是由信息技术生成的虚拟场景构成的,因此元宇宙需要大量的多模态大模型作为底层支撑技术。

元 宇 宙

元宇宙,又称为后设宇宙、形上宇宙、元界、超感空间或虚空间,其概念可追溯至20世纪90年代。钱学森在当时已关注到虚拟现实(virtual reality,VR)技术,并将其命名为"灵境"。从概念来看,元宇宙是指人类利用数字技术构建的一个虚拟世界,它既可以映射现实世界,也可以超越现实世界,并能够与现实世界进行交互。从表现形式来看,元宇宙是一个在线的虚拟空间,它能够与现实世界实时互动,其中发生的事件具有实时性和持久的影响力。

与一般的数字虚拟世界不同，元宇宙具有持久性，它是一个持续存在的虚拟环境，不会因个别用户的登录或退出而消失。在元宇宙中，用户可以进行多种交互活动，包括与其他用户、虚拟环境和虚拟物品之间的互动。此外，元宇宙并非由单一组织或平台控制，而是由多个系统和平台相互连接、共享数据构成的庞大网络。在元宇宙中，用户可以定义自己的数字化身和环境，甚至创造新的内容、游戏和体验。用户还可以进行虚拟资产的购买、出售和投资，这些资产包括土地、物品、服务和数字艺术品等。因此，元宇宙能够提供沉浸式的用户体验，它通常需要借助虚拟现实、增强现实（augmented reality, AR）等技术来实现。

多模态大模型不仅在技术层面引发了人类社会的深刻变革，还在应用层面为人类提供了新的创新工具和可能性。例如，利用计算机技术自动生成艺术作品一直是人类追求的目标，这一目标催生了自 20 世纪中期开始的数字艺术研究与应用。1952 年，本·拉波斯基（Ben Laposky）创作了世界上第一幅生成式艺术图像《振荡器 40》（*Oscillon 40*）。1973 年，哈罗德·科恩（Harold Cohen）使用其开发的 AARON 程序创作了第一幅人工智能画作。这些方法总体来看比较简单和原始。随着多模态大模型的出现，现代数字艺术方法发生了根本性的变革。例如，以 2015 年谷歌公司发布的 DeepDream 模型为例，它是一种基于卷积神经网络的图像处理技术，可以发现并增强图像中的视觉模式和特征。所谓"模式"，可以被理解为在随机或复杂的信息中，人类（或算法）倾向于寻找并识别出的一种有序或可识别的结构或特征，即使这些结构或特征在现实中可能并不存在。这种现象如同人类倾向于将自身的特征、形状或对象赋予非人类图像。例如，在云层中寻找物体形状或将面包片图案看成人脸。DeepDream 模型通过识别并增强视觉特征生成辨识度更高的有趣图像。

8.4 智能与意识

随着互联网语料数据的广泛使用，各类大语言模型的智能水平得到了快速提升，并出现了智能涌现现象。智能涌现指的是大语言模型在生成结果时，表现出超越原始数据和算法设计预期的复杂性与创造性。这种现象并不是人类主动设计或预见的，而是随着模型的发展逐渐显现的。其智能水平的提升，引发了关于大语言模型是否具备自我意识的讨论，同时也促使人类重新思考语言现象的本质以及大脑思维的运作机制。

1. 智能涌现

18 世纪以来形成的还原论假说（reductionist hypothesis）认为，复杂系统可以通过更简单或更基本的现象来解释。例如，人类社会是由个体构成的，心理学原理可以解释个体行为，而社会学现象可以通过分析个体的心理和行为机制来理解。同时，生理学原理也可以进一步解释个体的心理和行为，从而为社会学现象提供更深层次的解释。1972 年，美国学者菲利普·安德森（Philip Anderson）对这一假说提出了质疑。他发现，即使在分子层次的自然现象中，也存在与还原论假说相悖的证据。例如，较大的分子往往表现出一种特殊的对称性破缺，即原本在变换下应保持对称性的系统的某些性质会转变为不对称性质，这种现象与在较小分子上建立的定律相矛盾。简单来说，这种现象可以概括为"多即不同"或"整体并不等于部分之和"。这种类似突变的现象被称为涌现（emergence）或相变（phase transition）。涌现现象不受基础结构规律和特性的约束，因此，依据还原论的规律来预测或构建涌现系统并不可行。

类似的现象也出现在大语言模型中。随着训练数据规模的增加，模型在处理任务时的性能可能会出现不可预测的跃升，甚至超出设计者的预期。然而，这种涌现现象仅在超过一定规模的模型中才能观察到，而不会出现在小型模型中。

以 GPT-3 为例，其表现出的智能涌现能力包括分析短语相关性、生成问答、自我评估与辅导、通用语素使用等。此外，其他一些模型在与经济学、物理学、数学、医学等领域相关的任务中也展现出了相应的能力。

不过，目前仍然有一些问题尚未明确。例如，智能涌现是否是一种常态现象，是否必然会随着模型规模的增大而出现？此外，模型规模的增大既然会引发智能涌现现象，是否也会带来更多的新能力？这些问题使得人们无法确定大语言模型或其他人工智能系统是否还有未被发现的其他能力。这种不确定性既给人类带来了欣喜，也引发了人们的担忧。

与此同时，也有学者对智能涌现能力的存在提出了质疑。例如，谢弗（Schaeffer）在2023年的一项研究中对比分析了多种大语言模型，他认为不应将涌现能力归因于模型本身，而应将其归因于度量方法的选择。因此，这种涌现现象可能仅仅是测量的产物。较小模型的测试数据有限，导致所选指标的错误率较高，难以生成看似合理且智能的结果。此外，大语言模型的评估样本数量较少，断定涌现现象必然出现的证据并不充分。

2. 大语言模型是否具有意识

与智能涌现密切相关的一个问题是大语言模型是否具有意识。意识的含义较为广泛且不一致，从最简单的感知能力到思维能力，再到复杂的自我意识，都可以被视为意识的表现。

（1）反对者的观点

反对者认为，能够输出问题的答案并不意味着模型真正理解问题。计算机以类似的方式回答问题，可能只是制造了一种理解的表象。甚至有观点认为，意识依赖特定的电化学过程，因此硅基人工智能不可能具备意识。例如，深度学习语言模型主要采用基于词语共现的方法来评估语义相关性。但是，仅靠词语共现方法并不能真正理解词语意义，因为词语意义在本质上与语言形式及语言之外的具体或抽象事物密切相关。大语言模型的主要局限性在于其完全依赖数据来学习语言，而人类则是通过具体的社会互动和在真实世界中的体验来学习语言的。这些大语言模型由于目前无法像人类一样具有理解语境的能力，因此不能真正掌握语言的意义。正因为如此，有人形象地将此类大语言模型称为"随机鹦鹉"。此外，从意图的角度来看，大语言模型通常没有明确的行动意图，也缺乏对用户意图的必要推测。它们的训练目标仅仅是最大限度地提高对下一个词语预测的准确性。

"中文房间"实验

"中文房间"（Chinese Room）实验是由美国哲学家约翰·瑟尔（John Searle）于1980年提出的一个思想实验，旨在质疑"强人工智能"的概念，即机器是否能够具备真正的理解力或意识。

实验设想如下：一个不懂中文的英语使用者被关在一个房间里。房间里有一本用英文编写的中文使用手册，可以指导这个人如何处理中文符号。房间外的人用中文写下一些问题并将其递进房间，房间里的人根据手册上的指示，查找如何使用中文符号回答这些问题。这些指示是完全基于符号的操作，不涉及对中文的理解。房间里的人按照手册的指导，将中文符号组合成答案，并将其递出房间。

从房间外的人的角度看，房间里的人似乎"理解"了中文问题并给出了恰当的答案。但实际上，房间里的人并不理解这些问题和答案，他只是在机械地操作符号。基于此，约翰·瑟尔认为，即使一个系统能够模拟理解语言的行为，也不意味着该系统真正理解所处理的符号，计算机无法复制人类理解语言所涉及的复杂认知过程。这一实验也对图灵测试提出了挑战，因为图灵测试仅评估机器是否能够表现出类似人类智能的行为。

"中文房间"实验引发了广泛的讨论和争议，并对人工智能领域产生了深远的影响。

（2）支持者的观点

支持者认为，由于大语言模型可以生成基本上符合人类标准的问题答案，因此大语言模型可能具备意识，人工智能其实就是一种硅基生命的初始形态，而且一旦从个体智能发展到群体智能，人工智能就有可能获得超越人类智能的机会。即使是一个缺乏感官和身体的系统，如"桶中大脑"实验所描述的情形，也有可能实现意识。

针对反对者提出的语言需要结合实践的问题，支持者认为，大语言模型的确缺乏与真实世界直接交互的能力，因此无法在客观世界中进行自我学习。但是，基于大量人类在与客观世界的互动中逐渐形成的自然语言，只要有足够的数据，模型就可以复现人类已有的知识。在思维层面，模型完全可以实现与人类思维类似的过程。

此外，大语言模型生成的内容，往往能够指导人们的实际行动，如制订计划、实施操作等，从而对真实世界产生影响。

退一步说，人类的许多认知其实也并非完全来自与客观世界的直接接触。例如，人们可能听说过不明飞行物（UFO），并能描述对于它的认识，但是从未亲眼见过。再如，当人们听到"饺子"这个词时，脑海中会立即浮现出饺子的样子，甚至回忆起春节的场景。如果大语言模型能够根据这些概念词语找到对应的共现词语，所产生的关联机制就与人类的思维过程非常相似。此外，目前大语言模型所展现的思维推导能力表明，它能够顺利完成与人类类似的行为，甚至在速度和效果上表现得更为优秀。

不过到目前为止，这些问题都没有明确的答案。可以确定的是，意识并不是一种虚无缥缈的存在，而是有其实实在在的生理基础。具体来说，意识是由大脑的复杂神经活动产生的，大脑的运作在人类意识的形成过程中起着基础性作用，支持着认知、感知和行为等心理活动。基于此，是否可以认为复杂的人工神经网络活动也可能产生意识，并且这种意识可能是植根于硅基计算的新型意识形态，但是这些问题目前仍无法得到解答。

知识点

"桶中大脑"实验

"桶中大脑"（Brain in a Vat）是一个思想实验，该实验涉及知识、现实、意识和怀疑论的讨论，与电影《黑客帝国》（The Matrix）中的情节有相似之处，它们都探讨了人类对外部世界认知的可靠性和限度。

实验设想如下：一位科学家将一个人的大脑从其身体中取出，并将其放置在一个充满营养液的桶中。这个大脑被连接到一台超级计算机上，这台计算机能够模拟该人以前经历过的所有感官输入。计算机通过电极向大脑发送信号，这些信号与正常情况下由感官传送到大脑中的信号完全相同。大脑接收并处理这些信号，就像它们来自真实世界中的感官体验一样。由于大脑只能通过这些模拟信号来获取信息，因此它可能会错误地认为自己仍然处于一个正常的身体内，并正在经历一个真实的世界。

"桶中大脑"实验引发了一系列哲学思考。例如,我们如何确定自己不是桶中的大脑?我们对外部世界的感知和获得的知识是否可靠?我们能否确定外部世界真实存在,还是这一切只是大脑的幻觉?意识的本质是什么?它是依赖物质存在,还是可以独立存在?

"桶中大脑"实验是对笛卡尔式的怀疑论的一种现代诠释,它挑战了人们对自我和世界的直观理解。需要注意的是,这个实验并没有实际的科学操作,而是作为哲学讨论的工具,用于探讨知识、现实和意识等哲学问题。

对于大语言模型为什么能产生智能,甚至产生跨模态的智能行为,一种可能的解释是大规模预训练本质上可以被看成是对人类知识进行压缩,从而学习到一个能够对世界知识进行编码的参数模型。这种知识压缩不是简单的数据存储,而是通过各种数学表示将知识编码为高维空间中的信息,具体包括语言结构(如"狗→动物")、事实知识(如"水在100℃沸腾")、逻辑推理规则(如"下雨→地面湿")、跨模态关联(如"红色→火焰→高温")等内容。

利用这种模型完成真实世界的任务,类似人类通过经验积累知识,并在需要时灵活调用这些知识的机制。因此,大语言模型在生成下一个词语或像素时,并不是机械地复现训练数据,而是会根据上下文灵活调用其已有的知识储备。这种模型具有动态适应与泛化的特点,能够灵活组合现有的知识以生成新的内容。例如,即使模型未见过"用唐诗风格写火箭发射过程"的示例,它仍可以发现"唐诗格式"和"火箭发射"之间的关联,并生成合理的内容。

同时,随着模型参数量和数据量的持续增长,知识压缩密度和语义关联复杂度显著提升,可能会引发智能涌现现象。尽管部分已有知识可能存在噪声和错误,但是通过保留那些高频、高置信度的模式,大语言模型依然可以生成与经过验证的人类知识体系相一致的结果。但是,不可否认的是,知识压缩可能会导致部分细节信息丢失,同时在生成结果的过程中也可能会产生错误的语义组合。

8.5 偏见与有害性

随着大语言模型的广泛应用，关于如何在无法完全控制用户提问的情况下管理这些模型的争论也逐渐增多。其中，最常见的问题集中在大语言模型的偏见、有害性和幻觉三方面。

1. 大语言模型的偏见

所谓大语言模型的偏见，是指模型在处理和生成数据时表现出的系统性偏差。这些偏差可能由多种因素引起，包括数据集的构成、模型的设计、训练过程以及应用场景等，从而导致不同类型的模型偏见。例如，性别偏见可能使模型错误地推广关于性别的刻板印象，将某些职业与特定性别关联起来。此外，还可能产生种族偏见、文化偏见等其他形式的偏见。

按照产生的原因，可以将常见的大语言模型偏见分为以下几种类型：

（1）数据偏见

数据偏见源于训练数据集的不平衡或代表性不足。如果训练数据中某个群体的样本过多或过少，模型就可能学习到与该群体相关的错误或不准确的关联，从而导致在处理相关任务时产生偏见。例如，许多大语言模型使用约 100 种不同的维基百科资料来进行训练，但在这些维基百科资料中不同语言的文章数量分布极不平衡。以英语为例，每千人对应 16 篇文章，而对德语来说，这一比例更高，但德语使用者的数量较少。相比之下，中文文章的数量较少，但中文使用者非常多。

（2）算法偏见

在设计算法的过程中，设计者所做的各种选择也可能在无意中引入偏见。如果模型的优化目标与公平性目标不一致，模型就有可能在训练过程中学习到偏见。例如，选择特定的损失函数、优化目标或网络架构可能会偏向某些类型的数据或结果。在训练模型时，选择将哪些特征作为输入会显著影响模型的输出。如果选择的特征与预测标签之间存在不公平的关联，模型就有可能学习并放大这些偏见。此外，在数据预处理阶段，处理缺失值、异常值或进行数据标准化等操作也可能引入偏见，并对模型产生不成比例的影响。更严重的是，如果模型输出的偏见结果被用于进一步训练或影响模型,就可能会形成一个强化偏见的反馈循环。

(3) 部署偏见

即使模型本身没有偏见,但在特定的应用场景中,使用方式、应用背景、用户群体或决策上下文的不同,也可能导致偏见的产生。例如,一个在发达国家数据上训练的模型可能在不发达国家部署时表现不佳;一个推荐商品或内容的系统可能在某些用户群体中总是推荐相同类型的产品,从而限制了用户的选择范围;一个用于信贷审批的模型如果没有考虑经济衰退的影响,就有可能对特定群体产生不公平的待遇。此外,在模型部署后,如果没有适当的监控和维护,模型就可能会随着时间的推移而积累偏见。

2. 大语言模型的有害性

所谓大语言模型的有害性,是指在用户提出恶意问题时,模型可能会输出具有潜在攻击性或不恰当的观点,这些内容可能带来伦理风险并对用户和社会产生不利影响。有害性的界定具有一定的主观性和文化依赖性,但人们对多数有害内容仍有比较广泛的共识。常见的应对方法是使用过滤词典或专门的文本检测工具来识别和屏蔽此类内容。

需要注意的是,模型表现出的有害性并非完全源于系统设计,有时也受到用户理解的影响。例如,在回答如何治疗某类疾病的问题时,由于医疗诊断涉及多方面的因素,并非简单的一问一答就能完全解决。因此,合理的回答既要避免过于绝对化,也不要引导或妨碍用户的可能行为,而应当以参考建议的方式提供信息,并提醒用户这些答案可能存在的风险。

3. 大语言模型的幻觉

常见的大语言模型问题还有幻觉(hallucination),幻觉产生的原因与模型偏见和有害性产生的原因类似,包括数据、训练过程和推理过程等。所谓幻觉,是指模型输出的内容与现实世界中的事实或用户的输入不一致,通俗来说,就是"一本正经地胡说八道"。根据幻觉来源的不同,可以进行有针对性的处理。对于由数据引起的幻觉,可以在数据准备阶段减少错误信息和偏见,扩展数据的知识边界,从而降低训练数据中的虚假相关性。此外,还可以通过增强大语言模型的知识回忆能力来缓解这一问题,如使用思维链(chain of thought,CoT)技术。对于训练过程中产生的幻觉，可以避免使用有缺陷的模型架构，如通过改进模型架构或优化注意力机制来提升模型性能。同时，也可以通过改进人类偏好对齐来减少模型与人类刻意对齐带来的负面影响。对于推理过程中出现的幻觉，则需要在解码阶段增强输出的真实性和一致性。例如，确保上下文和逻辑的一致性，以提高输出内容的准确性和可靠性。

无论是偏见还是有害结果，处理这些大语言模型问题都可以采用以下方法：通过训练另一个模型或分类器来识别合适的输入，并对输出进行判断以决定是否向用户展示。例如，OpenAI 公司建立了一种机制，当系统认为输出的内容具有攻击性时，会声明无法生成相关内容。也可以利用特定问题的小规模数据来对大语言模型进行有针对性的微调，从而使模型在回答类似问题时更符合特定的训练要求。

8.6 应用实例

8.6.1 大语言模型在行业领域的融合创新

在数据驱动的商业世界中，"大模型 + 数据分析"已成为企业和组织获取竞争优势的关键。这不仅象征着技术进步，更是推动各行各业创新与转型的重要手段。目前，从金融科技到零售消费，从智能制造到智慧城市建设，我国许多行业都展示了如何利用先进的大模型和数据分析技术解决现实世界中的复杂问题。这些实践为其他行业提供了宝贵的经验和启示，有助于它们优化决策、提升效率并创造新价值。

下面结合几个典型的行业案例进行说明。

1. 长安汽车智能问数 CAnswer

长安汽车集团依托北极九章 DataGPT 打造了集团内部的对话式问数工具 CAnswer。该工具作为现有工具链的补充，进一步降低了员工使用数据的门槛，广泛应用于产品策划、市场营销、客户管理等多个场景，满足不同业务团队对于海量、高频数据分析及报告的需求。用户在登录平台后可以直接使用搜索框获取数据，或者通过企业微信进行交互。CAnswer主要具备以下三个功能：一是快速查询行业零售价格及市场信息，辅助产品策划；二是灵活响应营销需求，提取关键信息并生成个性化报表；三是实时获取客户反馈，监控客户声量并进行指标实时预警，提升客户管理效率。其主要功能界面如图8-7所示。

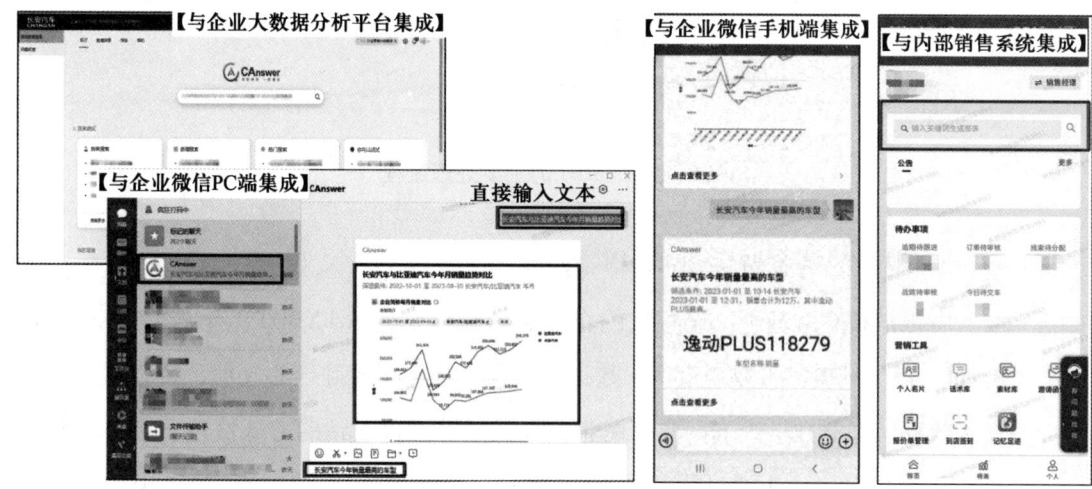

图8-7　长安汽车智能问数CAnswer的主要功能界面

2. 中国一汽GPT-BI创新应用

中国第一汽车集团有限公司（简称"中国一汽"）基于阿里云通义千问开发了大模型应用GPT-BI。该工具通过自然语言提问获取数据结果及图表，实现问答式数据分析，覆盖研发、生产、供应链、销售等领域的指标查询与分析。其主要应用场景包括数据指标实时查询、管理层决策支持以及业务人员高效获取与分析数据。GPT-BI的主要功能有以下三种：一是语义理解与问题提炼，即对用户的自然语言提问进行语义理解，提炼关键问题并生成建议表达；二是NL2SQL转换，即将用户提问转换为结构化查询语言（structured query language，SQL），以便在数据库管理系统中执行专业检索；三是结果归纳与呈现，即利用大模型的总结能力，将查询结果转化为易于理解的自然语言内容。其主要处理流程如图8-8所示。

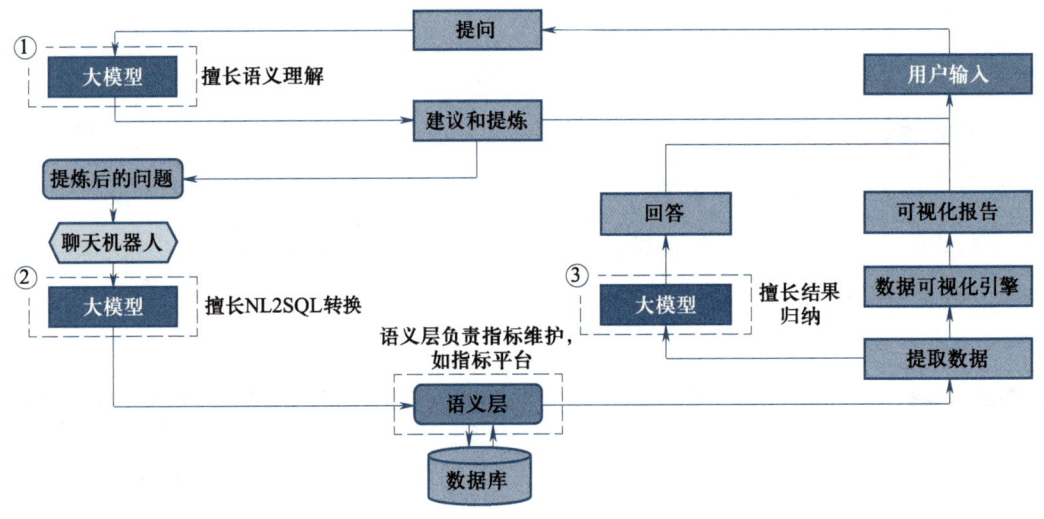

图 8-8 ChatBI 的主要处理流程

3. 中银消费金融 Text To BI Agent

中银消费金融基于澜码科技的企业级智能体平台 AskXBOT，开发了 Text To BI Agent。该工具提供了数据查询、数据分析及可视化图表等核心功能，旨在提高数据使用效率，降低数据查询门槛，使业务人员能够通过对话的方式快速获取和分析数据。Text To BI Agent 通过无缝的数据查询、分析和可视化体验，解决了因数据量大、字段过多、数据结构复杂等问题而导致的模型理解与推理能力下降的问题，显著提升了输出效果和用户体验，为其他企业提供了技术参考。

4. 京东零售 ChatBI

京东零售推出的 ChatBI 是一款基于 GPT 的 AI 数据分析工具，旨在通过自然语言对话简化复杂的商务智能（business intelligence，BI）工作。ChatBI 通过意图识别、实体提取、知识库交互和数据分析，为用户提供快速、直观的数据查询和分析服务。用户无须学习复杂的操作或编写代码，即可通过自然语言对话获取所需的数据信息和分析结果。此外，ChatBI 通过集成知识库和数据分析工具，能够提供更加准确、全面的数据分析服务，帮助用户快速定位问题并做出决策。

8.6.2 全球大语言模型应用的发展

从 2022 年开始，随着 ChatGPT 的出现，大语言模型技术经历了高速迭代与场景化落地的双重变革。传统信息技术企业开始广泛地用大语言模型赋能传统软件。例如，微软公司推出了集成到 Office 办公软件中的 Copilot，Adobe 公司推出了集成到绘画创意软件中的 Firefly。同时，以大语言模型为核心的新型应用也蓬勃发展，如 AI 搜索应用（Perplexity）、文生图（Stable Diffusion、Midjourney、DALL-E 等）、文生视频（如 Runway、Pika、Sora 等）。

在国际市场上，OpenAI 公司、谷歌公司与 Anthropic 公司持续领跑闭源模型领域。在开源生态中，Meta 公司的 Llama 系列具有格局上的特殊性和分界性。此外，其他一些具有较小参数或独特使用特点的模型，也获得了较多的关注。例如，xAI 公司推出的 Grok-2 系列，通过商业场景优化实现了推理效率的显著提升。法国大模型初创公司 Mistral 开发的 Mistral 7b、Mixtral 8x7b-MoE 等模型，专为适配算力受限的平台设计。

国内的大语言模型发展呈现出百花齐放的局面，互联网企业、初创公司、科技企业均推出了具有代表性的模型产品。例如，百度在 GPT-4 发布之后紧接着推出了"文心一言"。随后，360 智脑、通义千问、讯飞星火等模型相继问世。进入 2024 年后，初创公司的大模型产品受到了更广泛的关注。例如，2024 年 3 月，月之暗面推出了 Kimi 智能助手（原名 Kimi Chat），其显著特点是支持 200 万字的长上下文处理能力。与此同时，阶跃星辰也发布了 Step-2 万亿参数 MoE 语言大模型的预览版，是国内首个对外公开具有万亿级别参数的模型的初创企业。2024 年 4 月，MiniMax 公司也发布了基于 MoE 架构的 abab 6.5 模型，其参数量同样达到万亿级别。2024 年 12 月 26 日，DeepSeek 上线了 DeepSeek-V3 首个版本并同步开源。2025 年 1 月，DeepSeek 发布了新一代推理模型 R1，其以 86.7% 的准确率在某些任务上超越了 OpenAI 公司的 o1 模型，且训练成本仅为 557.6 万美元。

目前，大语言模型应用的发展主要具有以下几个特点：

（1）更大参数、更多数据和更多算力的模型能够实现更好的智能效果

不同的大语言模型在进行跨代际更新时，通常采用进一步增加模型参数的方法。只有在进行同代际更新时，随着模型架构的优化以及软硬件资源协同能力的提升，才可能在保持模型性能不下降的情况下减少参数规模。当然，对于小参数模型的实际需求也在逐渐增加，尤其是在消费类终端、手机应用、车机及机器人等领域，小参数模型更有可能被部署。

缩放定律

2020年，OpenAI公司在其发布的论文"Scaling laws for neural language models"中提出了缩放定律（scaling law）。该定律指出，大语言模型的发展与迭代主要依靠大规模参数和强大算力的支持。尽管缩放定律目前仅是一种基于经验的结论，缺乏完备的数学理论基础，但OpenAI公司通过大量实验发现，大语言模型的性能主要取决于三个关键因素：模型参数（N）、数据集规模（D）和训练算力（C）。实验表明，在训练过程中增加模型参数、数据集规模和算力投入，能够显著提升模型性能。模型性能通常通过损失值（loss）来衡量，损失值越小，表明模型性能越好。

（2）原生多模态逐步成为大语言模型的基本功能

OpenAI公司的GPT系列在全球闭源大语言模型中率先支持多模态功能，包括多图与文本的交错推理以及语音交互（语音转文本模型为Whisper，文本转语音模型为Voice Engine）。谷歌公司也推出了图像多模态模型PaLM-E和音频多模态模型AudioPaLM，并在医疗领域推出了医疗语言模型Med-PaLM和医疗多模态模型Med-PaLM M。2023年谷歌公司推出的Gemini以及2024年OpenAI公司推出的GPT-4o，均能够同时支持文本、图像、视频、音频等多模态输入。这些模型与以往模型的不同之处在于，它们具备端到端的原生多模态能力，模型自身可以直接处理所支持的模态。而其他大语言多模态模型通常是由多个不同的模型组合而成的，每个模型负责处理不同的模态，最终通过串联实现多模态效果。

（3）支持的上下文逐渐增长以实现大语言模型的通用化

在上下文长度足够的情况下，可以将数据作为提示词的一部分，直接将自然语言输入大模型，让模型从上下文中学习。这种方法能够解决90%的模型微调定制问题，从而显著提升了模型的通用性。这也是目前我国大语言模型实现差异化竞争的主要优势之一。在国外，较早实现长上下文支持的是Anthropic公司的Claude模型。2023年，Claude模型将上下文标识从10万个提升到20万个，而同期的GPT-4仅支持12.8万个上下文标识。同年，由月之暗面发布的Kimi智能助手率先支持20万字的长上下文。2024年，通义千问和Kimi分别将上下文长度扩展至1 000万字和200万字，迎来了用户访问量的大幅提升。因此，以长上下文为契机，我国大语言模型在细分领域找到了差异化竞争的路线，这不仅有助于提升模型的实际应用效果，还为后续的模型迭代提供了重要指导。

8.7 实验

8.7.1 利用GPT4All实现人机对话

【目的】了解如何利用GPT4All实现本地运行的聊天机器人功能。

【说明】GPT4All是一个由Nomic AI支持的大语言模型生态系统，允许用户在本地硬件上运行定制的大语言模型。其目标是提供可自由使用、分发和构建的大语言模型，使个人和企业能够在本地训练和部署这些模型。GPT4All支持个人写作、问答和代码指导等功能，兼容Windows、MacOS和Ubuntu等操作系统。该系统还包含许多开源数据资源，用户也可以贡献自己的数据，促进大语言模型应用的普及。

【准备】在GPT4All官网上下载安装文件gpt4all-installer-win64.exe，安装GPT4All。

【操作1】人机对话

步骤1 打开"GPT4All"，其主界面如图8-9所示。

单击该界面左侧的"Settings（设置）"，在打开的"Settings（设置）"选择卡中，在"语言和本地化"中选择"zh_CN"项，将界面语言改为中文。

步骤2 首次使用时需要先加载大语言模型，可以通过"Find Models（查找模型）"查询和选择所需的模型。在加载大语言模型时，需要考虑自己机器的内存和模型的大小，建议选择7b或者以下的小规模模型，如Llama3的7b模型或者阿里通义千问（Qwen）的1.5b模型等。

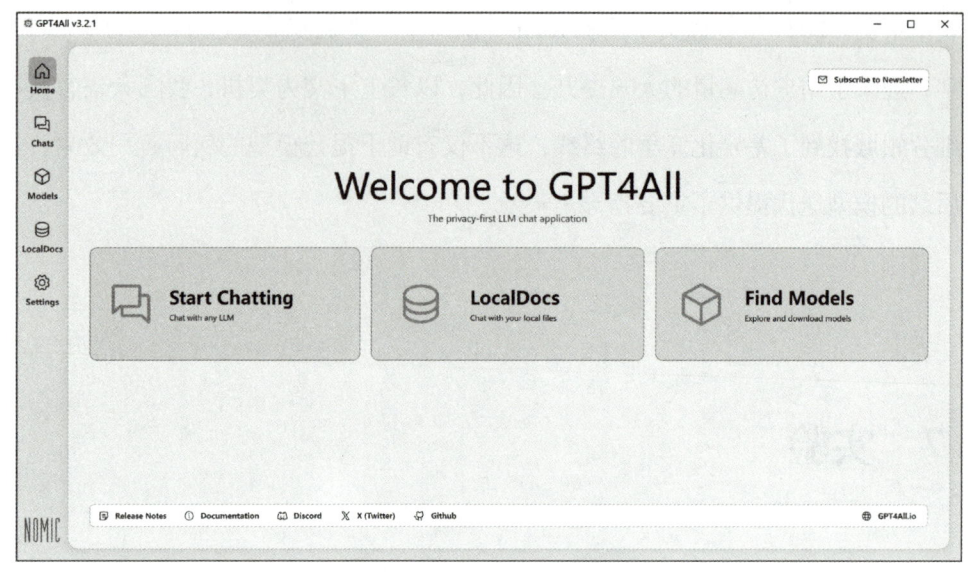

图 8-9　GPT4All 的主界面

步骤 3　如果下载速度较慢，将已经下载的其他模型（如 GPT4All Falcon 7 b 模型）放入 GPT4All 指定的文件夹即可自动加载。具体的文件夹名称（如 gpt4all-falcon-newbpe-q4_0.gguf），可以在"设置"选择卡的"下载目录"中看到，如图 8-10 所示。

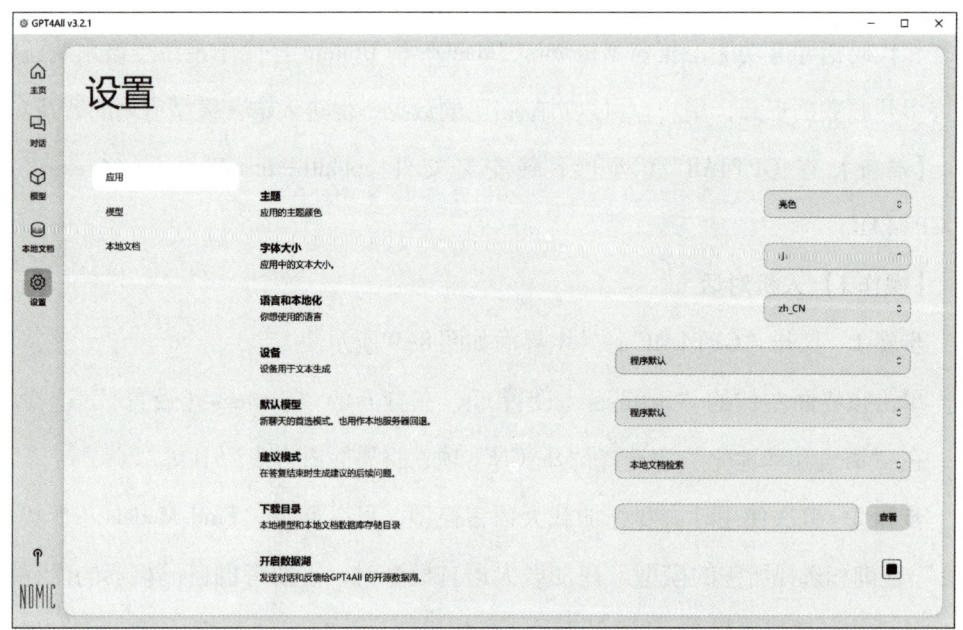

图 8-10　在 GPT4All 的设置中查看模型的存储文件夹名称

单击此处的文件夹名称,将其复制并粘贴到文件资源管理器的地址栏中。再次打开 GPT4All,即可在"模型"中看到该文件夹已加载。

步骤 4 在"对话"选项卡中加载模型后,即可实现人机对话。该模型为英文数据模型,因此即使用中文提问,模型在理解后仍然使用英文回答,界面如图 8-11 所示。

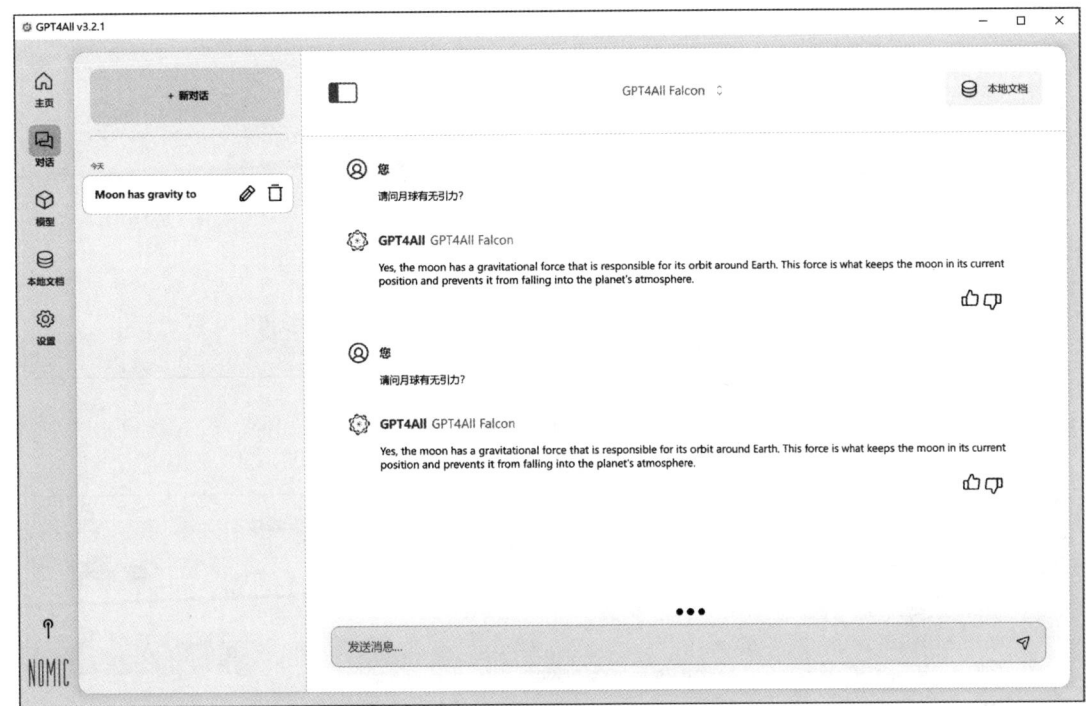

图 8-11 在 GPT4All 中进行人机对话

【操作 2】针对本地文档进行对话

步骤 1 在"本地文档"选项卡的"添加文档集合"中选择本地文件所在的文件夹,该文件夹下的所有文件都可以被用来辅助对话,为其提供有针对性的本地知识支撑,如图 8-12 所示。

步骤 2 在对话时,可以单击"对话"选项卡右上角的"本地文档"按钮,添加指定的本地文档集合。此时,对话会自动综合已有的本地文档内容,并在回答结束后给出参考的本地文档信息,如图 8-13 所示。

图 8-12　在 GPT4All 中添加本地文档集合

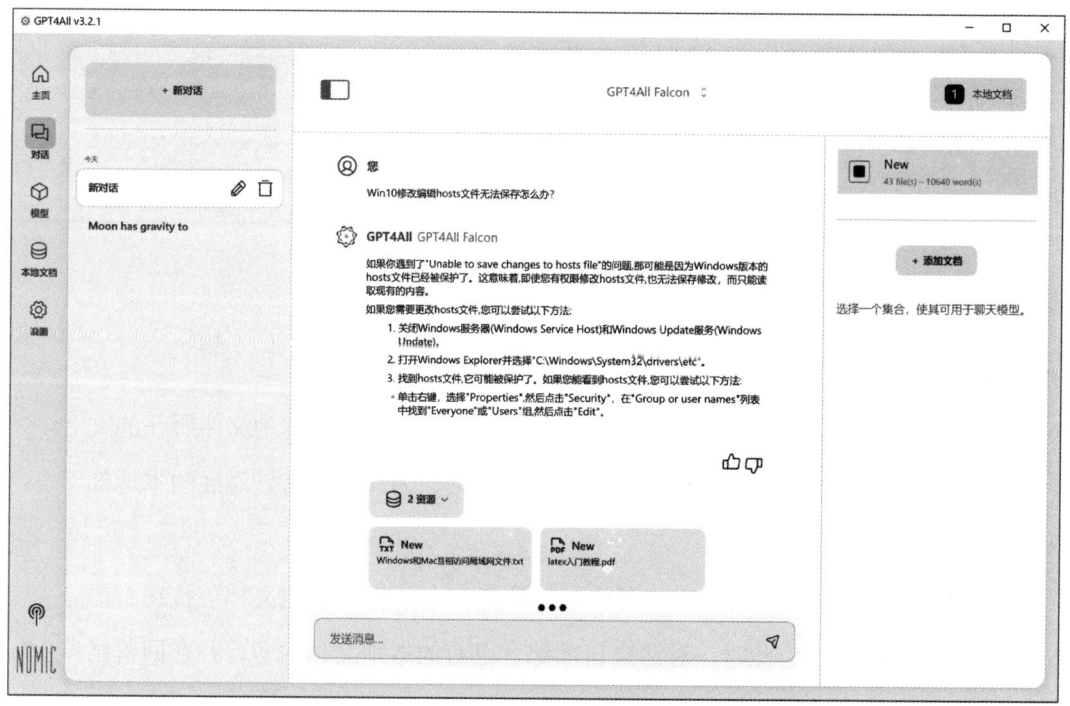

图 8-13　在 GPT4All 中结合本地文档进行人机对话

8.7.2 利用百度智能云客悦智能客服平台实现数字人定制功能

【目的】了解利用百度智能云客悦智能客服平台定制数字人的方法,实现真实场景服务应用。

【说明】百度智能云客悦智能客服平台是基于大语言模型的企业级对话平台,它提供了搭建任务对话、知识问答、人机闲聊等 AI 客服功能。此外,该平台还提供了虚拟数字人功能,并允许用户在自己的应用中集成该功能。

【准备】访问百度智能云客悦智能客服平台,该平台提供智能客服功能。

【操作】基本练习

步骤1 在百度智能云客悦智能客服平台主页中,单击"新建画布客服"标签来构建新的应用,如图 8-14 所示,也可以利用系统自带的"AI 客服示例-旅游助手"来进行操作。

图 8-14 百度智能云客悦智能客服平台主页

步骤2 平台提供了项目可视化构建环境,如图 8-15 所示,可以按照一定的逻辑组织对话的基本流程和收集主要的信息内容。单击界面右上角的 AI 客服测试来观察运行效果。

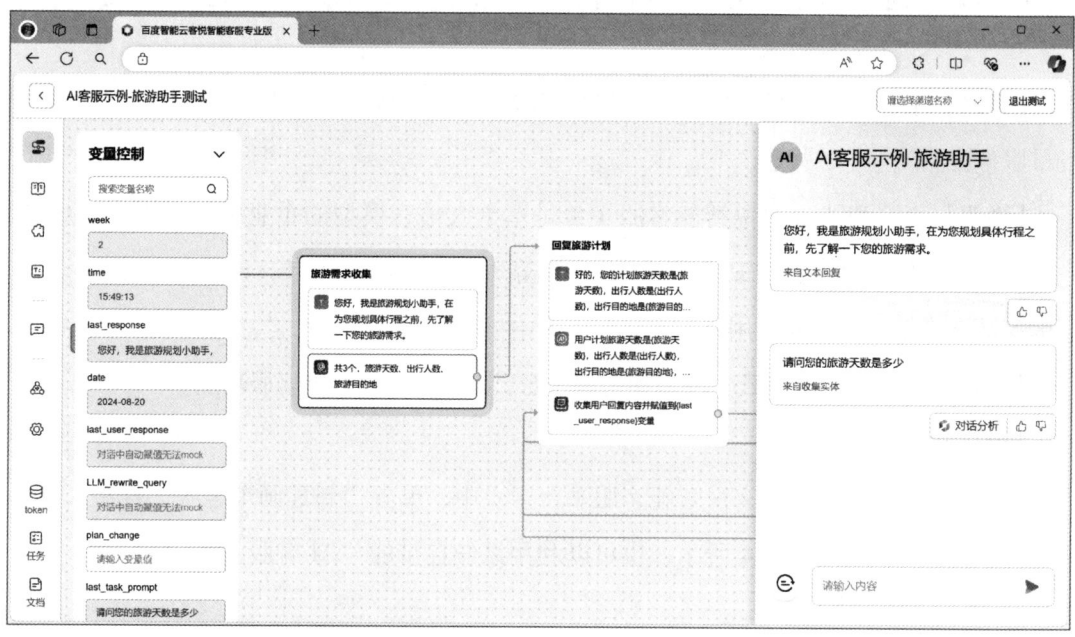

图 8-15　在百度智能云客悦智能客服平台中进行项目的可视化构建

步骤 3　在"集成"界面中设置"对话窗口样式",可以选择"数字人"功能,如图 8-16 所示。设置完成后,保存并发布。

图 8-16　在百度智能云客悦智能客服平台中设置数字人

步骤4 发布处理完毕后,可以在"集成"界面中的"集成方式"中查看体验链接并嵌入自己网站的代码。其中,使用体验链接即可查看最终的运行效果。界面如图 8-17 所示。

图 8-17 在百度智能云客悦智能客服平台中测试数字人功能

思考与练习

1. 查阅资料,了解常见的大语言模型。

2. 为什么并非所有机器学习模型都可以使用预训练模型?为什么自然语言处理可以使用预训练模型?

3. 查阅资料,了解 AIGC 工具中常见的提示词使用方法。

4. 如果把互联网看成是存储于人类大脑之外的现实知识数字实体,那么是否可以认为元宇宙就是存储于人类躯体之外的现实人类自身实体?你如何理解这些观点?

5. 数字孪生是指什么？它和元宇宙是否是一个意思？

6. 查阅资料，了解常见的 AI 绘画生成软件。

7. 有人认为大语言模型有意识，有人则认为大语言模型没有意识。你认为如何证明大语言模型具有意识或没有意识。

8. 查阅资料，了解目前常见的 AIGC 工具及其特点。

9. 虽然搜索引擎和大语言模型相似，可以提供网络信息资源服务，但是在用户使用方式上存在较大的区别。结合你自己的使用体会，谈谈这两种工具的使用特点及其区别。

10. 为什么说 ChatGPT 等人工智能工具离不开大数据？

11. 你如何理解"将大语言模型看作一种互联网产品"？

12. 试对大语言模型可能产生的伦理风险做出自己的评价。

13. Ollama 是一个在本地机器上部署运行大语言模型的开源框架，请安装并测试。

第 9 章

人工智能应用与管理

【格言】

除了害怕做坏事,别的都不必害怕。
—— 本杰明·富兰克林(Benjamin Franklin)

【教学目标与要求】

人工智能技术的快速发展及其与人类社会的深度融合,引发了人们对相关技术应用的持续关注和深入思考。本章主要从发展问题和伦理问题两方面,对当前人工智能技术的应用进行理论总结和观点阐述,旨在启发读者对相关问题做进一步思考。同时,本章还对国内外,尤其是我国近年来人工智能产业的发展与管理现状进行介绍,以帮助读者更好地了解人工智能技术的实际应用情况。

【知识导图】

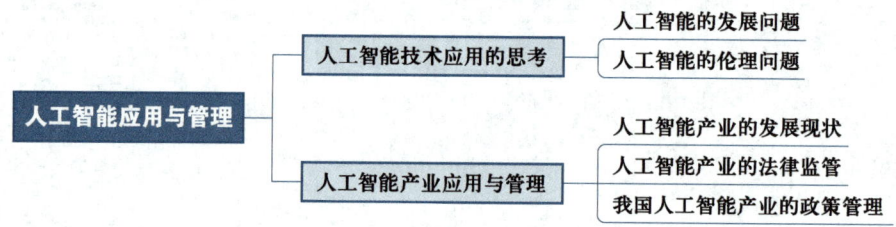

【导引】

人工智能不仅仅是技术问题，还涉及许多深刻的应用问题。我们一起来思考以下几个目前仍然没有明确答案的问题：

◇ 当自动驾驶汽车遇到突然出现的行人时，紧急刹车会导致司机受伤，而不刹车则会伤及行人。此时，自动驾驶系统应当如何做出决策？

◇ 无意识的机器不必为其行为负责，因为它不具备自主意识。然而，如果机器出现了问题，责任应当由谁承担？

◇ 弱人工智能技术在今后相当长的一段时间内仍将处于主导地位，目前的机器显然无须也无法取得与人类同等的地位。然而，当机器具备自我意识时，是否需要赋予其相应的权利？人与机器之间如何实现和平共处？

◇ 未来战争的主导者可能不再是人类，而是机器。如果机器缺乏伦理约束，对人类而言将是一场灾难。那么，如何确保机器遵守人类的伦理规范？

对于这些问题，我们并不期望读者给出明确的答案，而是希望读者能对人工智能技术及其应用进行深入的探讨与反思。

9.1 人工智能技术应用的思考

9.1.1 人工智能的发展问题

从发展阶段来看，人工智能技术可以分为狭义人工智能（弱人工智能，weak AI）、通用人工智能（强人工智能，strong AI）和超级人工智能（super AI）等形式。前两个概念由美国哲学家约翰·瑟尔（John Searle）在 20 世纪 80 年代提出，而最后一个概念则由牛津大学哲学家尼克·波斯特洛姆（Nick Bostrom）于 2014 年提出。

目前应用的人工智能技术属于狭义人工智能，而其他类型的人工智能仅以理论形态存在。狭义人工智能只能通过训练来执行单一或特定的任务，而无法执行其他任务。但是，对于这些特定的任务，其执行效果通常比人类更快、更好。例如，OpenAI 公司的 ChatGPT 就是一种狭义人工智能，虽然它只能执行基于文本的聊天等任务，但是在知识覆盖面、回答准确度和响应速度等方面的表现已经超过了人类的平均水平。

因此，人工智能的终极目标并不一定是完全模拟或实现人类的智能。正如人们常说的"工程师研究鸟类并不是为了制造更好的飞机"，现代人工智能技术可以类比为飞机——在特定领域（如飞行）远远超越了鸟类，甚至完全摒弃了鸟类的飞行方式和原理。然而，如果综合考虑鸟类能够在树上暂停、灵活躲避障碍等能力，现代飞机显然无法实现这些功能。这也凸显了现代人工智能技术的局限性。

即使如此，当前的人工智能依然存在许多问题，尤其是以深度学习为代表的各类人工智能技术在算法、算力、数据以及认知层面均面临瓶颈。在算法层面，人工智能面临的一个重要挑战是所谓的"黑箱"现象，即其工作效果难以预测和解释。同时，人工智能还受限于个别经验主义，并且缺乏知识记忆功能。在算力方面，当前的模型训练主要依赖大规模的暴力计算，但计算能力已经遭遇瓶颈。随着摩尔定律逐渐失效，计算性能的提升变得更加艰难。在数据层面，数据的透明度、数据安全性问题以及监督学习所需数据集的局限性，已经成为人工智能技术发展的新障碍。在认知层面，现有的人工智能模型缺乏基本的常识知识，导致其难以理解实体概念，无法有效地识别关键影响因素。此外，人工智能在伦理道德方面也存在明显缺失。

因此，我国学者谭铁牛指出，当前人工智能的发展面临数据瓶颈、泛化瓶颈、能耗瓶颈、语义鸿沟瓶颈、可解释性瓶颈和可靠性瓶颈。他用"四有四无"对当前人工智能的总体状况进行了概括：

拥有智能却缺少智慧：智慧代表着更高级的智能，包含意识、悟性以及综合决策能力。然而，当前的人工智能并不具备意识和悟性，也缺乏做出综合性决策的能力。

具备智商却缺少情商：在理解和交流人类情感方面，人工智能仍处于初级阶段，与科幻电影中所描绘的人工智能相比，还有很长的路要走。

能够计算却无法算计：人工智能可以说是有智而无心，更谈不上具备谋略能力。

拥有专长却非通才：例如，精通围棋的 AlphaGo 无法精通象棋等其他领域，显示出人工智能在专长领域的局限性。

通用人工智能（artificial general intelligence，AGI）目前不过是一个理论概念，它指的是模型能够在不同的环境中利用已有的知识和技能完成新任务，而无须人类进行额外的训练。这种类型的人工智能技术，具备执行人类所能完成的任何智力任务的能力。

超级人工智能通常被称为人工超级智能（artificial super intelligence）。可以设想，未来的超级人工智能将能够思考、推理、学习、判断，并拥有超越人类的认知能力、情感体验和知识范围。它可能形成独立的情感、需求和信念，甚至具备自主进化的能力。传统科学认为脑科学是"自然科学的最后疆域"，并将人类视为生物进化的最终阶段，认为人类智能是最高水平的智能。然而，现代人工智能技术的发展正在改变这一认知。

因此，未来超级人工智能的发展不仅是一个技术问题，更是一个可能对人类产生深远影响的社会问题。为了人类的福祉，超级人工智能必须在符合人类根本目标的前提下，学习识别目标并实现目标最大化的方法。即使在目标不明确或不确定如何满足人类需求的情况下，超级人工智能也应当发挥积极的作用。这些挑战使得人工智能在社会科学等学科领域获得了广泛关注。

人类文明建立在人类智慧的基础之上。正如机械技术解放了人类的双手，使人类摆脱了体力劳动的束缚，人工智能技术的快速发展最终将使人类从脑力劳动中解放出来。这必然会推动社会经济和文化以更高效的方式发展。

但是，人工智能应用的发展也带来了许多新的问题。例如，对人类进行恶意攻击的机器人会构成安全威胁；自动进行大规模监听和语义理解的人工智能系统会增加个人隐私泄露的风险；基于有偏差数据和算法的智能服务会导致有偏见的决策结果。

以进化史为例。约 700 万年前，人类与黑猩猩从共同的祖先开始分化，并分别进化成独立物种。从今天的结果来看，黑猩猩显然在与人类的竞争中处于劣势，但当时它们并未意识到这种未来的威胁，也没有采取任何行动来阻止其发生。类似地，从现代人工智能的发展来看，我们似乎也处于与约 700 万年前相似的场景中——我们可能也并未充分意识到未来的威胁，甚至没有采取足够的措施来应对，而是一味地快速推进各类人工智能技术的发展。因此，图灵认为，如果人类设计的人工智能系统最终掌控了人类自己，那么将是设计的失败。

知识点

米达斯国王问题

当人们被异常强大的力量所吸引并不断向其靠近时，往往最终会感到后悔。希腊神话中的米达斯（Midas）国王曾祈求他所接触的一切都能变成黄金，在获得这一能力后，他逐渐沉迷于其中。但是，当他发现食物和家人也因他的触碰而变成黄金时，他开始后悔。这一神话在许多文化中都有类似的版本，其核心主题是人类向超级力量索取能力或愿望，最终却在实现后感到后悔。故事的结局通常是，如果还有第三个愿望，那么便是撤销前两个愿望。

那么，我们对人工智能技术的追求是否也会面临类似的局面？这一问题值得深思。

9.1.2 人工智能的伦理问题

伦理学，又称为道德哲学，是研究人类社会所认可的行为准则及其价值的学科，旨在构建道德指导原则，用来评判行为的对与错、善与恶、美与丑、智慧与愚昧、正义与犯罪等。

1. 为什么要关注人工智能伦理问题

从技术的角度来看，人工智能只是人类发明的一种技术，技术本身具有客观中性的特点。因此，仅从技术本身的角度讨论人工智能，就像讨论一把剪刀一样，无须涉及伦理问题。然而，人工智能具有以下几个重要特点，使得人们不得不关注其涉及的伦理问题。

（1）技术层面的特点

现有的许多人工智能技术，尤其是以深度学习为基础的现代人工智能技术，在可解释性方面表现较弱。因此，当这些方法出现问题时，人类往往难以直接确定具体的原因，甚至无法判断是否是技术层面的问题。此外，这些人工智能技术的精确性很高，甚至超过人类的经验和能力，这反而会引发人类对其有效性的质疑。事实上，为了使某些机器程序更贴近人类的理解和使用感受，设计者甚至让机器故意利用人类的弱点犯错，以增强人类的认可度。例如，如图9-1所示，假设设计一个机器人，为了让其行为更接近人类，可以让机器人故意认为右边的黑圆圈更大，以表现得更符合人类特征。

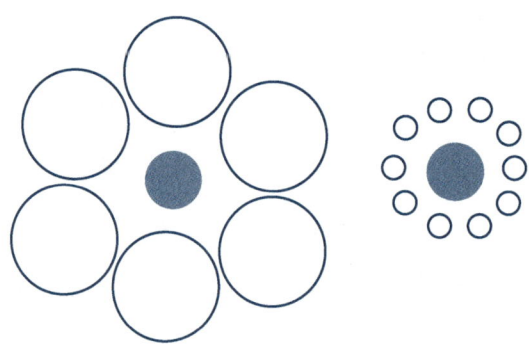

图9-1　左右两个黑圆圈实际大小相同，但右边的看上去似乎更大，基于精确测量的机器不会犯这类错误

（2）应用层面的特点

现代人工智能技术的应用过于深入和广泛，影响面极大，且技术能力极强。因此，当这些技术在社会中广泛使用时，一旦出现问题，其代价就非常高昂。历史上，许多新技术都曾产生过意想不到的负面影响。例如，核反应堆虽然能提供清洁能源，但管理和设计不善就可能导致类似切尔诺贝利事故的灾难；内燃机虽然推动了汽车工业的发展，但也带来了空气污染、全球变暖和交通事故等问题。从这个角度看，人工智能带来的风险不亚于这些已知的技术。正如图灵奖得主赫伯特·西蒙所言，每个人工智能研究者都有责任评估并努力告知社会，其研究成果可能带来的社会后果。

（3）设计层面的特点

即使人们付出了许多努力和尝试，仍然存在一些技术和管理层面难以回答和解决的问题。例如，智能推荐系统会根据用户的历史行为向其推送内容，但这种推荐是否真正符合用户的长期利益或真实需求？智能助手、语音识别等技术在提供便利的同时，是否会成为泄密隐患？自动驾驶技术如何最大限度地保障人身安全？因此，人工智能领域的设计不仅要关注技术性能的提升，还要充分考虑其可能带来的伦理问题和社会影响。

人工智能领域的伦理问题一直受到人们的广泛关注，尤其是近年来大语言模型的兴起，进一步加深了人们对这一话题的讨论。所有从事人工智能研究和应用的人员都面临伦理考量，即哪些项目应该进行，哪些项目应该避免，以及如何确保项目的执行既安全又有益于社会。

2. 常见的人工智能伦理准则

常见的人工智能伦理准则通常包括确保安全性、尊重隐私、确保公平性、提供透明度、明确人机关系等。

（1）确保安全性

例如，在军事领域，人工智能技术与现有武器装备的融合可能形成致命性自主武器，这些武器能够在无人监督的情况下定位、选择并攻击人类目标。此类不受人类控制的武器系统普遍被认为是不道德的。例如，2014年以来，联合国在《特定常规武器公约》框架下提出了禁止使用致命性自主武器系统的倡议。除了道德层面的原因，机器系统本身可能存在的可靠性问题也使人类不得不谨慎对待致命性自主武器系统的使用。例如，1983年9月26日，苏联的计算机系统显示核导弹来袭，根据默认协议应发起核反击，但执行人员怀疑警报可能是程序错误，并最终按此处理，侥幸避免了一场大规模战争。然而，这些措施和认知并未完全阻止人类在这一领域的探索和尝试。

（2）尊重隐私

人工智能需要大量的用户数据，而随着应用范围的扩大及其与应用场景的深度融合，现有设备和软件对用户数据的收集愈发详细和具体，所反映的用户隐私的准确性也越来越高。因此，人工智能在采集数据时，必须在道德和法律层面确保这些数据得到妥善保管。常见的数据保护方法包括去标识化、数据替换、数据聚合和添加噪声等。然而，这些方法并非万能。例如，在推荐系统中广泛使用的匿名电影评分数据集 Netflix 中，研究者仍可以通过匹配 Netflix 数据集中评分的日期与互联网电影数据库（IMDB）中相似评分的日期，识别出个人用户。又如，利用随机抽取的样本数据仍可能还原出整体数据的基本形态。因此，隐私保护不仅需要在技术层面不断改进，还需要通过法律法规进行有效的监管，以确保用户数据的安全性和隐私权得到充分保障。

（3）确保公平性

依赖机器学习方法的人工智能技术之所以产生偏见，主要原因是所使用的数据本身包含社会偏见。如果不加以改进，人工智能技术可能会延续甚至放大这种数据偏见。例如，如果现有的购物记录主要来自高收入群体，推荐系统就倾向于推荐此类用户群体喜欢的商品，从而进一步加大这些商品的销售力度，而对于中低收入群体则显得更加不公平。然而，实际的困难在于，兼顾公平性往往会导致现有系统的有效性降低，甚至可能引发新的不公正现象。例如，一种智能犯罪评分系统可能会对不同种族的被测试者采用相同的整体预测概率，以确保公平。但由于不同种族群体的犯罪统计数据存在差异，这种做法可能会在实际应用中产生不同的影响，从而引发对公平性的进一步讨论。

（4）提供透明度

只有解决方案具有易于理解的逻辑，人们才更容易接受并使用。因此，许多产品和行业都制定了相应的标准和认证机制。然而，由于机器学习方法本身的可解释性较弱，相关行业标准和认证机制尚不成熟，这引发了许多人的质疑。例如，2017年普华永道的一项调查显示，76%的企业出于对人工智能可信度的担忧而放缓了对其的采用。为此，常见的解决方案是标明所提供的技术使用了人工智能，并允许用户选择是否采用。

2018年3月18日，优步（Uber）的一辆自动驾驶测试车撞上了一名推着自行车横穿马路的行人，成为全球首例自动驾驶测试车的致死事故。在碰撞发生前6 s，车辆速度为69 km/h，车载毫米波雷达和激光雷达均检测到前方有物体。然而，识别系统出现了自洽性问题，识别结果在"车辆"和"自行车"之间反复切换。通常情况下，自行车不会在没有人的情况下直立地出现在道路上，因此当识别为"自行车"时，即使存在自洽性问题，系统也应紧急制动或转向。这一案例凸显了人工智能系统具备可解释性的必要性。可解释性不仅有助于提升用户的信任度，还能确保任何错误都可以被溯源和分析，从而为系统的改进提供依据。

（5）明确人机关系

这里主要涉及人类在使用人工智能技术时如何界定双方的权利和义务。例如，智能汽车被赋予了制止酒驾的特权，因此它没有听从醉酒驾驶人的义务，此时驾驶人无权启动智能汽车。但是，相关的规则设计需要综合考虑法律法规、地区文化等多种因素。目前，人工智能被认为是没有意识的，因此无须讨论人工智能本身的权益或道德问题。然而，如果未来人工智能具备了自主意识，人类将如何界定与其的关系和彼此的地位？这些问题目前尚无法给出明确的答案。

9.2 人工智能产业应用与管理

9.2.1 人工智能产业的发展现状

自18世纪以来，人类经历了三次工业革命，分别以机械技术、电气技术和信息技术为核心驱动力。如今，以人工智能为核心驱动力的第四次工业革命已经形成，人工智能技术成为新的生产力，正在深刻影响人们的生产和生活方式。当前，人工智能已经成为世界各国竞争的焦点，其发展水平成为国家核心竞争力的重要体现。

1. 全球人工智能市场规模正在快速增长

截至 2024 年 12 月，全球人工智能市场规模已突破 6 000 亿美元。从产业投资来看，人工智能技术已广泛应用于多个领域，其中互联网、电信、金融等行业在 2023 年的人工智能行业应用渗透度排名中位居前列。人工智能产业链通常包括上游、中游和下游三个部分：上游产业主要提供基础软硬件服务，包括人工智能芯片、大数据、云计算服务、传感器等，为人工智能提供数据支持和算力基础。中游产业主要提供底层软件技术服务，包括人工智能软件技术、深度学习算法、机器学习框架、自然语言处理技术等。下游产业主要提供应用软件服务，包括各类人工智能产品、解决方案和开放软件平台等。普华永道预测，到 2030 年，人工智能将推动全球国内生产总值（GDP）增长约 14%。根据最新的市场研究，2025 年全球人工智能市场规模预计将达到近 1.2 万亿美元。

2. 我国人工智能产业的发展

随着我国经济步入"新常态"，经济转型和产业升级成为必然趋势。人工智能技术的快速发展，为我国经济向创新型经济转变提供了重要驱动力。近年来，我国人工智能产业发展迅速，逐步走上快车道，成为全球人工智能领域的重要参与者。我国人工智能发展具有诸多优势，便于实现核心产业上的弯道超车。在相关论文发表数量和专利申请数量上，我国已位居全球第一梯队。截至 2023 年 12 月，我国人工智能发明专利有效量已达 37.8 万件，同比增长超过 40%，显示出强劲的研发势头。此外，我国庞大的数据资源为人工智能的训练和优化提供了坚实基础。2024 年，我国人工智能产业投融资金额达到 1 052.51 亿元，为技术创新和市场扩张提供了有力支持。人工智能技术的不断创新推动了应用场景的深度发展，生成式人工智能等技术成为产业发展的关键力量，广泛应用于医疗、交通、金融、教育等多个领域。例如，AI 辅助诊断在某些特定的医学影像分析任务中的准确率已突破 98%，显著提升了诊断效率。但是，客观地看，我国在人工智能基础算法的研究上与国际先进水平仍存在一定的差距。在产业链的分布上，我国人工智能企业主要集中于应用落地端，基础算法、芯片等产业环节的占比较低。我国在人工智能核心技术的创新和基础研究方面仍有提升空间。尽管如此，我国在人工智能芯片等领域也取得了显著进展。

未来，我国需要继续加大在基础算法和芯片等核心技术领域的投入，同时推动人工智能与更多行业深度融合，以实现经济的高质量发展。

3. 我国发展人工智能的独特优势

（1）数据体量庞大

根据中国互联网络信息中心（CNNIC）发布的第55次《中国互联网络发展状况统计报告》，截至2024年12月，中国网民规模达到11.08亿人，互联网普及率提升至78.6%。如此庞大的用户群体产生了海量的数据，为人工智能技术的训练和优化提供了强大的基础，推动了基础设施和服务能力的快速迭代，形成了良好的双向反馈机制。

（2）技术研发厚积薄发

根据斯坦福大学发布的《全球人工智能实力排行榜》和《2024年人工智能指数报告》，我国在人工智能研发方面表现突出，尤其在论文发表数量上位居前列。在全球已授权的人工智能专利中，我国在人工智能专利授权数量上遥遥领先。

（3）智能算力快速增长

国际数据公司（IDC）与浪潮信息联合发布的《中国人工智能计算力发展评估报告》显示，2024年，我国智能算力规模同比增长74.1%，增幅是同期通用算力增幅（20.6%）的3倍以上；市场规模为190亿美元，同比增长86.9%。2025年，我国智能算力规模将较2024年增长43%；市场规模将达到259亿美元，较2024年增长36.3%。

（4）产业生态逐步完善

我国已构建起了较为完整的人工智能产业体系，覆盖芯片、算法、数据、平台和应用等关键环节。截至2024年，我国人工智能核心产业链上的企业约有4700家，形成了完整的产业体系。

（5）政策支持持续加强

我国政府高度重视人工智能的发展，出台了一系列政策，支持人工智能技术创新和产业发展。例如，2017 年 7 月，国务院印发了《新一代人工智能发展规划》，明确提出了到 2030 年我国人工智能发展的战略目标。

（6）5G 网络基础设施完善

我国已建成全球规模最大的 5G 网络，截至 2024 年 11 月，5G 移动电话用户数突破 10.02 亿，占移动电话用户总数的 56%。这一庞大的网络基础设施和用户基础，为人工智能的实时数据传输和应用落地提供了强大的支持，推动了人工智能技术在工业、矿业、医疗等领域的广泛应用。

当然，从当前主流技术路线的趋势特征以及支撑技术大规模应用的基础条件来看，我国人工智能发展仍存在一些不足，尤其是在数据开发利用和原始创新等方面需要进一步加强。因此，下一阶段应当重点推进以下几方面的工作：一是加快高水平规模化应用，推动人工智能在更多领域的深度应用，尤其是在关键领域打造一批具有技术先进性和规模化潜力的重大场景，促进大模型与小模型的协同落地；二是加强数据资源建设，健全公共数据开放共享机制，建设安全合规、大规模、高质量的语料库，为人工智能技术的研发和应用提供坚实的数据支撑；三是加大高层次人才引育力度，通过引进和培养相结合的方式，加强人工智能领域高层次人才队伍建设，为技术创新和产业发展提供智力支持。通过这些举措，我国人工智能发展将进一步提升技术水平，推动产业升级，为经济社会发展注入新动能。

9.2.2　人工智能产业的法律监管

下面以欧盟制定的《人工智能法》为例进行说明。

2024 年 1 月 19 日，欧盟委员会、欧洲议会和欧盟理事会共同完成了《人工智能法》的定稿，这一立法举措在全球人工智能及数字经济发展中具有重要意义。2024 年 8 月 1 日，欧盟《人工智能法》正式生效。这是全球首部全面监管人工智能的法规，旨在确保人工智能系统的可信性，保护公民基本权利，并为创新和投资创造有利环境。该法旨在为欧盟内部市场制定统一的人工智能系统开发和使用的法律框架，以促进以人为本和值得信赖的人工智能的应用，同时确保对健康、安全和基本权利的高度保护。

该法明确了一系列关键概念，如人工智能系统、部署者、生物识别数据、远程生物识别系统等。这些定义旨在确保法律的确定性和可操作性，为评估和管理人工智能系统提供了明确的依据和标准，同时也为技术的快速发展提供了一定的灵活性。

该法适用于所有在欧盟内部市场投放和使用的人工智能系统，包括其跨境流动。它不仅关注高风险人工智能系统，还通过制定统一规则来防止成员国对人工智能系统施加不必要的限制。其基本原则在于强调人工智能系统的开发和使用应遵循欧盟价值观，如对个人、公司、法治及环境等的保护。同时，鼓励创新和就业，确保欧盟在可信人工智能领域的领先地位。

该法要求对人工智能系统进行风险评估，特别是那些可能对健康、安全、基本权利等造成重大影响的高风险系统。通过制定具体的风险管理措施，如透明度要求、保存技术文件和记录，来降低潜在风险。该法还旨在确保个人数据的基本权利得到保护，不受人工智能系统的不当影响。它规定了与数据保护、消费者保护、就业和工人保护等相关的法律的补充关系，确保现有法律框架下的权利不受损害。

该法不仅规范了人工智能系统的市场投放和使用，还包含了一系列支持创新的措施，特别是关注包括初创企业在内的小微企业，通过制定具体的要求和义务，促进它们在人工智能领域的创新和发展。该法还体现了欧盟在人工智能领域的发展思路，即通过制定全球领先的法律框架，成为全球可信人工智能发展的积极参与者。

该法的主要意义在于：

① 促进内部市场统一：通过制定统一的法律框架，避免了成员国之间因各自规则差异而导致的市场碎片化，提升了人工智能系统的法律确定性，促进了商品和服务的跨境自由流动。

② 保障基本权利：该法强调对法治、环境保护等基本权利的保护，防止人工智能系统对公共利益和基本权利造成损害，体现了以人为本的发展理念。

③ 促进创新和就业：通过明确监管框架，降低企业合规成本，鼓励创新和技术

发展，支持小微企业和初创企业成长，从而带动了就业增长。

④ 国际影响：欧盟作为全球重要的经济体和科技中心，其立法将对全球人工智能监管框架产生深远影响，并推动国际标准的形成和趋同。

总之，该法不仅为欧盟内部市场的健康发展提供了法律保障，也为全球人工智能监管框架的形成和发展提供了重要参考。

9.2.3 我国人工智能产业的政策管理

近年来，我国政府高度重视人工智能产业的发展，通过一系列政策和管理措施，推动人工智能技术快速发展与合理调控，为我国在全球竞争中占据领先地位奠定了坚实基础。

1. 顶层设计与战略规划

我国政府从国家层面制定了详细的顶层设计和战略规划，为人工智能产业的发展指明了方向。自"十三五"规划以来，国家相继发布了《新一代人工智能发展规划》《促进新一代人工智能产业发展三年行动计划（2018—2020 年）》及《中华人民共和国国民经济和社会发展第十四个五年规划和 2035 年远景目标纲要》等一系列重要文件，明确了人工智能产业的发展目标、重点任务和保障措施。特别是《新一代人工智能发展规划》提出的"三步走"战略目标，确立了人工智能作为国家战略的重要地位，旨在到 2030 年使我国人工智能理论、技术与应用总体达到世界领先水平。

2. 政策扶持与资金投入

为了支持人工智能产业的发展，各级政府出台了一系列扶持政策，包括财政补贴、税收优惠、专项基金等。例如，浙江推出未来产业（人工智能）先导区财政专项激励政策，对重点项目给予资金支持和奖励；山东、河南等地也相继发布了促进人工智能产业发展的实施方案，通过资金扶持和税收优惠等方式，鼓励企业加大研发投入和市场拓展。此外，北京、湖北等地还推出了算力券等优惠政策，为企业提供算力资源支持，降低企业成本，促进人工智能技术的应用落地。

3. 标准制定与体系建设

为了保障人工智能产业健康有序发展，我国政府积极推动标准制定和体系建设。

2024年，工业和信息化部等四部门联合印发了《国家人工智能产业综合标准化体系建设指南（2024版）》，提出了到2026年的具体目标，包括新制定国家标准和行业标准50项以上，参与制定国际标准20项以上，以及开展标准宣贯和实施推广的企业超过1 000家。该指南的发布将进一步推动人工智能产业标准体系的完善，提升我国在全球人工智能标准制定中的话语权和影响力。

4. 监管治理与伦理规范

在推动人工智能产业发展的同时，我国政府高度重视监管治理与伦理规范问题。针对人工智能技术快速发展可能带来的风险和挑战，我国政府加强了对人工智能技术的监管力度，逐步完善了相关法律法规和政策体系。同时，我国政府还积极推动行业自治和伦理规范建设，鼓励行业组织和企业加强自律管理，确保人工智能技术合法合规应用和健康有序发展。

5. 国际合作与交流

我国政府在推动人工智能产业发展的过程中，始终秉持开放合作的态度，积极参与国际交流与合作。通过加入国际标准化组织、参与国际标准制定等方式，提升我国在全球人工智能标准制定中的影响力。同时，我国政府还鼓励国内企业与国际同行开展合作研发和市场拓展，共同推动全球人工智能产业的繁荣发展。

总之，我国政府在政策上对于人工智能的发展给予了大力支持，通过顶层设计与战略规划、政策扶持与资金投入、标准制定与体系建设、监管治理与伦理规范，以及国际合作与交流等措施，为人工智能产业的快速发展提供了有力保障。未来，随着政策的持续完善和产业的不断升级，我国人工智能产业将迎来更加广阔的发展前景。

思考与练习

1. 最初，人们对于人工智能的定义就是让机器具有与人类做同样行为的能力。

但是，随着人工智能技术的发展，机器不仅能够执行人类设计的任务，甚至能够自我独立行动，并可能产生自己的需求。那么，这会不会与人类设计的初衷相背离？你如何看待这些问题？

2. 查阅资料，了解我国机器人产业的发展现状。

3. 人类智能基于碳基生物结构，而现代人工智能则基于硅基机器。那么，未来的人工智能是否会在这两方面进行融合和突破呢？

4. 有人说"人工智能没有自己的思想，它只拥有设计它的程序员的头脑"，你如何看待这样的认识？

5. 如何区分人工智能和机器人？两者之间有什么联系与区别？

6. 图灵奖得主朱迪亚·珀尔（Judea Pearl）认为，深度学习只是一种非常通用和强大的曲线拟合技术。诺贝尔经济学奖获得者托马斯·萨金特（Thomas Sargent）则认为人工智能就是统计学，只不过用了一个华丽的辞藻。此外，还有人指出，与大脑相比，人工智能存在诸多不足，如"算法黑箱"、数据需求量大、抗噪声性能差、能耗高等，离真正全面应用还很远。你如何看待这些观点？

7. 查阅资料，了解中国截至目前发布了哪些重要的人工智能政策。

8. 结合数据，对中美人工智能的研发和应用情况进行对比分析。

参考文献

[1] 尼克. 人工智能简史[M]. 2版. 北京：人民邮电出版社，2021.

[2] 罗素，诺维格. 人工智能：现代方法[M]. 张博雅，陈坤，田超，等译. 4版. 北京：人民邮电出版社，2022.

[3] 伍尔德里奇. 人工智能全传[M]. 许舒，译. 杭州：浙江科学技术出版社，2021.

[4] 成生辉. AIGC 让生成式 AI 成为自己的外脑[M]. 北京：清华大学出版社，2023.

[5] 仇华. 深度对话 GPT-4 提示工程实战[M]. 北京：人民邮电出版社，2024.

[6] 国务院发展研究中心国际技术经济研究所，中国电子学会，智慧芽. 人工智能全球格局：未来趋势与中国位势[M]. 北京：中国人民大学出版社，2019.

[7] 苏自由. 重启世界：ChatGPT 之父山姆·奥特曼传[M]. 上海：译林出版社，2024.

[8] 腾讯研究院，中国信息通信研究院互联网法律研究中心，腾讯 AI Lab，等. 人工智能：国家人工智能战略行动抓手[M]. 北京：中国人民大学出版社，2017.

[9] 熊涛. 大语言模型：基础与前沿[M]. 北京：人民邮电出版社，2024.

[10] 姚期智. 人工智能：高中版[M]. 北京：清华大学出版社，2021.

[11] 于江生. 人工智能伦理[M]. 北京：清华大学出版社，2022.

[12] 张奇，桂韬，黄萱菁. 自然语言处理导论[M]. 北京：电子工业出版社，2023.

[13] 周越. 人工智能基础与进阶（Python 编程）[M]. 2版. 上海：上海交通大学出版社，2022.

[14] 周志明. 智慧的疆界：从图灵机到人工智能[M]. 北京：机械工业出版社，2022.

[15] 朱小燕，李晶，郝宇，等. 人工智能：知识图谱前沿技术[M]. 北京：电子工业出版社，2020.

郑重声明

高等教育出版社依法对本书享有专有出版权。任何未经许可的复制、销售行为均违反《中华人民共和国著作权法》,其行为人将承担相应的民事责任和行政责任;构成犯罪的,将被依法追究刑事责任。为了维护市场秩序,保护读者的合法权益,避免读者误用盗版书造成不良后果,我社将配合行政执法部门和司法机关对违法犯罪的单位和个人进行严厉打击。社会各界人士如发现上述侵权行为,希望及时举报,我社将奖励举报有功人员。

反盗版举报电话 (010) 58581999　58582371

反盗版举报邮箱 dd@hep.com.cn

通信地址 北京市西城区德外大街4号
　　　　　　高等教育出版社知识产权与法律事务部

邮政编码 100120

防伪查询说明

用户购书后刮开封底防伪涂层,使用手机微信等软件扫描二维码,会跳转至防伪查询网页,获得所购图书详细信息。

防伪客服电话 (010) 58582300